桂林十景×民族盛會×觀瀑泛舟×騎樓古鎮×米粉田螺
八角茶香縈繞南疆，探索中越邊境的交流

嶺南邊陲

廣西紀行　　清法硝煙的見證與激昂

賴富強，劉慶　編著

- ▶ 左江斜塔兩側磚塊不相等，為何站立得更加穩固？
- ▶ 嶺南無山不有瑤，但凡有山的地方就有瑤族身影？
- ▶ 德保縣坐落一怪泉，向它「叫喊」便會自動灌水？
- ▶ 巴馬盤陽河有神助力！寓居於此的老人長命百歲？

山青水秀洞奇石美，壯苗瑤侗歡歌熱舞
漫步廣西的街巷，領略甲天下之絕景

目 錄

前言 　　　　　　　　　　　　　　　　　　　　　　005

廣西印象：山水甲天下，人文映千秋　　　　　　　　007

廣西歷史：歲月留痕，見證風雲變遷　　　　　　　　013

廣西地理：奇山異水，孕育壯麗天地　　　　　　　　051

廣西名勝（上）：勝景如畫，詩意流傳千載　　　　　099

廣西名勝（下）：祕境探幽，自然人文共生　　　　　145

廣西民族：多元共融，織就斑斕畫卷　　　　　　　　191

廣西娛樂：歌舞飛揚，民俗風情盡顯　　　　　　　　233

廣西市井：煙火人間，交織傳統現代　　　　　　　　261

廣西方物：山海瑰寶，珍奇特產雲集　　　　　　　　301

廣西飲食：百味交融，品嘗道地風情　　　　　　　　333

目錄

廣西人物：群星閃耀，歷史英傑薈萃　　　　　355

廣西民居：匠心獨運，承載歲月溫度　　　　　385

廣西通道：四通八達，貫穿古今要道　　　　　413

前言

趣聞在人們的生活中往往能帶來許多不經意的愉悅之情，它就像平靜的湖面上歡跳的小魚所泛起的一朵朵閃亮的小浪花，給予人歡愉和活性之美感。快節奏的現代生活往往讓人對事物總是視若無睹，而由於這種生活壓力給人們帶來的卻是越來越少的趣聞愉悅，為此，以趣聞喚起人們的愉悅之情應不失為當代人生百味生活的一種調味之舉。

其實，每個地方都有許多令人愉悅甚至興奮的趣聞軼事，關鍵看我們如何發現和挖掘出來，並讓其成為人們生活工作中的樂趣與愉悅之素材。廣西，地處中國南方，沿海沿邊，歷史悠久，文化多樣，地貌奇特，北迴歸線如同一條美麗的腰帶穿越其中，毗鄰南洋，這自然是出產趣聞的理想之地。

漫長的海陸變遷，造就了廣西豐富多彩的自然奇觀。

廣西大地歷經滄桑，幾經起降所造就的海陸變遷，在長達數億年的海洋環境中，一些底棲海洋生物、漂浮生物等諸多因素促進了碳酸鹽類岩石的發育，逐漸為廣西喀斯特地貌的發育奠定了地質基礎，在印支運動和燕山運動的影響下，形成了廣西的盆地雛形，奠定了廣西現代地貌的輪廓。華南最高峰貓兒山與海洋山之間形成的湘桂走廊是中國的三大走廊之一。廣西的喀斯特地貌占全區總面積的37.8%，集中連片分布於桂西南、桂西北、桂中、桂東北，其發育類型之多為世所罕見。漫長的地質發展史為廣西留下了豐富多彩的自然奇觀，如世界高峰叢低窪地最典型的大化七百弄、世界第一的樂業天坑群、被譽為「丹霞之魂」的資源

> 前言

　　八角寨和十萬大山、通靈大峽谷等美麗的山嶽風光。地殼運動的內營力建造了廣西的地表雛形，氣候、水文、生物等外營力塑造了廣西由碧波萬頃的北部灣到雲貴高原的秀美景觀。

　　悠久的歷史文化，積澱了廣西獨具魅力的人文趣事。

　　早在八十萬年以前，就有原始人類在廣西這塊土地上勞作生息。距今5萬～2萬年前，廣西就已進入了以血緣為紐帶的母系氏族社會。距今約一萬年左右，廣西古人類已走出石灰岩洞大山河谷，向平原和濱海地區發展，出現了原始農業、畜牧業、製陶業，開始定居生活。距今6,000～3,000年前，廣西跨入了父系氏族社會時期。距今3,000年左右，廣西開始進入文明社會。在人類歷史演變過程中，廣西留下了許多燦爛輝煌的歷史文化。先秦時期，廣西為百越之地，多部族聚居，造就了後來異彩紛呈的多民族文化。廣西經歷了不同朝代的更迭和各種曲折而複雜的歷史變遷，成就了獨具魅力的人文風情。

　　謹以這一人傑地靈的地方為背景，從廣西豐富多彩的自然資源和人文歷史中尋找出一些讓人有興趣之感的東西，並從不同的角度去發現和挖掘出一些讓人愉悅的趣聞素材，將其歸納為十三大類的趣聞，就是試圖從不同角度對美麗的廣西進行一次趣聞式的瀏覽。

編者

廣西印象：
山水甲天下，人文映千秋

廣西印象：山水甲天下，人文映千秋

印象一：這裡是山水甲天下的地方

　　領略廣西的美麗風景，令人彷彿在做一次山水朝聖之旅。在這充滿副熱帶風情的地方，集險、峻、秀、奇於一身的喀斯特美景遍布原野。無論是在高速公路，還是在鄉間小道，迎面而來的盡是萬點尖峰的千里畫廊。仙境般的感覺，處處流漾著山水甲天下的意境，忍不住讓人激情相依。韓愈是這樣讚美廣西山水的：「蒼蒼森八桂，茲地在湘南，江作青羅帶，山如碧玉簪。」

　　喀斯特山水風光是廣西自然景觀的主體，以「山清、水秀、洞奇、石美」而名揚天下。桂林山水、灕江風光、德天瀑布和樂業大石圍天坑群成為美麗廣西的經典代表，景色秀美得常常超出遊客們的想像與期待。

　　廣西的花崗岩山地風光、丹霞地貌風光、海濱風光、副熱帶原始森林風光等也無不令人嚮往。

印象二：這裡是大地飛歌的美麗家園

　　歌海廣西，勞作、婚嫁、節慶、豐收、祈神等活動都有山歌相伴，尤其是青年男女的談歡論愛，更離不開山歌的傳情。人們所熟知的劉三姐，僅僅用名字便詮釋出了歌與愛的交織與甜美。在這片古老的土地上，一首首醉人的山歌唱出了壯鄉人民對美好愛情的嚮往和對幸福生活的熱愛。

　　許多壯族地區因山歌盛行而有了歌圩，每年農曆三月三前後，往往

有成千上萬的人集中於一地唱歌、對歌、傳歌，逐步形成壯族「三月三」歌節，現已發展成為享譽中外的「國際民歌節」。壯家人能以歌述史，以歌傳情，並且出口成歌，隨編隨唱。一首〈大地飛歌〉唱出了廣西人的心聲：

踏平了山路唱山歌，撒開了漁網唱漁歌；

唱起那牧歌牛羊多，多過了天上的群星座座；

牡丹開了唱花歌，荔枝紅了唱甜歌；

唱起那歡歌友誼長，長過了劉三姐門前那條河；

唱過春歌唱秋歌，唱過茶歌唱酒歌；

唱不盡滿眼的好風景，好日子天天都放在歌裡過；

唱過老歌唱新歌，唱過情歌唱喜歌；

唱不盡今朝好心情，好歌越唱大路越寬闊。

印象三：
這裡是一塊能包容天下的南國熱土

廣西人心胸如大山，樸實、寬厚、雄渾，能夠承受來自四面八方的負重；廣西人心胸似大海，浩瀚、坦蕩、深邃，無所不容；廣西人，心地就像八桂山水一樣純美善良、樸實憨厚，像大海一樣匯納百川、寬廣無邊。在這山水之間，聚居著12個能歌善舞、熱情好客的民族。千百年來的民族融通，使廣西成為一片能包容天下的熱土。在這裡可盡嘗各地風味美食，可遍聽天下方音異語，每一位來客都不會在廣西感受到客居他鄉的孤寂，習俗與語言的相異居然也成了溝通與交流的紐帶。每一個

廣西印象：山水甲天下，人文映千秋

民族在這裡均可自由地展示其獨特的民族文化，吸納世間精華，再造社會繁榮，從而構築起令人羨慕的文化大融合氛圍。廣西人用自己博大的胸懷架起了一座座心靈相通的綠色橋梁，連線世界，包納天下。

印象四：
這裡是一塊最能誕生靈感的神奇土地

山山、水水、石石、洞洞，世界上哪裡沒有？但廣西的就是與別處的不一樣，美得讓人吃驚，美得讓人心醉，甚至連叱吒風雲的英豪都為之傾倒折腰，連文人墨客都變得詞窮難語，但不留下謳歌之詞又不足以表達他們對這一方水土的寵愛。由此，便有了梁朝沈約的「臨姑蘇而想八桂，登衡山而望九嶷」、南宋范成大的「桂，山之奇，宜為天下第一」、元朝陳孚的「兩江合流抱邕管，暮冬氣候三春暖。家家榕樹青不凋，桃李亂開野花滿」、清朝袁枚的「江到興安水最清，青山簇簇水中生。分明看見青山頂，船在青山頂上行」等藝術化的詞句。《徐霞客遊記》中，竟有三分之一的篇幅是用來寫廣西的。

印象五：
這裡是令天下垂涎的瓜果王國

詩一般的綠色大地，處處洋溢著風情萬種的景緻，副熱帶季風氣候的冷暖輪迴，還為大地生靈提供了春華秋實的四季瓜果飄香。廣西光照充足，熱量豐富，雨量充沛，無霜期長，氣候溫和溼潤，孕育出了許許

多多富有地方特色的副熱帶水果，主要有荔枝、龍眼、香蕉、鳳梨、菠蘿蜜、芒果、無籽西瓜等。八桂大地，一年四季瓜果不斷，如蟠園仙境，全年都流動著花的斑斕和果的芬芳，讓人垂涎欲滴。東南亞是世界最大的瓜果產地，隨著中國－東協自由貿易區的建立和水果貿易零關稅的落實，廣西成為天下瓜果的集散中心。

印象六：
這裡是最適合人類居住的生態家園

廣西有世界最著名的「長壽之鄉」——巴馬；有獲「國際人居環境獎」的城市——桂林；還有獲「中國人居環境獎」的城市——綠城南寧。有中國空氣品質最好的城市之一——北海。那充滿副熱帶生態的城市、鄉鎮和山村，處處透著安詳、自然與協調，彷彿一個個能夠同時淨化身體與心靈的聖堂，人居其中，不僅身體得到滋養，精神更是在人與自然的共處之時得到昇華。廣西近一半的土地被森林覆蓋著，一年四季大地都是那麼春意盎然、生機勃勃。在這樣的地方生存，只需要一點點對大自然的愛心，便可以長久地享用它的恩賜。

印象七：
這裡是山海交會的國際大通道

防城港東興國門，廣西是中國與東南亞山海江河相連的唯一省區，是大西南經由北部灣走向東協的最便捷的出海通道，是中國進入東協各

廣西印象：山水甲天下，人文映千秋

國市場的首要跳板，成為東協與中國商貿合作與交流的中心區。廣西既是華南通向西南的樞紐，又是沿海、沿江、沿邊的省分；既有適應副熱帶植物生長的氣候條件，又有豐富的礦產資源；既有方便的水、陸、空交通，又有連線世界各地的通訊網；既是少數民族聚居地區，又是中國重要僑鄉……這片過去老、少、邊、窮的疆域正變成西部大開發的熱土，變成連線中國與東南亞的國際大通道。

北部灣，用一條條波紋承載著廣西人的夢想，日復一日、年復一年地拍打著廣西海岸，塑造著一個個美麗而溫馨的港灣、沙灘，將夢境一一幻化為現實，同時，她將自己幽藍的海水、純潔的浪花、閃著金光銀影的沙灘、豐富的海產和無數的寶藏獻給了廣西人民。

漫漫邊關路，悠悠異國情。沒有比廣西更能讓人領略邊關的美妙風情了。古代，這裡是駱越先民狩獵耕耘、棲息繁衍之地；如今，這裡是中越人民友好往來、奮發共榮之區。七百公里的邊境公路上，江山依舊在，卻數不盡夕陽幾度，道不完風情幾許。

廣西歷史：
歲月留痕，見證風雲變遷

廣西歷史：歲月留痕，見證風雲變遷

廣西大地最早的古人類可追溯到什麼年代

最早生活在廣西大地上的古人類是距今八十萬年前的舊石器時代早期智人。他們在百色盆地的右江河流階地和低丘陵上狩獵、加工石器、生活，留下了眾多的活動蹤跡。

1940年代初，哈佛大學人類學家莫維斯在歐亞大陸的中部畫了一條著名的「莫氏線」——將舊石器時代早期一分為二：左邊是先進的「手斧文化圈」，包括全非洲，歐洲的南、中、西部，以及中東和印度半島；右邊是落後的「砍斫器文化圈」，包括東亞、東南亞和印巴次大陸北部。將西方靈巧的直立人與亞洲人分開，把整個亞洲大陸劃為「文化滯後的邊緣地區」。

1940～1970年代，中國、北韓、南韓、日本的人類學家都把目光投向了東亞大地上的舊石器時代遺址，希望能找到證據，以糾正古人類學研究方面的「莫氏線」理論。1973年10月上旬，由中國科學院古脊椎動物與古人類研究所、廣西壯族自治區博物館、廣西某地質勘探隊等單位的專家組成的考察小組，開始對廣西進行為期三個月的地質地理和動物化石的野外考察。這次考察，專家們在百色盆地發現了十多件舊石器時代的石器。此後的三十多年中，中外考古專家對百色盆地的舊石器時代遺址進行了多次考古發掘。特別是2004～2005年中科院、廣西博物館、廣西自然博物館等對楓樹島遺址的發掘，發現了五件手斧和大量其他各種石器。

五件手斧均為兩面加工，原料為砂岩和火山岩，上面保留網紋紅土留下的印記，而且與玻璃隕石一起出土，從而為這些石器的年代提供了

確鑿的證據。美國加州大學柏克萊分校地質年代中心的地質年代學家阿倫·丹尼采用「氬－氬法」同位素年代測定法，對這些採自百色盆地，並與石器出土於同一層位的玻璃隕石進行了年代測定，證明了這些石器的製造年代大約是 80.3 萬年前。這一考古成果，糾正了「莫氏線」理論的錯誤，表明舊石器時代的亞洲古人的文化比其他地區毫不遜色，在某些方面甚至還先進一些。八十萬年前，我們的先祖們就在廣西這塊紅土地上繁衍生息，他們不但會打製石器，還會用火來烹調食物。自那以後，古人類一直在這裡生活繁衍，發展進步，不斷將文明推向前進。

為什麼說柳江人是東亞人的祖先

1958 年 9 月，廣西柳江縣新興農場職工在通天岩洞穴內挖泥土時，發現人類顱骨化石一具，以及脊椎骨、肋骨、盆骨和大腿骨化石多塊。經中國科學院古脊椎動物與古人類研究室吳汝康教授鑑定，定名「柳江人」。根據當時的洞穴堆積層推斷，柳江人生活在距今 2 萬～3 萬年前之間，屬於舊石器時代晚期的古人類。柳江人為一中年男子，眉骨微隆起，腦容積約 1,400 多毫升；前額膨隆，嘴部後縮，體質形態上和現代人基本相同，具有東亞人（黃種人）的主要特徵。由於柳江人是東亞地區出土的這一時期保存最完好的古人類化石，已經被古人類學術界公認為東亞人的祖先。近年來，廣西自然博物館對柳江人出土的洞穴堆積物進行了進一步的深入研究，從通天岩洞穴內化石出土地點的 8 公尺多厚的堆積層的上、中、下三個單元層中分別抽取鈣板樣品，在兩個世界著名的鈾系同位素測年實驗室——南京師範大學和澳洲昆士蘭大學進行測試，並進行地層學分析，發現原埋藏柳江人頭骨化石的中層的地層年代

介於距今 7 萬～ 13 萬年前之間。

柳江人的這一年齡測定結果表明，現代東亞人的祖先並不是來自非洲的晚期智人。古人類起源於非洲，這已經得到了國際學術界的公認。現代人的祖先是距今十萬年前從古人類演化出來的舊石器時代晚期智人，他們是否來自非洲，卻有許多爭論。以前，由於東亞地區沒有發現這一時間段的古人類化石，據此，一些外國研究者認為，東亞地區的早期智人在十萬年以前就絕滅了，現代東亞人的祖先是在非洲進化出來的晚期智人，大約是在距今 3.5 萬～ 8.9 萬年前遷徙過來的。柳江人生活的年代在距今 7 萬～ 13 萬年前，不可能是從非洲遷徙過來的。這一研究成果表明，在距今 10 萬年前後，當非洲大地上剛剛出現晚期智人時，東亞人的祖先 —— 柳江人就已經在華南地區活動了。

頂獅山文化何以成為廣西第一個以當地地名來命名的史前文化

頂獅山文化是一處大型的新石器時代貝丘遺址。距今 5,000 ～ 10,000 年前，壯族先民在這裡生活生產，創造了燦爛的文明，留下了眾多的文化遺存。頂獅山文化遺址位於廣西南寧市附近的邕寧縣頂獅山，遺址面積 5,000 平方公尺，1997 年、1998 年和 1999 年進行了三次考古發掘，發掘面積占遺址面積的五分之一。透過發掘揭示，這裡是距今 5,000 ～ 10,000 年前的古人類生活居住的遺址，出土千餘件古人當時的生產和生活用具，包括石器、骨器、蚌器，以及 17 件陶器和大量陶片，以及牛、鹿、象、鳥等多種動物的骨骸，對於研究當時的生態環境和古人的飲食結構提供了實物資料。發現了成排有規律分布的柱洞，由此可

以確認當時人類居所的構造形式：建築形式為干欄式，與現在中國南方鄉村建築形式一致，這是廣西乃至中國南方透過考古發現來確認史前人類居所構造形式的唯一依據。還發現墓葬331座，古人遺骸四百多個。

墓葬中除廣西地區新石器時代典型的屈肢葬（包括仰身、側身、俯身及蹲踞屈肢）等多種葬式之外，還發現了國際上沒有報告過的一種新葬式——肢解葬，其所蘊含的文化意義還有待專家進一步研究。中國社科院考古專家傅憲國則認為，頂獅山貝丘遺址的內涵、意義和科學價值完全可以和西安半坡遺址博物館、長江下游的河姆渡文化博物館的相媲美。經相關專家學者研討論證，將集中分布於南寧及其附近地區的、以頂獅山遺址的二三期文化遺存為代表的一類貝丘遺址被統一命名為「頂獅山文化」，這是中國原始文化序列中廣西第一個以當地地名來命名的史前文化。

舜帝駕崩之地是廣西的梧州市嗎

舜帝是中華上古文明傳說中的三皇五帝之一，以道德教化為後世所景仰，堯舜禪讓被歷代傳為佳話。舜帝，名重華，姚姓，號有虞氏。年輕時就「好學孝長」，遠近聞名。舜的父親是一個沒有主見的人，而他的繼母和繼母所生的弟弟一直想謀害他，每次他都以自己的機智躲過了殺身之禍，卻又不失人倫孝道，盡兒子的責任，善待自己的父親和繼母。堯在四嶽的推薦下，把帝位傳於舜。舜沒有辜負堯的期望，處處以身作則，帶領百姓發展生產，任用大禹治水，並進行了一系列的社會改革，天下大治。舜帝晚年時，仍不辭勞苦，到南方進行考察，最終病逝於考察途中。

廣西歷史：歲月留痕，見證風雲變遷

據《史記‧五帝本紀》記載，舜帝「踐帝位三十九年，南巡狩，崩於蒼梧之野。葬於江南九疑，是為零陵」。舜帝的駕崩之地就是現在的廣西梧州市嗎？這要從幾個方面說起。首先，司馬遷為了寫《史記》，專程到湖南、廣西一帶追尋當年舜帝南巡的足跡，他寫的內容是有事實根據的，因而真實可信。其次，在舜帝的埋葬之地湖南的九疑山，有規模宏大的舜帝陵和祭祀建築，歷代都有祭祀活動。梧州在很早以前就存在紀念舜帝駕崩於此的紀念性建築，因而應該是舜帝的駕崩之地。因此，舜帝的駕崩之地應該就是今天的梧州，而後移葬於距離梧州不太遠的九疑山。歷史上的許多著名人物在路過梧州時，專門到梧州的舜帝廟進行憑弔，並留下了詩文。例如：明代洪武年間工部尚書嚴震直，在經過梧州時留下〈泊梧州〉詩一首：「夜泊梧州江水邊，九嶷山下水連天。南巡帝輦今何在？萬壑松蘿鎖翠煙。」

千古之謎的花山岩畫出自何人之手

崇左寧明花山岩畫在廣西左江流域的寧明、龍州、崇左、扶綏、大新一帶，分布著中國現存最大的岩壁畫群，其中又以寧明縣花山岩畫最為集中和壯觀。花山岩畫繪在距離左江水面幾十公尺高的岩壁上，長172公尺，高45公尺，面積達七千多平方公尺。岩畫中現存各種圖案1,900多個，包括人、獸、銅鼓、刀劍、羊角鈕鍾等。圖案為赭紅色，分布密集，場面壯觀，堪稱世界岩畫中罕見的精品。花山岩畫的創作和繪製時代已經有了定論，來自各地的文物考古專家經過對花山岩畫的顏料及鐘乳石進行年代鑑定，一致認定岩畫創作於戰國至東漢時期，然而，誰創作了花山岩畫卻一直是難解之謎。2004年5月以來，人們在崇左市江州

區的一個村子裡發現了部分文物。經文物主管部門調查搶救，目前已經收回銅碗、銅盤、銅斧、葉矛四件青銅器和兩件陶器。經中國國家博物館專家考證，確認這些文物屬於東漢時期的器物，而這一時期正是花山岩畫產生的時期。這說明，花山岩畫很可能就是現今居住在左江邊兩岸的壯族居民的祖先創作和繪製的。

如何讀解秦代嶺南三郡與廣西的現代版圖

嶺南地區是指南嶺山脈以南的地區。西元前 221 年，秦始皇統一六國，隨即兵發嶺南，嶺南地區被併入中國版圖。秦朝在嶺南地區設立三個郡級行政區，簡稱嶺南三郡，是嶺南地區行政建制的開始。嶺南三郡分別是桂林郡、象郡和南海郡。桂林郡的範圍包括現在的廣西桂林市、河池市的一部分、柳州市、來賓市、貴港市、梧州市、賀州市、南寧市的一部分，以及廣東省的茂名市、肇慶市的一部分，郡治所設在現在的廣西桂平市西南。象郡範圍包括現在的廣西百色市、崇左市、欽州市、北海市、玉林市、南寧市大部分，河池市一部分，以及廣東省的湛江市、茂名市的一部分，海南島全部，雲南省和貴州省的一部分地方，也包括了越南的北部，郡治所設在現在的崇左市。南海郡範圍包括現在的廣東省大部分地區，郡治所設在現在的廣州市。

千座大型古漢墓群的稀世珍寶

合浦漢墓群於 1996 年被定為全國重點文物保護單位。位於合浦縣城東效，南起環城鄉禁鄉村，北至清江村，在東西寬約 5 公里、南北長

約18公里的範圍內遍布著古墓群。從出土器物看，有漢、晉、南北朝、宋、明、清各代的墓葬，而以漢墓為主，到1998年的勘察，已發現古墓1,200多座。1971年在望牛嶺發掘一座西漢晚期木槨墓，出土文物245件，其中銅鳳燈、銅屋、銅匾、三足盤等五件，被送到日本、羅馬尼亞、加拿大等七個國家展出。隨後，又在堂排村等地發掘五座古墓，出土器物360多件，其中有陶器、銅器、漆器、玻璃、琥珀、瑪瑙、水晶以及大量五銖錢和料珠，還有北方民族用來扣攏「胡服」的腰帶用的帶鉤。這種帶鉤在春秋時代傳入中原。這說明合浦在2,000年前與中原地區就有著密切的聯絡。

古墓群的出土文物，對研究中國古代政治、經濟、軍事、文化藝術、南北方交流，以及與東南亞各國友好往來等，都提供了極其珍貴的實物資料。

「珠還合浦」的來歷如何

珍珠是在珠蚌體內發育長成的。廣西合浦縣的沿海地區是珍珠中的珍品──南珠的故鄉。合浦縣有著悠久的採珍珠和人工養殖珍珠的歷史，據《合浦縣志》記載，合浦沿海自東向西分布有烏泥、平江、青嬰、斷望、楊梅、白沙、海豬沙等七大古珠池。從東周桓王開始，採珠業開始起步，到秦代時已經具備了相當的規模。當地居民以採珍珠為生，不再從事農業生產。到明代時，更是在這裡建造了白龍珍珠城，專門從事為宮廷養殖珍珠和採集珍珠的工作。這裡還流傳著「珠還合浦」的故事。

據《後漢書‧孟嘗傳》記載，古代合浦地區「海出珠寶」而地「不產穀

實」，居民們不懂耕種技術，全靠下海採珍珠換錢買米，維持生計。東漢順帝時期，合浦郡軍官因貪汙腐敗而關閉合浦珍珠市場，珠販絕跡，珠鄉經濟支柱崩潰，以致出現餓殍遍野的慘相。海裡有靈性的珠蚌因不滿貪官汙吏的所作所為，憤而跑到交趾（今越南）去了，合浦成為夜海無光的黑暗世界。後來東漢順帝派孟嘗任合浦郡太守，他針對前任弊政進行了全面改革，使地方社會經濟生活恢復了正常，珠蚌又從交趾回到了合浦。後人為了紀念清廉的孟嘗太守，在合浦縣內建造了還珠亭、海角亭和孟嘗太守祠。

《徐霞客遊記》中為何記載廣西的內容最多

《徐霞客遊記》是中國明代旅行家和地理學家徐霞客透過自己的實地考察記錄的遊記著作，是中國和世界的古代地理名著。全書六十餘萬字，其中記錄在廣西考察的遊記部分有二十萬字，占全部遊記的三分之一。徐霞客（西元1585～1641年），名弘祖，字振之，號霞客。南直隸江陰（今屬江蘇）人。從明朝萬曆三十五年（西元1607年）起外出遊歷考察，足跡遍及大半個中國。崇禎十年（西元1637年）閏四月由湖南進入廣西。一年之內，先後遊歷桂林、柳州、鬱林（今玉林）、南寧、慶遠（今宜山）諸府所屬三十餘縣，行程1,500多公里。沿途留意考察各地名勝古蹟、險壑陡崖、幽巖暗洞和風土民情，並作詳實記錄與分析考證。崇禎十一年（西元1638年）三月，取道南丹前往貴州、雲南繼續考察。《徐霞客遊記》中的廣西部分稱為〈粵西遊記〉，專門記述在廣西的遊歷見聞和分析考證，是世界上最早關於石灰岩溶蝕地貌的考察記錄。遊記透過詳細的考察和分析判斷，得出了接近現代科學結論的溶洞成因結論。

廣西歷史：歲月留痕，見證風雲變遷

大藤峽瑤民起義如何延續了兩百多年

明朝時期，居住在廣西武宣、桂平的大藤峽地區的瑤族人民與明朝統治的殘酷剝削和壓迫進行了不屈不撓的抗爭，舉行了前後達兩百多年的起義。在黔江中下游的武宣至桂平間，有一條約長百餘里，兩岸都是崇山峻嶺的大峽谷。在這條峽谷上，很久以前，有一根粗大的大藤橫跨峽谷兩岸，居民憑藉這根大藤往來於兩岸。因此，黔江上的這段峽谷被稱為大藤峽。以大藤峽為中心，包括廣西東南部的潯州府、梧州府與平樂府西部及柳州府南部的方圓約六百餘里地方，稱為大藤峽地區。這裡是瑤族及壯族人民的世代居住地。

明朝政府較早地在這一地區實行改土歸流政策，用武裝奪取瑤族和壯族居民的土地，又利用食鹽壟斷和專賣，對當地居民進行嚴酷的治理，甚至封鎖食鹽的進入，妄圖迫使瑤、壯族人民就範。明朝政府對這一地區的殘酷統治和壓迫，激起了這裡的瑤族、壯族人民的強烈反抗，終於爆發以瑤族人民為主的大規模起義。瑤族人民以大無畏的反抗精神，前赴後繼，從明朝開國不久的洪武年間開始，一直堅持到明朝滅亡前夕的天啟年間，歷時250多年。起義軍利用大藤峽地區地處大瑤山的有利條件，在崇山峻嶺中與明朝統治者派來的鎮壓武裝進行周旋，多次打敗前來鎮壓的部隊，其勢力曾經一度擴展到桂林市和梧州市。至今，在大藤峽兩岸的崇山峻嶺中還留下了當年起義軍總部所在地的古營盤和石雞、石馬等遺址和遺物。

太平天國起義為何在廣西桂平的金田村爆發

　　西元1851年1月11日，洪秀全領導的太平軍在廣西桂平縣的金田村發動武裝起義，拉開了席捲大半個中國、給予腐敗的滿清王朝沉重打擊的太平天國革命風暴的序幕。清朝晚期的統治已經非常腐敗，加上1840年代的鴉片戰爭，給中國人民帶來了深重的災難，中國各地爆發了不少小規模的農民起義。同時，由於鴉片戰爭，列強的大砲終於轟開了大清帝國的大門，外國的文化和宗教開始傳入中國。廣東地處當時對外開放的前端，容易接受外來的思想文化，洪秀全正是在這一時期接受了天主教思想，在他的家鄉創立了拜上帝會教，為他日後領導和發動轟轟烈烈的太平天國起義準備了條件。

　　太平天國起義的領導者洪秀全和馮雲山是廣東花縣人，他們為什麼要選擇在遠離自己家鄉的金田村發動武裝起義呢？這是由幾個方面的原因所促成的。首先，由於花縣地處珠江三角洲，經濟比較發達，人民的眼界比較開闊，胸懷大志的洪秀全深知在這裡難以傳播他的宗教，很難為日後的起義累積力量。這時他把目光投向了珠江上游的大瑤山區。第二，金田村所在的大瑤山區地處珠江上游，與廣東山水相連，人民的生活習慣、語言等各方面都非常接近。而且，這裡地處山區，人民純樸，還非常貧困，也沒有見過多少世面，容易傳播宗教，因此，到這裡去做起義前的發動工作不會遇到什麼困難。第三，大瑤山區的人民有著長期反抗朝廷壓迫的歷史，他們也非常希望透過起義來改變自己的命運，因此，只要有人振臂一呼，他們就會群起響應。正是看到了這些有利條件，在創立了拜上帝會教的第二年，洪秀全就與馮雲山一起來到了金田村所在的大瑤山區，傳播拜上帝會教，祕密從事起義前的準備工作。經

過七年的準備，終於於 1851 年發動了震驚中外的金田起義，為中國近代史塗上了濃重的一筆。

太平軍為何急於在永安城封王建制

　　西元 1851 年 1 月 11 日，以洪秀全為首的太平軍在廣西桂平金田村誓師起義。同年 9 月 25 日，太平軍一舉攻克永安州（今廣西蒙山縣）。太平軍在永安州駐留半年時間，太平天國在這裡封王建制，基本確定了太平天國的政權結構和領導統屬關係。太平天國永安州封王建制既說明了太平天國起義的領袖們是一群有政治遠見的領導者，也說明了太平天國起義是一次組織嚴密、謀劃周到、目標明確的農民起義。透過攻克當時規模不大的城市永安州，太平軍的領袖們，特別是洪秀全已經清楚地認識到了自己的力量，太平軍有能力摧毀清王朝的統治，建立自己的政權。然而，離開起義的根據地以後，太平軍必然要面臨清王朝的瘋狂反撲，沒有建立一個行之有效的政權體系和領導體系是不能應對以後的嚴峻政治軍事形勢的。

　　太平天國起義的目標是推翻腐朽的清王朝，建立一個人人平等的理想社會。要實現這一目標，必須壯大隊伍，並對清王朝政權展開大規模的軍事行動，而這也要求太平天國建立適應未來軍事政治發展的政權體系和領導體制。永安封王建制正是為適應未來起義發展所做的政治方面的準備，展現了太平天國起義領袖們的政治智慧和領導才能。從此以後，太平軍成為一支組織嚴密、紀律嚴明的軍隊，鋒芒所指，所向披靡，攻克清王朝的一個個重鎮，最後定都南京。

劉永福為什麼用黑旗作為其部隊的軍旗

　　19世紀末，在中越邊境的深山裡，在臺灣腹地的密林中，有一位威武的將軍，指揮著一支高舉七星黑旗的部隊，對法軍和日軍進行了多年頑強的抗擊，沉重地打擊了列強的囂張氣焰。這位將軍和他的軍隊就是劉永福和他的黑旗軍。劉永福西元1837年出生於廣西欽州，年紀很小時就失去父母雙親，他與哥哥一起靠替別人幫傭和打柴為生，從小就感受到了社會的不公和人間冷暖。他雖然家境貧寒，卻是胸懷大志之人，希望在風雨飄搖的清朝末期，透過自己的努力，成就一番事業。20歲那年的一天，劉永福從山上砍柴回來後，對他的一群同伴們說，自己在山上砍柴休息時做了一個夢：夢中，一個白鬍子老爺爺告訴他，你是黑虎將軍，為什麼不出去成就一番事業，卻偏要在這裡辛苦砍柴？他的夥伴們都是對現實窮苦生活不滿的年輕人，於是大家於當天夜晚就去投奔了鄭三領導的反清義軍，而後又投奔了吳亞忠領導的反清義軍。

　　吳亞忠知道劉永福是一位能征善戰的戰將，又是一個十分重感情的人。於是讓劉永福指揮自己的部隊，並將這支部隊單獨建制。部隊駐紮地——白帝廟，廟裡供奉著三尊神像，北極玄天大帝居中，右側是花婆神，左側是周公。周公手拿一面黑旗，旗身是三角黑布，邊沿鑲狗牙形白布，旗上繡有北斗七星，附近幾十里的人都來白帝廟中求神賜福。劉永福聽眾人說廟裡的神仙、特別是周公手裡的七星旗很靈驗，而且周公還是西周開國元勛，懂軍事，多智謀，因此，就讓人按照廟裡周公手中的七星黑旗，為自己部隊做了一面軍旗。這面旗幟既符合自己「黑虎將軍」的稱號，又可以讓周公保佑自己多打勝仗。從此，劉永福的軍隊就以黑旗為部隊的旗幟，這支部隊也被人稱為「黑旗軍」。

廣西歷史：歲月留痕，見證風雲變遷

曾經威震南天的大、小連城今何在

　　大連城、小連城是廣西邊境線上的一道防衛邊城。

　　清末，戍邊將領蘇元春於光緒十二年（西元 1886 年）升任廣西提督兼衛防督辦。時值清法戰爭之後，為防禦已占領越南的法軍再次入侵，便著力加強邊防建設，從德國購置了大砲，在桂越邊境線上修築了 150 多座炮臺。大、小連城即是這一系列邊防建設中的重點軍事設施。

　　大連城（含白玉洞）位於憑祥城區以北 1.5 公里處，舊名稟更村。當年蘇元春以此為廣西邊防軍事指揮中心，並在周圍山頭構築八座中型炮臺，以長牆連線起來。長牆沿著山脊起伏，頗為壯觀，謂之「大連城」。在其中的谷地，有「指揮中心」建築群。包括：提督衙門、演武廳、練兵場、軍械局、先鋒蓬、武聖廟、財神廟、灶王廟等，並挖了四口大井——士兵飲用的「福井」、軍官飲用的「祿井」、長者飲用的「壽井」、紅白喜事用的「喜井」。有樣場坪，可供萬人練兵，檢閱臺高出地面 1 公尺左右。提督部衙門的正廳對聯是「天上神仙在，地下將相家」。衙門前 30 公尺的四排房屋為兵營。蘇元春曾採取措施，鼓勵百姓來此定居，建設邊疆。現在仍有許多人居住在這裡。

　　在大連城內「提督衙門」的後山上，有一山洞叫白玉洞，蘇元春建大連城時，以此作為「軍機要地」和「養心處」。當年擴通了靈明、靈光、硃砂三座洞穴，修階梯，砌圍牆，蓋住室，塑神像，砌花壇魚池，並建亭閣牌坊等。這些建築多已毀壞，但保存有 27 幅題刻，共 6 種字體。

　　小連城位於龍州縣彬橋鄉的榜山上，距離縣城三公里。蘇元春當年在這一帶的邊山上構築了 15 座炮臺，裝備德製大砲，以扼守龍州附近水

陸門戶。各峰各炮臺之間，壘石砌牆，相連環護，蜿蜒伸展數十里。小連城與大連城一起，是同一時期、為同一目的而建成的邊防軍事設施。榜山山腰有一洞，經當時整修後叫保元宮。平時是蘇元春聚將談兵、筵兵宴樂、鎮邊居留之處，戰時可用做臨時指揮部。宮內有些建築物，紅牆碧瓦，雕龍刻鳳，頗為得體。現雖時隔百餘年，色澤有所減褪，仍可看出當年規模。這裡上接山頂，下連平野，可控制四面山川。宮門口有一聯云：「江山如畫，俯視交州，岩岫有靈岩鎖鑰；樓閣環方，上通帝闕，神仙應喜此蓬萊。」

中國現存最早的石刻對聯是什麼

　　對聯是中國的傳統文學形式，以簡練的文字、工整的對仗和豐富的內涵而著名，是人民非常喜愛的一種文學形式。對聯在五代時期出現，史載後蜀主孟昶創作了最早的對聯。古代的對聯大多是紙質或木質的，張貼或懸掛於建築物前，或掛於廳堂之中，因而容易損毀，故年代久遠的對聯不易保存下來。中國發現最早的對聯是桂林普陀山北麓留春岩內的石刻對聯，這也是中國現存最早的石刻對聯。對聯為篆書，豎列，字徑16.6公分，內容為「安分身無辱，知幾心自閒」；落款為「淳熙乙巳晉安李滋長卿為鄉人林可宗元之書於復齋」。分列對聯兩側，隸書體。淳熙乙巳是宋淳熙十四年（西元1187年），距今已有八百多年歷史。對聯作者在文壇上沒有什麼名氣，卻在不經意中留下了一件中國最早的石刻對聯。

廣西歷史：歲月留痕，見證風雲變遷

彌足珍貴的北宋著名書畫家米芾的自畫像刻石

在桂林伏波山下的還珠洞裡，有一幅北宋著名書畫家米芾的自畫像刻石。石刻畫像高 1.2 公尺，寬 50 公分，身著宋代衣冠，寬袍大袖；右手伸出兩指，右腳前邁，神態自若，風度瀟灑。像的上方刻有宋高宗的御筆像贊：「襄陽米芾，得名能書。六朝翰墨，漁獵無餘。骨與氣勁，妙逐神境。風姿亦然，縱覽起予。」像的右邊刻有米芾兒子米友仁的跋：「先南宮戲自作此小像，真跡今歸於御府。」米芾（西元 1051～1107 年），字元章，號襄陽漫士、海嶽外史、鹿門居士等。世居山西太原，後遷居湖北襄陽，人稱「米襄陽」，最後定居潤州（今江蘇鎮江）。神宗時以恩蔭入仕，宋熙寧七年（西元 1074 年）到臨桂（今桂林）任縣尉。徽宗時入京為太常博士，後改任書畫學博士，官至禮部員外郎。由於做過南宮舍人，故又被稱「米南宮」。米芾擅長書畫，精於鑑別，是北宋晚期著名的書畫家，其書法與蘇軾、黃庭堅、蔡襄合稱「北宋四大家」。南宋嘉定年間（西元 1208～1225 年），米芾的曾孫米秀實攜帶其先祖米芾的自畫像，來到桂林，就任地方官。廣西轉運使方信孺從米秀實手中借來米芾自畫像真跡，摹刻於還珠洞內的岩壁之上。這就是我們今天在還珠洞內所見到的米芾自畫像石刻，也是中國現存唯一的米芾自畫像石刻。

靖江王陵何以稱為「嶺南第一陵」

靖江王陵位於桂林市東郊堯山的西南麓，面積一百多平方公里，葬有明朝歷代靖江王及王妃的合葬墓 11 座，親王宗室墓三百餘座，是目前

中國保存最完整的明代藩王墓。靖江王陵規模宏大，結構嚴謹，被譽為「嶺南第一陵」。靖江王陵區入口為三券陵門，門外有左右廂房和守門石獅。進入陵門後是三條神道，即中間的王道，兩邊的陪道。神道兩側是華表和石作儀，華表非常高大華麗，有的頂部雕有蓮花或蹲獸，有的為八稜蟠龍寶柱；石作儀則是人物或動物的岩石塑像。在靖江王陵區內，每一代靖江王的陵園區都是自成體系，相對獨立，並與其他靖江王的陵園分隔開。陵門是陵園區入口，往裡是玉帶橋、中門、享殿，最裡面是靖江王陵墓所在地——寶城。這些都是陵園區的主體建築，位於中軸線上，兩側有對稱的石作儀、松柏等。享殿是主要的祭祀建築，為單簷歇山式，三進五開間，飛簷斗栱，屋頂正脊兩端塑有吞脊獸螭吻，戧脊上的神獸為3—5—7制，依次為龍、鳳、獅、天馬、海馬、狻猊、押魚，減尾不減頭。陵門為綠瓦紅牆，飾橫七豎九門扉乳釘。

為何說古代石刻是廣西的一部永垂史書

　　在廣西的許多地方，廣泛分布著眾多的古代石刻。這些石刻大小不一，內容廣泛，既有名人的題記、詩詞、對聯、散文等與文化人遊歷有關的石刻，也有記載地方官員的功績、重大建設或事件、旅遊資源開發等方面的石刻，還有記錄鄉規民約、契約等反映當時社會經濟內容的石刻。廣西能夠保留眾多的古代石刻，與廣西的自然條件和開發歷史有關。廣西是石灰岩分布區，石山眾多，景色秀麗，這為石刻的出現和保存提供了基礎物質條件。秦始皇統一六國後對嶺南地區的大規模開發，是從長江水系的湘江，透過靈渠，到達珠江水系的灕江。開發路線縱貫廣西全境，使得這一帶成為古代嶺南最發達的地區，石刻自然也少不了。

歷史上許多著名的人物，如唐代的柳宗元、韓愈、宋代的黃庭堅、蘇東坡等都有過在廣西當地方官或遊歷的經歷，這些人也留下了不少石刻。佛教和道教在廣西的傳播，使得不少地方的山上留下了宗教石刻。廣西畢竟是古代的邊遠地區，文化不太發達，一些鄉規民約等地方文書只有透過刻在民眾必經之地的石山上，才能得到較好的傳播。如此種種，使得廣西保留了眾多的古代石刻，這些石刻成為廣西一部永垂的史書。

欽州八大遺址

◆ 越州古城遺址

越州古城位於浦北縣泉水鄉坡子坪的仰天窩。據《南齊書》記載，為南朝宋泰始七年（西元471年）建立，平面呈回字形，占地面積約24萬平方公尺，城周長2,028公尺。北城牆依山建築，地勢高聳，比較險要，南城牆比較平緩。殘牆最高處達14公尺，其餘平均高3公尺，城基最寬處達16公尺，一般寬8～9公尺，四周每百步築一個「馬面」。古城分內外城，外城南北長800公尺，東西寬500公尺。城內有城（俗稱「官廳地」），城外有溝。內城亦稱子城（指「官廳地」），依山坡築於城內西北區，地勢較高，可俯視全城，並有牆與外城相隔，其北面又有壕溝險阻，是個既比較安全又可控制全域性的地方。

據史載，越州初置時轄百梁、隴蘇、永寧、安昌、富昌、南流、臨漳等部。南齊時（西元479～502年），轄區增至20個郡，轄地東到茂名，南達雷州半島，西接欽州，北至容縣一帶，是當時的一級政區。自置到廢，先經歷南朝的宋、齊、梁、陳四個王朝，後廢於隋朝中葉。有關專家認為，此為南北朝至唐代中國保存比較完整的古城址之一。

◆ 欽州故城遺址

位於靈山縣城西北六十公里的舊州圩側。唐元和年間（西元806年～820年）至宋天聖元年（西元1023年）為欽州州治。遺址長270公尺，寬135公尺，總面積36,450平方公尺。城垣底寬7.8公尺，頂寬5.8公尺，高5公尺左右，有磚瓦、陶器、金屬器等文物出土。

◆ 錢江縣故城遺址

位於欽州城東北郊的上東壩村，建於隋朝。故城遺址呈正方形，用黃褐沙土夯築而成。城牆每面長150公尺，總面積兩萬平方公尺。有東西南北四門，南門外有古廟遺址。曾採到鎏金小佛像等文物。

◆ 芭蕉墩貝丘遺址

位於欽州市欽南區犀牛腳鎮丹寮村西偏南約兩公里的丹寮江與下埠江匯合處的一個海墩上，距欽州城區約二十公里。此海墩南北長約100公尺，東西寬約80公尺，墩的表面尚存0.5～1公尺厚的蠔蚌殼堆積層，面積約兩千多平方公尺，已採集到打製石器和磨製石器，器形以尖利的蠔鑿為主，還有砍砸器、刮削器、石斧、石球等，製工較粗糙。是一處以漁獵為主要生活來源的新石器時代貝丘遺址。距今一萬年左右。

◆ 獨料遺址

位於欽州市欽南區那麗鎮北約兩公里的獨料村西的禾塘嶺上。已出土石器1,100餘件，含石斧、石犁、錛、鑿、鋤、鏟、鐮、簇、刀、矛、錘、石桿、石磨盤等，從墾荒、耕地、收割到穀物加工工具都有，說明當時農業已有一定水準。所發現的柱洞、灰坑和灰溝應為房址遺跡，說明當時當地的人們已過著定居生活。是一處典型的以農業為主的新石器朝代晚期遺址，距今4,000年左右。該遺址發現的果核是目前中國發現最早的橄欖核。

◆ 上羊角新石器時代遺址

位於欽州市東場鎮紅砂村東南兩公里的上羊角嶺上，距欽州城區二十公里。遺址北靠南羊角嶺，北有北羊角嶺遮風，該處陽光充沛，溫暖宜人，可就近取用溪水，宜於居住。文化層面積約 100 平方公尺，厚 1 公尺，已發現有磨光石斧、礪石、石片、石球等。屬新石器時代文化遺存，距今約 4,000 年。

◆ 烏雷砲臺遺址

位於欽州市犀牛腳鎮烏富村兩公里的一個孤島上。清康熙五十六年（西元 1717 年）建。炮臺依島而築，以石塊、青磚、灰漿堆砌成。原炮臺「高一丈四尺，周圍四十四丈」。現在，炮臺四周圍牆多已毀壞，殘存的最高 3 公尺，多數為 1～2 公尺。為控制入欽水路第一道門戶。

◆ 鷹嶺炮臺遺址

位於欽州市大番坡鎮舊營鹽村南一公里的鷹嶺上。始建於清康熙五十六年（西元 1717 年），坐落於該地的南端，可控制東、南、西三面海域。炮臺原「高一丈四尺，周圍十二丈」，規模略小於烏雷炮臺。尚存大砲一門，口 23 公分，長 260 公分。鴉片戰爭、清法戰爭期間曾維修，是當時六大重點炮臺之一。

中國最大的土司衙署 —— 莫氏土司衙門

莫氏土司衙署總占地面積 38.9 萬平方公尺，主要由土司衙門和土司祠堂兩部分組成。

莫氏土司衙門位於忻城縣城中和街，翠屏山北麓，始建於明萬曆十

年（西元 1582 年），原為明清時期忻城土縣官吏辦公的場所，故名。衙門右側為世襲莫氏土司祠堂，建於清乾隆十八年（西元 1753 年）。衙門與祠堂占地總面積約 9,281 平方公尺，是廣西保存比較完整、規模最大的土司建築。衙門原為莫氏世襲土司官邸，明萬曆十年（西元 1582 年）始建，萬曆三十三年（西元 1605 年），因家庭內訌，衙署被焚殆盡，同年開始重建，歷時十年。浦順治九年（西元 1652 年）家庭再度內訌，衙門再度被焚，同年再維修。道光十年（西元 1830 年）又作大維修。光緒二十八年（西元 1902 年），農民軍首領覃火生率兵攻打縣城，衝進衙門，趕跑最後一任土司莫繩武，焚燒了三堂（土司臥房）和東花廳。

1960 年代起相關部門逐步對占地面積九千多平方公尺的衙門主體建築以及三清閣、代理上司官邸等進行全面維修。1992 年 6 月，維修任務完成，土司衙門正式對外開放。至於 1995 年年底，代理土司官邸維修任務完成，1996 年初修復三界廟（原名三清閣）。1996 年 11 月，忻城土司衙署被列為全國重點文物保護單位。中外遊客以及不少海內外的民族、民俗學者慕名而來。如泰國皇家藝術大學學者諾番、澳洲著名學者賀大衛，以及泰國民俗文化考察團等曾多次實地考察、採訪，獲取了大量科學研究資料。

莫氏土司衙門坐南朝北，大門臨街，背倚翠屏山，縱深 110 公尺。衙門主體原由前門照壁、大門、正堂、二堂、三堂、東西花廳、長廊、兵舍、監獄構成。從大門至三堂，監獄兵舍、東西花廳、東西廂房按順序分布左右。其餘附屬建築有莫氏祠堂、三界廟（又名三清閣），代理土司官邸、參軍第、大夫第、練兵場、土司官塘等。現存前門照壁、大門、正堂、二堂、西花廳和長廊均為清道光十年（西元 1830 年）所修建。

衙署大門臨街，門前為寬廊，廊柱有黑底金字陰文楹聯，上聯「守斯土、蒞斯民，十六堡群黎誰非赤子」，下聯「闢其疆、利其賦，三百里區域盡隸王封」。大門兩側是八字跨街牌房，稱東、西轅門，門楣上橫額分別浮雕「慶南要地」、「粵西邊隅」八個大字。楹聯及橫額傳為清同治年間（西元1862～1874年）重修時書法家鄭小谷手書，原物已毀，現存為後人補書。衙門前豎立巨幅照壁，照壁前有一小廣場。進大門是一大院，院中有民國十四年（西元1925年）種的巨榕一株。正堂頗具明代建築特點，由8根柱子支起天面，並與天梁形成框架，東西兩面磚牆不承受壓力，只形成擋風及裝飾作用。這些柱子均係青岡木精製，木質堅硬，歷時近兩百年，仍然質堅如初。另有仿壯錦圖案製作的花窗，鑲嵌於屋脊、屋角、山牆的龍頭魚身水神舐吻，以及以福祿壽為內容的各種圖案頗具民族特點。正堂、二堂和長廊相連，長廊兩側是東、西花廳，再經一大院則是三堂。衙門全部建築為磚木結構，硬山翹脊，穿斗構架，均係珍貴木材製作；天面飛簷翹脊，落地門式屏風，彩繪浮雕，朱漆梁柱，古色古香，氣勢豪華。

衙門整體布局嚴謹，講究左右對稱，主次分明。正堂森嚴肅穆；二堂三堂莊重豪華；後苑靜謐清幽；東、西花廳則華貴高雅，不失為當年侯門貴冑府院氣派。

忻城土司衙門自明萬曆至今，有四百餘年歷史，歷盡滄桑，幾遭劫難，由於構架純係堅木製作，正堂和二堂構架至今完好無損，仍保留明代建築原貌，是研究古代建築藝術的寶貴實物依據。

客蘭湖旁的「延陵國」遺址

客蘭湖位於廣西扶綏縣東羅鎮，是 1950 年代末期建設的大型水庫（人工湖泊），因水庫是攔截左江的支流客蘭河建成的，因而得名為「客蘭水庫」或「客蘭湖」。客蘭湖水面面積約 30 平方公里，總庫容 2.23 億立方公尺，湖泊中有兩個小島，周圍分布 20 個壯族村落。湖面廣闊，景色秀麗，特別是坐落在湖泊西側的延陵國遺址，更使其增添了神祕色彩。

延陵國是廣西農民起義領袖吳凌雲在西元 1861 年初（清咸豐十一年）建立的農民政權。1851 年（咸豐二年），天地會首領吳凌雲在廣西新寧州（今扶綏）高舉反清起義，附近農民紛起響應，起義軍隊伍迅速擴大，聲勢日盛。1857 年，起義軍攻克新寧州（扶綏縣城）；1860 年，起義軍先後攻克養利、太平、龍州等地，控制了左江流域的大部分地區。

1861 年 2 月，吳凌雲在太平府（今崇左市）稱王，宣布建立延陵國，定都太平府，自封為延陵國王，鑄造「延陵玉璽」，蓄髮易服，封官定爵，修建宮室。1862 年（清同治元年），清軍攻陷太平府，吳率領起義軍退守隴羅圩，被清軍圍困。1863 年 2 月，吳凌雲在率部突圍中陣亡，其子吳亞終繼位，據守歸順州（今靖西）。1868 年，廣西提督馮子材率軍進剿，攻陷歸順州，吳亞終率部退入越南。至此，延陵國在廣西的勢力被全部肅清。延陵國雖然存在的時間不長，勢力和影響範圍也不是很大，但她有力地配合了太平天國起義，對腐朽沒落的晚清王朝予以沉重的打擊。

把鎖南國咽喉的金雞山炮臺

　　位於憑祥邊境線上的金雞山，古稱右輔山，海拔為511公尺，緊靠友祖關西側，兀然壁立，氣勢壯觀，是關左右邊境上最為壯險的石山。在關內側貼山腳自助曲折小道通至山頂，另有公路自隘口沿斜坡上山。山面上有三座炮臺，名為鎮南、鎮中、鎮北。是清法戰爭後，當時的邊將蘇元春主持修建的。炮臺用長方形大塊青石堆砌，十分堅固。這三座炮臺與北面大連城的八座炮臺遙相呼應，構成捍衛邊關的屏障。孫中山領導鎮南關起義時，起義軍曾以三座炮臺為依託，痛擊清軍。孫中山、黃興等也曾親臨炮臺參加戰鬥，數百義軍與四千清軍激戰了七天，雖最後因彈藥不繼，主動撤出，但也取得了僅以犧牲兩人的代價換來斃傷清軍兩百餘人的巨大戰果。

　　鎮南炮臺位於右輔山之南。進口甬道右壁上刻有一幅記述修築三座炮臺的文字。再進便是「地營」，額刻「鎮南臺」，臺住兵五十人。炮臺頂部置12公分大砲一門，炮口還阻塞著一枚彈頭。它是三座炮臺中視野最廣的，可以俯覽雄關內外。晴天還可見越南同登市。

　　鎮中炮臺位於鎮南臺東北方兩百公尺處。是三座炮臺中面積最大、結構最複雜的。正門額刻「鎮中臺」，門前小屋有〈鎮中記〉，另有可住士兵兩百人的石室和指揮官室。臺頂原配置12公分大砲一門和小炮數門。大砲已拆運北京市博物館陳列。

　　鎮北炮臺位於金雞山北面山巔，炮臺外門旁有石刻〈鎮北臺記〉。有面積約100平方公尺的操練場。炮臺前後入口門額均刻「鎮北臺」三字。兵房可住上百人。臺上置12公分大砲一門和小開花炮三門。今僅存大砲及炮座。

憑祥萬人墳的來歷

　　萬人墳位於友誼關通憑祥市公路旁的右輔山腳下，距友誼關約四百多公尺，距憑祥城區十七公里，是清法戰爭時抗擊法國侵略軍而犧牲的部分清軍將士集葬墓。

　　清法戰爭期間，法軍於光緒十一年（西元 1885 年）二月入侵，近年七旬的老將馮子材就任前線主帥。他團結各部，組織士兵，先築起長牆禦敵，在敵人來攻時，又親率大刀隊與之拚殺，終於大敗法軍，並將之趕出關外。當時的主戰場即在今距憑祥市區南十四公里的關前隘一帶（今隘口附近）。戰後，陣亡的清軍將士就葬於右輔山山麓。至清光緒二十四年（西元 1898 年）清明節，憑祥州官及商民等，又收集散葬在附近一帶的陣亡者遺骨集葬於此，以梯級形式排放骨罈，罈內安放英烈骨骸，並立碑文為「大清國萬人墳」。左右有民國年間的碑刻，記述集資擴修萬人墳的事。墳旁遍植青松、木棉，給古戰場遺址增添了莊嚴肅穆氣氛。

神祕的邊關十二道門

　　十二道門位於距靖西縣城四十二公里處的龍邦圩南一公里的七星山頂，是建在山頂土層下的一個圓盤狀軍事大堡壘。建於清光緒十八年（西元 1892 年），用大塊料石砌造。

　　清法戰爭（西元 1884～1885 年）結束後，廣西邊防督辦蘇元春為加強邊防建設，在中越邊界中方一側建設了一批軍事設施，包括煙炮向、地堡、防禦性的連城以及軍事指揮機構等，在靖西邊界就有炮臺等軍事構築 12 處，十二道門便是其中之一。

此堡壘長 31.5 公尺，寬 22.5 公尺，高 11.4 公尺，右地 708.3 平方公尺，頂上覆蓋著一兩公尺厚的土層。共有 12 道拱門，由 12 條一公尺左右寬的通道與內堡連線，凶名「十二道門」。向北的正門，門額刻「邊民永賴」四字，另有門額刻「十二道門」或「堅守十二道門」字樣。拱門後面連線的暗道縱橫交錯，組成梅花形的堡壘平面，其中有五條石級通道通頂。不明其中結構者入內，很容易走錯路。堡內設糧倉、水池、彈藥庫、觀察所、隱蔽部等，可屯兵五六十人，頂部設多個炮位。堡壘外沿山邊，有一道半環形的戰壕，為前沿防禦陣地。

十二道門所在的七星山海拔 853 公尺，於此可俯視龍邦口岸。口岸通往龍邦圩和靖西縣城的公路從山下經過，堡壘正扼守其咽喉，同時與東南方不遠處的金龜山炮臺遙相呼應，共同組成這一帶的邊境防線。

清法戰爭如何讓大清國揚眉吐氣

西元 1880 年代，法國發動了對越戰爭，並陳兵中越邊境，欲進攻中國雲南、廣西。在這種情況下，1884 年終於爆發了清法戰爭。1885 年初，執行越南北圻陸路反攻任務的東線清軍作戰失利，於 2 月上旬退入中國境內。法軍占領越南北部城市諒山，直逼中越邊境的鎮南關（現名友誼關）。在這危急時刻，受命幫辦廣西關外軍務的老將馮子材，被前敵各部隊將領推選為主帥，統一指揮對法軍的作戰。馮子材上任後，加緊修築和加固工事，整頓軍務，穩定軍心，為抗擊法軍的進攻做了充分的準備。1885 年 3 月 23 日，法軍第二旅主力千餘人在尼格里將軍的指揮下，向鎮南關發動進攻。老將馮子材身先士卒，指揮各部沉著應戰，一

舉殲滅了法軍主力，並乘勝追擊，收復了諒山，取得了令大清國揚眉吐氣的鎮南關大捷。

中國第一個孫中山紀念館為何修建在廣西梧州

1921年至1922年，孫中山先生為籌備北伐，先後三次到梧州活動。1925年，孫中山先生逝世後，在李濟深先生的倡議下，梧州人民為了紀念孫中山先生的豐功偉業，決定建設中山紀念堂，這就是中國第一座孫中山先生紀念館──梧州中山紀念堂。紀念堂奠基於1926年1月，1928年7月破土動工，1930年9月落成，向全市居民開放。紀念堂坐北朝南，東西長44公尺，南北寬35公尺，採用中國古典宮殿式與西歐圓頂式相結合的建築設計，建築平面成「中」字形，前部為四層塔式圓頂，後部為千人會堂，東西兩翼為辦公室。紀念堂整個建築氣勢雄偉，莊嚴肅穆，素白色的外牆與四季常青的古樹相映襯，寓意孫中山先生萬古不朽。紀念堂建成後不久，梧州人民又以紀念堂為核心，建造了中山公園。

影響中國歷史的新舊桂系是如何形成的

桂系是指清朝末年至1949年存在的，以廣西為基地，由廣西籍人士組成的軍事、政治集團。廣西是桂系的傳統勢力範圍和統治地盤。根據存在時間和領導人的不同，桂系分為舊桂系和新桂系兩個派系。

舊桂系以陸榮廷為首，主要成員有陳炳焜、沈鴻英、譚浩明、莫榮新等。陸榮廷發跡於鎮壓孫中山發動的鎮南關起義（西元 1907 年），升任左江鎮總兵。1911 年 10 月武昌起義後，廣西宣布獨立，陸任都督，獨攬廣西軍政大權，確立了舊桂系在廣西的統治。1916 年 3 月，舊桂系乘護國戰爭之機，進兵湖南，7 月再派兵入廣東，從此，控制廣西、廣東、湖南三省，掌握廣西、廣東軍政大權。1924 年 4 月，駐梧州的桂軍首領李宗仁、黃紹竑，接受廣州軍政府領導，率部討伐陸榮廷，旋即占領南寧和左江、右江地區各縣。7 月 19 日，陸榮廷通電下野，逃離廣西，舊桂系覆滅。

新桂系屬中國國民黨統治時期的政治、軍事派系之一，主要人物為李宗仁、白崇禧、黃紹竑等。他們原是舊桂系營壘的中、低階軍官，後投靠孫中山，藉助於廣東革命政府和粵軍的力量迅速崛起，並取得了 1924 年和 1925 年討伐舊桂系戰爭的勝利，從 1925 年 7 月開始確立了新桂系集團的地位，並發展成為在國民黨統治時期具有舉足輕重地位的一個實力派別。

中日崑崙關血戰是如何打響的

抗日戰爭時期的 1939 年，日軍控制了中國華中、華南沿海地區，桂越、滇緬公路及滇越鐵路構成的西南國際交通線，便成為中國政府取得國際援助的主要通道。1939 年 10 月 16 日，日軍大本營下達第 375 號作戰命令，企圖徹底切斷中國西南運輸補給線。11 月 15 日，日軍支那派遣軍第二十一集團軍第五師團和臺灣混成旅團共計約 3 萬人，在第五艦隊和海軍第三聯合航空隊的支援配合下，在欽州灣的企沙一帶登陸，發動

了對中國廣西南部的攻擊。由於桂南守備兵力空虛，未能組織有效的抵抗，致使優勢日軍迅速推進到邕江南岸，11月24日，南寧淪陷；12月4日，日軍奪取崑崙關，控制了南寧通往內地的兩條交通道路的要隘。

南寧失守，不但西南國際交通線被切斷，而且，日本空軍還可以以此為基地，危害中國西南大後方，對中國的抗日戰爭造成嚴重的威脅。在這種危急局勢面前，國民政府軍事委員會決心不惜一切代價，收復南寧。於是，從湖南、湖北、貴州急調三路大軍馳援桂南前線。而要收復南寧，光復桂南，必須首先打通南寧至桂北的交通咽喉 —— 崑崙關。這樣，中日雙方便投入了各自的精銳部隊，在崑崙關一帶展開了激烈的爭奪，崑崙關戰役打響。

日軍的機械化師
為何選擇在廣西欽州灣登陸

抗日戰爭進行到第三個年頭，1939年11月15日，日本支那派遣軍的機械化部隊第二十一集團軍第五師團在海軍和航空兵的支援和掩護下，利用急風暴雨的天氣，突然在欽州灣企沙、龍門強行登陸，透過海路對中國廣西南部發動攻擊。日軍機械化師選擇在這裡登陸是一次周密的軍事行動，充分考慮了戰略目標、對方防禦情況及地理條件。

日軍的這次軍事行動的目標是要切斷中國西南地區的交通運輸線，威脅中國抗戰的西南大後方。要實現這一策略目標，就要控制桂南和越南北部，奪取南寧。欽州灣離目標戰場最近，從這裡登陸，可以以最快的速度實現其策略目標。桂南雖然屬於山區，但地形相對起伏不大，坡度比較平緩，對機械化部隊的運動不會造成很多麻煩；而且，欽州灣一

帶海底平坦，島嶼眾多，便於機械化部隊登陸作戰。當時的桂南地區是中國軍隊防禦的薄弱地區，兵力空虛，容易建立灘頭陣地，並迅速向策略縱深發展。日軍機械化師正是利用了這些有利條件取得了登陸前期的輝煌戰果。後來，雖然在中國軍隊的頑強抗擊下，敗退越南，還是實現了其控制越南北部的部分策略目標。

飛虎隊 B-24 遠端轟炸機為何半個世紀後才驚現貓兒山

1996 年 10 月 2 日，在貓兒山自然保護區黑山崖（仙人愁）採藥的興安縣華江鄉的幾個瑤族農民，在這一帶的原始森林中意外地發現了一架戰機殘骸。他們隨即將這一情況報告給了當地政府，政府的相關部門經過勘查後，確認為二戰時期的美軍飛機殘骸。1996 年 11 月，中國政府向美國政府通報了有關情況。此後，美國國防部失蹤人員防務辦公室先後兩次派人員來貓兒山地區，在中國政府和民眾的協助下，對在貓兒山失事的第二次世界大戰時期的美軍飛機的殘骸進行了全面的搜索。

飛機殘骸散落在黑山崖海拔 1,828 公尺高度附近，包括多挺機關炮、機關槍、多部引擎、多名美國空勤人員遺骸和遺物。透過對飛機殘骸和空勤人員遺物的辨認後確定，失事飛機是美國陸軍第十四航空隊第三十五轟炸機中隊（簡稱「飛虎隊」）的 B-24 遠端轟炸機，編號 40783 號。這架「飛虎隊」所屬 B-24 轟炸機是 1944 年 8 月 31 日下午 4 時 30 分從柳州航空基地起飛，去執行轟炸臺灣某港口日本軍艦任務的，機上有十名機組成員。在完成任務後返航途中，柳州機場遭受日軍轟炸，地面

指揮中心告知了這一情況，要求飛機改飛至桂林基地降落。此後，飛機便與地面中心失去了聯絡。這架飛機在飛往桂林基地的途中，撞上了貓兒山的黑山崖，十名「飛虎隊」年輕人和他們心愛的戰鷹一起永遠留在了中國廣西這塊土地上。

柳州帽合山機場為何成為「飛虎隊」的空軍基地

抗日戰爭時期，中華民國空軍美籍志願大隊——飛虎隊，曾以柳州為基地，幫助中國對抗日軍。飛虎隊的基地就是柳州帽合山機場。柳州帽合山機場是國民黨桂系主政的廣西省政府於1929年修建的。初建時，機場規模很小，面積僅有0.5平方公里，只有簡易飛機起降場地，供小型飛機起降。七七事變後，國民黨中央航空委員會接收柳州機場，由筧橋航校使用。同年11月，柳州機場進行了第一次維修和擴建。1939年冬，蘇聯航空志願隊進駐並使用機場。1941年3月，柳州機場進行了第二次擴建。1943年，由美國專家查爾斯·普林斯（Charles Price）主持設計，柳州機場進行了第三次擴建和維修。擴建後，機場面積達到120公頃，成為廣西最大的機場之一。

1942年至1943年7月，「飛虎隊」五百餘人陸續進駐柳州，柳州帽合山機場成為美國援華空軍「飛虎隊」的基地，長期駐留機場的戰機保持在五十餘架。柳州因其優越的地理位置，成為當時中美空軍最重要的前沿空軍基地之一。「飛虎隊」的勇士們經常駕駛戰鷹從柳州機場出發，去執行戰鬥任務，或轟炸日軍占領區的目標，或轟炸日軍艦船。1943年

11月9日，柳州淪陷，日軍占領機場。1945年7月柳州光復，「飛虎隊」重返機場，停駐的各種飛機一度達到兩百多架，柳州一度成為中國航空網絡的中心。

為何說桂林是抗戰時期中國的「文化之都」

抗戰時期，桂林作為國統區的文化之都，吸引了來自中國各地的文化教育界人士。從1938年10月至1944年9月的六年時間裡，先後到桂林來開展抗日文化運動的文化界人士有一千多人，他們當中有郭沫若、茅盾、巴金、柳亞子、夏衍、田漢等。這些文化界著名人物來到桂林後，與桂林的同行們一起興辦各種社會團體，透過電臺廣播、報紙雜誌、各種展覽和文藝演出，掀起了轟轟烈烈的抗日救亡文化運動。抗戰時期，在桂林影響較大的文化藝術界社團有：以王魯彥、巴金、夏衍等為首的中華全國文藝界抗敵協會桂林分會，以李樺、賴少其、黃新波為首的中華全國木刻界抗敵協會和中華全國漫畫家抗敵協會桂林分會，以田漢、瞿白音、杜宣為首的國劇社，以歐陽予倩為首的廣西省立藝術館實驗話劇團和桂劇團，以李文釗、焦菊隱為首的國防藝術社，以及新安旅行團，孩子劇團等。

在著名戲劇家歐陽予倩先生的積極籌劃下，廣西省立藝術館於1944年2月竣工落成。隨後，在這裡舉行了為期三個月的「西南劇展」，演出了八十多個劇目，是一次國統區抗日進步戲劇的空前大檢閱，在中國各地和世界反法西斯陣容中產生了重大影響。一組數字可以反映抗戰時期桂林文化城的空前盛況：抗戰前，桂林文學期刊只有9種，報紙僅有《廣西日報》一家，到1944年，在桂林出版、發行的報紙多達21家；各種

新聞機構十多個，國際新聞社總部設在桂林；各種出版社、書店 179 家，大小印刷廠 109 家。出版各類雜誌兩百多種，純文學期刊 36 種，綜合性文藝期刊 52 種，文藝著作一千多種，叢書五十餘套，而且還翻譯出版了大量外國作品，集中出版了一批中國著名文學作品。

抗戰時期大韓民國臨時政府為何駐落柳州

在柳州市魚峰公園側門旁，有一幢黃色的騎樓式建築，這就是當年大韓民國臨時政府的辦公地點。1910 年 8 月，日軍發動了對朝戰爭，由於朝鮮半島當時的經濟和軍事力量遠遠落後於日本，雖然人民進行了英勇頑強的抵抗，但半島全境還是在不太長的時間內被日軍占領，成為淪陷區。1919 年 9 月，朝鮮民族獨立組織代表在上海建立了統一大韓民國臨時政府，在中華大地上，與中國一道共同抗擊日軍。1932 年 4 月，為了躲避日本特務騷擾和破壞，大韓民國臨時政府遷出上海，前往中國南方建立基地，領導和指揮韓國人民抗擊日軍。他們一路南行，經在杭州、鎮江、長沙、廣州停留後，於 1938 年 10 月，來到柳州，在柳州活動了半年時間。

宋朝皇帝為何賜匾南山寺

南山寺位於貴港市南郊鬱江岸邊二十四峰中的獅山岩洞裡，是千年古寺，嶺南名剎。南山寺始建於宋代端拱二年（西元 989 年），當時的高僧善智大師來到貴州（今貴港）傳播佛教。他考察了貴港的山川大地，最後選擇在風景如畫的獅山岩洞裡建立寺廟，供奉如來、三寶諸佛，這就

是南山寺。南山寺建成以後，香火興旺，名氣日盛。宋至道三年（西元997年），宋真宗以宋太宗墨跡賜天下名山，南山因山中的寺廟已成為天下名山，所以南山寺獲賜太宗御書224軸，並建御書閣安奉。宋仁宗景祐元年（西元1034年），中央政府大力整頓中國寺廟，下令「毀天下無額賜寺院」。由於南山寺是州治所在的寺廟，素負盛名，宋仁宗乃親書「景祐禪寺」匾額賜給南山寺。因此，南山寺又名景祐禪寺。同時，由於皇帝御賜了這塊寺廟匾額，使得南山寺在宋代免遭毀寺的滅頂之災，成就了千年古寺的輝煌，所以這塊匾額成為寺中至寶。

全州湘山寺為何具有「楚南第一名剎」的盛譽

湘山寺位於廣西壯族自治區全州縣城西一公里的湘山腳下，該寺始建於唐至德元年（西元756年），歷經唐、宋、元、明、清和民國，到現在已有1,200多年的發展歷史。湘山寺始建於唐朝「安史之亂」以後，在唐朝的近150年裡，影響不大。宋代時期，湘山寺受到了朝廷的特別重視，僅朝廷敕賜文牒就有五道之多。北宋皇帝還御封當時該寺住持——高僧全真大師為「慈佑寂照妙應普惠大師」。北宋淳化年間，全真大師圓寂，在寺前建造了七級浮屠塔安葬了這位對湘山寺的發展做出了重大貢獻的有道高僧，南宋時期，高宗欽賜塔名——妙明塔。北宋徽宗遊南嶽時，還專程到湘山寺來燒香拜佛。由於受到宋代朝廷高度重視，湘山寺在宋朝時，地位非常顯赫，香火旺盛，名聲遠播。由於該寺興建於唐代，到宋代時名聲非常顯赫，因而被後人冠以「興唐顯宋」的名稱，這是對該寺發展歷史的最精闢的總結。明朝開始，該寺的影響力和地位逐漸

下降。民國以後,更是屢遭兵燹戰禍損毀。宋真宗景德年間,湘山寺被朝廷敕封為「楚南第一叢林」。由於地處古代楚國的南方,因而該寺又被時人稱為「楚南第一名剎」。

鑑真大師為何多次東渡日本受挫後選擇在廣西駐留

　　唐朝是中國古代社會的鼎盛時期,經濟發達,國家富強,文化繁榮,國力強大。許多國家都派有學子來到唐朝,學習盛唐時期的中華文化,這其中又以日本最為積極,掀起了全面學習中華文化的熱潮。唐朝也是中國佛教文化最為繁榮的時期,中國各地佛寺林立,高僧雲集,佛教的傳播也達到空前的繁榮。到西天的佛教發源地去學習取經的高僧有玄奘法師和義淨法師,東去日本傳播佛法的則是律宗大師──鑑真大師(西元 688～763 年)。

　　鑑真,俗姓淳于,廣陵江陽縣(今江蘇揚州市)人。住揚州大明寺,為江淮一帶知名的受戒大師。唐天寶元年(西元 742 年)十月,留學唐朝的日本學問僧榮睿和普照,奉天皇之命,邀請唐朝高僧去日本傳授佛教戒律。他們來到揚州拜謁鑑真大師,求他東渡弘法。鑑真雖然已年過半百,但為了傳播佛法和中華文明,毅然決定應邀東渡。鑑真東渡日本弘揚佛法的旅途並不順利,前面五次東渡都以失敗告終,特別是第五次東渡,不但沒有成功,而且九死一生,幾乎喪失了性命。鑑真就是在第五次東渡失敗後,返回揚州的途中,來到廣西的寺廟中駐足停留的。

　　天寶七年(西元 748 年),鑑真大師率領弟子們第五次東渡。他們在海上航行了三個多月後,進入深海,淡水用盡,又遇上風暴,在海上繼

續漂行了半個多月後，並沒有到達日本，而是漂到了海南島南部。在當地官員的幫助下，他們在海南駐留了一年後，開始由陸路北返揚州。鑑真一行先到崖州，然後乘船經由招義郡、蒼梧郡等地至始安郡（今桂林），在桂林的開元寺逗留一年。此後，又乘船沿桂江東下，再次經過蒼梧郡（今梧州）至高要郡，在離開第五次東渡出發地三年後，終於回到了揚州。這時的鑑真大師已經雙目失明，他的一些弟子和朋友有的病死在歸途中，有的則離開他去了別的地方。然而，鑑真大師仍然不改東渡弘法的初衷，終於在第六次東渡時獲得成功，這時，鑑真大師已是66歲高齡了。

天主教為何能成為瀾洲島居民信奉的唯一宗教

到瀾洲島旅行的遊客，都會對島上的宗教氛圍有特別深刻的感受。這裡是天主教的地盤，居民大部分信仰天主教，天主教是這裡唯一的宗教。每當星期天的早上，在黎明的曙光照到島上之前，信徒們就已經聚集在教堂裡做禮拜了。男男女女，老老少少，一個個手持蠟燭，唱著讚美主的歌曲，心中毫無雜念，極其虔誠。

西元1840年的鴉片戰爭，列強用大砲轟開了清帝國緊鎖的國門，清朝政府被迫與列強簽訂了不平等條約，但這些條約只允許外國傳教士在通商口岸建設教堂和傳教。第二次鴉片戰爭又以清朝政府的屈服而結束，英法政府強加給清朝政府的條約中，規定了他們的傳教士可以到中國各地傳教而不受約束。於是，在1860年前後，法國傳教士踏上了瀾洲島的土地，開始在這裡傳播天主教，發展教徒。由於瀾洲島所處的地理條件，以及島上居民與外界隔離的封閉情況，外來宗教得到了快速傳

播，很快，島上的居民大部分都皈依了天主教。

西元 1869 年開始，法國天主教會在盛堂村，用島上特有的珊瑚石，花了十年時間，建造了「潿洲天主教堂」；1882 年又建成城仔村的「法國天主聖母教堂」。這一時期，面積不大的潿洲島成為了法國傳教士的樂土，自然在法國教會心目中也有了較高的位置。潿洲天主教堂當時直屬法國「遠東傳教會廣州天主教區」管轄，下轄雷州、欽州、防城、靈山、合浦等地的教堂，成為廣東西南地區天主教會的「首府」。

世界銅鼓收藏之最 —— 廣西博物館

廣西壯族自治區博物館位於南寧市民族大道民族廣場東側，是一座仿壯族干欄式的現代建築。建築面積 1.29 萬平方公尺，展覽面積 5,000 平方公尺，1978 年落成。現收藏有各類文物五萬餘件，其中一級文物近百件，圖書資料豐富，能使人在較短時間內，比較集中概括地了解廣西的過去和現在。

最值得稱道的是館中的銅鼓展覽。銅鼓是中國古代西南地區（包括廣西）少數民族創製的一種歌樂重器，大約在 2,500 多年前的春秋時代，廣西就有了銅鼓。它形如鼓，用銅鑄成。既是祭神祀祖的禮器，又是節日歡慶敲擊的樂器，平時可用來保存物品，戰時可用來擊鼓助勢。它常為上層人士收藏，並被作為權勢和財富的象徵。世界上的銅鼓，中國最多，廣西又居中國之冠，該館已收藏銅鼓三百多面，數量堪稱世界之最。館內專辦的《古代銅鼓陳列》，展出銅鼓六十多面，其中有目前世界上最大的、直徑達 1.65 公尺、重 300 公斤的「銅鼓王」，是從北流市出土的。

廣西歷史：歲月留痕，見證風雲變遷

中國－東協博覽會何以永久落戶南寧

　　2003 年，中國國務院決定，中國－東協貿易博覽會落戶南寧，南寧市成為這一博覽會的永久舉辦地。南寧市能夠成為中國－東協博覽會的永久舉辦地，與中國西部大開發的機遇有關，也與南寧市所處的地理和交通區位有關。1990 年代末，中國政府開始籌劃和實施西部大開發策略。要取得西部大開發的成功，不僅要有中國東部與西部的經濟合作，也需要走出去，參與國際經濟的合作和發展。西部地區尤其是西南地區要「走出去」，參與世界經濟合作和發展，東南亞是最合適的地區。該地區在地緣上與中國西南地區相鄰，經濟發展水準與中國西部相近，且有很強的互補性，兩地區的經貿合作是一個雙贏的選擇。這兩個區域的合作，迫切需要一個便捷的通道以及有效率的合作平臺。中國西部的大部分省區屬於內陸地區，而廣西正好處於中國西部地區與東南亞地區的結合部，又是西部唯一的既有出海口又與東南亞國家相鄰的省區，並且已經形成了與東協國家連繫的海陸空交通網絡。正是由於上述的兩個條件，南寧成為中國－東協博覽會的理想舉辦地。

廣西地理：
奇山異水，孕育壯麗天地

廣西地理：奇山異水，孕育壯麗天地

廣西大地是何時浮出海面的

　　遠古時代，廣西大地是一片海洋，之後，伴隨著地質構造運動，逐漸褶皺隆起，從海底升起，成為現在的陸地。廣西大地是什麼時候浮出海面的呢？這要從廣西大地的地質發展演化歷史說起。在距今十億多年前的元古代早期，廣西所在地還是一片汪洋大海。中元古代末，在桂北一帶發生了強烈的地質構造運動——四堡運動，九萬大山至元寶山一帶隆起，形成了廣西最早的陸地。但是，這塊陸地很快又沉入海面以下。晚元古代末，受雪峰運動的影響，桂東北上升為陸地，也是很快又沉入海面以下。早古生代時，廣西全境都是海洋。早古生代末，發生了一次強烈的地質構造運動——加里東運動，廣西大地除南部的欽州、玉林一帶以外，其他地方都上升成為陸地。晚古生代一直到中生代的三疊紀，廣西大地下沉，除九萬大山——越城嶺一帶及雲開大山外，絕大部分地區再次被海水覆蓋。三疊紀末期，發生了著名的印支運動，廣西全境上升為陸地。自那以後，廣西一直是陸地環境，再也沒有被海水淹沒過。

「廣西弧」從何而來

　　廣西的山脈分布上具有明顯的特徵，一是山脈大多分布於廣西地域的邊緣地區，形成了四周高，中部低的盆地地形特點；二是主要山脈分布在平面上構成了弧形特徵，即中國地質學家和李四光當年命名的「廣西弧」。廣西山脈走向主要是兩個方向，桂東山脈走向為東北－西南向，桂西山脈走向為西北－東南向，再加上分布其間的一些弧形山脈或近東西走向的山脈，構成了龐大的弧形山系。自北向南，可以明確分辨出的

弧形山脈有三組。北部組：由大苗山－九萬大山組成，是一比較短小的山脈弧。中部組：由桂東北的越城嶺、貓兒山、海洋山、架橋嶺－桂中的大瑤山、蓮花山、鎮龍山、大明山－桂西北的都陽山、東風嶺組成，是一條比較大而完整的山脈弧；南部組：由桂東北的萌渚嶺、大桂山－桂東南和桂南的大容山、六萬大山、十萬大山－桂西南和桂西的公母山、大青山、六韶山組成，是最大的一條山脈弧。

秀甲天下的廣西山水景觀是如何形成的

來到桂林遊覽的遊客，無不為其秀麗的山水所陶醉。其實，在廣西的許多地方，都分布有類似桂林山水那樣的如畫景色，這就是廣西秀麗的喀斯特山水景觀，桂林山水只不過是廣西秀美的喀斯特山水中的傑出代表。廣西這些像畫一樣的喀斯特山水美景是在億萬年的內力和外力地質作用下形成的。距今2億～3億年前的晚古生代至中生代的三疊紀，廣西大地是一片淺海，沉積了以石灰岩為主體的沉積岩，為喀斯特山水的形成打下了物質基礎。印支運動後，廣西大地抬升隆起成為陸地，之後又經過燕山運動和喜馬拉雅運動，逐步奠定了今天的地質構造格局，並在岩石中形成了許多斷裂、節理等破裂構造。新生代，特別是第四紀冰期以後，廣西大地的氣候也基本上處於穩定狀態，屬於副熱帶氣候。這兩方面條件的共同作用，形成了美麗的喀斯特山水景觀。

在溫度和水條件合適的情況下，石灰岩是一種相對容易溶蝕的岩石，而廣西廣泛分布石灰岩，又處於副熱帶氣候，全年氣溫較高，降水豐富，使得石灰岩的溶蝕作用較強烈，經過數百萬年至上千萬年的長時間的溶蝕作用，終於形成了今天獨具特色的喀斯特地貌。由於這裡降水

廣西地理：奇山異水，孕育壯麗天地

豐富，地表水系發達。喀斯特地貌與地表水系的奇妙配合，形成了廣西秀麗的喀斯特山水景觀。

廣西為什麼被稱為「紅土地」

不管你在廣西哪個地方，你都會看到，山上或丘陵地上的土壤是紅色的，這是廣西被稱為紅土地的原因。廣西的紅土地的形成與這片土地上的岩石成分有關，氣候條件則更進一步加重了土壤的紅色。廣西的地殼岩石主要由三部分組成，岩漿活動形成的花崗岩，以及沉積作用形成的石灰岩和砂頁岩。花崗岩中的長石、雲母類礦物含鐵等元素較多，砂頁岩中也含有較多的鐵鋁等元素，石灰岩中多少會含一些鐵鋁元素的離子，還或多或少會含有一些泥沙類雜質，因而，在地亮岩石中含有的鐵鋁等元素也不少。在副熱帶高溫高溼的條件下，岩石中的礦物會發生強烈的分解作用，一部分易溶於水的元素的離子，如鉀、鈉、鈣、鎂等，在長期的風化和流水作用下，進入水體被帶走，留下來的是不易溶於水的鐵、鋁等元素。這些元素在高溫下發生強烈的氧化，成為高價態的離子，如三價的鐵離子等。三價鐵離子呈紅色，由於地表土壤中三價鐵離子相對富集，土壤也就變成了紅色。

「廣西」與「八桂」來由

先秦時期，廣西為百越之地。秦始皇（嬴政）三十三年（西元前214年）統一嶺南，設定桂林、南海、象郡三個郡，今天的廣西含桂林郡全

部、象郡一部分，以及南海、長沙、黔中等郡一部分，此為廣西設郡之始。唐太宗貞觀後，國內分為十個道，廣西屬嶺南道。咸通三年（西元862年）嶺南道分為東、西兩道。廣西為嶺南西道，基本形成了廣西後來行政區疆域的輪廓。宋朝的時候，國內分為十五路，廣西地方稱廣南西路，簡稱廣西路，廣西之稱由此開始。

廣西簡稱「桂」，也稱為「八桂大地」，這一名稱並不是得自廣西多種桂花，而與作為藥物和香料的玉桂密切相關。據考證，「八桂」這一美稱是從中國古代名著《山海經》中「桂林八樹，在賁禺東」演變而來。晉代文學家郭璞說：「八樹成林，言其大也。」六朝梁代詩人也吟出了「南中有八桂，繁華無四時」。但是這些古代文人並沒有把八桂與廣西聯繫起來。正式將八桂與廣西聯繫起來的古代詩人始自唐朝韓愈，韓愈在〈送桂州嚴大夫〉詩中寫道：「蒼蒼森八桂，茲地在湘南。」當時廣西稱桂州，在湖南的南方，州治所（首府）在今廣西桂林市內。宋朝詩人楊萬里也有「來從八桂三湘外，憶折雙松十載前」，以詩歌的形式追憶了在廣西的經歷。據明朝編撰的《大明一統志》記載：「八桂，廣西桂林府郡名。」當時廣西省會駐桂林，以桂林的別名代表廣西，也就順理成章了，從此，「八桂」作為廣西的代稱，正式進入官方檔案中，並延續下來。

中國各省市都有自己的簡稱和別稱，它們都是根據各地的歷史、地理、物產等的特徵來確定的，廣西自然也不例外。廣西的別稱「八桂」也是因境內有特別多的桂樹而得名。廣西的桂樹有兩種：一是藥用的玉桂，是古代地方政府向中央政府進貢的珍貴物品；二是花木，俗稱桂花。兩種桂樹分布於廣西全境。晉代稽含著《南方草木狀》記載：「桂出合浦，生必以高山之巔，冬夏常青，其類自成為林，間無雜樹。」宋代文學家范成大透過實地考察後，在《桂海虞衡志》一書中留下了這樣的記載：「桂，

南方奇木，上藥也。桂林以地名，地實不產，而出於賓、宜州。」這些古代文獻中只記載了作為藥物和香料的玉桂，而沒有記載作為花木的桂花樹。可見廣西簡稱「桂」、「八桂」，是因藥用的玉桂而得名。

廣西有幾座獨秀峰

(1) 桂林獨秀峰 —— 紫金山

原名紫金山，亦名獨秀山，獨立於桂林市內、王城之中。《臨桂縣志》記載：「獨秀山在城東北峭拔五十餘丈，端岩秀整，側視如卓筆，較諸峰特秀。」唐朝桂管觀察使張固〈獨秀山〉詩道：「孤峰不與眾山儔，直上青雲勢未休。會得乾坤融結意，擎天一柱在南州。」清代詩人袁枚〈登獨秀峰〉詩道：「來龍去脈絕無有，突然一峰插南斗。桂林山形奇八九，獨秀峰尤冠其首。」獨秀峰被視為桂林的主峰，有「南天一柱」之譽。

獨秀峰海拔216公尺，高出地面66公尺，長120公尺，寬50公尺；山體扁圓，東西寬，端莊雄偉，南北窄，峭拔俊秀，晨曦夕照，披上太陽的光輝，好似一位紫袍金帶的王者，故名紫金山。南朝劉宋文學家顏延之詠紫金山：「未若獨秀者，峨峨郛邑間。」自此有獨秀山、獨秀峰之稱。清人范學儀〈登獨秀峰〉詩道：「一柱鎮南天，登臨四望懸。拔地山千仞，環城水一川。」在獨秀峰東南山腳，有一岩洞稱讀書岩。南朝劉宋景平元年（西元423年），文學家顏延之到桂林，出任始安郡太守。在桂林三年期間，他注意發展經濟，提倡文化，為世所稱道。他公暇之餘，常在岩內讀書，賦詩作文，故名讀書岩。

獨秀峰摩崖石刻共108件，著名的有：唐鄭叔齊〈獨秀山新開石室

記〉，宋王正功〈桂林大比行宴享禮勸駕詩〉（其中有「桂林山水甲天下」名句），元丁方鐘的孔子像及黎載的〈孔子造像記〉，清黃國材「南天一柱」，張祥河「紫袍金帶」，耆英「介然獨立」，以及慈禧太后的「壽」字。

獨秀峰風景的開拓，竹文字記載是唐代大曆年（西元766～779年）桂州刺史李昌巎（ㄋㄨㄟˊ）在山南建宣尼廟，闢學宮，創辦了桂林最早的學校。

明代靖江王築王城，納獨秀峰於城中，峰下闢為御花園，於北麓開拓月牙池，池南為桃林，池東為竹圃，池北為柳園，池中有方島水榭，水上有遊舫，並在山上山下大興土木，亭臺樓閣盛極一時。據明靖江王府圖示，亭有望江、清樾、供秀、喜陽，臺有凌館、中和，室有延生，軒有可軒，所有修玄，門有擁翠、平矗、拱辰、朝天，閣有玄武、觀音，廟有三宮、靈宮、山神等。

1925年為紀念孫中山，以獨秀峰為中心建立中山公園，又在獨秀峰東麓，月牙池南畔建仰止亭，取「高山仰止、景行行止」之意，亭前建中山紀念塔。抗日戰爭末期，中山公園毀於日軍的狂轟濫炸，仰止亭和中山紀念塔均被炸毀。

從1953年至今靖江王府為廣西師範大學校址，獨秀峰納入校園中。1981年桂林市人民政府撥款修復中山紀念亭和紀念碑。1987～1988年，桂林市人民政府撥款修葺登山道、山門、獨秀亭、月牙池駁岸、池畔六角亭等建築。

(2) 天等獨秀峰 —— 飄山

飄山位於天等縣城西南十九公里的龍茗鎮旁。它高約五十多公尺，在平疇中巍然獨立，崢嶸秀偉，也稱獨秀峰。明代地理學家徐霞客在龍

廣西地理：奇山異水，孕育壯麗天地

茗的四天遊覽中，重點考察了飄山及其岩洞，最後這樣寫道：「余西遊所登岩，險峻當以此岩冠。」又說，「東崩崖之上有岩東南向，高倚層山，下臨絕岩，望之岈然。」

原來，此山危崖高聳，樹木茂密。山腰東西各有一個大岩洞，自古每遇兵災、匪患，地方無力平治時，這裡就成了官民避難之所。從山腳到西岩口，沿崖邊修了230級石階，為官家登岩藏身之磴道，西岩也因此稱官岩；東岩也很險峻，岩口上接懸崖，下臨絕壁，逃躲到這裡的多是一般百姓居民，因此也稱居岩。山底下另有一洞，內有一水池，寬數公尺，水清涼，附近群眾常來此挑水飲用。與飄山東西對峙的是觀音山，明末清初時，曾建有觀音廟。暮鼓晨鐘，香火不絕，可惜已譭棄。現林木依然蒼翠，鳥語暗鳴。

飄山腳下有水質清澈的龍茗河流過，河岸垂柳絲絲，翠竹叢叢。有一座三拱石橋，名叫皇后橋。相傳是儂智高在邕州建大南國自稱「仁惠皇帝」時，為方便母親來往於邕州和歸順州（今靖西縣）之間而建。

(3) 德保獨秀峰 —— 雲山

雲山矗立於德保縣城中。它一峰獨立，拔地而起，旁無倚托，峰岩玲瓏剔透，渾然天成。石縫間盤生著古榕佳樹，四季蔥鬱。因長有雲霧繚繞，又是獨峰，故有「雲山」和「獨秀峰」兩個山名。遠遠便可看見鐫刻於峰南面石壁的「雲山」、「獨秀峰」幾個大字。清鎮安（今德保）知府許明祚「八景」詩中讚道：「一柱當空擎，卓卓旁無倚。孤亭寄山腰，平疇覽無綺。秀色上參天，雄城鑲獨峙。空岩或騰龍，飛天咫尺耳。」此詩充分概括了雲山的美景精華。

峰間原有毓秀岩、慈雲洞、流雲洞、古佛洞、紫霞亭、鍾靈閣、八仙宮等景觀，現有的尚完好，有的已有變化。紫霞亭於抗日戰爭期間被

日機炸毀，亭後崖間仍存聯刻：「名高北星辰上，詩在千山煙雨中。」旁刻「丁二」字，寓意「風月」無邊。由亭左旋右級而上，過一「天窗」，再上百餘級就到一天然岩洞，名為「流雲洞」。洞廳寬敞，景觀奇特。穿洞而出，有宮閣依崖而建，即「鍾靈閣」，過去供奉關帝君與諸葛武侯。中間為「八仙宮」，宮後洞壁新刻一聯：「挺拔參天秀，崢嶸入畫妍。」再沿右邊石級下，有一小洞，叫「古佛洞」，洞口有聯「古洞雲霞上，蓮城煙雨中」（「蓮城」為德保古稱）。洞中有許多詩題壁刻，其中一首是：「身登勝景陟雲顛，此地居然別有天。萬丈懸崖凌碧漢，半邊樓閣鎖丹煙。騷人逸客堪為伴，異草奇花各鬧妍。途望各區鮮塵俗，誰知座上有飛仙。」落款是「乾隆十年乙酉，羅球鳴亨」。位於山腳的慈雲洞曾遭到破壞，現於洞外建了「疊翠亭」。登上雲山，城區、郊野及遠山近水盡收眼底。

(4)富川獨秀峰 —— 秀峰山

秀峰山位於富川秀水狀元村的狀元樓後，是富川最有特色的獨秀峰。其平地拔起，巍然聳立，氣勢非凡，鍾靈毓秀，堪與桂林獨秀峰相媲美，「秀峰挹爽」一景成為富川八景之一，為此引來許多文人墨客讚詠。明朝弘治年間（西元 1488～1505 年）周孟中讚道：「一峰聳秀異諸峰，雨後林巒更鬱蔥；唐代賢科翔綵鳳，宋朝殿榜占雙龍。幽花樹樹春爭茂，香稻家家水自春；寄語富川劉今尹，重來登眺共從容。」宣德五年（西元 1430 年）李金詠：「萬疊雲山擁秀峰，喜看秀水更雍容；秀山秀水重重繞，共賀昇平造化同。」此兩首詩更是道出了當地清山秀水的自然美景。

後來，為了使狀元村再添秀色，人們集資在山腳下興建了「秀峰挹爽」的山門，在山頂上建起了觀日亭。由於這裡景緻優美，時常有人到此對山歌，奏八音，寄情山水，自娛自樂。山門內涼風習習，爽氣襲人，竹木繁茂，花草芳菲；山頂上小道蜿蜒，亭立絕壁，雲近天低，氣

廣西地理：奇山異水，孕育壯麗天地

勢非凡。登高遠望，只見阡陌縱橫，田園如畫，村井炊煙，美不勝收！至此令人胸襟開闊，愁煩頓解，鄉戀鄉情於心中凝結，更愛瑤鄉。難怪古詩有云：「藹然平地起嶙峋，青豁眉端脆爽神，哪許桂峰稱獨秀，故留峭壁待詩人！」

廣西有幾處石林

(1) 崇左石林

又名左江石景林，位於崇左城區南郊約 5.5 公里處，在板麥新村西側，占地面積一平方公里。

景區內石峰如林，皆平地拔起，最高的達 40 公尺，矮的 2～3 公尺不等，層疊排立，綿延成片，陡峭嶙峋，怪狀奇美，石峰中或石峰中間有洞穴和巷道，曲暢勾連。寬處宛如龍宮，假可開會、憩息；窄處只能容一人側身擠過。遊道有如迷宮，稍不注意，又會轉回原地。石峰上部，生長著多種副熱帶植物，其中有 272 種中草藥，可藥用、可觀賞；石峰下部，透、漏、瘦、皺、鬼斧神工，好似「大湖名石」。稍寬處，花映襯，鳥語蟲鳴，宛如另一個天地。可在其中遊覽一個多小時。

如今，農曆四月初十常在這裡舉行壯族歌圩。數萬人聚會於此，盡顯當地民族風情。

(2) 賀州石林

又稱賀州玉石林，位於八步區黃田鎮，距市區十八公里，與姑婆山森林公園、賀州溫泉同在一條旅遊黃金線上，是中國唯一的漢白玉天然地質奇觀。賀州石林形成於六億年前的寒武紀時期，由於燕山期地質的

斷裂隆升和長期的岩溶滲蝕，以及自宋朝以來一千多年的錫礦開採業，使區域內地層峰叢間石芽裸露、奇峰突兀、石筍、石柱、地槽、漏斗、暗井密布，構成了賀州石林千姿百態的自然景觀。賀州石林是天工造化的一個神話世界，是大自然恩賜的一處人間仙境！這裡有著與雲南石林相媲美的天然神韻。賀州石林怪石嶙峋，奇峰突兀，藏真毓秀，顯珍露寶，美景遍布山巒，後來被開發為旅遊景區。

賀州石林現有面積約25公頃，面積雖然不大，但是它的母體卻是浩浩洋洋橫跨湘桂粵三省的姑婆山，因此它能厚積薄發，深入淺出，以小形得見大象，體態靈變，自在天然。天工巧設的石林，在綠樹白水的點綴中，石芽石筍，潔淨如雪；石峰石柱，堅貞如玉。還有數不清的石槽石縫、石坑石洞、石橋石梯、石桌石凳、石珍石寶、石禽石獸。人在其中，能見千姿疊影之妙，可圓永珍延生之夢。賀州石林的自然景觀眾多，主要有：「石來運轉」、「玉石迎客」、「石砦三峰」、「仙羊回頭」、「孔雀開屏」、「萬壽江山」、「以石為鏡」、「石亭三遠」、「一線通天」、「雲中石橋」、「世外桃源」、「石陣迷宮」等。

石林中的小道四通八達，漫步林中小道，山環水繞，陰陽相生，變幻無常。石林中有幾處添設平臺，站在寧靜幽雅的平臺上，環顧四周，可見大大小小的石峰，如簪似玉，羅列其間，組成一幅幅藝術精品。有的像壁畫，有的像浮雕。聚焦看像玲瓏小品，廣角看像巨幅長卷。石林中的榕樹最具特色，長在石峰峭壁上，年俞千歲，飄飄欲仙，樹幹與石壁同色，樹身與石體相連，有的神如飛鶴，有的態似臥龍。石林的雨景更妙，站在半山腰的石涼亭裡觀雨中石林，別有一番情趣，有人能看到「恐龍漫步」，有人能看到「金猴戲雨」，有人能看到「孔雀開屏」，有人能看到「雄鷹展翅」，有人還能看到「浮生永珍」，各自心態不同，各取所需，各有所得，可謂妙趣橫生。

(3) 車田石林

位於平樂縣源頭鎮，距桂林市 130 公里，離平樂縣城 80 公里。由上泥盆系的石灰岩、白雲質灰岩組成。石林分布總面積約 2.4 平方公里，平均高差 10 公尺左右，最大高差 20 公尺，溝谷平均深度 15 公尺，石林發育最好處面積 2,500 平方公尺。石林中的石峰、石芽形態各異，維妙維肖，像帝王、少女、睡佛、羊群等。遊人在石林內穿行，如入勝境。

(4) 興業石林

興業石林又稱鹿峰山石林，位於興業縣城隍圩東面 1.5 公里處，現已闢為公園。鹿峰山是一座長 2.4 公里，寬 0.6 公里的石灰岩山體，石林公園處於山的主體部分。山北有雙龍崖、山南有化龍崖，後山有仙女峰、龍首崖等。整個公園可概括為「險」、「幽」、「秀」、「壯」四字。

「險」——石山拔地而起，山勢嶙峋，多陡崖、斷岩、峭壁，奇峰怪石到處可見。山形地貌均顯出險要之勢。舊時戰亂，此處常為兵家必爭之地。尤其是興業縣城至大江口的公路未修通之前，從欽州方向通往玉林的要道就從鹿峰山前經過，地勢更顯重要。當年李宗仁軍事失利之時，就是看中了這個地方可以藏軍，便將殘部開到這裡休整，後來得以東山再起，轉敗為勝。現此處尚有多處哨堡、營房、點將臺、練兵場和司令部舊址等。

「幽」——公園中有七座山谷，形狀各異，大小不一。有又深又長兩頭開口的，有半封閉的，也有似盆地全封閉的。山谷土層深厚，腐殖質含量高，植物生長茂盛，藤樹隨處可見，中草藥及各種奇花異草也多，松鼠、紅鳥等小動物時常出沒，實是一個幽深野境。特色景觀有：奇洞如鏡、山迴路轉、曲徑通幽、石門林立等。

「秀」——主要展現在山的東部和北部。那裡有嬌小玲瓏的群峰，而且林木遍布，群山又與山前的龍泉湖互相襯映，清奇秀麗。

「壯」——鹿峰山大小山峰近30座，群峰林立，很有氣勢。尤其是平坡巍然立起六七十公尺的高崖，有的又似被一劍劈開，削壁無倚，而那劈山之「劍」則被稱為「倚天劍」，高高豎立。

(5) 巴馬石林

位於坡豐屯東面150公尺處，臨溪背山，面積約800平方公尺。數十個石峰林立，高者20公尺，低者3公尺。如筍、如柱、如筆、如劍，各具神態。石林間，棕櫚叢生，楠竹扶疏，石縫長著奇花異草。石林南端，有兩塊巨石如人形互倚，稱為仙人石，其下可通車馬。巴馬石林處於三面青山和田野的環抱之中，如盆景精品。

(6) 文市石林

位於灌陽縣城北部三十公里處，省道S201線（桂林至湖南零陵）貫穿而過，是由典型的喀斯特熔岩侵蝕而成，占地面積約五平方公里，奇石羅列，形態各異，峻峭無比，構成一個C形城堡。美麗的灌江在她身旁迴旋，江畔紅楓綠柳交相輝映，小橋流水逶迤曲折，數間農舍點綴其間，犬吠雞鳴，偶有頑童在林間嬉戲，好一幅美麗的田園風光！

石林中，有的石峰峻峭無比，直刺南天；有的石峰猶如栩栩如生、形態各異的動物；有的石峰千瘡百孔；有的石峰下端只兩點觸地，風吹搖搖欲墜。如「OK石」、「鴛鴦峰」，「一線天」、「仙人牧鹿」、「麒麟嘯天」、「一帆風順」等，處處美不勝收。灌陽石林有兩條一線天的長峽谷。在峽谷中穿行，猶如置身深山谷底。石林的中部為一片開闊地，種滿了柑橘、桃樹、李樹、棗樹及石榴樹，春華秋實，果香四溢，令遊客陶醉。

廣西地理：奇山異水，孕育壯麗天地

世界最大的天坑群是如何分布的

「天坑」是喀斯特地區地下河上方的岩石塌陷所形成的四周懸崖峭壁、深度近百公尺至數百公尺的巨大的深坑，由於這種深坑是天然形成的，所以稱為天坑。廣西樂業縣境內分布有世界上最大的天坑群，目前境內已發現28個天坑，其中的大型和超大型天坑就有9個，無論是天坑總數，還是大型天坑數量，都堪稱世界之最。這些天坑全部位於流經這一帶的地下河——百朗地下河的河道上，呈串珠狀分布，分布面積達二十幾平方公里。天坑群中最大的天坑是大石圍天坑，南北向寬度為420公尺，東西向寬度600公尺，最大深度613公尺，平均深度511公尺，是世界第二大天坑。樂業天坑群地處樂業縣的石灰岩山區，由於地方偏僻，基本上保持了原始狀態，天坑的周圍的山地樹木蒼鬱，天坑底下分布有幾十萬平方公尺的原始森林，是世界上地下原始森林分布最大的地區。天坑底下都有地下河相連。天坑底下動植物資源豐富，有許多地方種類和洞穴特有的種類。在天坑的底部，洞穴考察專家還發現了兩百多萬年前的熊貓化石。

喀斯特奇觀——七百弄

位於大化瑤族自治縣西北部的七百弄鄉，距縣城七十五公里，總面積達251平方公里。由海拔800～1,000公尺的五千多座峰叢深窪地組成。峰叢窪地俗稱「弄場」，其特徵是峰叢基座相連，山峰密整合四面環圍狀，中間深凹如鍋底。這裡有1,400個大小弄場。弄場平均深達150公尺，最深的有六百多公尺。此種地形地貌真實地記錄了桂西北岩溶山

區和紅水河流域的演化歷史和生態環境變遷史，是集美學欣賞價值和科學研究價值於一身的自然賦予人類的寶貴遺產。中外專家把它與石林、美國的肯塔基州猛獁洞國家森林公園並論。加拿大皇家學會院士、前國際洞穴協主席 D‧福特教授說：「七百弄峰叢和深窪地簡直令人驚訝。」毫無疑問，這肯定是世界上最陡最深的大窪地。主要景點如下：

◆ 密洛陀島

原名喬圩洞，遊程達五百多公尺。民間把它說成是瑤族始祖密洛陀的住所。有能容納幾千人的「密洛陀宮」，洞頂倒懸的鐘乳多得不可勝數；還有玉盤和天露、大象石、瀑布崖、環宮石林、靈芝寶塔等景觀。一股清泉從二十幾公尺的高處瀉入洞底，鑽進沿壁石林中，不知去向。

◆ 古堡瑤寨

弄歪帽中的瑤寨就坐落在長約 2,000 公尺的窪地中突立的丘頂上，仰視如古堡一般。連線公路的羊腸小徑穿行於村寨之間的石縫地，構成別緻的窪地風光。

◆ 千山萬弄觀景亭

登上此亭，上千座高峰和山丘以及數不清的弄場窪地齊奔眼底。若逢雲霧飄渺，弄底民居若隱若現，就像海市蜃樓一般。於此，可領略群山的雄偉、朝暉的絢麗、晚霞的璀璨、落日的映照、霧靄的幻境。

◆ 石國天都

七百弄號稱「石山王國」，鄉政府相應可稱之為「石國天都」。在兩千多平方公尺的山坑坳口間，一級公路兼街道占了一半。一年一度的瑤族「祝著節」就在這裡舉行。有銅鼓舞、鬥雞、對歌、飲笑酒、品嘗五色糯米飯等民俗。平時遠方客至，瑤家也必定以歌迎客，以酒肉待客。

廣西地理：奇山異水，孕育壯麗天地

◆ 天下第一弄

　　本名甘房峒，弄場深達六百多公尺，是七百弄中最深的。最寬處達3,000公尺，常年不旱不澇。由弄中分出八條槽形窪地，其中往北面延伸的長五公里，稱十里幽峽。有27戶瑤族人居住於弄底。從透過峰頂的海拔800公尺的公路上俯視，真如世外桃源。要下到弄底，須彎曲走過灌木叢中的1,400多級石級路才能到達。

洞坑相連的喀斯特奇觀──百魔洞與百鳥岩

◆ 百魔洞

　　位於巴馬甲篆鄉坡月村西側，距縣城三十公里，距公路兩公里。「百魔」，壯語意為「泉口」，因該洞靠近盤陽河出水口，洞口有泉水，泉水邊的壯村叫百魔村，洞便取名百魔，「百魔」也展現出此洞之神奇。洞口朝南，高近百公尺有南北兩洞，洞分四層，目前只遊覽二三兩層，遊程長4,000公尺；因它是洞上洞，洞下洞，洞旁洞，洞後洞，全部游完，遊程近萬公尺。各洞（包括一些洞廳）高寬80～100公尺，有的達140公尺，甚至上公里，有十多個或黃或白的大石廳。全洞可容萬人同時遊覽，常年溫度在20℃左右。洞中乳石高大、氣派、完整、雄偉，最高石筍高達的39公尺、直徑10公尺，三五公尺直徑的石柱多得可組成石柱林。

　　此洞是洞中有山，山中有洞，洞中有天，洞中有河。南北洞間，是個桶形的通天洞。「桶壁」是百公尺峭壁，「桶底」是方圓20畝（約1.3公頃）的橙果園，沿「桶邊」險徑可攀上「天窗」，俯瞰空谷奇觀。南洞的

二、三兩層洞又各有特色：第二層洞景觀以疏朗別緻、玲瓏剔透見長；第三層洞景觀則光怪陸離，晶瑩瑰麗，石幔遍布，宛如宮殿，更有滿地石珠，大者如皮球，小者如豆粒。百魔洞中有泉水與從西邊仁鄉潛來的盤陽河伏流交會後，奔騰直下坡月河段。有一處叫「河西走廊」的暗河可通竹排。繼續向北，走出百魔洞半里之遙就進入興人村的武人洞，該洞長兩千多公尺，美景不亞於百魔洞。

　　1987 年，由中英岩溶地質專家組成的聯合探險隊在百魔洞中進行九天探險考察後，認為此洞集天下岩洞之美於一身，稱譽它是「天下第一洞」。

◆ 百鳥岩

　　位於巴馬甲篆鄉西北兩公里處的烈屯，距公路一公里，距縣城二十公里，是盤陽河流經岩溶地貌區最後一個伏流出口，該洞因洞口高大乾爽，氣候溫和，有岩燕、岩鷹、翠鳥、蝙蝠等鳥類棲息其中。每天早晚，成群的岩燕在洞口飛旋戲水，蔚為壯觀，故名百鳥岩。

　　盤陽河流出洞口後，與下游不遠處的一個水電站庫區連成一個長約 2,000 公尺、寬約 80 公尺的小湖泊。約 80 公尺寬的洞口被倒掛的鐘乳石一分為二，兩洞口內側相通。洞內水面約十萬平方公尺，可從洞口乘舟入洞，洞道寬處約 40 公尺，窄處約 10 公尺，一路蜿蜒曲折，與上游的白熊洞相通。入洞約 300 公尺轉折處，有百公尺高的「天窗」，光束下照，洞內一片金碧輝煌。右側有出口，口外有沙灘，可停舟泊岸。沙灘右側有三十幾平方公尺的石臺，檯面坑坑坎坎，臺的一側是雷白洞壁，上有石鷹、石幔、石觀音等。臺對面洞壁乳石千姿百態，頂部怪石倒懸。岩泉飄灑，蝙蝠驚飛。側洞口外的香椿林下，野花耀目，植被茂密。

進入後洞也無須燈光照明,只見水碧石淨,乳石崢嶸,光環縈繞,把整個洞府點綴得如同瓊宮玉閣。洞中小彎小道密如蛛網,不知所向。

合浦山口的紅樹林為何能成為全球 14 塊「國際重要溼地」之一

山口紅樹林生態保護區位於合浦縣東南部沙田半島東西側的沿海潮間帶帶。它是 1990 年 9 月經中國國務院批准建立的首批 (5 個) 國家級海洋自然保護區之一。2002 年被列入國際重要溼地。

紅樹林是熱帶海岸潮間帶特有的木本植物群落。其生長發育繁殖、更新及傳播依賴於潮汐,週期性的漲退潮是紅樹林生長的基本要求,而由於潮間帶土壤通氣不良,鹽漬化等特殊的環境條件,造就了樹林許多特有的生理生活方式及形態。如形態各異、盤根錯節的根系和胎生幼苗等,因而它的生態系統是一個由環境和生物形成的系統組合的自然開放系統,是世界上最富多樣性、生產力最高的海洋生態系統之一。

它為林內和附近的海洋生物提供了理想的棲息發育生長、避敵的場所,而其大量的凋落物,又造就了特種有機物質,為海洋生物提供了各種飼料和餌料,從而形成並維持了一個食物鏈複雜的生產力系統。茂密的紅樹林和發達的根系的消波滯浪功能,對防止海岸被侵蝕,固岸護堤十分有效。在沿海普遍發展紅樹林的種植對工農業生產將造成減少災害,促進生產力的特優作用。山口紅樹林生態保護區,光熱充足,港灣深入內陸,封閉較好,海水汙染程度也較低,理化性質穩定,潮間帶淤泥肥沃,適宜於紅樹林生長。保護區紅樹林面積為 7.2 平方公里,共有

紅海欖樹欖、秋茄、桐花樹等 12 種紅樹林植物，其中連片的紅海欖純林和高大通直的木欖在中國已為罕見。保護區是廣西乃至全中國海岸發育良好、連片大、結構較典型、保護較完整的紅樹林區。

潿洲島的美麗珊瑚是如何形成的

到過潿洲島觀光的人，就會在島上看到許多過去生長在海底的珊瑚礁，島上的許多建築物的建築材料也是由珊瑚礁構成的岩石。在潿洲島周圍水域，生長著十分繁茂的海底珊瑚礁。這些珊瑚礁是距離大陸最近的珊瑚礁，也是最靠近北迴歸線的珊瑚礁群落。據水下探測表明，潿洲島周圍海域約有近 20% 的面積生長有珊瑚和珊瑚礁。珊瑚種類繁多，顏色豔麗多彩，有如海底森林，非常美麗壯觀。

據海洋生物學家研究，潿洲島的珊瑚共有 20 屬 35 種，有鹿角珊瑚、樹狀珊瑚、皇冠珊瑚，有藍色的鐵樹珊瑚、粉紅色的花狀珊瑚，還有褐色的軟體珊瑚等等。珊瑚大小不同，形態各異，有的高大，分枝很多，有的較矮小，如同小草一般。由於珊瑚礁的生長，為其他海洋動物提供了較為理想的棲息場所，五顏六色的海洋魚類在珊瑚之中生活、覓食。同時，珊瑚礁還為海底生活的動物提供了避難所，這裡的珊瑚礁中還生活有海星、海膽、鱟等海洋生物。在近岸的淺水區，珊瑚上部與海面之間的距離不大。天氣晴好的時候，透過清澈的海水，用肉眼就能看到水下五顏六色、隨波起舞的活珊瑚。

廣西地理：奇山異水，孕育壯麗天地

天坑裡的生物有何特別之處

樂業天坑群由於地處偏遠的山區，在天坑被發現之前，這裡是人跡罕至的地方，因而保留了完整的天坑生態系統和生物群落。天坑內部分布有世界上最大的地下森林，喬木、灌木、草本植物構成了層次分明的植物群落系統。天坑內部的生物群落與天坑外面的生物群落既有相同的地方，也有明顯的不同之處。相同之處是，天坑內部的絕大多數生物與天坑之外的種類相同，特徵相似。不同之處是，天坑底層植物終年生活在水霧瀰漫、相對無風的環境中，林下陰生草本植物幾乎全部發育為陰生肉質草本形態，如狹葉巢蕨、冷蕨、深綠短腸蕨、水衣、馬蘭花、火焰花、冷水花、樓梯草、霧水葛等，這些肉質植物本身既是陰溼環境的產物，又是維持這種特殊水熱條件的必要物種。

這些天坑中的草本植物和蕨類植物，由於終年生活在日照不足且溼度較大的環境中，本身比較脆弱，容易受到傷害；有些天坑的底部還生長著大量的苔蘚植物。在大石圍天坑森林的中層——灌木層，主要生長著以棕竹為優勢種群的美麗植物。棕竹一般高度在 5～6 公尺之間，這在天坑外和其他地方都是十分罕見的。由於生長時間長（竹齡在 100 年以上），樹幹基部「竹節」分外明顯，節間黃綠光淨，酷似竹子。天坑森林的上層喬木，以香木蓮為主。這種珍稀樹種能正常開花結果，也產種子，但發芽率低，幼苗成活更為稀見，因此除了在大石圍底部發現成片生長外，其他環境中幾乎難尋蹤影。大石圍天坑底部的香木蓮一般為成年大樹，胸圍 2 公尺左右，許多香木蓮的樹高達到了 30 公尺。另外，在神木天坑的底部的洞穴中，動物學家還發現了中國溪蟹的一個新種和幽靈蜘蛛屬的一個新種，牠們已經完全適應了黑暗的洞穴生活環境。

天生橋是如何形成的

天生橋，顧名思義，是自然條件下生成的，橫跨在低窪谷地或河流上的石橋梁。天生橋是喀斯特地貌的重要組成部分，在石灰岩分布區多有出現。廣西石灰岩分布面積廣，喀斯特地貌發育良好，天生橋景觀比較多。與人工橋梁具有明確的目的性不同，天生橋是自然無目的形成的，因而，當天生橋剛好位於人們通行的主要通道上時，可以為人們所利用，成為溝通兩側交通的天然通道；但是，大部分天生橋並不位於人們通行的主要通道上，只是作為一個典型的喀斯特景觀存在，沒有實際功能。天生橋是地下河長期侵蝕作用形成的。由於地下河的長期侵蝕作用，大部分地下河道（溶洞）上方的岩石在重力的作用下，塌陷墜落到河道底部，只有天生橋這一段地下河道上方的岩石沒有發生塌陷和墜落，這樣，一座天生橋就誕生了。比如：鹿寨縣的香橋就是典型的天生橋奇觀。

罕見的峽谷風光 —— 百崖槽

百崖槽，又名百崖峽谷，位於武宣縣河馬鄉境內，大瑤山脈南麓，武宣縣城東北方向約五十公里的雙髻山中。面積13.66平方公里，海拔316公尺。從峽谷口到峽谷頂蜿蜒約十公里，主峽谷長八公里，分為碧湖、楓鵑、月光池、險崖、奇石五個遊覽區。共計有88道彎；有觀賞價值的瀑布5處，深潭7處。峽谷的兩岸布滿數以百計險峻陡峭、大小不一的側峽谷，因此名叫百崖峽谷。景區裡空氣清新，氣候宜人。峽谷峰巒險峻，峽岩逼空，清溪百折，飛瀑壯觀。香港《大公報》將其譽為「世

界罕見的峽谷風光」。

百崖槽林木種類繁多，多為古松，還有杪欏、紫荊木、蜆木、馬尾樹、觀光木等中國一、二級保護珍貴樹種。其他如紅錐、山錐、香花木、深山含笑、黃杞、橄欖、包紅木、黃楊等名貴樹種也隨處可見。珍貴樹種觀光木曾被指定種植在北京毛主席紀念堂旁。曾有不少生物學家到此進行實地考察，這裡是難得的原始植物考察地之一。百崖槽還是珍禽異獸的良好棲息地。有飛虎、娃娃魚、穿山甲、黃羊、山崖蛤蚧、水旱獺、黃猄、斑鳩、畫眉、猴類。

百崖槽風景奇麗，氣候常年溫和宜人，是一處旅遊避暑勝地。槽中有天槽飛瀑、壯老峽、月光池、畫屏凌空、水中布達拉宮、萬年龜隱溪、百福泉、天女散花瀑等景點。百崖槽的人文史故也頗為吸引人。這裡山峰險要峭立，山勢峻陡，形成「一夫當關，萬夫莫開」之勢，也是明代大藤峽瑤民起義的重要活動地。峽谷口是太平天國西王肖朝貴故居遺址及太平軍活動遺跡，附近的東鄉莫村為太平軍天王洪秀全登基稱王之地。至今，太平天國的營盤點、將臺和炮臺仍依稀可辨。

瀑布多且密是百崖糟峽谷的一大特色。峽谷內有大小瀑布二十多處。由於其位於大瑤山西麓，綿延幾百里，蒼蒼莽莽的大瑤山為它提供水源，瀑布長年不斷流。這裡的群瀑有其獨特的秀美和靈性。小的如白練翻飛，大的若怒馬奔騰。尤其是「鴛鴦瀑」兩相競美，從十多公尺高處猶如兩條白綢飄然而下，沖擊峽谷底時，如霧如煙，迂迴繚繞，經久不息。距「鴛鴦瀑」不遠處，有一高達三四十公尺的懸崖飛瀑。它把整個清溪、山崖連成一片，匯成一條條飛瀑直瀉而下，似絹絲玉緞。瀑布分別躍落谷底，如獅吼雷動，隆隆作響，又是另一番情景。百崖峽谷的溪流水景迷人，溪水潭色清澈見底。其水不但長流不斷，而且清澈毓秀，甘

冽涼爽。淺溪裡多為丹霞式的砂岩石。石上有國畫般花紋的石種有較高的收藏價值。

峽谷中的星星峽景色尤佳。當步入峽谷中，舉目仰望，酷似峨眉「一線天」。星星峽谷以霧景著名。白霧來去迅疾，一時間遮天蓋地，兩公尺之隔不得相見，一時間又霧盡雲開，天色澄明，變幻莫測。

為何說廣西曾是多種恐龍的故鄉

恐龍是中生代侏儸紀、白堊紀時期地球上的霸主，在新生代到來之前絕滅了。我們只能從保存在岩石中的恐龍化石，想像牠們昔日的輝煌。恐龍化石在世界上的許多國家都有發現；在中國，許多地方都出土過恐龍化石。廣西也是古代恐龍活動的區域，境內的許多中生代盆地中都曾發現這個遠古時代的霸主的蹤跡。1970年代初，在扶綏縣山圩鄉那派村發掘出土了屬蜥臀目的兩個恐龍新種，分別定名為廣西原恐齒龍及廣西亞洲龍。

廣西原恐齒龍屬肉食性恐龍，廣西亞洲龍屬草食性恐龍。1980年代初，在橫縣廣龍村附近又發現了蜥腳類恐龍牙齒和一副恐龍脊椎骨化石，以及鳥腳恐龍的一塊脛骨化石。1990年代初，在南寧市那龍鄉發掘出土了三塊鳥臀目鴨嘴龍化石，以及一塊蜥腳類成年龍和一塊幼年恐龍化石。這些恐龍大約生活在晚白堊紀。防城港市的江山半島海邊近年也發現了恐龍化石，經廣西自然博物館的專家鑑定，這是生活在侏儸紀時期的恐龍化石。到目前為止，廣西境內已經發現的恐龍有東方廣西龍、廣西亞洲龍、廣西原恐齒龍、扶綏中國上龍、廣西巨龍、南寧鴨嘴龍和新出土的扶綏蜥腳類恐龍等，因此說廣西曾是多種恐龍的故鄉。

廣西地理：奇山異水，孕育壯麗天地

廣西的恐龍是因患結核病而滅絕的嗎

　　恐龍生活在距今2億～6,500萬年前的中生代侏儸紀、白堊紀，是當時地球上的霸主。然而，牠們卻在中生代末期，無聲無息地倒下了，地球上再也見不到牠們龐大的身軀、剽悍的體魄了，牠們在地球上絕滅了。恐龍是如何絕滅的？至今還是一個未解之謎。

　　許多科學家提出了恐龍絕滅的假說，有的認為，白堊紀末期，地球上的植物面貌發生了很大改變，大量的有花植物的出現，使恐龍傳統的食用植物種類和數量都大大減少，換句話說，恐龍不得不忍飢挨餓，恐龍是餓死的。另一些人則認為，當時有體積比較大的小行星相繼墜入地球，引起了如同核爆炸一樣的效果，而釋放出的能量是一般核爆炸的很多倍；小行星撞擊地球濺起沖天的塵埃，這些塵埃進入到了對流層上部的平流層中，多年保持在平流層的大氣中，擋住了太陽光，使地面氣溫降低，植物生長受阻，這對適應了溫暖氣候、每天要消耗大量植物的恐龍來說，顯然是滅頂之災，恐龍因此而絕滅了。還有一些學者提出了另外的觀點，如超新星爆發、大陸漂移等來解釋地球上恐龍的絕滅，但沒有多少說服力。

　　廣西的恐龍絕滅自然也適合上面的恐龍絕滅假說，但1990年代在廣西扶綏縣發現的恐龍化石，有可能對恐龍的絕滅提出一種新的解釋。中國著名恐龍研究專家、中國科學院古脊椎動物與古人類研究所教授、國際恐龍學會會員趙喜進對扶綏出土的恐龍化石進行研究時，發現恐龍的腿骨有明顯的結核顆粒，可能是某種病變所致，這為解開恐龍滅絕之謎提供了新的線索。

極富靈性的神奇之水 —— 靈水

靈水位於武鳴縣城南沿，又稱靈源、靈湖、靈犀水。它是一條地下河出水後冒出形成的天然湖潭，湖面形如葫蘆，總面積2.93萬平方公尺，周長約一公里，水深兩三公尺。有十餘個泉眼從湖底或湖邊石壁的石縫、石洞中湧出。泉水清澈見底，魚蝦可數。常年水溫保持在20～24℃之間，因而冬暖夏涼，而且一年四季流量一致，是天然的游泳池。泉中有一巨石，形如螃蟹，俗稱螃蟹山，人們在游泳時，常把它作為跳臺。有一塊露出水面的巨石相疊九層，俗稱九層皮。東岸石壁有古刻草書「龍津吐碧」四個字，螃蟹山前壁刻有明代邑令顧鄭學醇的手筆「靈源」兩個字。四周樹木蔥蘢。湖邊亭閣風景十分秀美。湖水匯入武鳴河，兩水交會處清濁分明，俗稱金銀窩。大小魚類，喜歡在此找伴覓食，追逐跳躍，自成一景。

早在元、明時代，靈水便是游泳勝地，明朝按察副使鄧炳遊靈水詩「簿書勞倦幾騷頭，策馬城西瞰碧流。一味香甘清肺腑，四周幽靜豁心眸……」便是明證。現在硝中沒有遊艇，並建有游泳池，北方的一些游泳隊也常來這裡冬訓。岸邊有食宿設施、旅遊、開會都很方便。

2004年12月26日，發生於印度洋的地震和海嘯，使得遠在萬里、常年清澈的靈水也有反應，出現了數天渾濁的罕見現象，令人稱奇。

潿洲島何以成為中國最美的海島之一

潿洲島位於北海市正南方三十六海里的海面上，總面積24.74平方公里，是中國最大最年輕的火山島，也是廣西最大的海島。大約三萬年

前，潿洲火山噴發，伴隨著火山噴發，潿洲島升出海面。由於潿洲島是一個年輕的火山島，因此保留了比較完整的火山地貌和火山岩結構。潿洲島的火山口位於島的南端，是由三面峭壁陡崖包圍起來的一個寬闊寧靜的海灣，是潿洲島的天然港灣，也是鎮政府所在地。火山口北側的陡崖也是全島海拔最高的地方，岩壁上火山岩沉積結構非常清晰，火山彈、火山灰呈層狀分布，火山彈在落向海底淤泥的過程中，還在淤泥中壓出了深深的凹痕。火山口東西兩側的陡崖山地稱為西拱手和東拱手，岩層中沉積有大量的火山灰。由於海浪的長期沖刷侵蝕作用，造就了形態各異的海蝕地貌，如海蝕洞、海蝕溝、海蝕龕、海蝕崖、海蝕柱、海蝕臺、海蝕窗、海蝕蘑菇等奇妙地貌。

東興市為何能成為廣西「雨極」

「雨極」是指一個地區中下雨下得最多的地方。從世界範圍來看，全球的雨極在喜馬拉雅山南麓的印度境內；廣西的雨極在防城港市的東興。從上述不同範圍的「雨極」特點來看，雨極位置都是緊靠海洋的山脈的迎風坡。造成這裡大量降雨的原因主要有兩個方面：

- 一是有不斷從海面輸送過來的飽含水氣的暖溼氣流；
- 二是受山脈的阻擋，氣流被迫上升，氣溫下降，水氣凝結，形成降水。

防城港市東興地處廣西南部十萬大山的南麓，從南面北部灣海面有源源不斷的暖溼氣流輸送過來，當這些暖溼氣流遇到十萬大山阻擋時，被迫沿山體的南坡爬升，氣流的溫度不斷下降，其中所含的水氣發生凝結，形成降雨。這種情形在防城港市東興所在地——十萬大山南麓經常

出現，使得這裡成為廣西降雨最多的地方，從而榮獲廣西「雨極」之稱。雨極中心地帶──東興那梭鎮年平均降水量達到 3,700 毫米。

說廣西「八山一水一分田」有依據嗎

「八山一水一分田」是廣西地形地貌的最簡明表述，也是對廣西地形地貌的高度概括。就中國地形地貌看，廣西屬於東南丘陵的一部分，稱為廣西丘陵。廣西地形地貌的特點是山地多，平地少；四周山嶺連綿，中間地勢略低，呈現盆地狀特點；喀斯特地貌廣布，山水秀麗。全區境內各種山地和丘陵面積占總面積的 74.8%，平原面積占 14.4%，水面面積不大，僅占 2.8%，因而就有了「八山一水一分田」之稱。這種地形地貌特點，直接影響廣西各地的水熱分布和交通事業的發展，間接影響工農業布局和城市分布。

廣西各類地形面積統計

地形類型	面積（平方公里）	占全區總面積比重（%）
中山（海拔大於 800 公尺）	82,358	34.8
低山（海拔 500～800 公尺）	43,309	18.3
山丘（海拔 250～500 公尺）	25,559	10.8
丘陵（海拔 250 公尺）	25,796	10.9
臺地（包括階地）	18,933	8.0
平原	34,079	14.4

廣西地理：奇山異水，孕育壯麗天地

地形類型	面積（平方公里）	占全區總面積比重（%）
河流水庫	6,627	2.8
合計	236,661	100.0

注：引自廖正城主編，《廣西壯族自治區地理》。

為什麼說廣西是「有色金屬之鄉」

廣西具有非常豐富的有色金屬礦產，礦種類型齊全。全區共發現有色金屬礦產 13 種，其中，探明儲量的有銅礦、鉛礦、鋅礦、鋁土礦、鎳礦、鈷礦、鎢礦、錫礦、鉍礦、鉬礦、汞礦、銻礦等 12 種。礦產分布地域廣，儲量大，有不少有色金屬礦產保有儲量居中國前列。其中，錫礦保有儲量名列中國第一位，銻礦名列中國第二位，鋁土礦、鎢礦儲量列中國第四位，鋅礦列中國第五位。不僅如此，廣西的有色金屬礦產成因複雜，往往是多種有色金屬形成共生礦，並形成了以南丹為代表的有色金屬礦產成礦帶。在這一有色金屬礦帶上，探明有錫、銅、鉛、鋅、鎢、銻礦等十多個礦種，其中，大型礦床有錫礦 7 處，鋅礦 4 處，銻礦 1 處，還有大量的分散元素礦產和其他礦產。正是因為廣西有色金屬礦產資源豐富，儲量大，使廣西獲得了「有色金屬之鄉」的美譽。

八角寨為什麼被譽為「丹霞之魂」

來到資源縣梅溪鄉大坨村的八角寨，你會為眼前的自然景色所震撼，紫紅色岩石所組成的山體，高大挺拔，雄奇險峻。主峰海拔 814 公

尺，因自峰頂向四周伸出八個放射狀的山脊，而得名為八角寨。又因山峰頂部常年雲遮霧繞，所以也被當地人稱為雲臺山。八角寨屬典型的丹霞地貌，其基礎是侏儸紀到第三紀時期內陸湖泊沉積的厚層鈣質紫紅色砂岩和礫岩，後經過喜馬拉雅造山運動，隆起上升為山地。在差異風化、重力崩塌、水流侵蝕、溶蝕等外動力地質綜合作用下，形成了方山狀、牆狀、峰狀、柱狀或峰林狀等雄奇險峻的地貌。

在這裡，到處可以看到成90度角直立的陡崖地貌，許多岩壁具有下部向裡收縮、上部向外突出的懸空型特徵，十分險峻。山脊往往很窄，兩側為陡峭的山坡，一些地方只容一人通過。在通往主峰的小路中，一些地段的上方是突出懸空的岩壁，下臨壁陡的深淵，道路穿行其間，驚險不言而喻。大自然不僅塑造了險峻的地形，也創造了許多形態維妙維肖的地貌，如群螺望天、大象迎賓、古堡殘垣、神鷹石等。八角寨丹霞地貌具有中青年期丹霞地貌的特徵，可以與廣東的丹霞山、福建的武夷山等地的丹霞地貌相媲美，而且具有自己的個性和特色，因而被專家們稱為「丹霞之魂」。

梧州鴛鴦江奇觀是怎樣形成的

梧州的鴛鴦江奇觀是指桂江匯入潯江後所形成的一段河流的水文特徵。一條河流的水體中，一邊是碧藍的顏色，另一邊則是渾黃的顏色，如同兩隻鴛鴦在江中戲水前行，因而被稱為鴛鴦江。此奇觀是兩條含泥沙量不同的河流（潯江和桂江）匯合後形成的特殊的水文景觀。潯江發源於雲桂高原，在其一路東行的征途中，流經地區水土流失比較嚴重，大量泥沙進入到河水之中，將河水「染成」了黃色。桂江的上游是灕江，發

廣西地理：奇山異水，孕育壯麗天地

源於貓兒山，流經地區植被覆蓋良好，水土流失很輕，加之流域內大部分地區是石灰岩分布區，進入河水中的泥沙量很少，因而河水清澈，呈現碧藍的顏色。當桂江匯入潯江時，兩條河流的水體要經歷一段時間才能融合在一起，因而從匯入口開始，形成了同一條江河的水體一邊是碧藍的顏色，另一邊是昏黃的顏色的鴛鴦江奇觀。梧州鴛鴦江的特徵在春夏之季的雨季表現得更為突出，流速較慢的碧藍江水與流速較快的混黃江水涇渭分明，讓人賞心悅目。這一時期，潯江河水中含泥沙量大，而桂江水仍然保持其清澈碧藍的「青羅帶」的本質不變。

為什麼說白頭葉猴是與大熊貓一樣珍稀的國寶

在廣西左江流域的崇左、寧明、扶綏一帶地區的石灰岩丘陵山地中，生活著廣西特有的靈長類動物——白頭葉猴。在世界範圍內，白頭葉猴僅分布在中國廣西的左江流域，種群數量約為 800 隻左右，是比大熊貓還要瀕危的動物。成年白頭葉猴為黑色，頭頂有一撮白毛，並因此而得名；幼體為黃色。白頭葉猴具有特殊的生活習性，牠們從不在平地或樹上過夜，而是於黃昏時候，爬到懸崖絕壁上的洞穴，在那裡過夜，即使是懷孕的母猴也沒有例外。牠們生活的石灰岩山地非常貧瘠，山上樹木稀疏、野果稀少，食物不豐富，生活艱難。而就在牠們生活區附近的土山上，植物卻繁茂得多，也都是牠們喜愛的食物，但牠們卻一直不願意離開故地，去更好的環境中生活。

白頭葉猴為什麼會有這樣的生活習性呢？牠們為什麼這麼留戀故鄉？據北京大學著名動物學家潘文石教授研究，白頭葉猴生活的區域原

來是熱帶雨林區,地面上有虎、豹、蟒蛇等大型食肉動物,自衛能力很差的白頭葉猴在地面或樹上過夜容易受到食肉動物的襲擊,不得已,牠們選擇了在懸崖絕壁上的溶洞中過夜,雖然這樣會帶來生活的不便,卻有安全保證,久而久之,牠們就習慣了這樣的生活。現在,熱帶雨林已經砍伐殆盡,過去的食肉動物也早已無影無蹤了,白頭葉猴並沒有明白這一變化,也沒有據此調整自己的生活方式,而是沿襲過去形成的生活習性。附近的山地中雖然有豐富的食物,但那裡沒有可供牠們過夜的地方 —— 懸崖絕壁上的溶洞,所以,牠們寧願生活艱難一點,也不打算離開有安全過夜地方的故鄉。

美人魚為何總在廣西沿海出沒

美人魚,一個多麼美麗而令人神往的名字,許多人從小就很熟悉,「美女的腦袋,魚的身體」,那是安徒生童話美人魚的形象。現實中確實也存在著美人魚,牠雖然沒有童話中那麼奇特的外表,卻也具有不平凡的經歷,這就是廣西合浦近岸海洋中的海洋哺乳動物 —— 儒艮。儒艮也稱為海牛,是一種極其瀕危的海洋哺乳動物。牠們活動於陸地沿岸的淺海地區,以海洋中的水草為食,與世無爭;牠們的進食方式與陸地上的黃牛類似,一邊進食,一邊不停地擺動腦袋,這使牠們獲得海牛這一名稱。成年海牛可以達到兩公尺多長,重數百公斤。由於牠們在水草中覓食和嬉戲,當牠們把腦袋從草叢中抬出水面時,頭上會沾著一些海草,看上去就像是長著長長的頭髮,因而被人們稱為美人魚。

儒艮原來廣泛分布於印度洋、西太平洋的熱帶及副熱帶大陸沿岸水域及海洋島嶼附近,中國的廣西、廣東等省沿海水域都曾有他們活動的

蹤跡。然而，素食主義者、與世無爭的海牛在人類貪婪的捕殺下，在許多地方已經銷聲匿跡了。廣西合浦沿海是過去海牛分布最多的地區，但牠們也沒有逃脫被捕殺的命運，到1980年代，也已經難以見到牠們的蹤跡了。

1992年10月，中國國務院成立了廣西合浦儒艮國家級自然保護區，這也是到目前為止中國建立的唯一的儒艮自然保護區。經過多年精心恢復海牛生活的海洋生態系統，減少人類活動對海牛生活區域的影響，保護海牛生存的生態環境，海牛這種歷經劫難的海洋哺乳動物又開始出現在人們的視線之中。自從2000年以來，不斷有發現或看到儒艮這種動物的報告傳來。美人魚──這種美麗的海洋動物在廣西合浦的自然保護區中獲得了新生。

為什麼說三娘灣是中華白海豚眷戀的故鄉

在廣西欽州的三娘灣，當漁民駕駛漁船在近海水域捕魚時，只見一群白海豚緊跟著漁船，歡呼雀躍，就像是群頑皮的孩子們，緊跟著漁民的漁網，希望能得到一些好吃的。漁民們也不小氣，經常將一些小魚小蝦分給這些調皮而聰明的動物。漁民與海豚建立了良好的關係，這些聰明的動物也很通人性，有時候還會從遠處驅趕魚群到漁民捕魚的水域，幫助漁民獲得較好的收穫。這些可愛的海豚就是活躍於欽州三娘灣一帶的中華白海豚。

中華白海豚，國際上又稱印度太平洋駝背海豚，屬於世界瀕危海洋動物，被中國政府列入一級保護動物。中華白海豚是海洋哺乳動物，需要經常浮出海面呼吸，一次潛入海水中的時間不能超過4分鐘；牠們透

過頭頂上的鼻孔進行呼吸，呼吸時會噴出高高的水柱。中華白海豚的壽命最長可達到35歲，幼子身體為灰色，少年期和青年期個體身體呈帶斑點的粉紅色，成年個體為白色。中華白海豚以前也是三娘灣一帶淺海的常客，1970年代以後，由於海洋生態系統的惡化，原來經常光顧這裡的海豚也不見蹤影了；1990年代，當地政府和人民加強了海洋生態環境的恢復和建設，海洋汙染得到了全面控制，海洋捕撈也得到了合理安排，海水變藍了，魚蝦也多起來了。正是在這種良好的海洋環境和豐富的食物的召喚下，中華白海豚又回到了三娘灣。

地下桂林八大岩洞景觀拾趣

(1) 七星岩

位於普陀山山腹，東西貫通，入口在天璣峰兩南面半山腰，出口在東麓。隋唐時稱棲霞洞，洞口有隋開皇十年（西元590年）著名高僧曇遷隸書題寫的「棲霞洞」榜書，之後有唐顯慶四年（西元659年）篆書「玄玄棲霞之洞」題榜。唐代，曾於岩內築有老君祠，供奉老君像。宋代，民間盛傳唐代末年臨賀縣令鄭冠卿遊岩遇見日華、月華二仙的傳說故事。紹興五年（西元1135年）靜江知府李彌大根據尹穡所講述的故事，於岩內書〈仙蹟記〉摩崖石刻，岩洞因此又名仙李岩。淳熙元年（西元1174年），范成大因傳說中日華、月華所作「不緣過去行方便，安得今朝會碧虛」詩句，於岩洞前修建碧虛亭，並書〈碧虛亭銘〉刻於岩壁，岩洞因之又名碧虛岩。

岩洞原是距今100萬年的一段古老的地下河道，它沿著石灰岩中近南北向、西北向和東北向三條構造裂隙追蹤發育、並順著岩層的層面溶

廣西地理：奇山異水，孕育壯麗天地

蝕擴展，它的形成大體上經歷了三個階段，因此，岩洞也就明顯地區分為上、中、下三層，上層高於中層 8～12 公尺；下層距中層 10～15 公尺。上層洞穴高大寬廣但多遭破壞；下層曲折迂迴，間有深潭分布，其最下部長年有水，是仍在發育的地下河道；中層河道保存完整，是七星岩洞穴遊覽的主要風景線。中層長 1,100 公尺（遊程長 814 公尺），最高處 27 公尺，最寬處 50 公尺，底面積 1.75 公頃。七星岩以雄偉、寬廣、曲折、深邃著稱，洞內石乳、石筍、石柱、石幔、石花層層疊疊，構成一條珠串狀的地下長廊，是普陀山最壯麗的洞府，素有「神仙洞府」之稱。

(2) 蘆笛岩

位於城西北光明山南山腹，距市中心約五公里。1959 年籌建，1962 年正式開放。公園面積 40.72 公頃，建成遊覽面積 11.69 公頃。建築有接待樓、朝暉樓、天橋、水榭、豐收亭等處。蘆笛岩前有芳蓮池、芳蓮嶺等景點。

蘆笛岩外蘆荻繁茂，舊稱蘆荻，洞前石山有宋代題刻「蘆荻」二字。因蘆荻可製箭可製笛，「荻」、「笛」同音，故定名蘆笛岩。昔日岩處荒郊野僻，雜草叢生，野貓出沒，故俗稱「野貓洞」。原是一條古老的地下河道，東西長 240 公尺，南北寬 50～90 公尺，形成於約 60 萬年以前，下層河通仍然在發育中。蘆笛岩呈馬蹄形，洞口高於山下平地 26 公尺，洞深 240 公尺，遊覽路程 500 公尺，洞底面積 1.49 公頃。蘆笛岩以玲瓏、瑰麗、虛幻、雄偉著稱，洞中石乳、石筍、石柱、石幔、石花景物密集，變化多姿，曲折縈迴，洞天高闊，氣勢雄偉，極造化之神妙，素有「大自然藝術之宮」的盛譽。熊醛玎〈讚蘆笛洞〉詩道：「桂林岩洞多奇巧，蘆笛新開巧不同。異彩繽紛今古自，奇蹤探索忘西東。初臨絕壁懸

崖上，似入瓊樓玉宇中。莫怪吾華常自傲，世間那有此仙宮。」

蘆笛岩洞內著名景點有獅嶺朝霞、塔松傲雪、高峽飛瀑、原始森林、盤龍寶塔、簾外雲山、遠望山城、雲臺覽勝、紅羅幔帳、幽境聽笛、雙柱擎天、雌獅送客等數十處。岩內還留存有古代壁書 77 件，題名題詩居多，最早為南朝齊永明年間（西元 483～493 年）題名，據壁書內容可知，古代遊人將洞分為八大洞天，題有「一洞」、「二洞」、「三洞」……以及「塔」、「筍」、「龍池」等景觀象徵。唐代名僧題名、明代靖江王府採山隊題記均有重要歷史價值。洞前芳蓮嶺山麓有古寺遺址，石壁尚存唐代摩崖石塔、造像。

蘆笛岩作為旅遊景區，大約始自西元 5 世紀。岩內「靈芝山」、「天頂柱」、「水晶宮」等處的壁書。記錄著南齊永明（西元 483～493 年）以來，唐宋至民國歷代遊客的行蹤。宋人趙溫叔紹興十三年（西元 1143 年）正月初十的題記中稱：「隋普民大師幻遊芳蓮，蘆荻絕勝」，可見遠在 1,400 多年前，此地就被視為旅遊勝地了。不過，遊覽者大都是官員、文人、僧侶等。民國初年，因戰亂洞口被封閉，遊人的蹤跡中斷了半個世紀。1959 年園林部門根據附近村民提供的線索，重新開發，直到 1962 年 2 月建立公園正式對遊人開放，從此，這座大自然藝術之宮才真正為人民所享有。

(3) 冠岩

位於灕江西岸，北近草坪，距市中心約三十五公里，是冠山下一個水中洞穴。冠山海拔 272.5 公尺，相對高度 142.5 公尺，長 280 公尺，寬 210 公尺，面積 5.88 公頃。遠看像一頂紫金冠，因名冠山、冠岩。

岩內常年流出甘洌清泉，故又名甘岩；還因在漆黑洞裡，頂上透出微光，故又名光岩，1937 年李宗仁曾題「光岩」二字刻於洞口。

> 廣西地理：奇山異水，孕育壯麗天地

　　岩內幽邃莫測，有清流自岩中流匯入灕江，洞外觀景臺上有明人蔡文〈冠岩〉題詩：「洞府深深映水開，幽花怪石白雲堆。中有一脈清流出，不識源從何處來。」明代徐霞客曾試圖探源，但「無從遠溯」。1985年11月12日，中英聯合探險隊深入岩中，探明岩水來自靈川縣南圩河，可乘竹排入岩。現在冠岩遊覽線路由上層安吉岩旱洞與下層冠岩地下河組成。總長3,827.3公尺，其中旱洞長2,401.1公尺，可遊覽長度為1,728.4公尺；旱洞一般寬8～15公尺，高10～25公尺，最大廳堂為棕櫚樹大廳，高50.6公尺，寬53.3公尺。水洞寬6～25公尺，高5～9公尺，水深一般為1.5～6公尺，冠岩遊覽洞穴共分五個洞天：乳洞覽勝、峽谷飛車、龍宮會仙、暗河探險、曲橋聽濤。洞中景色，奇妙絕倫。遊覽過程中，可乘有軌敞篷地下電車、觀光電梯。洞外的桃李園、古城關、鐵索橋、榨油坊、水車、稻田、「豆腐西施」為岩洞錦上添花。

　　冠岩是享譽「灕江的明珠」，它有七星岩之深邃，蘆笛岩之壯麗，堪稱諸岩之冠。明代詩人田汝成稱：「桂林岩洞，爽朗莫如龍隱，幽邃莫如棲霞，而寒冽寂寥，兼山水之奇，莫如甘岩之勝。」

(4) 蓮花岩

　　位於興坪鎮東北六公里的白山底村東側，因岩內有一百餘塊像蓮葉的盤石而得名。岩體如瓶，內寬外窄，岩口狹小，已開發供遊覽部分長481公尺，最寬處25公尺，最高處38公尺，最狹處僅2公尺，洞底面積4,780平方公尺。岩內曲徑通幽，鐘乳石、石柱、石幔遍布，形態萬千，景色奇特壯觀，已命名景點百餘處。主要有：蓮塘奇觀翻過陡坡後，是一個寬闊平坦的水域，雲盆狀如水面漂浮著的大大小小107塊荷葉；底小面寬，頂平面圓，每塊厚約30公分，最大的直徑達150公分；蓮花盆四周遍布天然穴珠，又稱溶洞珍珠，大小、形狀、顏色與蓮花盆同。

此景是著稱中外的溶洞奇景，是全岩的精華部分。

明王士性《廣志繹》載，「桂林石細潤，玲瓏奇巧，雖雕繢不如，勝於太湖數倍。一種名靈芝盆，舣岸如荷翻狀，其洿隙成九曲之池，大小隨趣，以置淨室前，種小花樹其上，養金魚數十頭，亦奇賞也。」此謂靈芝盆即雲盆，它是含碳酸鈣的水滴，在特定的環境中，經漫長的歲月所形成。在岩溶地區間或可見，但同一地方如此之多，如此之奇，堪稱獨絕。

仙蓮倒掛進口處簇簇乳石，如片片蓮瓣，像一朵碩大的蓮花，高懸洞頂，華麗奪目。

雙龍出洞進岩一百餘公尺，岩壁左右各有一石槽，蜿蜒曲折，直至洞底，像兩條蛟龍，向洞外飛行。

深潭巨鱗蓮塘左有一潭，深不可測，水潛通岩外小河，潭邊有數條石痕，其中一道深隱如蟒，遍結小石，如鱗，清晰如真，盤曲潭邊。潭水泛波，光影蟒動，蔚為奇觀。近處有一組中空的鐘乳石幕，擊之能發出不同音響，稱七音石。此外，岩內可供觀賞的景點還有南天一柱、水漫金山、玉片凌空、暗道漫遊等。1984 年，著名地質學家孫大光在蓮花岩考查，題「岩溶奇觀」四字，對蓮花岩做了頗高的評價。

(5) 豐魚岩

因岩內暗河盛產油豐魚而得名。主洞口距荔浦縣城十六公里。

豐魚岩為巨大的地下河型洞穴，地下河總長約八公里，從東岸流入，經大塘角豐魚岩到雙江流出。該地下河在大塘角有近百公尺長的明流段，地下河出口流量約 1.6 立方公尺／秒。

豐魚岩主幹洞穴長 4.1 公里，主道寬一般 7～20 公尺，最寬處 120 公尺，洞高 5～15 公尺，最高處 40 公尺。全洞貫通九座山，南北長 5.3

公里。洞中大洞連小洞，小廳連大廳，最大的洞口廳25,500平方公尺。水路遊覽全程3.1公里，水路最窄水面為8公尺，最寬20公尺，洞內氣溫常年穩定在18～22°C之間，為目前中國遊覽洞穴中水程最長的洞穴。

目前，豐魚岩已開發出四個小景區：一是岩洞內觀賞區，可分兩部分，第一部分是陸地觀景區，全長兩公里，洞中石筍、石柱、石幔林立，有堪稱世界一絕的「定海神針」（鐘乳石高達9.8公尺，直徑僅為14公分），第二部分為暗河遊覽景區（分兩段，A段1.3公里、B段2公里）；二是逍遙洞娛樂區；三是瑤族風情、人工湖樂園區；四是接待服務區，有豐魚岩飯店等配套旅遊設施。

(6) 銀子岩

位於荔浦縣馬嶺鎮北三公里的小青山屯，距離荔浦縣城十五公里。

銀子岩洞內有豐富的化學沉積物，因其晶瑩潔白，故名銀子岩。洞內鐘乳石、石筍、石柱發育十分完善，景色優美。銀子岩與荔枝岩、通天岩、干糯岩等相連線，長度在一公里以上。洞內有天然水池，清澈見底。

(7) 灌陽神宮

灌陽神宮位於灌陽縣城北面七公里處的蘇東村。該洞深長莫測，洞身平均高18公尺，平均寬15公尺；洞內有小河，常年流水，清澈見底。小河與岩洞陸路路線完全一致。

洞內岩溶發育良好，有鐘乳石、石筍、石柱、石幔、石瀑、石梯田、石葡萄、石花等，洞內景觀千姿百態。進入洞內2.5公里處有一片極為寬闊龐大的石林。距洞口7.5公里有高4公尺的洞內瀑布，由於洞內的回音作用，聲音震耳。該岩洞內由於流水帶動空氣流動，空氣清新，沁人心脾。洞內四季恆溫18°C，冬暖夏涼。

(8) 聚龍潭

　　位於陽朔縣城南七公里，桂荔公路左側馬山腳下。聚龍潭由黑岩和水岩組成。因岩內鐘乳石琳瑯多姿，有石巧似游龍戲水；岩外青山隱隱，綠水悠悠，宛如群龍駕霧，又意喻八方遊人聚此遊覽，故名聚龍潭。1993年6月1日正式開放。

　　聚龍潭遊程分水陸兩段。全長一千餘公尺，遊程近一小時。洞內現已開發出11個景區及30個景點。遊客既可策杖觀光，又可乘船賞景。

　　此外，聚龍潭前已建有九曲橋、洗塵亭及遊樂園、休息室、跑馬道等各種旅遊服務設施。景區建築依山傍水，採用金黃色琉璃瓦，運用傳統的造園手法，成為美麗的人文景觀聚集之地。

罕見的地下沙灘奇觀 —— 碧水岩

　　位於鍾山通往八步、寓川公路三岔路口即望高鎮丁字路口附近，又名出水壁。大約於50萬年前形成，岩洞全長4,200公尺，最寬處90公尺，最高處100公尺，自成18個洞廳，廳廳相連，洞環水繞，千迴百轉，是一個層樓式洞穴，約可容納十餘萬人。素以「巨大的洞廳、寬闊的沙灘、幽長的暗河、高大的乳石」而聞名。洞中石花、石柱、石簾、石筍、石果構成的景緻千姿百態，神奇美妙。沿洞內遊覽路線有一條暗河，循河前進，時而可見急流險灘，時而聽到怪異的濤聲。暗河出口處是個大洞廳，頂上的石紋仿若旋轉的宇宙天文圖，洞口的懸石奇似蛟龍戲水。洞外水簾有如匹練飛掛。

　　碧水岩可供遊覽1,200公尺，在將近50分鐘的遊程中，有「百鳥朝

鳳」、「龍鳳大廳」、「珍珠水幔」、「江峽奇景」、「錦繡中華」、「參娃拜觀音」、「石鐘」、「天書」等二十多處美景。洞中可容納數千人的地下沙灘尤為引人注目。

貓兒山何以成為「五嶺絕首，華南之巔」

五嶺是指位於湘、粵、桂交界地帶的連綿山區，因這一山區有越城嶺、都龐嶺、萌渚嶺、騎田嶺、大庾嶺五條以「嶺」命名的山脈，因而被稱為「五嶺」。五嶺山區的最高峰是苗兒山（也稱貓兒山）主峰——貓兒山，海拔 2,141 公尺，也是華南第一高峰，因此，貓兒山獲得了「五嶺絕首，華南之巔」的美譽。苗兒山是一古老的山脈，基岩由加里東晚期花崗岩和古生代變質岩組成，山脈長 60 公里，寬 10～15 公里，山體狹長，山峰挺拔高峻，氣勢磅礡，有許多山峰海拔高度在 1,800 公尺以上，山坡陡峭，諸多地方懸崖壁立。主峰為一巨大的花崗岩體，因形似貓頭，被稱為貓兒山。

苗兒山是灕江、資江、尋江的發源地。山上林木茂密，動物、植物種類繁多。其中高等植物就有約 150 多科，380 多屬，900 多種；有不少是中國特有的珍貴品種，如有「活化石」之稱的冰川時期遺留的樹種——鐵杉林等。貓兒山還是中國三大名花之一——杜鵑花的世界，大約有杜鵑花 50 種。貓兒山的動物約有 22 目，46 科，112 種。其中的毛冠鹿、紅腹角雉、黃腹角雉、勺雞、黑斑蛙、花臭蛙、菜花鐵頭蛇等是廣西的特有品種。貓兒山林區已被列為國家自然保護區，是目前廣西最大的自然保護區。

孫中山為何將欽州港規劃為中國南方的第二大港

欽州港是 1980 年代中期興建起來的年輕港口，是一個充滿希望的深水良港。了解孫中山先生《建國方略》的人都知道，欽州港是當年國父在《建國方略》中規劃的「南方第二大港」。欽州灣具有建設大型港口的優越自然條件和獨特的區位優勢。欽州灣三面環山，南部向海，港灣伸向內陸，兩側有小山護衛，避風條件良好；航道寬闊，水深、潮差大，回淤少，適宜於大型船舶的航行，也適宜於建設大型碼頭；港灣的深水岸線長 68 公里，可建 1 萬～30 萬噸級碼頭兩百多個，可以說是一個不可多得的天然深水良港。

欽州港腹地廣闊，是西南地區最便捷的出海口，也是中南地區重要的出海通道；更為重要的是，欽州港背靠中國西南地區，面向東南亞，它的建設對於中國西南地區的發展，對於建立中國與東南亞密切的經濟貿易連繫有著舉足輕重的地位。也正因為如此，孫中山先生在《建國方略》中將欽州港規劃為「南方第二大港」。

為什麼說歸春河是愛國河

歸春河是左江的支流，發源於廣西靖西縣，流經大新縣後，進入越南境內。然而，與別的河流不一樣，歸春河像一個眷戀母親的孩子，不願意離開中國大地，在越南境內轉了一圈後，又流回了大新縣，因而，這條不大的河流也被人們讚譽為愛國河。歸春河流經喀斯特地區，這裡山色秀麗，人民純樸，兩岸清山秀水，加上點綴其間的梯田和農舍，構

廣西地理：奇山異水，孕育壯麗天地

成了一幅美麗的圖畫。歸春河一年四季河水碧綠，清澈見底，就像一個年輕漂亮的母親一樣，默默地澆灌著兩岸的土地，哺育著兩岸的人民。當然，她也有充滿熱忱的表演。歸春河在流經大新縣邊陲鄉村德天的時候，情不自禁地向人們展示了她倔強與柔美的萬千風情：她從石崖綠樹掩映中傾瀉而出，飛流直下，形成寬208公尺、落差六十多公尺、三層跌宕而下的瀑布，這就是世界第二大跨國瀑布——德天瀑布。

廣西北部的天然長城是如何形成的

在廣西北部與湖南、貴州交界的崇山峻嶺中，有一條白色的「長城」穿行於山脊之上。這條「長城」長度達到三百多公里，高 10～15 公尺，牆壁陡峭、規則，高大雄偉，如一條白色巨龍，騰躍於南方綠色的山嶺之中。這是古代修建的「南方長城」嗎？人們見到它，自然在頭腦中會產生這樣的疑問。然而，當我們走近「長城」進行觀察時，就會發現它與人工建造的長城有很多的不同之處。首先，這一「長城」既不是用磚石砌築的，也不是由泥土夯築的，而是一道完整的石牆。第二，「長城」上沒有烽火臺、關城等必要的軍事設施。這一「長城」不是人工建造的軍事防禦工程，而是大自然創造的「天然長城」。組成「天然長城」的岩石是震旦紀四堡組的厚層白色矽質岩，是距今 6 億年前的深海沉積物，成分為二氧化矽。經過多次地質構造運動，這些深海沉積物固結成矽質岩，並上升隆起為山地，接受地表的風化侵蝕。矽質岩十分堅硬、也不易發生化學反應，抗風化侵蝕能力特別強，因此，在它的周圍其他類型的岩石被風化侵蝕以後，矽質岩仍然屹立在崇山峻嶺之中，成為中國南方的「天然長城」。

北流縣銅石嶺的
丹霞地貌與喀斯特地貌是如何共生的

　　丹霞地貌和喀斯特地貌都是非常難得的自然景觀資源，這兩種景觀資源共生在一起的情況更是十分罕見。當我們來到廣西北流縣的銅石嶺時，就可以欣賞到這一大自然的神奇傑作——丹霞地貌景觀與喀斯特地貌景觀的奇妙共生。銅石嶺上部由新生代早期第三紀的紫紅色砂岩和礫岩構成，發育成了較好的丹霞地貌，山體高大挺拔，山坡陡峭，許多地方是懸崖絕壁。大自然把這裡的岩石雕塑成了各種不同的形態，有的像大佛，有的像動物，有的是伸向蒼穹的擎天大柱。西部的山頂上，大自然還雕塑出了一片丹霞石林。

　　銅石嶺的下部由晚古生代至三疊紀的石灰岩構成，大自然雕塑出了秀麗的喀斯特地貌：石芽、石柱、溶洞發育完善，景色秀美，與其上的丹霞景觀相映成趣。銅石嶺能夠形成丹霞地貌景觀與喀斯特地貌景觀共生，與其地質發展歷史緊密相關。大約在距今3億～2億年前的晚古生代至中生代三疊紀，這裡還是一片汪洋大海，沉積了石灰岩；以後地殼上升隆起為陸地，遭受風化侵蝕很長時間；進入新生代，這裡發生地殼下沉，成為早第三紀的內陸湖泊，沉積了紫紅色砂岩和礫岩；這以後，地殼整體上升隆起成為山地，這就造就了銅石嶺的上部為紫紅色沙礫岩、下部為石灰岩的基礎物質條件。經過那以後千百萬年的風化侵蝕，終於形成了現在所見到的丹霞地貌景觀與喀斯特地貌景觀共生的奇妙現象。

　　筆者賴富強感嘆於此種自然奇觀，以〈銅石嶺嘆絕〉讚之。

> 廣西地理：奇山異水，孕育壯麗天地

山不在高，有仙則名，
你用銅鼓聲聲作了千年回應。
水不在深，有龍則靈，
你把一汪清池高高地舉在山頂。
世間兩性的陰陽絕配，
你形象地表現得如此石破天驚，
彷彿盤古開天就已冥冥注定。
天下最美的喀斯特地貌與丹霞地貌奇觀，
你竟如此輕易地聚為一身，
並以那紅與黑的色調絕配，
造就出最令人叫絕的神奇風景。
你的魅力神譽天外，
引得無數飛來奇石為你排山助興，
忘情於你所日夜演繹的萬千風情。

廣西為何能成為溶洞、地下河探險的理想之地

在廣西，石灰岩分布面積占全自治區面積的 50% 以上。石灰岩是一種可溶性岩石，在氣溫和降水條件合適的情況下，特別是在水中含有二氧化碳的情況下，溶蝕（喀斯特）作用更為強烈。廣西地處副熱帶地區，氣溫高，雨水豐沛，這就使廣西成為中國南方主要的喀斯特地貌分布區，也是喀斯特地貌發育最為完善的地區。一方面，喀斯特地貌廣泛

分布於廣西各地，不論是在廣西的東部、西部、南部、北部和中部地區，都有喀斯特地貌分布。另一方面，喀斯特地貌類型多種多樣，豐富多彩。既有峰叢窪地和峰林谷地，也有孤峰平原；既有喀斯特（岩溶）作用形成的天生橋、峽谷、天坑，也有大量的落水洞、地下溶洞和地下河流。

正是由於廣西有發育良好的喀斯特地貌，許多地區才會山川秀麗，景色優美，桂林山水更是其中的突出代表。由於受地質構造運動的影響，廣西地表以下的岩石中發育有大量的斷裂、節理等破裂構造，為地下水的運動提供了通道。而且由於壓力較大，地下水中含有較多的二氧化碳，能夠對其流經地帶周圍的岩石產生強烈的溶蝕作用，經過長期的累積，成為地下河。如果地殼發生抬升運動，這些地下河就會上升到地下潛水面以上，成為沒有水流的溶洞。在廣西喀斯特地貌區的地表以下，分布有大量的溶洞系統和地下河系統，這就為溶洞和地下河探險提供了條件，使廣西成為這一探險活動的理想之地。

被譽為世界十大名洞之一的馬山金倫洞

金倫洞位於馬山縣古零鎮新揚村敢花屯金倫山下，距縣城二十一公里，距離南寧八十七公里，距 210 國道僅 300 公尺。因傳說中的壯族英雄人物韋金倫曾在洞內讀書遇仙獲寶而得名。岩洞穿過 12 座側腹，洞口高約 5 公尺，寬 10 公尺，可以從洞口搭乘小汽車穿過洞中長廊，直達數公里深處。總遊程達九公里之多。洞內有一條河，可在洞裡逆水行舟，瀏覽洞景。它共有七個進出口，有的通山腳，成為「地門」，有的通山頂，形成「天窗」。洞道有的很直，有的很彎，如九曲迴廊，還有可容上

萬人的大洞廳。

洞中乳石千姿百態。各種石柱、石花、石幔、石布、石燈、石盞、石瓜、石果、石禽、石獸難以勝數。由乳石組成的一組組洞景使人眼花撩亂，有反映現實生活的如「婦盼郎歸」、「老翁垂釣」，也有神話傳說的如「觀音探海」、「玉柱擎天」，還有風光浩渺的「海底田園」等。洞內空氣清新，冬暖夏涼，常溫保持在 20°C 左右。

1987 年 12 月 27 日，經過對該洞進行 27 天考察後的「中英聯合洞穴考察團」稱，金倫洞是世界一流的岩洞，是世界四大名洞之一。

廣西北迴歸線附近地區有何奇異現象

在廣西的北迴歸線附近地區存在許多自然和人文方面的奇異現象，主要有平果鋁礦，桂平的熱帶雨林和金田起義遺址，梧州的鴛鴦江，那坡縣的黑衣壯風情等。

平果鋁礦分布於北迴歸線附近的平果、德保縣一帶，屬沉積風化型礦產。礦產儲量大，已探明的特大型礦床有七個以上。礦體都位於地表，易於開採。目前，這裡已經建設了平果鋁業基地。

桂平的龍潭國家森林公園位於北迴歸線上的熱帶雨林分布區，這裡的熱帶雨林屬於熱帶溝穀雨林，在世界上也比較罕見。雨林區林莽蒼蒼，一片綠色，有許多珍稀的動植物。

北迴歸線上的梧州鴛鴦江則是由清澈的桂江和混濁的潯江匯合後所形成的水文奇觀，同一條江中，一側是碧藍的江水，另一側是渾黃的水體，相擁前行，涇渭分明。

金田起義是近代歷史上最大規模的農民革命運動。太平軍所向披靡，攻無不克，對腐朽的清王朝予以沉重的打擊，對中國社會的發展形成了重大的推動作用。而這一次的農民起義卻是從桂平北迴歸線附近的一個偏僻的小山村裡開始的。

　　分布於那坡縣北迴歸線附近的黑衣壯是壯族的一個支系，在廣西許多地方的壯族居民的傳統文化正在逐漸消失的時候，這裡的人們卻心態平和地守護著自古流傳下來的民族文化，以黑為美，以黑為族群的標誌，歌聲也已經融入了他們社會生活的各個方面。

　　桂平縣的北迴歸線公園是1990年代建設的一座以天文標誌為特徵的公園，其內的北迴歸線標誌環並沒有按聲學方面的回音原理進行設計。然而，建成後，這個迴歸線標誌環卻有奇妙的回音效果，成為一大奇蹟。

廣西地理：奇山異水，孕育壯麗天地

廣西名勝(上):
勝景如畫,詩意流傳千載

廣西名勝（上）：勝景如畫，詩意流傳千載

一條天下最美的江 —— 灕江

　　灕江屬於珠江水系的桂江上游河段，源自興安、資源兩縣交界的越城嶺主峰貓兒山。上游主流稱六峒河；南流至興安縣司門前附近，東納黃柏江，西受川江，合流後稱溶江；至溶江鎮匯合靈渠水，流經靈川、桂林、陽朔至平樂縣恭城河口，稱灕江，長 164 公里。自平樂縣恭城河口至梧州注入潯江段，稱桂江。從發源地至梧州，全長 426 公里，統稱桂江。

　　灕江最初稱「離水」或「灕水」，西漢司馬遷《史記》記載：「故歸義越候二人為戈船下厲將軍，出零陵或下離水，或抵蒼梧」，但據北魏酈道元道《水經注》和唐代魚孟威〈靈渠記〉的記載「離水」之名指的是靈渠。由宋代柳開〈湘灕二水說〉可知，二水在興安境內分水嶺南北「相離」，在「相離」二字偏旁加「水」，北去的名湘江，南流的名灕江，因桂林歷史上是廣西政治、經濟、文化中心，故灕江又曾名桂水或桂江、癸水、東江，明代又稱府江，民國時又有名撫河，今定名灕江。

　　灕江上游流經越城嶺山區，其森林覆蓋率達 60% 左右，水土流失較少；中下游又流經石灰岩地區，河床主要由礫石和砂岩組成，河水自淨能力較強，年平均含沙量 0.081 公斤／立方公尺以下，僅為黃河含沙量（37 公斤／立方公尺）的 2‰ 左右，是廣西河流中含沙量最少的河流之一。灕江水量豐富，年均徑流量 42 億立方公尺，最大流量 7,800 立方公尺／秒，最小流量 3.8 立方公尺／秒，水量大小、水位高低隨降水季節變化，具有山地型河流特點，每年 3 月，進入降水期；5 月至 6 月，水位達到高峰；8 月汛期結束；10 月至 11 月，進入枯水期，部分河床裸露。

　　灕江自桂林解放橋碼頭至陽朔碧蓮峰碼頭，水程 83 公里，習慣稱百

里灘江,是喀斯特地貌發育最典型的地段,塑造了世界上至美的山水奇景,是桂林山水的集中表現和精華所在。灘江碧水蜿蜒,如帶似練,沿岸奇峰羅列,疊翠奇秀,有山青、水秀、洞奇、石美四絕,還有洲綠、灘險、潭深、瀑飛之勝,被譽為「山水畫廊」。雄奇瑰麗的百里灘江,使人賞心悅目,百看不厭。歷代無數文人墨客無不被灘江所陶醉,留下了無數的詩詞文賦。

唐代詩人韓愈詩曰:「江作青羅帶,山如碧玉簪。」是詠讚桂林山水的千古名句。清代廣西巡撫張聯桂〈望桂林陽朔沿江諸山放歌〉道:「桂林山勢天下雄,陽朔一境多奇峰。開窗仰視皆突兀,壁立千仞摩蒼穹。馬駝獅象不一狀,如瓶如塔如金鐘。雲鬢霧帔降神女,虯髯駝背疑仙翁。起伏倚立各呈態,或斷或續江西東。」郭沫若〈春泛灘江〉詩道:「玉帶蜿蜒畫卷雄,灘江秀麗復深宏。」翦伯贊〈桂林紀遊〉詩通:「桂海多仙窟,灘江似畫廊。」風光旖旎的灘江,為世界著名的風景江河,受到眾多中外遊客的讚譽,是前來桂林旅遊的中外遊客的必選遊覽景區。

百里灘江,可分為桂林—草坪、草坪—興坪、興坪—陽朔三個景區。

月圓月缺隨人意 —— 月亮山奇觀

月亮山位於陽朔縣城南7.5公里處,桂荔公路右側。海拔380公尺,相對高度230公尺,石灰岩山體,頂部石壁如屏,峰似鳳冠。峰中部一洞穿透,形如明月,故名月亮山,又稱明月峰。

月洞高、寬約50公尺,山壁厚度僅數公尺,兩面平展似牆壁,洞口如半拱門。洞壁、洞頂掛滿了各種形狀的鐘乳石,有的與神話「月宮」中的景物相似,如「玉兔」、「吳剛」、「嫦娥」。沿山腳公路行走,回首「月

宮」，隨著位置的移動，由於洞後峰的疊印，便出現「圓月」、「半月」等奇觀。

遊月亮山有「賞月路」、「邀月亭」。有大理石鋪成的八百餘級登山道，直達「月宮」。登臨「宮內」，山風習習，眾山俱小，無不使人飄飄欲仙。

世界八大斜塔之一的左江斜塔

左江斜塔位於崇左城區東北兩公里的左江河中一個石頭小島（鰲頭峰）上，本名歸龍塔、水寶塔。明朝崇左知府李友梅於天啟元年（西元1621年）始建，據說是為了鎮水妖、袪災禍、納福祉而建的。初建時只有三層，至清康熙三十五年（西元1696年）知府徐越加建兩層，成為五層磚塔。塔底直徑5公尺，塔高28公尺，呈八角面體。其八面正簷的每一簷角，均掛銅鈴一個，風來叮噹作響。底層有門，從二層起每層各開一個小窗。塔內有螺形階梯繞至頂層。因塔身傾斜達4°24′64″，人們習慣稱之為斜塔，是世界八大斜塔之一。

塔為何歪斜？據考證，是在建塔時，在基座東側層上砌磚45塊，西側層面僅砌磚43塊，讓基座東高西低，使塔身斜對江水沖來的方向。這是工匠考慮到江心風力、水勢和地基等因素，為增強塔身抗擊各種自然衝力而特意精心設計的。自建至今，歷經四百多年，屢遭洪水沖刷、日曬、風吹雨打，依然聳立如故。

筆者賴富強有感而發，以〈浪淘沙・左江斜塔〉記之。

塔斜見水偏，

惡浪滔天，

滿載商貨逆行船。

巧借流勢平江面，

奮勇直前。

時歲大迴旋，

年跨雙千，

秦皇立郡為人先。

象去悠悠無覓處，

南洋靠邊。

廣西第一高塔 —— 東塔

位於桂平市城東四公里的潯江南岸，正處於黔鬱兩江匯流處，八角九層，底徑 12 公尺，高約 50 公尺，為廣西第一高塔。它狀若文筆，直指雲天，氣勢雄偉。

東塔始建於明萬曆初年（西元 1576 年前後），崇禎年間（西元 1628～1644 年）建成，前後約歷時六十年。塔古樸厚重，每層均有圭角式拱門八個，其中兩個是真門，六個是假門。塔內有木板樓梯，可直登塔頂。塔頂裝飾有銅葫蘆。塔外在起級處，用青磚砌成疊結式稜角牙紋飾，塗以硃砂，每級拱門塗銀硃。雨過天晴，紅白相間，十分耀眼。

塔畔即為潯江急灘，水下多暗礁，江流受阻，迴環激盪，波瀾起伏，塔影搖曳，此即有名的「東塔回瀾」一景。

廣西名勝（上）：勝景如畫，詩意流傳千載

中國唯一的太平天國詩文石刻及最早的五百羅漢名號碑 —— 會仙山

會仙山、白龍洞位於宜州市城北的龍江北岸，距城中心約一公里。

會仙山亦稱北山。石峰聳峙，狀若雄獅，登山極目可盡覽附近景色。宜州八景之首的「會仙遠眺」即指此。唐代起即為遊覽勝地。山頂有鳥型巨石一方，呈展翅狀，明刻「騎雲」二字；石前平臺原建有「齊雲閣」，峭壁上刻有「極高明」三個大字，為郡人明代參將李霽所題。有清雍正年間（西元 1723～1735 年）慶遠知府徐嘉賓的述職碑。還有天池、甘泉等。明崇禎十一年（西元 1638 年）徐霞客入境旅遊考察，登會仙山後撰文稱道：「俯瞰旁矚，心目俱動。忽幽風度隙，勢氣襲人，奚啻兩翅欲飛，更覺通體換骨矣。」

白龍洞處於會仙山南面山腰，因洞中有一條似身披鱗甲、乳白色的石龍而得名。分上下兩洞，上大下小，小洞有草書「白龍洞」題額，大洞有楷書「雲深」巨鐫。洞中道路平坦，盤曲數里，乳石千姿百態。洞內有「供養釋迦如來住世十八尊者五百大阿羅漢聖號」題額石刻碑，碑高 200 公分，寬 110 公分，刻羅漢名號 518 位，碑中刻有佛教故事畫一幅，落款為「大宋元符元年八月秋日清信弟子龍管記」。宋元符元年即西元 1098 年，比「江陰軍乾明院羅漢尊號石刻」還早 36 年，是中國現存的五百羅漢名號碑刻中最早的。

白龍洞內外，有唐宋以來摩崖石刻六十多幅（處）。其中最引人注目的是刻於洞外石壁上的石達開及其部將的遊洞唱和詩。清咸豐十年（西元 1860 年），太平天國翼王石達開回師廣西，駐軍慶遠（今宜州市）。一日，率部屬遊白龍洞，讀了清人湖南劉雲青題壁詩「異境從天闢，登臨

眼界空。萬家遙帶雨，一水怒號風，古佛形容怪，奇人氣象雄。回看腰上劍，飛去作長虹」後，詩興大發，即和詩一首：「挺身登峻嶺，舉目照遙空。毀佛崇天帝，移民復古風。臨軍稱將勇，玩洞羨詩雄。劍氣沖星斗，文光射日虹。」

當時陪遊的文武官員也先後步韻奉和。有的盛讚白龍洞「岩洞高千丈，臨登永珍空」的勝景，有的謳歌太平軍「旌旗紅耀日，將士氣如虹」的軍威，有的抒發革命者「長嘯千山應，報國一心雄」的豪情，事後一併刻於此崖壁上。詩刻高 108 公分，寬 145 公分。字只大小約 1.5 公分，均為楷書，刻工精湛，清秀工整，是至今中國發現的唯一的太平天國詩文石刻。據說一位守寺廟的老人特意在詩刻處搭棚砌灶做飯，將之燻黑，故未被官府發現而保存下來。直到清光緒三十一年（西元 1905 年）才被在宜州進行反清活動的張魚書發現，恢復了詩的原樣。

為何說〈百壽圖〉石刻舉世無雙

「人壽年豐」是古代中國人的美好願望，健康長壽是古今人們不斷追求的目標。因此，在中國的許多地方都能看到以壽字為內涵的文化傳統，祝壽、做壽、送壽禮是長期流傳下來的民俗活動，古代送壽禮也有送〈百壽圖〉書卷的，有些地方還有巨大的「壽」字摩崖石刻。但是，〈百壽圖〉石刻在中國卻十分難得和罕見。然而，在桂林市永福縣的百壽鎮卻有這樣一幅舉世罕見的〈百壽圖〉石刻。

百壽鎮的百壽岩是一個不大的溶洞，洞深約 30 公尺，寬 9 公尺。在溶洞的頂壁上，雕刻有一幅〈百壽圖〉。〈百壽圖〉主體為一繁體楷書大「壽」字，長 175 公分、寬 148 公分，筆力遒勁、雕刻精緻。在大「壽」

字的筆畫中，嵌入了一百個小「壽」字。小「壽」字一字一體，無一雷同，自圖騰文字直至篆、隸、行、草等各種字體都有出現，每個字旁還註明了字體的出處，令人稱奇叫絕。〈百壽圖〉石刻於南宋時期雕刻而成，至今已有八百多年的歷史，現為廣西壯族自治區重點保護文物單位。

道教的三十六洞天中的廣西三洞天是怎樣排位的

道教中的所謂洞天，指的是道教中的人間仙境，即分布於自然山水優美之地的天然山洞。地有道教三十六洞天，其中，廣西有三個洞天，占中國道教洞天總數的1/12。根據道教洞天的排位，廣西的洞天分別排在第二十、第二十一和第二十二位。它們分別是：

- 都嶠山洞 —— 周回一百八十里，名曰寶玄洞天，在容州普寧縣，仙人劉根治之。
- 白石山洞 —— 周回七十里，名曰秀樂長真天，在鬱林州南海之南也，又云和州含山縣，是白真人治之。
- 勾漏山洞 —— 周回四十里，名曰玉闕寶圭天，在容州北流縣，屬仙人錢真人治之。
- 寶玄洞天（都嶠山洞）—— 位於廣西玉林市容縣南，分南北兩洞天，南洞稱寶元洞天，北洞稱都嶠洞天，周圍景色優美。
- 秀樂長真天（白石山洞）—— 位於廣西桂平市南，山勢險峻，石峰壁立，景色壯麗，周圍是中國聞名的荔枝園。

- 玉闕寶圭天（勾漏山洞）── 位於廣西北流市東北，自明代以來，歷代都有建設，現已成為當地的著名風景區。

筆者賴富強感嘆於白石洞天的神奇，以一首〈白石洞天〉讚之。

荔枝紅處有風景，
白石洞天掛雲梯。
世上難尋通天道，
卻留此間造神奇。

容縣都嶠山何以成為「三教合一」的宗教聖地

都嶠山位於廣西玉林市容縣縣城南約十公里處，自古就是三教合一的著名宗教聖地、風景區及古代一些著名學者的講學場所。道教最早進入都嶠山，漢代就有道人入山修道，相傳晉朝道學大家葛洪曾在山中煉丹，並在山上留下了煉丹灶遺址。唐代是都嶠山的佛教鼎盛時期，山上建有許多佛教寺廟。宋朝時期，儒教在都嶠山大興，信徒們在寶元岩中築殿，供奉儒家聖人孔子及其弟子。明代時期，都嶠山開設了書院，當時的不少著名學者來到這裡講學，兩廣學子紛紛前來求學問道。

釋（佛教）、道、儒三教中，道教和儒教是中國本土宗教，佛教雖然是外來宗教，但也完全中國本土化了，三教之間沒有根本的衝突，加之中華文化的包容性很強，三教也就可以相得益彰了。都嶠山上不是一直興盛某一種宗教，而是在不同的時期有不同的宗教相繼興盛，這就成就了都嶠山三教合一名山的地位。一千多年來，拜佛的、修道的、讀書的

廣西名勝（上）：勝景如畫，詩意流傳千載

都在山上找到了自己的位置和去處，大家各行其道，相安無事。都嶠山以峰奇、洞多、谷幽、道險為特色，全山有大小岩洞300個，著名的就有13個，這裡也成為道教的第二十洞天。山上綠樹成蔭，景色秀麗，歷代寺廟、道觀、書院，亭臺樓閣點綴在綠樹叢中，自古以來就是著名的宗教聖地和風景區。宋代文學大師蘇軾、名相李綱，明朝旅行家徐霞客等著名人物都曾慕名前來遊覽、題詠。

青霄第一峰──白石山

白石山位於桂平城區東南三十五公里、麻桐圩西北八公里處。海拔650公尺，道家書稱之為「白石洞天」，是中國道教三十六洞天中的第二十一洞天，名曰「秀樂長真之天」。

宋代，道家開始在山上修建寺觀（已毀），明崇禎十年（西元1637年），徐霞客曾到此山遊歷，奇景令他如癡如醉，於是寫下了〈白石山遊記〉，對此山的險絕形容備至，白石山因而漸有名氣而成為遊覽勝地。清代詩人黃體正將此山脊譽為「青霄第一峰」。

白石山由丹霞地貌形成的奇特景觀甚多，主要有：雙峰對峙、一線天、面壁僧、壽聖寺、摩崖石刻、漱玉泉、環山古城（古戰場遺址）、雲梯、會仙觀、飛鼠岩等。

其中的「雙峰對峙」是指有兩個獨立的石峰並排朝天而起。靠東南側的叫獨秀峰，亦稱公白石，高聳四削，徐霞客在〈白石山遊記〉中形容它「獨秀四面聳削如天柱，非羽輪不能翔其上」；靠南面的叫蓮芯峰，亦稱母白石。比公白石略低，徐霞客說它「三面亦皆危崖突立，唯南面一罅，梯峽上躋」。

為何中國多位高僧都選擇桂平西山弘法

　　廣西佛教協會的駐地是桂平市西山，這裡雖然離桂平市城區不到兩公里，卻是一處非常幽靜的修行之地。山體陡峻，怪石嶙峋，古木參天，泉水潺潺，景色壯麗秀美，風光如畫。這裡能夠成為廣西佛教協會駐地當然不是僅憑這些條件，還有許多其他原因。

　　第一，西山是廣西最早的佛教傳播地之一，早在唐朝時，就有人在山上的岩洞裡出家修行；宋代時營建了上寺——南華古寺，清朝順治年間修築了下寺——洗石庵，雖然歷經朝代屢有損毀，但都是屢毀屢建，佛事不斷，香火不斷。

　　第二，近現代以來，中國佛教界的多位高僧曾在西山的寺廟中擔任住持，他們當中有中國知名高僧、曾任廣西佛教協會祕書長、中國佛教協會副會長的巨贊法師和曾任香港佛教聯合會會長的釋覺光法師；著名佛教大師、中國佛教協會常務理事釋寬能法師自1949年來到下寺洗石庵主持佛事，一直到1989年圓寂，再也沒有離開西山；大師1989年涅槃時，還留下了三顆舍利子，這不僅說明大師是有道高僧，還證明了西山是佛教的吉祥之地。所有這些都使得西山成為廣西的佛教聖地，因而西山也就順理成章地成為廣西佛教協會的駐地。

柳州三大特色寺廟

　　西來寺位於柳州市雅儒路臨江巷西側，面臨柳江，占地703平方公尺，是柳州市尚存的古寺之一。「西來」是指達摩祖師自天竺西來或佛經來自西天之意。始建年代不詳，首見記載於明代。清康熙四年（西元

1665年）重建，嘉慶三年（西元1798年）、光緒四年（西元1878年）、1917年和「文化大革命」期間屢遭破壞。西來寺西面臨江，寺前為庭院，中間為大殿，東為沙彌尼住房。寺殿正門右邊存放有光緒甲午年夏刻的〈古西來寺〉石刻一塊，刻工精細，書法流暢。西牆壁亦存石刻碑文一塊，記載光緒二十八年（西元1902年）洪水漫至佛像蓮臺等情況，是柳州市水文和城市建設方面寶貴的歷史資料之一。

清真寺位於柳州市公園路53號。據寺內碑文記載，清康熙十二年（西元1673年），柳州回民集資，由甘肅固原人馬雄在廣西任提督時（西元1661～1674年）倡議並資助修建，寺址在提督衙門附近的三川社，規模相當宏大。大門南向，牌樓式重簷三排拱門，進門有院落，再進為經堂、大殿。殿內有三塊彩色《古蘭經》經文。大殿屋簷前原掛有明太祖朱元璋御製「至聖百字贊」木質匾額一塊，「文化大革命」中被毀。

寺建成後，馬雄曾延聘中國各地著名經師到柳州講學，並在寺內創辦廣西最早的經堂學校。康熙十九年（西元1680年），清兵平定柳州時，寺毀於戰火。康熙三十四年（西元1695年）重修。道光十三年（西元1833年）、咸豐四年（西元1854年）因該寺頹舊，又曾集資修建。先後有廣東人馬代麟、提督烏大經、經師杜從雲、伍萬春等出力，清真寺之建築，一天比一天整齊、完備。咸豐七年（西元1857年），李文茂起義，寺又被毀。光緒四年（西元1878年）再度重修，1923年又經馬、以、白等姓回民教徒集資修建。歷次修建都恢復清真寺的舊觀，寺建築面積約2,000平方公尺。寺始建時，正門向南，1983年改向北，清真寺現僅存有大殿及水房，總占地約1,500平方公尺。寺內大殿面積為219.4平方公尺。2000年1月，市政府下文，將臨近清真寺的437.68平方公尺土地使用權劃為清真寺建設用地。

柳州清真寺是柳州市回民歡慶開齋節、古爾邦節（宰牲節）、聖紀節等三大節日聚會的地方。每逢這些節日，都有教徒和教眾來此朝聖。

　　開山寺柳城開山寺又名壽佛寺，位於柳州市柳城縣鳳山鎮網山西南的山腳下，距柳州市四十公里。寺院依山傍水，四面為融、龍二江和烏鸞、龍船諸峰所環繞，風景清幽。開山寺建於清嘉慶十年（西元1805年），由鳳山大灣村一名叫全大定的鄉紳出資興建，至今已有約200年歷史，是廣西四大古寺之一，在東南亞諸國中享有很高的聲譽。寺廟建有正殿、左右偏殿、八層八角寶大廈、三寶殿等，寺內供有如來佛、觀世音、玉皇大帝、十八羅漢等七十多尊大小佛像和神像。殿堂雕梁畫棟，建築雄偉；亭臺樓閣亦別具特色。寺門前有一蓮花池。寺外草坪上的18棵近百歲的古榕樹，樹頂如傘，榕蔭蓋地，即使是酷夏，一入榕林，猶入清涼之境。

　　開山寺曾於「文化大革命」期間被毀，1992年重建。現在的開山寺香火日盛。每年農曆二月初八這裡還舉辦大型廟會，搶花炮、舞龍、舞獅、山歌對唱等傳統的文體活動精采紛呈，參加廟會人數多則八九萬，少則三四萬，氣氛熱烈。

三教合一的六峰山

　　六峰山（連三海岩）於1988年被定為自治區級風景名勝區。它位於靈山縣城西邊，矗立於鳴珂江畔，因有龍頭、鳳尾、鶴立、龜背、寶障、沖霄六個山峰而得名。現已由六峰山為主體的六峰公園和花石山、鳳凰山、翠壁峰一起組成了一個「六峰山風景名勝區」，總面積達54萬平方公尺。

六峰山古稱石六山，為典型的石灰岩地貌，清乾隆年間（西元1736～1795年）建的山門就處於懸崖峭壁間。人們至此，尚未登山，便覺其奇峻。門額題「靈岩初地」四字，門聯為「靈岩脈出通三海，初地登攀上六峰」。在龍頭、鳳尾兩峰之間有「六峰寶山」牌坊，字為清代廉州太守三品卿康基田所題，書法蘊顯端莊靈秀。穿坊而過，有一段坦途，可讀「六峰碑林」，可賞唐代畫家吳道子的「刻石觀音」，也可倚「觀峰門」望諸峰奇勝。

　　至此登山有三道：一經「八仙渡」、龍頭峰上沖霄峰；一經「刻石觀音」探頭隱洞，登龜背峰；一經「半巫山」石關可至北帝廟到摘星岩等。此山以前有祖師廟、南堂廟、元帥廟、社稷壇、廣嗣祠、三清觀、觀音堂、六秀書院等。可謂集佛、儒、道於一山，今只存北帝廟。在沖霄峰半腰處新建「懷海廊」，可在此憑欄遠眺，但見花石山、三海岩、穿鏡岩、龍母岩參差羅列，峰巒之間嵐氣繚繞。

　　從懷海廊上沖霄峰，須經「龍門」和「炮臺」。龍門橫伸於怪石嶙峋的懸崖上，天然形成。近峰頂處有古炮臺，原臺為咸豐年間（西元1851～1861年）清朝官軍所築，現炮臺（舊址）是抗日戰爭期間蔡廷鍇將軍屯兵靈山時構築的。沖霄峰為六峰山最高處，於此可俯覽縣城內外，大地風光盡收眼底。

恭城文廟何以成為中國四大孔廟之一

　　文廟也稱孔廟，是祭祀中國古代偉大的教育家孔子的廟宇。恭城文廟位於廣西恭城縣西山南麓，是廣西保存最完整的孔廟，也是中國四大孔廟之一。恭城文廟建立於明朝永樂八年（西元1410年），原址在恭城縣

城西北鳳凰山，明成化十三年（西元 1477 年）遷至縣西黃牛崗，嘉靖庚申年（西元 1560 年）遷至西山現址。道光二十二年（西元 1842 年），有人認為原廟宇規模小，出不了狀元，於是縣衙派遣王雁洲、莫勵堂兩位舉人到山東曲阜參觀孔廟，以曲阜孔廟為模範進行建築設計，並從廣東、湖南等地請來工匠重建文廟，歷時兩年多建成，成為廣西最大的孔廟。恭城文廟建成後的幾百年裡，曾經多次毀於兵禍，但每次都是很快重建起來，之後還進行了多次維修。1963 年恭城文廟成為自治區重點文物保護單位。

恭城孔廟坐北面南，背靠印山，俯瞰茶江，依山勢而建，層次分明，莊嚴肅穆。全廟占地 3,600 平方公尺，建築面積 1,300 平方公尺。由兩邊耳門出入，東門稱禮門，西門叫義路。門外立禁碑一塊，上刻「文武官員至此下馬」，以示孔廟的莊嚴。正面是照壁，建時沒有開大門，據說要等有人中了狀元，才在照壁中間開大門，稱狀元門。如今，為方便民眾遊覽，打開了狀元門。狀元門的上方刻有「櫺星門」三個大字，還有雙龍戲珠、雙鳳朝陽等浮雕。過了櫺星門便是條石砌就的泮池，又叫月池，周圍以青石為欄，有石拱橋跨過池面，稱狀元橋，意為狀元才能通過。橋面有一塊刻有雲紋浮雕的青石，為「青雲直上」之意。然後拾級而上到達大成門。

大成門由 11 扇木質門組成，門扇上鏤空的花鳥蟲魚雕刻，栩栩如生，門的兩邊掛有清代皇帝康熙、雍正、乾隆、光緒御筆所提的匾額。大成門東面是名宦祠，西面是鄉賢祠，是供奉歷代先賢、先儒的地方，計有 143 個靈位。大成門後面是天井，前有寬大的平臺，叫杏壇，據說是孔子講學的地方。杏壇之上的大成殿是文廟的主體建築，面闊 5 間，進深 3 間，內立磚柱 10 根，木柱 18 根；有大門 14 扇，門窗、簷口均飾

以木雕。屋面飛簷高翹，重簷歇山式，琉璃瓦蓋，金碧輝煌。大成殿正中的神龕是供奉孔子靈位的地方。大成殿之後是崇聖祠，供奉孔子五代祖先。歷代以來，每年的春仲月（農曆二、八月），都要在大成殿舉行隆重的祭孔活動。

梧州龍母廟中供奉的龍母是何路神仙

梧州龍母太廟是為紀念中國戰國時期南方百越民族女首領「龍母」而興建的廟宇。那麼，這位龍母到底是何許人呢？後人為什麼稱她為龍母呢？這得從龍母生活的時代和她為百姓所做的好事說起。

龍母姓溫，出生於戰國時期楚懷王辛末年（西元前290年）的農曆五月初八日，出生地是梧州藤縣。溫女自小就立下「利澤天下」的誓言，要為天下老百姓做好事，替他們謀利造福。因此，她從小就發奮努力，掌握了許多技術。當時的西江流域一帶還是蠻荒之地，自然環境險惡。溫女帶領群眾開荒闢嶺，治理西江，戰勝了許許多多的自然災害，讓這裡的蒼生得以安居、生息、繁衍，因而深受人們的擁戴，溫女也由一個普通婦女被推選為氏族的領袖。

一天，這位氏族領袖在江邊洗衣服時，發現了一枚閃閃發光的大石蛋，於是，把這個石蛋帶回家裡珍藏起來，經過了7個月又27天，那顆石蛋忽然裂開，裡面出來五條喜歡玩水的蛇狀動物。溫氏把牠們看做是上天送來的龍子，像母親對待自己的孩子一樣，精心餵養，經常把最好的食物去餵給牠們吃。小龍長大了一些以後，溫氏就把牠們放到了江水裡，讓牠們在水中自由活動。一次，她在割去江邊的草木時，不慎誤傷了一條小龍的尾巴，小龍生氣地游走了。之後幾天，小龍們發起威風，

西江兩岸頓時大雨傾盆，人民的生命財產受到很大威脅，溫氏一面帶領百姓抗災救險，一面向江中祈禱，要求小龍不要傷及無辜，有什麼懲罰由她一人承擔。小龍本來也只是耍耍脾氣，看到溫氏這麼痛心，很過意不去，再也不興風作浪了。

從此，西江一帶風調雨順，人民安居樂業。已經長大的小龍還專門來到溫氏所在的江邊，像對待母親一樣捕魚來孝順溫氏。從此，溫氏就被人們稱為龍母。龍母的事蹟被秦始皇知道了，他立即派遣官員來梧州，要接龍母去京城。然而，在龍子的幫助下，龍母終於避免了她不願意的旅行。秦王政三十六年（西元前 211 年）農曆八月十五，龍母帶著對人們的無限關懷和熱愛離開了人間，享壽 79 歲。

梧州龍母廟名揚天下的「洋人街」——陽朔西街

著名的陽朔西街位於陽朔西面，為陽朔縣城涉外商業行人徒步區。西街始建於唐代，現街面建於 1974 年。此街東連灘江登岸碼頭，西接桂陽公路。東西走向，占地面積約 6 萬平方公尺。街道長 200 餘公尺，寬 8 公尺，以長條石板墁鋪路面；沿街兩側是清一色全磚木結構中式建築的二層小鋪面，通高 7～12 公尺，建築面積約十萬平方公尺。樓閣均為前後兩坡面，硬山頂共三角形山牆，青瓦白牆，硃紅板壁格扇門窗。前店後廚，二樓住房底層敞開即為鋪面。

全街擁有數百家旅遊商品店攤，彙集中國各地萬種民族民俗工藝品：古玩、木雕、陶瓷、佩飾、書畫、服裝、蠟染、畫扇，以及地方土特產沙田柚、圓柿餅等。此外還有十餘家啤酒、咖啡和茶肆小屋。酒肆、餐

廳門前，懸掛形形色色的英文木牌以招徠顧客。西街以奇特的民俗文化聞名天下。遊船靠岸，國內外旅遊者紛至沓來，進行採購觀覽，亦有數以百計的歐美遊客流連駐足，白日乘腳踏車暢遊陽朔城關風光，晚間則聚集西街，暢飲啤酒、吸吮螺螄、品嘗桂林公尺粉和中國家常菜，盡情享受這裡的輕鬆氣氛，西街已形成中西文化交流的民俗街，人稱「洋人街」。

被譽為「南方西嶽」的大容山為何能再現歐式風情

大容山為一東北－西南走向的山體，聳立於鬱江平原與玉林盆地之間，因山體龐大，包容廣闊而得名。五代時期，後漢高祖劉暠於西元947年，仿照中原王朝敕封大山的慣例，將大容山封為「南方西嶽」。大容山為一地壘式花崗岩斷塊山體，山勢雄偉，山峰連綿。山峰海拔多在800公尺以上，海拔在1,000公尺以上的山峰有十多座，主峰蓮花頂海拔1,275公尺，為桂東南第一高峰。山區內的高山湖泊十多個，溪流幾十條，瀑布上百處。最為壯觀的瀑布是蓮花瀑布，總落差約為500公尺，共分九級。大容山植被發育良好，植物資源豐富，有金花茶、穗花杉、桫欏、石梯、石蘭等中國重點保護野生植物，有成片的竹林，還有野棗林、野蕉林以及山龍眼、山荔枝、黃皮、山草莓、無花果等野生果林；每當金秋時節，山中果實纍纍，可以品嘗到山珍野味。中心區還保留有原始森林，樹木高大挺拔，一棵樹往往需要3～5個人才能合抱過來；古樹從根到枝長滿了苔蘚，非常滄桑古老。在海拔1,000公尺左右的山地裡，分布有大面積的高山草甸區、高山聖誕林區與高山湖泊區，好一派歐陸風光。

浦北五皇嶺有何神奇石景

　　浦北縣的五皇嶺森林公園，是著名的「黃金蕉」的原產地，也是一個獨具特色的遊覽地。山上植被豐富，石景景觀更是非常神奇。「樹抓石」是樹木與岩石共同創造的奇異景觀。在玉女溪旁突兀的岩石，看似搖搖欲墜，卻又穩如泰山。原來這些岩石被其上方生長的樹木牢牢抓住。這些花崗岩非常破碎，碎塊岩石大小不等，直徑從幾公尺至十幾公尺不等；岩石之間的裂縫大多被上方的樹木根鬚充填，樹木的根條將這些石頭捆綁得嚴嚴實實，就這樣，樹抓著石，石依著樹，相互依存，形成了「樹抓石」奇觀。「雷劈石」則是散落在五皇嶺主峰上的十幾塊灰黑色的橢圓形花崗岩巨石。巨石都有開裂，或一裂為二、或一裂為三，裂痕整齊，深至石底，有如遭到雷劈一般。巨石經過千百年來的風雨侵蝕，已經失去了當初的稜角，呈渾圓狀或鵝卵石狀，並構成各種不同的維妙維肖的造型。對於這些「雷劈石」，不同的人可能會想像出不同的形象，有的把它們視為動物造型，有的則視為人物造型，還有人將其中的四塊巨石命名為母親石、少女石、南陽具石和北陽具石。

賀州姑婆山何以成為電視劇的外景基地

　　姑婆山國家森林公園位於賀州市東北部，是桂東萌渚嶺的南端部分，距離賀州市城區二十一公里。自 2000 年以來，有多部電視劇把這裡作為外景拍攝地。電視劇的外景地的選擇是非常嚴格的，美麗、古樸、自然是其最主要的要求，而姑婆山國家森林公園則在這些方面有著獨特的魅力，因而能夠成為多部電視劇的外景拍攝地。

第一，森林公園山勢雄偉，溝谷幽深，山峰高聳，海拔 1,000 公尺以上的山峰有 25 座，最高峰天堂頂海拔 1,844 公尺，是桂東第一主峰；而且許多地方地勢奇險，天然成景。

第二，泉水豐富，瀑布眾多；由於地勢險峻，溝谷中常有絕壁陡坎擋住去路，因而形成溝溝有溪流，溝溝有瀑布的水文景觀。知名的瀑布有瓦窯衝奔馬瀑布、仙姑瀑布、羅漢瀑布、銀河落九天瀑布、「二毫半」瀑布、母子瀑布、鴛鴦瀑布等，它們各有風姿，特色鮮明。而且，溪水清潔乾淨，甘甜宜人。

第三，森林繁茂，動植物豐富，森林覆蓋率達到了 80%。茂密的叢林中生長著 1,400 多種野生植物，活躍著黃猄、角雉等八十多種動物，其中不少是受中國政府保護的動植物。這些條件共同創造了公園宜人的氣候和環境，年均氣溫 18.2°C，冬暖夏涼，空氣負氧離子最高處達每立方公分 165,856 個。

十萬大山森林公園為何能成為天然藥浴勝地

十萬大山國家森林公園位於上思縣西南部，是廣西南部的熱帶雨林分布區，森林繁茂，空氣清新，景觀美麗。使其成為最具有魅力的森林公園，尤其獨具特色的是，這裡被譽為天然藥浴的勝地。令人神往的天然藥池是天然藥浴勝地不同凡響的地方，也是十萬大山國家森林公園擁有這一美譽的根本原因。

藥池位於石頭河的下游，石頭河是一條奇異的河流，舉目望去，是

一河大小不等、形態各異的石頭，與兩岸生長著茂密、蔥蘢的原始森林形成了鮮明的對比，故被冠名為石頭河。在晴朗的日子，如不仔細觀察，石頭河表面很難看到流淌的溪水，溪水從石頭之間穿行。這裡雨量充沛，年降雨量超過 2,200 毫米，四季河谷泉水漲溢。天然藥池中的水源於石頭河的上游及沿岸日夜流淌的山泉，而山泉水裡就含有十萬大山中特有的茯苓、兩面針、御叢蓉、靈芝、人參等中草藥成分。這些名貴草藥在雨水中經過長時間的浸泡，藥物成分從植物的根系中慢慢地滲流出來，形成茶色的、含中草藥成分很高的泉水，然後透過溪流進入了石頭河，之後再從石頭河流入下游河谷，形成了這天然藥浴池。天然藥浴池中之水具有殺菌、保健、美容、增白等功效。人在這藥池中浸泡一定的時間，頓感神清氣爽，疲勞消失。

桂林城的兩大象徵景觀 ── 象山、駱駝山

象山又稱象鼻山，位於桃花江與灕江匯流處，海拔 200 公尺，高出江面 55 公尺，長 108 公尺，寬 100 公尺，山體面積 1.3 公頃。由 3.6 億年前海底沉積的純石灰岩組成。

古名灕山，宋代樂史《太平寰宇記》記載：「灕山在灕水之陽，因此名焉。」唐會昌年間（西元 841～846 年），元晦認為灕山之名與陝西臨潼的驪山同音，為避免誤會，故更名為宜山，又因古義「儀」、「宜」相通，故也作儀山；唐代莫休符《桂林風土記》說灕山「名沉水山，以其山在水中，遂名之」。因山酷似一頭巨象伸長鼻暢飲江水，故以形定名象鼻山，簡稱象山。明代董傳策的〈遊桂林諸岩洞記〉已稱之為象鼻山。孔鏞

還曾賦〈象鼻山〉詩:「象鼻分明飲玉河,西風一吸水應多。青山自是多奇骨,白日相看不厭多。」至今仍沿用此山名。

山呈東北走向,半枕江水,半依陸地,索以「粵西奇山」著稱。清康熙二十一年(西元1682年),工部郎中舒書〈象鼻山記〉認為:「粵西之奇以山,粵西之山之奇以石,而省城相對之象山,則又其奇之甚焉者。」從洞旁磴道上至半山有像眼岩,形若長廊,南北貫穿,遠望兩個洞口若像眼,故名。山西麓也有石磴上至山頂,形成環山道。山頂平坦,小路縱橫,樹木成蔭,清幽別緻。

駱駝山位於七星岩出口,相對高度30餘公尺,東西寬50公尺,南北長70公尺,面積0.4公頃。山勢奇特,鍾毓玲瓏,南望山形如一媳婦娘(古時桂林人對準新娘的稱呼)臨鏡梳妝,故明代時民間俗稱此山為媳婦娘峰或搔首峰;東望山形似舊式酒壺,山下又有一石形如酒杯,故清代稱其為酒壺山、玉壺山、壺山,山南尚存康熙五十三年(西元1714年)王豫「壺山」真書題榜。1950年代末,又以山形酷似一頭蹲伏的單峰駱駝,稱其為駱駝山,至今沿用。

明末清初,江南名士雷鳴春(號酒人)曾隱居山下,死後葬於山南麓,其後裔雷擎天亦葬墓前。舊時山下遍植桃樹,春日怒放,千朵萬朵,蒸若赤霞,灼灼如武陵源,因而到壺山觀桃花,成為桂林人一大樂事,其景稱為「壺山赤霞」,清光緒十七年(西元1891年)朱樹德將其列入桂林續八景之一,並賦詩:「方壺信非遠,聳峙城郭東。山麓種桃樹,花然萬株紅。晴光弄新色,赤霞滿郊中。天公固醞釀,噓氣來鴻蒙。」

桂林駱駝山風光

現山麓以常綠的南迎春為背景，襯以碧桃、紅葉李、紅千層等，山下又新建了駱駝茶社、盆景苑、倚霞軒等風景建築，成為遊人留影的熱點。「駱駝赤霞」亦為桂林新二十四景之一。

美國總統柯林頓於1998年7月2日訪問桂林，首先來到七星公園。先在駝峰茶室就環保問題舉行小型座談會，接著在駱駝山下的草坪上，就環保問題發表演講。他讚揚中國幾千年文明史，桂林的秀麗風光。並且說，中國沒有任何一個地方比桂林更美麗。

人名與山體的同工之妙 —— 伏波山

伏波山海拔213公尺，高出平地63公尺，長120公尺、寬60公尺，山體面積約0.7公頃，山勢陡峭，拔地擎天。其岩石由3.5億年前的淺海生物化學沉積形成，岩石層呈東南傾斜。既因唐代在山下建有漢代伏波將軍馬援的伏波祠而得名；又因江水被山體阻擋形成漩流，「江瀾洄洑山根」，山體形成伏波之勢而得名，亦稱洑波山。使人名與山體構成同工之妙。

伏波山的開發可追溯至唐代。據史料記載，唐代後期，伏波山是桂林佛教聖地，乾符年間（西元874～879年）在山南建伏波廟。

宋代，還珠洞臨江處被作為桂林水路遊覽的主要上落點，在此登舟南下可遊象山、雉山、南溪山，而北上可達疊彩山、虞山，橫江至對岸二江口入小東江，可遊覽七星山、穿山、塔山，入灕江後又可經雉山遊

陽江，入西湖可觀西山、隱山，經朝宗渠過騮馬山、老人山、鸚鵡山、回龍山、虞山，再回到灕江。從而伏波山的開發也就達到高潮，嘉祐年間（西元1057～1063年），桂州知州兼廣南西路經略安撫使吳及在山西北邊築蒙亭；紹聖四年（西元1097年），後來任桂州知州兼廣南兩路經略安撫使的程節在山西北面建八桂堂；乾道年間（西元1165～1173年），廣南西路經略使範大在山北臨水處建癸水亭，花山西麓築正夏堂。其他風景建築有進德堂、喜豐堂、所思亭、月光亭、迎碧亭、凌虛亭、玉皇閣、狀元坊等；靖康元年（西元1126年），臨桂令唐鐸在山西北鑿開岩口，改變了過去遊還珠洞唯有泛舟從水路而進的線路，開闢了從陸路入洞的遊覽通道。

明代，在山頂建有龍王祠，明清時期曾兩次重建伏波廟。

抗日戰爭期間，在山南麓又開鑿還珠洞南口入洞通道。1947年闢為河濱公園，並將疊彩山定粵寺大欽鐘、千人鐵鍋移至山麓，另成一景。至1950年代，伏波山風景建築大多傾圮，或僅存遺址。

南寧青秀山的新舊八景之說

青秀山，又名青山，位於南寧城區東南郊，與城區相連，南臨邕江，由青山嶺、鳳凰嶺等18座大小連綿山嶺組成。占地面積約4.05平方公里，處於副熱帶季風氣候區，植被繁茂，呈現南亞熱帶常綠闊葉林自然景色。樹木四季常綠，花卉四季常開。素以「山不高而秀，水不深而清」著稱。

東晉時期，已有道人羅秀在山上煉丹。至宋明時，山上已先後建有白雲寺、萬壽寺、青山寺、龍象塔、董泉亭、雲圍山房、白雲精舍等。

舊八景有泰青遠眺、餐秀觀園、山房夜月、夕陽塔影、子夜松風、江帆破浪、涼閣聽泉、沙浦魚燈。至1940年代，這些景觀多以毀廢。保存較好的是明代左江兵備僉事歐陽瑜為紀念著名學者王守仁（即王陽明）曾在南寧辦學、講學而於明嘉靖四十年（西元1561年）五月刻在董泉亭西側山崖上的「陽明先生過化之地」八個大字，字體清晰可見。

　　青秀山現有景點已增加到三十多處，新八景有龍象塔影、董泉清流、天池夜月、鳳凰遠眺、水月清風、三寶仙居、雨林大觀、棕櫚勝景。

　　筆者賴富強有感於青秀山四季如春的美景，以〈笑秋〉記之。

時葉不知秋，
滿目青草夢春遊。
不作黃葉追風舞，
僅戀繁花漫山秀。
世物競自由，
枯榮更替何日休。
但留晨露閃枝頭，
萬綠叢中盡風流。

中國四大猴山之一的龍虎山

　　龍虎山位於隆安縣城南面三十五公里的喬建鎮與屏山鄉交界處，距南寧城區七十八公里。南寧至大新公路穿過其間，景區總面積2,000公頃，有林面積870公頃，是廣西副熱帶石灰岩地區季節性保存較好的區

域之一。龍虎山不僅風景優美，而且生物資源豐富，具有重要的科學研究、教學、旅遊價值。

這裡最大的特點是猴多，可饒有興趣地觀猴、逗猴。景區中有四群獼猴（恆河猴），大群的有數百隻，小群的也有數十隻。經過多年的半自然飼養，可供觀賞逗樂的有三群共三百多隻。每天上午十時到十一時，飼養員將飼料送到固定地點。一聲哨響，升起小旗，猴群便從四面八方聚攏過來。猴子們或從地上揀食，或掰開飼養員的手抓食，有的還敢從遊客手中取食。由於飼養管理得法，猴子性情變得比較溫順，很通人性，這裡的猴群是中國猴數最多而且與遊客比較親和的猴群之一。

景區內有植物 1,100 多種，其中包括金花茶等稀有植物一百多種，藥用植物八百多種，纖維植物 103 種，澱粉用植物 22 種，油脂用植物 63 種，染料用植物 18 種，還發現 15 種新品種植物。動物資源有屬中國一級保護的白頭葉猴、黑葉猴和雲豹（金錢豹），屬二級保護的獼猴、白鵬等。

嶺南風情大觀園 —— 大龍潭

大龍潭，又名龍潭公園，位於柳州市中心以南三公里處。面積 5.44 平方公里，其中水面面積 13.7 公頃，石山 336.4 公頃，緩坡平地 153.81 公頃，已建成面積兩平方公里。龍潭公園是一個以喀斯特自然山水風景為主，集中展現嶺南少數民族風情文化，融副熱帶岩溶植物、科學研究、科普、植物景觀為一體的大型風景名勝區。1998 年中國前國務院副總理田紀雲考察柳州時為之題詞「山青、水秀、洞奇、石美、林茂」。

龍潭公園名勝古蹟眾多，史前已有古人類在此繁衍生息，龍山懸崖

下有鯉魚嘴貝丘遺址。唐代著名政治家、思想家、文學家柳宗元曾在此設壇為民祈雨，著有〈雷塘禱雨文〉傳世。明代兵部石侍郎張翀辭官回柳，常在龍潭邊垂釣憩息，雷山石壁上有他的摩崖題詩：「山下清泉出，林間白髮來，寒雲如可臥，不必問蓬萊。」至今保存完好。北海道副使羅之鼎留有書齋「側山樓」。龍潭公園四周群山環抱，有雷山、臥虎山、美女峰、孔雀山等大小不一、形態各異的二十四峰，自成屏障，僅園北面向東方向有一出口與外界相通，此外還有三塊水面及四塊大小不等的峰叢平地，屬典型的喀斯特地貌。

　　園中潭水與地下河相通，從西端的雷山絕壁之下湧出，蜿蜒流至東南面園外蓮花山附近潛入地下消失，流程兩千餘公尺。龍潭公園位於中副熱帶向南亞熱帶過渡的氣候帶上，花草樹木四季常綠，植被繁茂，原始植被保存十分完好，許多地段喬木、灌木、藤本植物共生，有植物152科，近700種。以臺灣相思樹、桉類、栗類、榕屬、棕櫚科樹種生長最佳，其中還有瀕危珍稀植物廣西桐木、小花異裂菊等，副熱帶岩溶景觀植物特色突出。

　　龍潭公園已建成的主要景點（區）有雷龍勝蹟區和雙潭煙雨、美女照鏡與侗寨、瑤山等具有嶺南少數民族建築風格的景點。

穿越風情的河流 —— 貝江

　　貝江之水，流經融水苗族自治縣中部，匯集滾貝老山、元寶山發源的數十條細流，由西向東穿山越嶺，在融水苗族自治縣縣城北五公里處注入融江，全長約146公里，是縣境內最長的河流。貝江支流幾乎遍布全縣，流域面積1,762平方公里。主流發源於縣境內的九萬大山，主要

廣西名勝（上）：勝景如畫，詩意流傳千載

支流為發源於元寶山的都朗河和香粉河，這三條河匯集於三江門，河面豁然加寬，氣勢雄偉。

貝江坡降平緩的河段，漫江碧透，游魚卵石，歷歷可數。沿江兩岸遍種翠竹和杜鵑花，每逢花期，整條貝江紅綠相映，木排一串接一串悠悠遊動，處處詩情畫意。貝江的一些河段，水流落差變化大，形成許多險灘和深潭。正如民歌所唱：「貝江江水水彎彎，七十二潭三十六個灘。」有名的有噴灘、勾灘、峰魚灘、長賴灘、長潭、戩潭、彎潭、白石潭和石門潭等。潭水平靜，群山倒影，一派恬靜秀雅的境界。過急灘時，船隻如離弦之箭，隨急流直下，驚險異常。除了乘機動木船泛舟貝江，一些青年使用汽車內胎或橡皮艇在貝江泛舟，闖灘過潭，也成為一種獨特的遊覽方式。

貝江遊覽一般從攬口旅遊碼頭開始，順流航行至貝江口上。從攬口至貝江口，著名的景點有石門攬勝、三江門、鎮蠻書、苗樓秀色、山湖疊翠、壽星迎賓、將軍石、摩天崖、望夫崖、飛雲崖、石猿嶺和竹林勝景等。

貝江苗寨是貝江沿岸開發的民族風情旅遊點，可接待遊客的有長賴村、勾灘村和雨卜苗寨。從 1991 年開始，這些村寨開始接待旅遊者，遊客可停留觀光。遊船靠岸，苗哥在岸邊吹奏迎賓曲，苗妹向每位進寨的客人敬糯米酒，稱「攔路酒」，來訪的客人，一定要連喝三杯，方能進寨。走進村寨，晒穀坪上，苗族男子跳起歡快的蘆笙踩堂舞迎客，女子則在外圍翩翩起舞，這是苗族文化典型的娛樂場景，客人可穿上苗族的服飾與苗族人合照留念，還可品嘗苗家油茶和民族餐。

油茶是由苗家的茶葉、陰米及瘦豬肉、花生，再加上蔥、鹽、糖等佐料做成的。喝油茶有一定規矩。一定要連喝三碗，第一碗是鹹的，不

許用筷子,但卻必須要喝得連渣都不剩,表示誠意;第二碗是苦的,只許用一根筷子,表示一心一意;第三碗是甜的,用兩根筷子,表示全心全意,先苦後甜。苗家菜餚別具風味,如醃製的酸魚、酸鴨、酸肉和糯米飯。飯前苗妹唱敬酒歌,客人則不必拘束和過謙,可以大大方方,開懷暢飲。這樣,主人才越高興,認為你看得起苗家,對你也就倍加親熱。一般得喝三杯,不到三杯就不喝,苗妹會拉住客人的耳朵灌酒,稱「扯耳酒」,場面熱烈。

仙居洞府 —— 老君洞

　　老君洞又名真仙岩、靈城岩、靈岩,位於融水苗族自治縣縣城南郊兩公里處,占地13餘公頃,為融水古八景之首。

　　老君洞的園林、宗教建築始建於唐,興盛於宋。老君洞唐宋以來即以其雄奇、靈秀、深幽等特色聞名遐邇。《融水縣志》記載,宋太宗頒賜「御書碑」120軸藏於洞內,並敕封老君洞為「真仙岩」。宋代著名詩人范成大在《桂海虞衡志》中寫道:「融州有靈岩真仙洞,世傳不下桂林。」宋人王之像在《輿地紀勝》中評論說:「玉融山水為天下之最,而真仙老人岩之類又其最也。」南宋靜江(桂林)知府兼廣南西路經略安撫使張孝祥巡遊到此,見此洞景緻非凡,遂摩崖大書「天下第一真仙之岩」。明代地理學家、旅行家徐霞客曾在此洞住了13天,這是他30年旅遊活動中在一個岩洞中住得最久的一次,並在他的遊記中留下一萬餘言的記載和一幅插圖。到清代康熙年間(西元1662～1722年)已具較大、較完整規模。

　　老君洞內原建有不少造型別緻的亭臺樓閣,如御書閣、報恩寺等,可惜因年代久遠而相繼圮毀。1937年國民黨四十二兵工廠由廣州遷來融

廣西名勝（上）：勝景如畫，詩意流傳千載

水，利用老君洞前端作為子彈廠和倉庫。1964年人民政府撥款修復老君洞部分景點；1966年「文化大革命」一開始，剛修復的亭塔被當作「四舊」毀於一旦（破四舊：指中國文革初期，以大、中學生紅衛兵為主力進行的以「破除舊思想、舊文化、舊風俗、舊習慣」相標榜的社會運動）；同年底，國營九七零六廠選定老君洞為該廠的主廠房，從此一道高牆使老君洞成為與世隔絕的軍工重地。1990年，成立廣西融水真仙岩管理處。1992年，九七零六廠遷走，老君洞得到進一步開發並對外開放。

老君洞外形似一隻下山猛虎，虎口伏地而開，洞門宏大寬敞。洞前草坪上，十數株參天大樹濃蔭庇日，環境幽靜。靈壽溪自洞背穿山而入，貫穿全洞，從洞門流出，激石漱玉，浪花如雪，此水終年不竭，四季晶瑩。據《融水縣志》記載有「老子曾投丹其中，飲者恆得高年，故云壽溪」。兩座宋代建的石橋跨溪而過，苔藻溢蒼，古色斑斕。

老君洞岩高約30公尺，寬40公尺，深100餘公尺。洞內石鐘乳、石筍林立，千姿百態。靈壽溪流經洞中部分約百公尺，乘筏自後洞口順流而下，可一覽洞內蘭田、丹井、蓮座、金線吊葫蘆、猿戲、馬奔等景點。還有著名的石鐘乳老君石像，端坐於靈壽溪邊，高達兩丈餘，鬚眉皓髮，神態飄逸，栩栩如生。溪岸上鐘乳懸垂，石筍崖上石刻如「雲深」、「四峰釣磯」、「天下第一真仙之岩」等一目了然。從洞口內觀溪水入口處，岩石形成半月形，倒映在清澈的溪水之中，天水各半，合而成圓。「水月洞天」之名由此景而來。

歷代文人墨客為老君洞留下不少詠頌詩文、遊記、碑刻和摩崖，據統計，洞內共有摩崖石刻136件，多為宋代作品。但1996年大部分被毀被埋，現僅存三十餘件。廣西博物館藏有拓片142幅（不包括宋太宗的120軸「御書碑」）。據不完全統計，石碑尚存17塊，較為著名的有司

馬光書〈風火家人卦辭〉、吳會刻吳道子畫〈孟獲像〉等。岳飛麾下獨臂將軍王佐所題「真仙洞」，字徑尺半，筆力挺拔。民國黔軍將領盧燾題刻的「雲深」兩字，字體顏柳相間，兼有魏味，字徑達一公尺有餘。這些古碑，成為後人研究宋史的珍貴史料。

劉三姐成仙之地 —— 魚峰山

魚峰山，是一個以壯族歌仙劉三姐民間傳說為主要文化內涵、具有自然山水風貌的城市景區。

立魚峰是柳州最主要的名山之一，位於柳江南岸鬧市區，東與馬鞍山相望。平地崛起，突兀聳秀，通高 68 公尺，海拔 156.3 公尺，呈東西走向，長 145 公尺，環麓 500 公尺。唐代文學家柳宗元稱其「山小而高，其形如立魚」，故得名立魚峰，也叫石魚山，習慣稱魚峰山。

自唐宋以來，立魚峰就是遊覽勝地。至明代，柳州的宗教活動中心由馬鞍山西麓轉移到立魚峰。明正德七年（西元 1512 年）「柳州八賢」之一的戴欽題〈登立魚峰〉詩云：「金鐙斜分天外轉。」明隆慶六年（西元 1572 年）曹棟〈題躍魚岩〉詩云：「中藏老氏宮，又有佛子岩。」可知在明代中葉，立魚峰已築有供遊人攀登遊覽的登山道和佛教、道教等宗教活動的山寺。明崇禎十年（西元 1637 年）地理學家徐霞客記載。「過峰中諸洞」，還描繪魚峰山半東向岩洞「內列神位甚多」、「內列三清巨像」。1920 年，立魚峰的岩洞中立有壯族歌仙劉三姐青石雕塑。1933 年，地方政府在立魚峰下闢建魚峰公園，面積 25,600 平方公尺。1953 年，整理登山步道，拔除碉堡，清除瓦礫，使之初具公園雛形，時稱魚峰山風景區。1959 年，柳州市人民政府撥款建牌坊，疏濬小龍潭，鋪築通路，建

亭修閣，在「清涼國」岩洞中塑濟公及十八羅漢等。1964 年，劉三姐塑像在立魚峰對歌坪建成。

「文化大革命」初期園林設施遭到嚴重破壞。1973 年，公園修復，建圍牆，設露天劇場、兒童樂園、茶社等，復稱魚峰公園。1979 年後逐步恢復和建成劉三姐塑像，建成劉三姐組雕、靈泉閣、峰影亭、潭光亭、景賢亭、漱心亭、末了亭、三疊泉和盆景園。1991～1998 年，先後完成石玩精品館、古風園、公園北大門及附樓。山上增添了空間形象優美的園林建築，建成了夜間山體泛光造景系統及與相鄰的馬鞍山之間旅遊觀光索道。登山纜車道全長 470.76 公尺，兩站高低差 132.19 公尺，設有雙人乘坐的吊廂 54 個，這是中國第一條位於城市中心的橫跨兩座山的索道。立魚峰，這座唐宋以來就是遊覽勝地的名山，注入現代園林氣息，對中外遊人將具有更大吸引力。

立魚峰景區不僅山水洞建築優美，山歌之盛亦遐邇聞名。相傳壯族歌手劉三姐在此傳山歌，抗衡權貴後躍潭騎鯉，昇天成仙。現尚有三姐岩、麻籃石、對歌坪等遺址，且山歌遺風，至今猶存。魚峰山下，每晚都有男女聚會，高歌互答，妙趣歡情。逢歌節（農曆八月十五日）更是人山歌海，盛況空前。1963 年 3 月，著名文學家郭沫若曾賦詩紀盛：「立魚蜂半歌聲發，應是劉三姐再來。駕馭魚龍飛九有，中國到處是歌臺。」

出米奇洞 —— 宴石寺

此寺建於唐咸通六年（西元 865 年）。當時，秦州經略使高駢奉旨率兵徵林邑和南詔，船經宴石山江段時，見這裡奇山異石，猶如仙境，便在此建寺並塑有佛像，同時建「靜默堂」於岩洞內。因該洞冬暖夏涼，風

雨不透，歷來是人們避暑養身之所。

五代十國時期，南漢王朝勾漏容州都監劉崇遠在合浦監製鹽鐵發運公務，任滿溯南流江返回，因灘淺水急，船三次衝灘都過不了宴石山江段，認為是宴石寺神靈不佑。便一面徵集民工疏河，一面僱工匠重新塑神佛。於南漢乾和十五年（西元957年）8月重建宴石寺和靜默堂，並建立紫陽觀於紫陽山（位於宴石山東北約一公里的南流江邊）下。以黑金（鐵）鑄釋迦牟尼佛像一座置於寺之東室，塑五百羅漢和十八羅漢置於寺之西室，還在寺外建齋堂、僧房等，稱為「覺果禪院」。並請南漢皇帝劉晟書題「覺果禪院」四字鐫於寺內石壁上，墨跡至今猶存；另一壁上刻上「人間天府」。此寺原立有劉崇遠撰寫的〈新開宴石山記〉碑一塊，碑文文采流暢，被歷代文史家視為珍寶，惜毀於「文化大革命」中，現廣東博物館存有該碑的拓片。宴石寺歷代均出名僧，香港舵寺大法師李茂蜂、龐隔秋均是在該寺剃度進入佛門。原來的宴石寺、靜默堂和紫陽觀均已毀，現在看到的是1980年代後期修復的。

寺內右石壁下方有個出米洞，據說出的米足夠和尚食用。後被貪心和尚鑿大，想多得米賣錢。誰知從此以後竟不出米了。

寺對面是蠟燭山，山上有兩個並立的小石蜂，高三十多公尺，徑約十多公尺，如兩支特大蠟燭並插，人稱「頂天蠟燭」。

嶺南佛教重地 —— 西山的新舊八景

西山是嶺南地區重要的佛教聖地，自古以來是著名的風景名勝區，舊八景有：官橋秋柳、忠勇松濤、雲臺曲水、碧雲石徑、龍華晚眺、乳泉琴韻、飛閣月明、古洞仙蹤。

廣西名勝(上):勝景如畫,詩意流傳千載

西山新八景有:靈湖疊翠、險峰朝陽、虹橋鼎泉、長峽會仙、龍亭觀日、棧道懸碧、松海聽濤、濂溪飛瀑。

- 靈湖疊翠。進入山門前行不到半里,右側有個幽麗的人工湖,即西山水庫,又稱靈湖。湖上碧波蕩漾,四周峰環翠繞。透過九曲橋,可到湖心島。湖西隅有游泳池,湖畔還有「靈湖茶廳」供應點心。
- 險峰朝陽。西山觀音岩的右前方危崖奇突,有一方亭建於危崖之上,因面對東方,故名朝陽亭,是拍攝「西山日出」的最佳取景處。
- 虹橋鼎泉。由登山石徑一路往上攀登,約500公尺,可見八字石,懸崖峭壁險路間,一橋飛架,狀若彩虹,又叫虹橋。旁有一清泉,清涼可飲,名為鼎泉。
- 長峽會仙。在虹橋之上約一百餘公尺處有一峽,峽長40公尺,兩旁峭壁高聳,中間僅容一人通過。峽中習習生風,仰首只見一線藍天,因此又叫一線天。長峽南端入口處石壁上,刻有釋寬能法師題寫的「神仙峽」三個大字,故會仙峽又叫神仙峽。民間傳說,有緣分的人往往可以在這裡與神仙相會。
- 龍亭觀日。過了會仙峽,在一塊突出的危崖頂端,建有兩層六角亭,叫龍亭。六道簷脊飾以六條翹首欲飛的龍。此為西山景區的最高處,如雞鳴即起,登臨此間,可等待觀賞日出奇觀,亦可盡覽桂平地區內外美景。
- 棧道懸碧。由龍亭緩步下山,要走上一段長約三百餘公尺的傍山棧道。棧道用水泥鋪成石級,寬不足一公尺,繞古松,沿高崖,盤曲而下,旁有欄杆隔護,有驚無險。

- 松海聽濤。走完棧道，越過密密叢林，可到「聽松軒」聽陣陣松濤聲。前人有詩為這一景象寫照：「然一榻臥山高，夢熟旋聞眾虎嗥，起視千林搖曳動，大風吹激怒於潮。」
- 濂溪飛瀑。由聽松軒向北下行約五六十公尺，便到一道山溪處，取名「濂溪」，舊名「鯰魚溪」，雨季可見到嘩嘩飛瀑。因北宋理學家周敦頤（號濂溪）曾來桂平講學，常遊西山，後人遂以他的字號命名此溪。

中國陰陽合一的菩提樹有何罕見特徵

菩提樹是佛教聖樹，相傳佛祖釋迦牟尼就是坐在菩提樹下冥思苦想、頓悟成佛的。菩提樹廣布於南亞地區，是一種普通的高大喬木。中國的菩提樹相對較少，而陰陽合一的菩提樹更是舉世罕見。然而，這種世間難得一見的陰陽合一的菩提樹卻現身於南寧市良鳳江森林公園內的菩提山莊。良鳳江森林公園是華南地區最大的樹木標本園，有珍貴樹木123科1,700多種，菩提樹生長在公園的一處度假村內，度假村因有菩提樹而得名菩提山莊。當你走進菩提山莊，一眼就能見到一棵高大的菩提樹，不過這可不是普通的菩提樹，它就是那世間罕見、中國唯一的陰陽合一菩提樹。菩提樹的根部，左邊像一個充滿稚氣的男孩，右邊像一個害羞的女孩。這一對金童玉女相倚而立在這裡不知經歷了多少個年頭，也許他們是佛祖的使者，一直站立在菩提樹下守護著，唯恐外人到這裡喧譁吵鬧，打擾了佛祖思考問題。陰陽合一的菩提樹成就了良鳳江森林公園和菩提山莊，使這裡名聲遠颺。

廣西名勝（上）：勝景如畫，詩意流傳千載

世界上唯一的金花茶基因庫坐落何處

世界上唯一的金花茶基因庫位於廣西防城金花茶自然保護區內，1999年開始籌建，2002年建成。金花茶是山茶花家族中唯一具有金黃色花瓣的種類，在茶花育種和園藝上具有極高的科學研究價值和觀賞價值，享有「茶族皇后」之美譽。同時，醫學研究顯示，金花茶的葉片含有鍺、硒、鉬、鋅、鋇等多種對人體有保健作用的微量元素，在治療高血壓、防癌、抗衰老、軟化心血管和增強機體免疫功能等方面有明顯的功效。然而，金花茶又是一種較古老的原始植物，坐果率低，難以繁育，且分布狹窄，為世界稀有珍貴植物，被視為「植物界的大熊貓」。

世界各國的植物工作者經過近六十年的調查顯示，目前世界範圍內已知的金花茶科植物有32種、7個變種。廣西有金花茶科植物28種、7個變種，其中的27種、7個變種為廣西所特有。廣西是金花茶的現代地理分布中心，被譽為金花茶的故鄉。由於金花茶有巨大的科學研究價值和經濟價值，自從這一神奇植物被發現以來，在世界範圍內就得到了高度關注，一些國家更是不惜重金求購金花茶植株。也正是這一原因，金花茶資源受到了很大的破壞，一些地方的金花茶品種處於絕滅的邊緣。為了保護這一「植物界的大熊貓」，1990年代，在金花茶的故鄉──廣西防城港市建立了國家級的金花茶自然保護區。1999年開始進行金花茶基因庫的建設工作，經過近四年的遷地引種，中國植物工作者在廣西防城金花茶自然保護區建成了世界上獨一無二的金花茶基因庫。基因庫占地面積8,000平方公尺，引種了各種金花茶23種、5個變種，占世界金花茶品種的75%以上，對世界金花茶的保護、科學研究和利用產生重大影響。

自助旅遊第一路 ——
奇峰谷百里邊關生態畫廊

位於大新縣、龍州縣邊境一帶的雷平－蘆山－堪圩－寶圩－金龍－明仕－岩應－碩龍－德天一帶近百公里的狹長谷地。這裡道路交通條件良好，距離適度，體驗豐富，是開車旅遊的絕妙聖地。奇峰谷內，喀斯特自然山水生態景觀的精華無不一一在目，其山現詩意，其水顯畫情，山水相間中尖峰疊嶂、綠樹滿園。遊人來到奇峰谷既可登高遠望，縱覽一派風光；又可探谷尋幽，觸碰千姿岐巒。一條既可憑窗（車窗）覽勝，又引人信步遊庭的道路，把這裡一個個詩畫美景象珠鏈般串聯在一起，讓不同的旅行方式和不同的速度都可成為一種絕妙體驗。

目前奇峰谷共有約23個景點：①天眼峰景區；②鐵嘆峰攀岩探險景區；③聖門峰景區；④美乳峰田園風光景區；⑤金銀財富門景區；⑥明仕田園景區；⑦尖峰峽小九寨觀光休閒景區；⑧美男峰景區；⑨奇峰拗景區；⑩弄中情懷景區；⑪三回頭；⑫沙屯疊瀑景區；⑬將軍山和平公園景區；⑭龍回頭景區；⑮德天奇關景區；⑯德天跨國大瀑布景區；⑰金龍湖景區；⑱萬馬歸槽景區；⑲紅棉谷景區；⑳那望山水園林景區；㉑愛國風光景區；㉒掌門峰梯田勝景觀光區；㉓謹湯田園景區。

〈奇峰谷〉正是筆者賴富強對這一美麗景觀的真實寫照。

百萬尖峰造奇谷，

千姿嬌孌並日出。

探地初陽撐紫氣，

一派春光萬里圖。

廣西名勝（上）：勝景如畫，詩意流傳千載

邊關風情——中越邊民互市旅遊點

　　在廣西與越南接壤的邊境線上有 25 個邊民互市貿易點，其中以弄堯、浦寨、水口關、碩龍最具邊關風情特色。

　　弄堯位於友誼旁的金雞山西側山腳下，距祥城區十八公里，是廣西中越邊境陸地上對越貿易開展得較早較旺盛的邊民互市點。每天進入這個互市點的人流高達萬餘人次，雙邊貿易成交額近百萬元。從中國運出去的多為日用百貨、五金、家電、農機具等，由越南運進來的則以木材、棉紗、橡膠、鋼材、鎳、鉛、銅、八角、茴香、海產品及其他土特產品居多，已逐漸由小額貿易發展到批次貿易，並由單一商貿發展成商貿、工貿、技貿等多種經貿，由單純的邊境貿易到向縱深、向多國拓展的貿易。雙方互市市場成為觀賞邊貿景觀之地。

　　浦寨位於憑祥市邊境外，與越南國境相連。對面境外相距不足一公里就是越南諒山省的村鎮。浦寨自古是中國邊民與越南邊民易貨通商、聯姻交往的地方。1990 年 8 月，闢為對越貿易互市點。這裡地勢比較寬平，通往越南同登鎮的公路也便捷，每天貿易，車流不息，日成交額達兩三百萬元，有「中越國際商業城」之稱。多以大宗貿易為主，交易的貨物主要有鋼材、機電產品、化學品、紙張、糖類、麵粉、水果等。現已成為憑祥市最大的邊貿口岸和邊貿旅遊點。

　　水口關位於龍州縣水口鎮水口河（在越南境內稱高平河）與峒桂河合流處，距縣城三十公里。清初建關。乾隆五十七年（西元 1792 年）開關通商，現為中國一級口岸。關口兩側高峰夾峙，地勢險要。清法戰爭後，廣西提督蘇元春在關口附近築有八座炮臺。

　　中越兩國在此山水相連，村落相近，雞犬之聲相聞，語言民俗相

通。兩國此處以河為界，邊民經水口橋往來互市。邊關風情濃郁，加之風光旖旎，民豐物阜。還有中越烈士陵園、古炮臺遺跡等，都是吸引遊人之處。

邊陲重鎮碩龍，距大新縣城五十二公里，西距德天瀑布十餘公里，與越南僅一河之隔，景點及遊覽項目有：碩龍邊防檢查站、碩龍橋、獨秀峰覽勝、靖邊炮臺及異國山水眺望、碩龍街中越邊民貿易獵奇等。

獨具魅力的京島風情

京島是指京族聚居地的三座小島 —— 巫頭、山心、萬尾，常統稱為京族三島，位於江平鎮南面臨海處。三座島原來是分開的，現島間海灘、海峽早被填起，已與內陸連成一片。三島中最大的萬尾島，東臨珍珠港，南涉北部灣，西與越南隔海相望，有公路與東興相通。這裡屬副熱帶海洋性氣候區，年平均氣溫22°C左右，年均日照量超過2,100小時，島上林木茂盛，冬暖夏涼，海風清爽，空氣新鮮。已建京島度假區，面積達13.7平方公里。到此度假旅遊，可盡享「海浪、沙灘、陽光」的賜予，還能親身領略漁家生活、京島風情。另外還有以下幾項旅遊活動內容：

◆ 長堤漫步

萬尾島建有環島長堤，為高2公尺、寬2公尺、長14公里多的石砌混凝土鑲邊結構，呈弓狀環抱著大半個島岸，可抵禦大海風浪侵蝕岸邊陸地，是島上民居的堅實屏障。堤上已植樹，漫步其上，身處林、沙、水之間，回歸自然之趣頓生。

廣西名勝（上）：勝景如畫，詩意流傳千載

◆ 金灘覽勝

　　萬尾島西面連至巫頭島南面是一個大沙灘，面積約 25 平方公里，因沙色金黃而得名。金灘沙細、色純、坡緩、平展鋪開一大片，如浮於藍色海面的一張金色毯子。海水無汙染，水溫也適中，可同時容納三四萬人進行海浴和沙灘運動，有些地方的沙灘，退潮後反而變得結實，小汽車和機車可在上面任意馳騁而無陷車之虞。由於沙淨，即使赤腳踏沙行走，沙子也易拍除乾淨，重新穿上鞋襪。

◆ 巫頭觀鶴

　　地點在巫頭島的巫村白鶴山上。約有白鶴（含白鷺）數萬隻棲息於林中。因為京島附近水暖，魚蝦多，這裡成為鶴、鷺理想的生存環境。京族群眾也重視保護自然，遇到風雨刮落鶴（鷺）仔鳥，即撿回養大，放歸自然。故此，人鳥關係良好。群鶴（鷺）早出林，晚歸巢，是觀賞的最佳時機。

◆ 海邊拉網

　　漁民撒網捕魚後要收網。漁網大而且長，要有許多人在海邊一起合力拉網。沙灘兩頭，各有一縱列男女，抓住網綱，一步一步後退拉縴，把大網和海魚一起拉上來。其動作兼具力量和舞蹈之美，內涵亦頗含有詩的寓意。

◆ 鍬挖沙蟲

　　京族婦女善挖沙蟲，常在剛退潮的潮溼沙灘上挖捉。當她們一眼認準沙蟲洞眼時，突然把「沙蟲鍬」插入灘中，迅速翻起，快速將沙蟲捉進簍中。整個動作，一氣呵成，十分嫻熟，外地人實難相比。

大瑤山的「三聖」、「三奇」有何神祕之處

大瑤山位於廣西中部偏東，是瑤族人民世代居住的地方，這裡以「三聖」、「三奇」聞名於世。

三聖是「聖山」、「聖水」、「聖都」的簡稱。

聖山是指大瑤山，大瑤山方圓四百多平方公里，一般海拔在 1,200 公尺左右，主峰聖堂山，海拔 1,979 公尺，是廣西中部的最高峰。這裡植物種類繁多，有維管束植物 213 科、870 屬、2,335 種，分別占廣西地區植物科、屬、種的 76%、52% 和 39%。有許多是受中國政府保護的珍稀植物，其中的銀杉、樹蕨是一級保護植物。這裡也是廣西最大的天然藥用植物園，有藥用植物 1,300 多種。

聖水是指大瑤山的山泉和河流。大瑤山區降水豐富，山泉廣布，是眾河之源，有 25 條河流發源於此，呈放射狀四散奔流，水流清澈無汙染，微量元素含量豐富。

聖都是指這裡是瑤族的集中分布區，也稱為「瑤都」。有板瑤、山子瑤、花藍瑤、坳瑤、茶山瑤五大瑤族支系，著名社會學家費孝通曾說「世界瑤族研究中心在中國，中國瑤族研究中心在金秀」，大瑤山堪稱「世界瑤都」。

三奇是「奇人」、「奇俗」、「奇藥」的簡稱。

奇人指的是瑤族人。瑤族是一個神奇的民族，歷史上，瑤族是遷徙最多的民族，現已分布於世界各地，有世界民族之稱。瑤族也是一個典型的山地民族，不論是中國南方、還是東南亞地區，在山區都有瑤族分布。

奇俗是指大瑤山區瑤族的獨特風俗。這裡的瑤族有禁止與外族通婚的族內規定，特別限制瑤女嫁出山外，這就是他們所謂的不落夫家的婚俗。

奇藥是指瑤族人所使用的天然中藥材，瑤族雖然沒有形成自己的醫藥典籍，卻是一個在醫藥研究和使用方面較為發達的民族。據研究，瑤藥有八百多種，以中草藥為主，包括植物、動物、礦物岩石等諸多方面，許多藥物有非常神奇的功效。過去，大瑤山每年有十幾萬斤中草藥運往中國各大城市。

聖堂山的萬畝杜鵑花是怎麼變色的

聖堂山位於廣西金秀縣南部，是大瑤山的主體和最高峰。方圓150平方公里的聖堂山，由七座海拔1,600公尺以上的高大山峰組成，主峰聖堂頂，海拔1,979公尺。山峰常年掩映於雲霧之中，時隱時現，神祕莫測。聖堂山集華山之峻峭、衡嶽之煙雲、匡廬之飛瀑、雁蕩之巧石、峨眉之清涼於一身，呈現出幽靜、神祕、峻險、古野的自然景觀。聖堂山動植物種類繁多，不少種類的植物成片分布，構成獨立壯觀的植物景觀，萬畝變色杜鵑就是其中的佼佼者。春季，聖堂山滿目新綠，煙雨朦朧。每年五月中下旬是聖堂山用變色杜鵑花裝扮自己的時節。當你登上海拔1,500多公尺的馬鞍坳，呈現在眼前的是一望無際的杜鵑花，繁花似錦，一直延伸到遙遠的天際。徜徉在這山花的海洋裡，聽蟲鳴鳥唱，看花叢中蜂飛蝶舞，有如來到世外桃源、人間仙境。變色杜鵑為常綠灌木，花蕾鮮紅，花開時為粉紅，隨著時間的推移，花色逐漸變為淡黃、深黃，變色杜鵑也因此而得名。

傳說中的「鬼門關」在何處

「鬼門關」聽起來是一個非常陰森恐怖的名字，代表了凶險恐怖、有去無回的地方。雖然它聽起來令人毛骨悚然，但在中華大地上還真有這樣一個古關名，這就是廣西境內的鬼門關。《辭海》中「鬼門關」條目：鬼門關，古關名。在今廣西北流縣西，介於北流、玉林兩縣間，雙峰對峙，中成關門。古代為通往欽、廉、雷、瓊和交趾的交通要衝。因「其南尤多瘴癘，去者罕得生還」（《太平寰宇記》），故名。明代地理學家徐霞客在《徐霞客遊記》中寫道：「鬼門關在北流西十里，顛崖邃谷，兩峰相對，路經其中。諺所謂『鬼門關，十人去，九不還』。言多瘴也。」

鬼門關是廣西東南部的一個古關名，也稱天門關，歷史上與天涯海角齊名。鬼門關位於北流市松花鎮甘村，是南流江和北流江的分水嶺。在古關的崖壁上，有明宣德五年（西元1430年）的摩崖石刻楷書「天門關」三個大字。作為南流江和北流江這兩條地方小河分水嶺的古關，其關隘並不險峻，歷史上也沒有發生過驚天動地的事情，卻與陰森恐怖結緣，應該與其遠離北方的中央政府所在地有關，這可以從古關在古代「與天涯海角齊名」、又稱「天門關」等可見一斑。古關又是古代通往雷州半島、海南島、欽州、越南一帶的咽喉要道，當時兩側都是原始森林，氣溫高，溼度大，瘴氣裊繞，容易孳生致病細菌，北方人到此地很不適應，容易生病，傷及性命；而從這裡走向更遠的南方，對來自北方的人們來說，危險更大。所以，這一古關就成為了古人談之色變的「鬼門關」。今天的鬼門關已經完全失去了其古代的恐怖氣氛，只是作為一處縣級文物保護單位，接納遊人的瞻仰和憑弔。

廣西名勝（上）：勝景如畫，詩意流傳千載

郭沫若大加讚美的伊嶺岩

　　伊嶺岩又名敢宮（壯語，意為宮殿一樣美麗的岩洞）。地處武鳴縣雙橋鄉伊嶺村後山上，距南寧城區二十五公里，離武鳴縣城十二公里，南武二級公路通過其側。許多石山、石峰就突顯在田疇平野中，環境很吸引遊人。1963年，詩人郭沫若來遊時，曾賦詩稱讚這裡是「群峰拔起，彷彿桂林城」。

　　岩洞處於梁滿山山腹，岩洞窟窿狀若海螺，面積2,400平方公尺，遊程1,000公尺。洞分三層，遊道曲折迂迴，石筍重重，柱幔疊疊，峽竅盤錯，撲朔迷離。有的地方像一個大廳，同時可容上千人；有的地方如夾縫小巷，僅容一人。洞內已開闢八大景區，一百多個大小景點，主要景點有「雙獅迎賓」、「空中走廊」、「瑤池盛會」、「紅水河畔」、「海濱公園」、「壯鄉新貌」、「江山多嬌」、「北國風光」等。人們進入洞道，時而攀登，如遨遊雲天；時而下坡，似步入深谷；時而拐彎，像置身幻境。被譽為「人間仙境」、「地下藝宮」。每年都吸引數十萬中外遊客前來觀光遊覽。

　　由於伊嶺岩所處的環境優美，它已發展成為一個景區，除上述岩外，還有望仙岩、甲泉等景點。

　　古蹟「望仙岩」在伊嶺岩南面仙山的半山腰，為武鳴縣舊八景之一「伊嶺岩丹爐」所在地的岩洞。洞口高大，洞內自然形成兩層，石壁上刻有「風隱絕俗」四個大字。相傳宋嘉定年間（西元1208～1224年），周師床結庵修煉於此，後坐化岩中，因而得名。傳說清代尚存煉丹爐遺跡。

　　甲泉位於伊嶺岩西1,500公尺處，是下河的出水口，此處地下水源豐富，泉眼隨處可見。清光緒年間（西元1875～1908年），當地村民為

保持飲水潔淨，以石板砌池蓋泉，裝置磨槽引水，供人汲取，鐫名「甲泉」。泉水清澈，夏涼冬暖，不溢不涸，流瀉百年，滋潤千家。1990年代初，伊嶺岩管理處在甲泉邊建一涼亭，名為雅亭。

廣西名勝（上）：勝景如畫，詩意流傳千載

廣西名勝（下）：
祕境探幽，自然人文共生

廣西名勝（下）：祕境探幽，自然人文共生

鍾山十里畫廊
為什麼又稱黑山畫廊

十里畫廊也稱荷塘風景區，位於廣西鍾山縣公安鎮境內，距鍾山縣城十八公里。這裡以喀斯特地貌為主，屬於峰叢谷地區。兩側是連綿起伏的峰叢，山形秀麗，峰巒疊翠；山峰各具不同的形態，有的高聳挺拔，有的小巧玲瓏，有的像動物，有的如人物造型，形象栩栩如生，維妙維肖；更有一當地人稱為公婆山的山峰，酷似一對相濡以沫的夫妻，互相依戀，互相扶持。但這裡的喀斯特石山特別黑硬，有「黑山襯底天最藍」之感，故又稱黑山畫廊。中間谷地，荷塘連片，阡陌縱橫，連綿十幾公里。村莊點綴在峰叢與谷地之間的接合部位上，青磚黑瓦，高低錯落有致。早春時節，峰叢山地披上新綠，山花爛漫；谷地荷塘水平如鏡，映照著藍天白雲，發出淡淡的白色光輝。夏季，兩側青山如黛，谷地荷花如火，在綠色荷葉的映襯下，更顯得嬌態嫵媚；荷塘之外，稻浪翻滾，水車輕轉，炊煙裊裊，構成了一幅迷人的鄉村山水畫卷。秋季，山上五彩繽紛，既有秋染的紅葉，也有各種色彩的果實；谷地中，藕肥魚跳，稻香人歡笑，一派豐收景象。

對此，筆者賴富強欣然以〈墨染千山〉記之。

何路神仙大手筆，
竟將黑墨染千山。
歷盡蒼年暴風雨，
青峰毅如鐵鑄成。
踏遍天涯感奇觀，
總以仙景比驚嘆。

絕色佳境歸何處，

黑山襯底天最藍。

德天大瀑布是如何跨國跳躍的

　　這個瀑布就是世界第二大跨國瀑布——位於廣西大新縣的德天瀑布。德天瀑布位於中越邊境的界河——歸春河上，寬達 208 公尺。河水從中越接壤處——浦湯島所在地飛流而下，歡騰跳躍，一波三折，形成了三級瀑布，規模龐大，氣壯山河，如飛龍咆哮，如萬馬奔騰；跌水產生的巨大聲響，震盪山谷，數里可聞。歸春河上的這一跨國瀑布，在中國稱為德天瀑布，在越南稱為板約瀑布。中國一側是瀑布的主體和主要的景觀區，寬度一百多公尺。瀑布的上方，歸春河非常平靜、嫵媚。浦湯島後面的歸春河，是一條靜靜流淌的河水，清澈見底，波瀾不驚，水平如鏡。到了浦湯島前，歸春河的矜持消失了，她來了一個三級縱跳，形成了總落差達到六十多公尺的跨國大瀑布。瀑布地處喀斯特地貌區，水流清澈，兩岸山水清秀美麗，與瀑布一起，組合成了美不勝收的自然山水畫。每當豐水季節，德天瀑布更是洶湧澎湃，盡情展示自己壯美的身姿，濺起沖天的水霧，在陽光照射下，形成橫跨瀑布上空的美麗彩虹。經中國國家地理組織的專家評選，德天瀑布榮獲中國最美的六大瀑布之一，名列第二位。

　　〈德天情思〉正是筆者賴富強對德天瀑布四季不同的觀感體驗。

正欲春回大地，

你卻令春潮瞬間風生水起，

活脫脫一個沐盡春欲的芙蓉仙子。

廣西名勝（下）：祕境探幽，自然人文共生

羞煞了遲到的春光，
透出了難以拒絕的嫵媚，
令無數場春夢無法自持。
帶著夏日氣息，
你竟如此的激情萬丈。
那一躍而就的豐韻身姿，
令纏綿的山水也驚魂似的騰天跳起。
你把霧化的體香瀰漫到天際，
使少女妒忌，
讓少年痴迷。
待到氣爽秋高，
你佇立一方秋波亮閃。
清純無比的滿腔柔情悠悠流淌，
略帶期盼的眼神不時流露出撩情的目光，
滿懷的心語只好隨波輕吟。
沉醉的回眸須及時，
仙家有女曳金枝。
披上冬日暖陽，
你成就了那番伸手可及的一簾幽夢，
又彷彿淡出了一縷縷無盡的兒女情思，
其實那是對懷春世界最精采的一幕希冀。
青山遮不住，
畢竟東流去。

為何說通靈瀑布最能詮釋李白的名詩

「日照香廬生紫煙,遙望瀑布掛前川,飛流直下三千尺,疑是銀河落九天。」李白的這首〈望廬山瀑布〉,幾乎家喻戶曉,人人耳熟能詳。在廣西有一條瀑布最能詮釋李白的這首名詩。這就是位於靖西縣的通靈瀑布。通靈瀑布位於幽深的通靈峽谷之中。這是一條封閉的峽谷,谷底與周圍的山地之間,相對高差超過 200 公尺。通靈瀑布就是其上方的小溪在不經意之間,跌落到峽谷中形成的。通靈瀑布高 168 公尺,豐水期寬 30 公尺,雖然沒有黃果樹瀑布、德天瀑布那樣雄偉壯觀,卻是輕靈秀氣,直線墜入深潭,是亞洲單級落差最大的瀑布。春夏之際,水量豐富,遠觀瀑布,銀簾高掛,飛流直下,直接跌落於深潭之中,水花四濺,水霧迷漫,並發出巨大的聲響。走近瀑布,只覺白緞高懸,舉目上望,不見盡頭,彷彿是銀河從天而降。秋冬季節,水量較小,瀑布輕盈飄灑,如天上掉下來的珍珠,落入下方碧綠的玉盤之中,也是情意盎然,使人流連忘返。

響水瀑布為何水聲不響

在左江流域的龍州縣響水鎮,有一婀娜多姿的瀑布,深藏於秀麗的景色之中,她就是響水瀑布。響水瀑布與其他瀑布不同,不是以氣勢磅礡的壯美聞名於世,而是以輕靈秀氣、與周圍美景融於一體而得到人們的讚賞和青睞。瀑布所在的響水河是由發源於龍州、大新兩縣的數十條涓涓細流匯合而成的,一路流淌在林木蔥鬱、芭蕉林掩映的南國大地上。水流平靜,波瀾不驚,兩岸修竹叢叢。碧綠的原野,相擁著碧綠的

河水,一同前行,非常和諧。河流雖然想為美麗的原野做一番表演,也不願意太張揚。所以,到了響水鎮附近,便形成高達 15 公尺的陡坎,河水至此,平靜而優雅地跳入下面的水潭,沒有震天的巨響,沒有沖天的水霧,有的只是濺起不大的水花,騰起濛濛的水霧。周圍芭蕉林點頭稱是,竹林搖曳叫好。水潭前的沙灘,潔白而純淨,既是響水瀑布的傑作,又是響水瀑布的點綴,使瀑布更加婀娜多姿。瀑布周圍,喀斯特峰林地貌發育完善,山峰爭秀,田園美麗,一派祥和協調的鄉村風光。

徐霞客為何讚嘆寶鼎瀑布

在桂北越城嶺深處,一條銀色的飄帶從天而降,洶湧澎湃,水花飛濺,水霧迷漫,巨大的聲響迴盪在山谷之中,這就是寶鼎瀑布。寶鼎瀑布位於廣西北部的資源縣,發源於華南第二高峰——越城嶺主峰真寶鼎,從山上一路狂奔而下,最終跌落到山下的寶鼎湖中,形成九級瀑布,總落差將近 700 公尺。它像一條銀色巨龍,穿雲破霧,從天而降,一路披荊斬棘,吼聲如雷,騰起濛濛水霧。明代旅行家徐霞客當年來到此地考察,面對如此壯美的瀑布,在他的遊記中發出了如下讚嘆:「懸崖飛瀑,長如布、轉如傾、勻成簾。」

寶鼎瀑布氣勢磅礴、造型優美、有如九天仙女遺失的白色緞帶,飄掛在高山絕壁之中。舉頭仰望,白色的水簾高掛懸崖,伸向高空,無窮無盡。隨著四季變化,瀑布與其周圍的湖光山色,組合成一幅幅美妙絕倫的自然山水畫。春季,滿山新綠,山花爛漫,配上白色的瀑布水簾,顯得特別幽靜清新,空氣中、水霧中都是醉人的花香,洋溢著催人奮進

的力量。秋季，萬山紅遍，層林盡染，果實纍纍，瀑布帶著野果的芬芳，沖下山崖，向人們傳遞豐收的消息，畫面更是令人陶醉。

瀑布下方的寶鼎湖猶如一面碧藍的寶鏡，鑲嵌在群山之中，接納了長途奔騰的瀑布，反射著周圍的山色天光，將寧靜與躁動巧妙地糅合在一起。泛舟湖上，看湖光山色，觀揮灑瀑布，聽水聲隆隆、鳥鳴蟲唱，身心很快就會與大自然融為一體，確實令人心曠神怡，流連忘返。

九龍瀑布是如何呈現九龍呈祥的

在南寧市橫縣的鎮龍山南麓，有一處有名的瀑布景觀，稱為九龍瀑布。這一瀑布景觀與眾不同之處是，有多條溪流匯聚在一塊面積不大的範圍之內，形成多個瀑布組成的瀑布群。鎮龍山是廣西重要的水源林區，山上森林密布，樹木參天，濃蔭掩映，泉水豐富。從鎮龍山上湧出的清泉，一路歡歌跳躍，向山下流去，最後匯合成為獅子溪、平田溪、白龍澗、鯉魚溪、九龍溪五條較大溪流，在九龍瀑布森林公園2.5平方公里的範圍內形成了十多條落差在20～30公尺之間，寬10～20公尺不等的瀑布。瀑布群聚是這裡的特色，兩條瀑布之間一般相距100～300公尺。核心景區內分布有白龍出潭、群龍迎賓、雙龍戲珠、紫龍相會、龍女吐珠、九龍入宮、飛龍朝泉、神龍慶殿、龍鼓響潭九幅瀑布。這九幅瀑布也是九龍之所在，九龍瀑布也得名於這九幅瀑布。九龍瀑布區的溪流、瀑布、山林景觀和諧地融合在一起，隨著冬去春來的四季變化，變換不同的顏色，呈現不同的景緻。

冷水瀑布是如何展現其「神龍噴水」的冷美的

　　冷水瀑布位於廣西隆林縣東南的冷水河上,是由地下河與地表河流共同形成的瀑布奇觀。地下河在梅達山湧出地面,構成了冷水河的源頭。由於地下河水溫度較低,流出地面後,又在海拔高度超過1,000公尺的河流中流淌,所以,河水常年處於較低溫度狀態,人們下河勞作,感覺河水較冷,河流也因此得了冷水河這一名稱。

　　冷水瀑布由三股水流構成,三股水流在飛身跌落到下面水潭的過程中,各具特色,變幻無窮,充滿魅力。面向瀑布,我們看到,左邊的一股水流是來自瀑布頂部的冷水河之水,沿著懸崖峭壁飛奔而下,如同掛在峭壁上的銀色綢緞。右邊一股,則是從瀑布頂部的岩洞中噴吐而出的,飛落到瀑布下方的水潭之中,在空中架起了一座水橋,有如神龍噴水一般,冷水瀑布也因這股飛瀑而獲得了「神龍噴水」的美譽。中間一股水流亦來源於冷水河,沿著峭壁直沖數公尺後,遇到一突兀於峭壁之上懸空岩塊的阻擋,順岩塊繼續向前猛沖,在懸空岩塊的前方猛然一跳,在空中劃出了一道美麗的弧線,直落下方的深潭之中,有如從瀑布上方發射的水砲彈。整個瀑布高達一百多公尺,寬達幾十公尺,三股水流或跌落、或噴射到下方的水潭之中,激起巨大的浪花,形成漫天的水霧,發出震盪山谷的聲響。在這裡,你能真正體會到造物主的鬼斧神工,感受到自然力量的偉大。

靖西為何被稱作「小桂林」、「小昆明」

靖西縣位於廣西的西南邊陲,具有優良的氣候條件及秀美的自然山水。「山水似桂林,氣候似昆明」,這是自古以來人們對靖西的讚美和評價,靖西也因此獲得了「小桂林」、「小昆明」的美譽。靖西能夠形成這樣宜人的氣候條件和美妙的山水風光,與其所處的自然地理條件密切相關。這裡屬於低緯度地區,北迴歸線從縣域的北部通過,使這裡沒有寒冷的冬天出現。這裡地處雲貴高原與廣西丘陵的過渡地帶,海拔高度在700～800公尺之間,較高的海拔又使這裡的夏季氣溫低於同緯度的丘陵盆地區2～3℃。這兩個因素的共同作用,形成了靖西氣候夏無酷暑,冬無嚴寒,全年氣候溫和,降水豐富,特別適宜人體健康。

地質條件為這裡山水美景的形成創造了條件,石灰岩面積占全縣面積的75%,在氣候條件的配合下,岩溶作用強烈,發育了具有中晚期特徵的喀斯特地貌,山色清秀,水流清澈無汙染,形成了非常清秀美麗的自然山水景觀,可以與舉世聞名的桂林山水相媲美。主要的自然山水風光有舊州風光、鵝泉、通靈峽谷和通靈瀑布、大龍潭、愛布瀑布、大興山水等。如果你身臨其境,定會感受到這裡的山水和氣候特色的迷人魅力。

如何感受古龍河泛舟的晝夜輪迴

古龍河是流淌在古龍山峽谷群中的一條特殊的河流。說它特殊,是因為它不同於一般的河流,一般的河流要麼是地表河,要麼是地下河,而古龍河則是地表河與地下河的頻繁交替形成的,河流一會兒在峽谷中

> 廣西名勝（下）：祕境探幽，自然人文共生

穿行，一會兒在溶洞中流淌。在古龍河泛舟，你會領略到時空的快速轉換，一會兒，橡皮舟在峽谷中穿行，陽光明媚，兩側青山聳立，滿目蔥鬱，山上傳來小鳥的鳴啼，牧童的歌唱，以及農夫耕作、樵夫砍柴發出的各種聲響。很快，小船進入溶洞，白天變成了黑夜，一陣陣寒氣襲來，還有不知名洞穴動物發出的怪叫之聲，驚險刺激。古龍河泛舟就是在晝夜輪迴和變化中度過的，確實別具特色，讓人回味無窮。古龍河原是一條地下河，由於地殼運動和千百萬年來地表岩石的風化侵蝕，地下河許多河段上方岩石早已崩塌下來，在原來的地下河河道上形成了古勞峽、新靈峽、新橋峽等峽谷，這時原來的地下河也變成了地表河，而在這些峽谷之間則仍然是地下河相連。如此地表河與地下河的循環交替，成就了古龍河泛舟晝夜輪迴的奇妙體驗。

筆者賴富強親歷了晝夜輪迴的古龍河泛舟後，即興以一首〈情迷靖西（古龍漂）〉抒發胸臆。

倘若你願意，
我想一起選擇靖西。
作一次痴情的山水私奔，
忘寵於這一生態情人的嬌麗。
沒有粉飾，略帶野性，
全然一副沒有距離的純靜心地。
倘若你願意，
我想一起領受靖西。
作一次任情的心性放飛，
陶醉於那宛如夢醒之間的幽谷深溪。
柳暗花明，絕隔塵世，

好一個難分晝夜輪迴的不盡痴迷。

倘若你願意，

我想一起撫觸靖西。

作一次縱情的綠野擁抱，

迷醉於被那萬綠花叢吞沒的鮮奇。

翠滴千山，綠瑩橫溢，

任憑那瀰漫壑谷的百草清香陣陣撲鼻。

倘若你願意，

我想一起投情靖西。

作一次狂野的清風豔遇，

沉醉於與那萬丈峽瀑飛撲而來的擁依。

揚飄秀髮，拋盡憂慮，

纏綿著有如天地般無盡的風生水起……

百卉谷何以成為「天下第一藥谷」

　　在資江泛舟河段的終點，有一溝谷幽深、山峰陡立的丹霞地貌風景區，這裡就是號稱「天下第一藥谷」的百卉谷。未入谷內，你就已經被其挺拔、險峻的外貌所震撼，挺立的山體直上直下，岩石壁立，與地面幾乎垂直，有的岩壁還是上部外凸，下部凹進。山峰頂部通常有一小平臺，而其間的山脊則十分狹窄，奇險無比，人要在這上面行進，沒有過人的膽量恐怕不行。而正是這地貌非常險峻的百卉谷，生長著上千種珍貴的中草藥材。這也正應中醫藥上的一句古訓，珍貴的中草藥材需要經歷千難萬險才能獲得。

廣西名勝（下）：祕境探幽，自然人文共生

　　百卉谷是 1990 年代被發現和開發出來的。當時，一位來自香港的企業家來資江遊覽，從同船的縣政府領導那裡，偶然得知要開發泛舟河段終點處的這一奇險的丹霞地貌區，企業家當時就發表了自己的觀點：千萬不要破壞這些險峻的地貌。很快，這位企業家就被邀請擔任了縣旅遊開發的顧問。企業家和與他隨行的朋友一起受邀請對這一地帶進行了考察，他們在山谷中和山峰上發現了上千種中草藥，也發現了各式各樣的花卉。更令人驚奇的是，企業家的這位朋友久患咳嗽病，在百卉谷中轉了一天後，咳嗽就痊癒了。正是有感於百卉谷的神奇，企業家決定投資開發百卉谷，打造「天下第一藥谷」的品牌。如今的百卉谷，不僅到處是中草藥材，而且還建有中國中草藥歷史上著名人物如扁鵲、孫思邈等人的塑像。

五排河泛舟為何是世界 A 級的泛舟

　　五排河是深藏於廣西資源縣深山之中的一條山區河流，發源於貓兒山山脈的紫金山，在貓兒山西南麓的資源縣境內流過一段距離後，滔滔而去，最後匯入珠江。五排河泛舟河段位於資源縣境內，從車田鄉至河口鄉，全長 30 公里，河流落差 300 公尺。五排河泛舟河段屬於深切的河流峽谷，斷面呈「V」字形，兩岸山坡坡度在 30°～ 50°之間，順河流流向右岸較陡，而左岸略平緩。兩岸山地植被完好，森林密布，左岸還開發了不少梯田耕地，沿河分布有一些自然村落。泛舟河段為岩石質河底，水道寬 5 ～ 30 公尺，彎道很多，水流湍急，險灘不少。豐水季節，河面變寬，流速加快，在其中泛舟，輕舟在河面上翻飛騰躍，浪花飛濺，驚險刺激，讓人不能忘懷。枯水季節，河流變得溫順嫵媚，水流清澈見

底,流速不大,但是有些地段變得狹窄,考驗著你的駕舟技術。在一些河流的陡坎地段,橡皮艇突然跌入下面水潭之中,非常驚險。

為什麼說資江泛舟是最為典型的「小資」泛舟

資江發源於貓兒山東北山麓,一路匯聚沿途的溪流泉水,不斷發展壯大,浩浩蕩蕩向北流入湖南省境內,匯入洞庭湖,最後出洞庭湖,入長江,流歸東海。資江泛舟河段位於資源縣境內,即自縣城下游 5 公里處到梅溪鄉胡家田的 22.5 公里的資江河流段。在資江的泛舟河段上,要經過 45 個灘,31 道彎。這裡河道寬闊,落差不大,流量、流速相對穩定,泛舟時沒有非常激動人心的驚險刺激場面。不過有失有得,這裡雖不如五排河驚險刺激,卻是著名的風景河段,兩岸景緻優美。在悠閒的泛舟經歷中,飽覽兩岸的秀麗風光,不失為人生的一大享受。

泛舟河段的資江兩岸,植被保護良好,林莽蒼蒼,竹林成片,碧綠的資江穿行於綠色的山林之間,江與山融為一體,也將在江中的泛舟者融入大自然的懷抱之中。風光旖旎的資江,猶如一條長長的山水畫廊,兩岸奇峰突兀,怪石嶙峋,雲煙飄渺,竹木蔥蘢。泛舟者進入江中,會立即被周圍的景色所感染,達到物我皆忘的地步。隨著輕舟的漂行,不同的景緻依次進入視野,「風帆石」、「玉屏山」、「三娘石」、「神像飲水」、「萬馬飲江」、「美猴王醉臥沉香寨」、「將軍騎馬鎮天門」,一個個形神兼備,妙趣橫生。你還會看到,魚鷹箭一般地衝入河水之中,抓起一條小魚後又迅速地飛入竹林之中。所以我們說,資江泛舟,玩的不是刺激和心跳,玩的是享受。

廣西名勝（下）：祕境探幽，自然人文共生

龍頸河泛舟是如何成就「天下勇士第一漂」的

　　龍頸河位於陽朔縣，泛舟河段是其中一段——地處興平鎮大源林場境內的堰水塘至林場場部的河段，長 4,500 公尺，落差 220 公尺，彎多流急，險灘廣布，並有多處較大的跌水，因而十分驚險刺激。到這裡泛舟需要有勇氣和膽量，也需要有處變不驚的心理承受能力。橡皮舟隨著水流沖下十多公尺高的陡坎，直插其下深潭的水中，又被水流托出水面。頃刻之間，泛舟者經歷了驚險的一幕，雖然個個毫髮無損，卻也全身溼透。

　　就這樣，龍頸河泛舟一開始就給你一個下馬威。接下來輕舟向下游漂去，不容你舒緩一下繃緊的神經，小船又撞上了左邊的淺灘，進退不得。當你好不容易把小船從淺灘上弄到較深的水區時，湍急的水流立刻推擁著橡皮舟快速前衝，一路左衝右突，上竄下跳，與河道中的頑石、暗礁不斷發生碰撞，「嘭嘭」作響，驚險不斷。小船衝過「九天飛瀑」，躍過「千米險灘」之後，河床逐漸變寬，水流也變得平緩了。這時，你緊張的神經才得以放鬆，有心情欣賞兩岸風光。經過緊張刺激的泛舟，你有一種征服自然、戰勝自我的感受，感覺兩岸青山在向你招手，森林在向你致意，甚至小鳥也用歌聲祝賀你的凱旋。龍頸河泛舟就是這樣富有魅力，回味無窮。

桂中第一漂——金秀滴水河泛舟為何神聖

　　滴水河發源於大瑤山，是珠江的重要源頭之一。滴水河泛舟河段是滴水河流經聖堂山腳下的河段，總長六公里。這裡是世界瑤族的最集中

分布地,有世界瑤都之稱,加上「聖山」──聖堂山和「聖水」──從大瑤山上流下來純淨無汙染的泉水和雨水,使泛舟顯得非常的神聖,因而獲得「桂中第一漂」的美名。這裡全年雨水豐沛,植被覆蓋好,全年水量豐富,適於泛舟。泛舟河段內既有使人驚奇的急流險灘,也有坡降不大、流速平穩的河段,讓人在經歷驚險之後,有一個緩衝、放鬆的機會,這同時也是觀賞兩岸優美景緻的極佳時機。河流兩岸,景色四時不同。春季山花盛開,萬紫千紅,尤其是那成片的杜鵑花,就像是上天鋪設的錦緞,美不勝收。秋季,果實纍纍,紅黃相間,有時在泛舟的橡皮舟上就能品嘗到鮮美的野果。河流岸邊也是奇景迭現,碗口粗的老藤從岩壁上攀緣下來,看上去就像黑龍飲水。在河岸平緩的地段,有時還會蹦出幾隻梅花鹿,到河邊飲水。在水流平穩、水深較大的河段,你還可以棄舟入水,暢遊一番。

為何說龍勝溫泉是既可以洗浴又可以飲用的溫泉

在廣西龍勝縣江底鄉矮嶺溪旁,有一溫泉從地下噴湧而出,這就是廣西著名的龍勝溫泉。龍勝溫泉來自地下 1,200 公尺深處,沿著一條東北─西南向的斷裂帶上湧,來到地表,共有 16 個泉眼,在矮嶺溪旁形成上下兩個溫泉群,流量為 6.12 立方公尺/秒。溫泉水的水溫在 45～58°C 之間,有意思的是,在溫泉噴出的地方,也有冷泉出露,自然調節成適宜人們洗浴的溫度。經中國地礦部、輕工部等權威部門的分析認定,溫泉水為偏矽酸重碳酸鈣型醫療飲用礦泉水,水中含有鋰、鍶、鐵、錳、鋅、銅等十多種對人體有益的微量元素,長時間的浸泡洗浴有

改善人體生理功能和保健的作用,對高血壓、心臟病、糖尿病、神經痛和神經炎、關節炎、皮膚病、內分泌紊亂等均有一定的療效。

龍勝溫泉含硫量很低,無任何氣味,不僅可以作為旅遊開發,供人們浸泡、洗浴,也可以直接飲用。龍勝溫泉深藏於深山之中,周圍樹木蔥鬱,森林覆蓋率在95%以上,景色十分秀麗。到這裡遊覽,既可以享受溫泉浴,消除疲勞,放鬆筋骨;又可以呼吸森林中純淨的新鮮空氣,享受一次美妙的森林浴。同時,這裡還為您提供了一次擁抱自然、回歸自然的經歷。

為何說全州炎井溫泉是回歸自然的體驗溫泉

炎井溫泉地處廣西北部越城嶺東麓、全州縣大西江鎮炎井村內,溫泉自花崗岩體中自然噴湧而出。溫泉水溫為42℃,日流量558噸。經資源部桂林岩溶地質研究所取樣化驗,泉水中所含偏矽酸為31.2～32.88毫克／升,氟1.46毫克／升,氡56.5～60.86毫克／升,屬含氟氡偏矽酸礦泉水。泉水中還含有鋰、鍶、鋅、鍺、銅等多種對人體有益的微量元素,既是優質的醫療洗浴型溫泉,又符合中國飲用天然礦泉水標準,是可飲可浴的溫泉。溫泉水洗浴可消毒去癢,消除疲勞,對風溼病、皮膚病等有一定的療效。

溫泉分布在越城嶺山麓的炎井河上,海拔在700～1,000公尺之間,夏季涼爽,冬季氣溫較低,可以看到河谷及其周圍因溫泉存在而煙霧瀰漫。這裡山巒疊翠,林莽蒼蒼,四時景色優美,空氣中負氧離子含量高。水體純潔無汙染,農產品生產符合綠色產品生產的要求。到這裡

旅遊、泡洗溫泉澡，享受山地森林的野趣，給人一種回歸自然的真實體驗。

峒中溫泉有何特別治病功效

在廣西南部的十萬大山南麓的中越邊境線上，有一個醫療型礦泉，這就是峒中溫泉。峒中溫泉位於防城港市的邊陲重鎮——峒中鎮，緊靠中越邊境國界線，近鄰北部灣海域，屬於沿邊又沿海的溫泉。峒中溫泉水來自地下70～100公尺深處，泉水自然流出地面，有三眼溫泉，泉眼直徑約為5公分左右。峒中溫泉屬於高溫礦泉，泉水湧出口溫度為68～70°C，硫、氟、偏矽酸的含量大大高於中國醫療溫泉水標準，是優質醫療溫泉，泉眼附近有硫黃沉澱。溫泉水中還含有多種對人體有益的微量元素，對感冒、風溼病、關節炎、神經性骨痛、肌肉勞損、神經衰弱等多種疾病均有較好療效，尤其對皮膚病療效顯著。

這裡地處十萬大山南部，終年氣溫較高，降水豐富，森林植被良好，景色秀麗，世界上最大的金花茶公園和金花茶基因庫就位於附近。這裡又是中越邊界地區，不僅有中越貿易口岸，可以購買到來自越南的土特產；還可以隔著邊界線欣賞到異國山水風光和風土人情。這裡鄰近北部灣海區，可以在泡完溫泉後，到海邊觀賞海洋風光。

象州溫泉何以成為中南第一泉的

象州溫泉位於象州縣城東郊的花池村溫泉河傍，溫泉河自南向北緩緩流去。溫泉因流量大、水溫高而被稱譽為「中南第一泉」。溫泉區有兩

口大型的熱水井,較大的溫泉井長 7 公尺,寬 3 公尺,底部與溫泉河相通,上層水溫度較高,下層水溫度較低,將上下水層攪動均勻,就是適宜洗浴的水溫了。較小的溫泉井為正方形,邊長 1.5 公尺,水溫高達 86℃,雞蛋放入溫泉水中,40 分鐘即可煮熟。滾燙的溫泉水自然上湧,每小時流量達 236 噸。溫泉水清澈透明、無色、無味,經相關部門的專家對溫泉水所做的化學分析顯示,泉水含有鍶、偏矽酸鉀、銅、鐵、鋅、鎂、鈣、鈉、碘、氟、鋇、鈣等二十多種對人體有益的微量元素和礦物質,對神經衰弱、心血管病、皮膚病、關節炎、風溼病有明顯的療效。

溫泉所在地區低山環抱,田疇廣布,村莊錯落有致,一派壯鄉田園風光。從溫泉中上升的熱蒸汽,使這一區域整日煙霧繚繞,尤其在冬季更是如此;山林、田園、村落若隱若現,顯得虛無縹緲,神祕誘人,使景觀更加美麗。象州溫泉又名濮水名泉,從明朝中葉開始就已經遠近聞名,歷史上記載的第一個遊客也是在這期間出現的。幾百年來,溫泉一直在默默地流淌,為當地人民的身體健康作出了無私的奉獻。隨著溫泉名聲的日益擴大,無數外地遊客慕名而來,領略這神奇溫泉水的無窮魅力。

為何將賀州路花溫泉比作「夢之泉」

在廣州—姑婆山—桂林這條黃金旅遊線上,有一處流量大、周圍環境十分優美的溫泉,這就是賀州市黃田的路花溫泉。溫泉由多個自然湧出地面的熱泉組成,常年泉水流量為 120 噸/小時,水溫 60～63℃,含硫量為 1.5 毫克/升,水中還含有鋅、錳、鐵等三十多種對人體有益的微量元素和礦物質,對皮膚病、風溼病、關節炎等疾病有明顯療效,並能促進血液循環,強身健體、護膚養顏。溫泉三面環山,一面緊靠一條美麗的小

溪，周圍景色非常優美，有如夢境一般，因而該溫泉獲得了「夢之泉」的美稱。溫泉周圍樹木扶疏，一片蔥綠，隨著四時季節變化而呈現出不同的景色。由山上的山泉匯流而成的小溪自東向西流去，清澈純淨，一塵不染。純清的小溪自山崖一路滾落而下，發出「叮噹」脆響，加上森林中鳥兒的鳴唱，田野裡聒噪的蛙聲，構成一場大自然的音樂盛宴，使人在飽享耳福和眼福的過程中，達到心靈和身體的放鬆，感受大自然的樂趣。

博白溫羅溫泉是如何成為冰火兩重天的

溫羅溫泉位於博白縣東南的亞山鎮溫羅村，地下上湧的溫泉水形成了一個長三十多公尺，寬約十公尺的橢圓形溫泉池。溫泉水自池底汨汨流出，「嘭嘭」作響，並有大量的氣泡從水底冒出。溫泉日湧量為480多噸，出水口溫度達到65°C。經化學分析測定，泉水富含二氧化矽、鍶、碘、鋅、鋰、硒、鈣等多種對人體有益的微量元素和礦物質，屬含鍶偏矽酸重碳酸鈣型熱礦泉水，純潔透明，無色、無味，達到了中國飲用礦泉水標準。經常洗浴或飲用可為高血壓、慢性腸胃炎、關節炎患者提供輔助治療，具有較好的保健功能。

這裡最具特色的是：滾燙的溫泉池緊靠面積為1.6平方公里的羅溫湖。羅溫湖水屬於正常溫度的涼水，與溫泉池的高溫泉水形成對比，形成了一冷一熱、冰火兩重天的獨特溫泉景觀。在溫泉水裡洗浴、浸泡一段時間後，再到羅溫湖裡暢游一番，當是別有一番風味。而且，洗過熱水浴後馬上進入冷水浴，使身體應對快速變化的外部環境，可以達到更好的強身健體的效果，使人神清氣爽，分外舒坦。羅溫湖上還可以划船、垂釣、欣賞周圍的湖光山色和田園風光。

廣西名勝（下）：祕境探幽，自然人文共生

陸川為何在唐代就被稱為「溫水縣」

　　陸川縣是溫泉分布廣泛的地區，縣城範圍就分布有大量的溫泉，從而形成陸川溫泉群。陸川溫泉群的中心處在縣城附近的九洲江與妙峒河的匯流處，溫泉區控制面積超過十平方公里，每天可供五萬人使用。特別是在溫泉中心區的兩條河流交會的三角洲地帶，在方圓700～800平方公尺的沙灘上，隨便扒開一個地方的沙子，就會有滾熱的泉水汩汩流出，流量可以達到每秒0.7～6.3升之間，水溫為45～53℃。眾多的溫泉使得陸川縣城所在地熱氣騰騰，雲霧繚繞，似乎整個縣城就像一個大的溫泉一樣。正是由於這樣一種情況，陸川縣在唐代的時候就獲得了「溫水縣」的稱號。陸川溫泉含有多種對人體有益的微量元素和礦物質，並含有微量的放射性元素，經常洗浴，對皮膚病、關節炎、風溼病等多種疾病有明顯療效，具有良好的醫療與保健作用。陸川溫泉的獨特之處還在於不僅可以泡洗溫泉澡，還可以躺在溫泉加熱的沙灘上，用溫熱的沙子覆蓋身體，進行沙灘浴，這樣的沙灘浴對治療風溼病和關節炎有顯著療效。

澄碧湖是怎樣擁有中國三大之一的土壩

　　澄碧湖也稱澄碧河水庫，是一個以發電為主，兼有防洪、灌溉功能的綜合性大型水利工程。澄碧湖得名於河流，是攔截澄碧河建設的人工湖泊。湖泊水面面積39.1平方公里，集雨面積2,000平方公里，總庫容11.5億立方公尺。澄碧河水庫於1958年9月動工興建，1961年9月建成。當時正處在中國大饑荒時期，百色地區的各族人民使用最原始的工

具，克服重重困難，在三年的時間內，建成了中國三大土壩之一的澄碧河水庫大壩。澄碧河水庫大壩為混凝土心牆土壩，壩高 70.4 公尺，壩長 425 公尺，壩底寬 465 公尺，頂寬 6 公尺，是廣西壯族自治區最大的土壩。澄碧湖是桂西的一顆「璀璨明珠」，水面廣大，水質清潔無汙染，湖中島嶼眾多，周圍青山環繞，就像是鑲嵌在桂西大地上的一塊藍寶石，不僅造福百色人民，也已經成為人們休閒遊覽的勝地。

十道長堤是如何緊鎖鳳凰湖的

　　大王灘水庫又名鳳凰湖，位於邕寧縣八尺江中游的鳳凰嶺與貓頭山之間，距南寧市三十二公里。大王灘原是水庫所在地的八尺江上的一個急流險灘，因經常引起江中行使的船隻出事，人們在大王灘的岸上建了一個大王廟，期望透過大王廟來鎮服險灘中作惡的水怪，因而灘也因廟而得名為大王灘。水庫於 1958 年動工建設，1960 年建成。水庫水面約五平方公里，由內外兩個庫區組成，總庫容為六億立方公尺。水庫中島嶼眾多，岸線蜿蜒曲折，水體清澈碧藍，岸邊山林疊翠，田疇廣布，農舍村落散落於岸上水邊的山林之間。鳳凰嶺和貓頭山隔水面對峙於水庫的中部，形成分隔內外水庫之間的天門，在這裡，你可以看到煙霧瀰漫的神女峰，有如剛從碧水中出浴的美女，怡然自在地躺臥在雲霧茫茫的水天之間。正如當地民歌唱道：「大王灘啊大王灘，不見大王不見灘。只見神女剛出浴，留下多情水一灣。」大王灘水庫的特別之處是水庫共有十座水壩，這在水庫建設史上恐怕也是創造了一個世界之最。十道堤壩將流經鳳凰山一帶的八尺江及其他溪流的流水緊鎖在鳳凰山下，形成了煙波浩渺的大王灘水庫。

廣西名勝（下）：祕境探幽，自然人文共生

浦北越州天湖是如何獲得「鶴島水鄉」美名的

　　越州天湖是近代修建的一個大型水庫（人工湖泊），湖泊因其附近的越州古城而得名。越州是魏晉南北朝時期南朝政權的行政區，相當於當時的省一級行政單位，管轄範圍較大。越州天湖水面面積79平方公里，湖內有島嶼兩百多個，是一個典型的水鄉澤國。在煙波浩渺的湖面上，當地村民發展了水產養殖，主要是網箱養魚，湖中也生長多種淡水魚類。因此，湖面上經常白帆點點，小船來往穿梭，有的捕魚，有的照料自己養殖的網箱魚，一派忙碌景象。湖區內魚蝦豐富，島嶼眾多，因而吸引了大量的水鳥到這裡來棲息繁衍，湖中的許多島嶼成為水鳥的歡樂家園。特別是有一個小島成為白鶴的領地，稱為仙鶴島。仙鶴島上竹林環繞，樹木蒼翠，居住著成百上千隻白鶴。整個湖區都是白鶴活動的領地，牠們在淺水區覓食，在湖面上飛翔，有時還會展示其優美的舞姿；仙鶴島附近，更是白鶴紛飛，叫聲不斷。偌大的溼地，美麗的小島，漁歌陣陣，白帆點點，以及在湖區生活、覓食的仙鶴，使越州天湖獲得了「鶴島水鄉」的美名。

睦洞湖何以成為廣西的「水泊梁山」

　　睦洞湖又名相思湖，地處桂林市臨桂縣境內的會仙鎮，是唐代長壽元年（西元692年）開鑿的桂（江）柳（江）運河中段殘留部分，至今已有1,300多年的歷史。睦洞湖是當年桂柳運河的分水塘，即現代意義上的河流洩洪區，運河廢棄後，分水塘因地勢低窪，長年積水，形成湖泊。

「水泊梁山」中的梁山則是位於湖區東北角的龍山，是湖區地勢的最高點，登上山頂，湖區景色一覽無遺。現存的睦洞湖水面面積大致有 1.5 平方公里，湖區內島嶼廣布，湖汊縱橫，將湖區分為一千多個大小不等的湖塘。過去，這裡是一片沒有開發的湖區溼地，湖邊潮間帶上，蘆葦密布，將湖汊水道掩蓋得嚴嚴實實。相傳太平軍從廣西進入湖南之前，曾在這裡駐紮，著名將領馮雲山曾在睦洞湖操練水軍，這裡有過戰旗獵獵、刀光劍影的歷史。現在的睦洞湖雖然沒有了昔日的蘆葦密布、戰旗獵獵的景象，水道縱橫、湖塘廣布的面貌卻仍得以保留下來。

湖區水面寬廣，魚蝦豐富，水鳥低飛；湖區周圍和小島上，田疇縱橫，樹木蒼翠，四時景色變換，一派水鄉風光，呈現出魚蝦肥美、人地和諧的美好景象。在湖邊的睦洞村，農民每每下地從事農事活動，都要依靠小船；耕作時節，連耕牛也得乘船前往勞動場地。這個龐然大物雖然在小船內沒有活動空間，卻也習慣了多年來的勞動規律，因而十分遵守紀律，站在船中一動不動，直到小船靠岸，才在主人的引導下，走下小船，活動筋骨。耕牛乘船成為睦洞湖農耕時節的特殊風景。

海南虎斑鳽為何喜歡上思縣鳳亭湖

鳳亭湖位於廣西十萬大山北麓的上思縣境內，因在這裡發現世界珍稀鳥類海南虎斑鳽（一ㄢˊ）而名聲大振。海南虎斑鳽是中國特有鳥種，全球數量不滿一千隻，被國際鳥類保護委員會列入世界瀕危鳥類紅皮書，定為世界最瀕危 30 種鳥類之一，稱為「世界上最神祕的鳥」。顯然，這種「世界上最神祕的鳥」對溼地條件的要求很高，沒有高規格的接待條件，牠是不會光顧的，更不會來這裡繁衍生息。

鳳亭湖也稱鳳亭湖水庫，是近代修建的一個人工湖泊，由於地處十萬大山腹地，這裡仍處於沒有開發的原始狀態，湖區周圍及小島上，都是鬱鬱蔥蔥，森林密布，沒有裸露的地面。湖水水質純潔透明，湖區周圍空氣清新，景色秀麗，顯得安靜祥和。湖面廣闊，湖中分布有108座小島，在湖泊水面的周圍和島嶼周圍，分布有多種多樣的溼地類型，而眾多的島嶼則為水禽的生活棲息提供了不被打擾的環境。湖泊中生活著多種淡水魚類，而當地百姓能夠自覺地保護生態環境，只是使用傳統的捕魚工具在湖中捕魚，而且嚴格限制了捕撈量，這樣，湖水中魚蝦等水禽要求的食物資源極其豐富。對水禽來說，這些條件有如天堂一般，當然對牠們具有巨大的吸引力。正因為這樣，對溼地環境要求很高的海南虎斑鳽也選擇到這裡來安家落戶。鳳亭湖區域內除了珍稀的海南虎斑鳽外，還分布有白鷺等多種水禽，以及山鷹等鳥類。這裡已經成為鳥類的天堂。

飛龍湖為何在山洪爆發時仍然清澈如常

　　飛龍湖位於蒼梧縣黎埠鎮，因湖面形狀呈長條形，像騰躍的巨龍一樣而得名。飛龍湖是1950年代末至1960年代初建設的人工湖泊（水庫），水面面積五百多公頃，庫容2.14億立方公尺。湖區水域分布有不少島嶼，有多條河流注入湖泊。飛龍湖像一塊藍色的寶石鑲嵌在群山之中，一年四季水質清澈，泥沙含量很少，即使是在上游暴雨連綿、山洪暴發的時候也是如此。飛龍湖能夠長年保持水質清澈透明，得益於湖泊上游良好的自然生態環境。飛龍湖的上游屬於山區，植被保護良好，到處是莽莽森林，一片綠色，森林覆蓋率達到了95%以上。而且，由於

森林樹木長年沒有被砍伐破壞，樹下堆積了很厚的枯枝落葉。這樣，雨水經過茂密的樹枝樹葉的阻擋，掉落到下面的枯枝落葉上，再滲透到其下的泥土中，基本上不會沖刷樹下的土壤，避免了大量泥沙進入到水流之中。由於上游河流含泥沙量很小，飛龍湖的水體能夠長年保持清澈透明，即使上游下暴雨引起山洪爆發也是如此。飛龍湖上游的森林之中，不但有豐富的動植物景觀，還有非常美麗的皇殿瀑布。

全州天湖邊的大花杜鵑林為何奇大無比

　　天湖是由 13 座小型水庫組成的湖泊群，位於華南第二高峰苗兒山真寶鼎東側的全州縣境內，湖面海拔 1,600 公尺，總水面達三平方公里，庫容 950 萬立方公尺。這裡屬於廣西的高山區，遠離城市和發達地區，自然環境潔淨無汙染，水體湛藍，清潔透明。山區的 13 座水庫就像鑲嵌在群山之中的 13 顆藍寶石，映襯著日影天光、白雲飛鳥以及周圍的山地和森林，景色非常美麗。湖泊群周圍是成片分布的原始森林，林莽蒼蒼，鬱鬱蔥蔥，有許多珍貴的樹木花草和野生動物。湖區周圍的山坡上分布有大片的大花杜鵑林，每年 5 月，杜鵑花開，山花爛漫，紅的、黃的、白的、藍的、紫的杜鵑花漫山遍野，一樹樹，一簇簇，繁花似錦，美不勝收。更為特別的是，這裡的杜鵑樹雖然也是灌木，由於長年處於深山之中，沒有受到砍伐等人為破壞和影響，比一般地方的杜鵑樹要高一些；所開的花更是奇大無比，最大的花朵直徑達到了 0.3 公尺，可以稱得上杜鵑「花王」。天湖地處桂北大山區，海拔高度大，屬山地氣候，冬季氣溫低，冰雪常見；夏天氣候涼爽，樹木蒼翠，蜂飛蝶舞，鳥語花香，是避暑遊覽勝地。

廣西名勝（下）：祕境探幽，自然人文共生

龍灘及天龍大峽谷有何奇觀

龍灘因龍灘水電站而聞名於世，龍灘水電站是紅水河最大的水電站。發源於雲貴高原的紅水河，一路奔騰向東流去，形成了許多峽谷和急流險灘，成為中國水能蘊藏量最為豐富的河流之一，也是廣西水能蘊藏量最大的河流。紅水河是中國規劃建設的十二大水電基地之一，從南盤江的天生橋到黔江的大藤峽，全長1,050公里，總落差756.6公尺，是中國規劃的紅水河梯級開發河段，可開發利用的水電資源約1,303萬千瓦。在這一河段上，規劃建設十座梯級電站，其中裝機100萬千瓦以上的有五座。因此，紅水河被譽為水電資源的「富礦」。當紅水河流經廣西天峨縣時，形成了類似長江三峽的天峨小三峽，也稱天龍大峽谷。

天龍大峽谷全長七十餘公里，河道狹窄，水流湍急，峽谷落差六十多公尺。奔騰東去的河流在峽谷中形成了數十個險灘，急流飛濺，洶湧澎湃，景象壯觀。龍灘大峽谷也是紅水河上水能資源蘊藏量最大的河段，有「水電富礦中的富礦」的美譽，龍灘水電站就位於這一「水電富礦」上。龍灘水電站總裝機容量高達540萬千瓦，僅次於三峽電站的裝機容量，占紅水河可開發電站總裝機容量的35%～40%。

北海銀灘何以成為「天下第一灘」

北海銀灘，原名老虎頭，因在地圖上看，其形狀似張齜的老虎腦袋而得名。銀灘位於北海市南部海濱，由銀白色細粉沙組成，延綿24公里，寬300～7,000公尺不等，總面積超過北戴河、青島、大連、煙臺、廈門海濱沙灘面積的總和。海灘坡度平緩，無暗礁和急流，也沒有鯊魚

出現，沙粒細軟，質地純潔，可以開展各種沙灘體育運動和娛樂項目，也可以進行各種海上體育運動和娛樂活動。北海銀灘以其「灘長平、沙細白、水潔淨、浪柔軟、無鯊魚」而聞名於世。海岸植被覆蓋良好，空氣清新，地處南迴歸線以南，終年氣溫較高，海水水溫常年在 15～30℃ 之間，一年中有 9 個月時間可以下海洗浴，是理想的海濱浴場和海上運動場。由於其得天獨厚的海灘條件和自然環境，使其獲得了「南方北戴河」、「東方的夏威夷」等美稱。

白浪灘是如何形成白浪滾滾的海灘奇觀的

白浪灘也稱為大平坡，位於防城港市江山半島月亮灣西南側六公里處。沙灘極為寬廣平坦，因而被當地人稱為大平坡。又因為在漲潮時，遼闊的海灘上白浪滾滾，前呼後擁，景色壯麗，而得名白浪灘。白浪灘寬 2.8 公里，長 5.5 公里，沙質細軟，因沙灘中含有細小顆粒的鈦鐵礦，使沙粒呈現白中帶黑的顏色。沙灘非常平緩，坡度近乎為零度，因而落潮時，全部海灘都一起露出水面。由於沙粒中含鈦鐵礦較多，沙灘表面顯得緻密，承重能力比較強。汽車開上海灘，不會因為輪胎深陷在疏鬆的沙粒之中而難以前行。正是由於沙灘的這一特質，使其成為開展沙灘體育運動的理想之地。沙灘附近的海岸地帶，具有非常優美的自然生態環境。海岸以上，森林密布，樹木扶疏，成群的白鷺在周圍覓食嬉戲。遠處白帆點點，漁歌陣陣，那是出海歸來的漁民滿載著收穫的成果和豐收的喜悅。這裏海風輕拂，空氣清新，環境安靜祥和，使人有種回歸自然的真實感受。

廣西名勝（下）：祕境探幽，自然人文共生

怪石灘為何得名「海上赤壁」

　　赤壁因三國時期的「赤壁之戰」而聞名於世，也因宋代蘇東坡的〈水調歌頭·赤壁懷古〉這一膾炙人口的詩詞而家喻戶曉。可是，你知道嗎？海上也有赤壁，這就是位於防城港市江山半島燈架嶺前面的岩石海岸，因海岸岩石呈紅色，岩壁陡峭，而被稱為「海上赤壁」。海上赤壁的岩石形成於距今約四億年前的志留紀，由紅色砂岩或頁岩構成，偶有少量綠色岩石夾雜其中。由於千百年來海浪的長期沖刷雕琢，形成了形態各不相同的海蝕地貌，岸邊怪石林立，因此被稱為怪石灘。怪石灘陡崖高聳，經過海浪的雕塑，岩石呈現出各種不同的形態。有的像怪獸，有的似花木，有的像戰陣，有的似迷宮，各種造型栩栩如生，維妙維肖。其中最著名的屬「筆架石」、「金龜向海」、「袋鼠觀潮」、「鱷魚跳水」、「雄獅遠望」、「蘑菇石」等海石造型。每當漲潮時刻，怪石灘成為一片浪花翻滾之地，只見一排排巨浪洶湧澎湃，猛地撲向海灘和海岸，濺起沖天的浪花，發出巨大的聲響。海上赤壁雖然沒有長江上的赤壁那樣的輝煌經歷和顯赫身世，卻以自己的怪石嶙峋、浪花飛濺，給人留下難忘的印象。

七十二涇是如何讓人迷途的

　　在廣西沿海的欽州灣與茅尾海之間，有一個群島，在縱橫 10 公里、面積為 36 平方公里的海面上星羅棋布著一百多個島嶼，島與島之間形成了迴環往復、曲折多變的水道。當地人稱水道為涇，因島嶼之間的水道很多，因而被稱為「七十二涇」。其實，群島的島嶼之間遠不止七十二涇。七十二涇內各個島嶼看上去沒有什麼大的差別，水道縱橫交錯，駕

船行駛其間,如入迷宮,不知道自己身在何處,也不知道目的地在何方。要是沒有對這裡非常熟悉的當地人的帶領,很難在這神祕的迷宮中選擇正確的路線。七十二涇的小島上森林茂密,一片綠色,與其下面的藍色海水相映生輝,小島就像灑落在藍色玉盤上的綠寶石,分外美麗妖嬈,自古就有「南國蓬萊」的美稱。七十二涇的島嶼上,少部分有人在上面生活居住,大部分是無人居住的荒島,這些荒島卻是海洋鳥類的樂園。每當清晨或傍晚,群鳥在小島上起飛降落,構成了一道美麗的風景。

為何說龍脊梯田是掛在天邊的美景

在桂林龍勝縣東南部和平鄉境內的群山之中,有一片規模宏大的梯田群。在梯田分布區,整座的山都已被開闢為梯田,層層梯田如練似帶,從山腳一直環繞到山頂,將山體雕塑得分外壯觀,美得動人心魄。龍脊梯田最高海拔880公尺,最低380公尺,垂直落差500公尺。開闢梯田的山地,坡度大多在26～35度之間,最大坡度達50度。因此,繞山而上的梯田大多數是只能種一二行水稻的「帶子丘」和「螞拐(即青蛙)一跳三塊田」的碎田塊,最大的一塊稻田也不過一畝左右。梯田從元代開始開鑿,至今已有六百多年的歷史,凝聚著當地居民的先人們很多代人的辛勤汗水和努力,他們在這並不平坦的群山中創造出了如此華麗的大地樂章。梯田環繞的山峰,小山如螺,大山似塔,層層疊疊,高低錯落。梯田的線條如行雲流水,瀟灑漂逸,像設計精巧、做工精緻的高級時裝把大山打扮得十分美麗動人。

梯田的景色隨季節的改變而變化,春天,煙雨茫茫,大地新綠,灌滿新水的梯田水平如鏡,映襯藍天白雲和周圍五彩繽紛的綠地和山林,

就像王母娘娘遺落在群山中的寶鏡，發出淡淡的白光。夏季，稻苗苗壯，綠浪翻滾，梯田是一身綠裝，呈現出勃勃生機。秋季，水稻成熟，大地金黃，梯田上是一片讓人陶醉的豐收景象。冬天，瑞雪鋪田，梯田就像聖潔的天梯，從山腳伸向茫茫蒼穹。領略龍脊梯田魅力的最佳時機是農曆「芒種」及「中秋」兩個季節的前後。從龍脊梯田的二號觀景臺往東邊俯瞰，腳下有七塊高低錯落，大小不一，形狀不同的水田。

　　初春平整過後的水田，在日月的照射下，發出淡淡的白光，因其形狀像天上的北斗七星，而被命名為「七星伴月」。七星伴月是龍脊梯田的精華部分，七塊水田全部位於由梯田環繞的山峰的頂部，面積較大。在早春時節，龍脊的七塊水田泛出迷人的光芒，與天上的日月星辰交相輝映；隆冬之時，七塊稻田已是銀裝素裹，就像巨大的白色檯布，平鋪在七星之上，成為天上仙人們擺設宴席的餐桌，靜靜地等待珍貴客人的到來。七星伴月本身是梯田山頂部的大塊梯田，它們的下方是環繞如帶的梯田。在這裡梯田山的腰部地帶，分布有壯族村寨，清一色的木結構吊腳樓，黑色的瓦，黃色的牆壁，點綴在層層梯田之間，加強了畫面的顏色，豐富了畫面的內容。從村寨中飄出的裊裊炊煙，與山地中的雨霧匯在一起，使七星淹沒於朦朧的煙霧之中，時隱時現，如夢如幻，天上人間融為一體，使人回味無窮。

為何說丹州是中國最小最美的江心古城

　　丹州村位於廣西三江縣丹州鎮西南的融江江心島上，面積 1.6 平方公里，居住著苗、瑤、侗、壯、漢五個民族共 61 個姓氏，1,100 多人。自西元 1591 年（明朝萬曆十八年）至 1932 年的三百多年的時間裡，丹州

村一直作為懷遠縣（今三江縣，1914年改為現名）縣城所在地，是一座歷史悠久的古城。古城的城牆和城門等大部分被保留了下來，並保留了較多的明清時期的古民居建築。現在的丹州村雖然沒有了當年作為縣城的輝煌，卻透過發展生態農業生產和旅遊業成為遠近聞名的現代新農村。

丹州村主要種植水果沙田柚，並在廣西乃至中國各地建立了口碑；養殖業以豬、牛、家禽為主，並利用畜禽糞便發展沼氣池的建設，形成了養殖－沼氣－種植三位一體的生態農業鏈。家禽家畜糞便收入沼氣池中發酵產生沼氣，沼氣用於人民的生活能源，發過酵的優質有機肥料用來栽培沙田柚，實現了生產和環境的協調發展。當地還大力進行綠色庭院建設，家家戶戶都塔建了葡萄架和瓜果架，並發展了盆景栽培。每當春夏時節，走進農家，滿眼是一片綠色，頭頂上掛滿了瓜果，空地中布置著盆景，空氣中散發著鮮花和瓜果的香味，環境清潔安靜，充滿鄉村的韻味和活力。

〈情歸丹州〉正是筆者賴富強體驗古城生活後的有感而發。

> 你老早就想隔絕塵世，
> 唾棄現代文明的喧擾，
> 尋找屬於自己的那份寧靜，
> 甘願在水的中央默然佇立。
> 你自小厭倦梳妝打扮，
> 在落落大方的成長花季，
> 讓你亭亭玉立於晚風前捉襟見肘，
> 卻更掩飾不了你那小家碧玉的豔姿。
> 多少迷情少年為你跋山涉水，
> 以博取你那純潔如玉的芳心，

廣西名勝（下）：祕境探幽，自然人文共生

你卻撥弄著腳邊的清流悄無言語，
默默期盼著自己的如意郎君。
難為了來到江邊的月下老人，
還有他那飄傳得如詩般動聽的媒詞。
時而掠過古城樓上的浮動月影，
時而隱藏於老柚樹下的嫵媚風姿。
秋意綿綿涼風起，
莫在江中作遲疑。
丹楓白鷺好背景，
自有真情對真心。

凌雲的茶山是怎樣成「金字塔」的

　　凌雲縣是廣西的茶葉之鄉，凌雲白毫茶就是原產地在凌雲的茶葉品種，在凌雲有一千多年的栽培歷史。1990年代初以來，凌雲縣充分發揮當地的資源優勢，依靠科技，大力推動凌雲白毫茶的生產，建設以茶葉為龍頭的產業，打造世界著名茶葉品牌。經過數十年的發展，全縣茶葉種植面積已達到七千多公頃以上，凌雲縣成為了名副其實的廣西茶葉第一縣。凌雲縣位於桂西山區，茶葉全部種植在海拔1,000公尺以上的高山上。當地人民經過辛勤艱苦的勞動，將一座座荒山全部開闢成茶葉之山。從高處往下看，座座茶山有如金字塔一般，因而被稱為「茶山金字塔」。「茶山金字塔」上，一圈圈茶田繞山轉，從山腳一直延伸到山頂，其壯觀景象一點也不亞於桂北的龍脊梯田，是人類在大地上留下的美妙音符，具有很強的震撼力。每當春天來臨，白霧茫茫，茶山一片嫩綠，

綠色的「茶山金字塔」像碧玉一樣聳立在天地之間，既高大挺拔，又生機盎然。身穿紅色或藍色服裝的靛藍瑤採茶女在茶山上忙碌起舞，更為茶山增添了一道亮麗的風景，將茶山點綴得更加美麗、妖嬈。

登臨茶山峰頂，極目天際，蒼茫大地盡收眼底。此情景，頓然撥起壯志凌雲之豪氣。人生所願，各有不同，無論是否能坐看風雲變幻、定立風口浪尖，均可一壺清茶縱覽歷史，笑談乾坤。其實，山登絕頂人為峰，自然人心高遠而縱觀天下。而於茶仙閣品茗，遠非煮酒論英雄之所及。為此，筆者賴富強以一曲〈小桃紅・凌雲茶詠〉記之。

望盡蒼山茶連片，

心海澎波煙。

氣壯凌雲志更堅。

志更堅，

品覽乾坤縱千年。

風雲看遍，

日月換天，

了卻英雄願。

火賣生態村有何特別之處

火賣村位於樂業縣同樂鎮西部，地處喀斯特峰叢窪地之中，緊鄰大石圍天坑群生態旅遊區。隨著大石圍天坑群生態旅遊的開發，當地人民迅速轉變思想觀念，投資改善道路交通條件，大力整治村莊的生產生活環境，改善衛生條件，適時調整產業結構，積極發展以旅遊接待為主的

鄉村旅館業,由一個偏僻無名的窮山村迅速變成了桂西著名的生態旅遊村。火賣村在發展旅遊業的過程中,保存了獨具特色的自然生態和純樸古雅的民風民俗。在飲食文化方面,以當地種植和養殖的農產品為原料,使用傳統的工藝和烹飪技術製作農家招牌菜餚,如臘豬肉、臘豬腳、大石圍涼拌蕨菜,以及自己釀造的米酒。這些菜餚和飲料在生產和加工的過程中沒有汙染,是正宗的健康食品,口感良好,深受遊客的歡迎。建築文化方面,保持傳統的建築風格,全木結構的房屋,即使是新建的用來接待遊客的房屋也是如此,只是在內部的舒適和衛生方面更符合遊客的要求。山村的建築(黃色的木牆和黑色的瓦)與周圍的綠樹青山顯得非常協調。除了這些以外,火賣村還保留了傳統古樸的染布、造紙、製香等工藝。

「桂林十景」是什麼

桂林山水甲天下,自古以來,桂林就以「人間仙境」的秀麗風光而聞名天下。桂林十景則是這「人間仙境」中最突出的部分。在不同人的心目中,桂林十景可能會有一些差別,這裡從中國版畫藝術家的視角來討論桂林十景。桂林十景是:①竹叢;②夜泊;③野渡;④象山;⑤桃波;⑥秋谷;⑦綠舟;⑧春雨;⑨晨風;⑩朝陽。這裡的桂林十景,除了象山是特定的景點以外,其他的都只能算是景象,雖然在人們的心目中顯得模糊朦朧,卻也意境深遠,讓人回味無窮。在這十景中,你還發現,大部分景緻與水有關,如夜泊、野渡、象山(神象飲江)、桃波、綠舟、春雨等,都離不開一個「水」字,這看上去沒有什麼特別之處的文字,卻抓住了桂林山水美景的精髓。的確如此,水是桂林山水的靈魂,是水帶

給了桂林靈氣，是水塑造了桂林美景。不可想像，沒有水的桂林會是什麼樣子。桂林十景表現的是桂林山水美景的神韻。

石印山的天然大「官印」有何特別之處

在容縣黎村鎮山嘴村北面，有一座不太高的山峰，其上有一塊大方石，酷似古代的大官印，因而得名為「石印山」，也稱紫印山。這枚大「官印」高6公尺，寬約4公尺，十分平滑有序，四稜突出。整塊石印呈紫紅色，就像蘸滿紅色印油的巨大官印，隨時準備著加蓋在呈上的公文之上。石印山上部屬於丹霞地貌，組成岩石為中生代的紫紅色沙礫岩，山勢比較陡峻。其上的石印也是紫紅色岩石，雖經過千百年來的日晒雨淋，始終保持著鮮豔的紅色。傍晚時分，在夕陽的照耀下，石印反射出強烈的紅光，光彩奪目，十分迷人。石印的下方有一石室，可坐多人。石印山的下部為石灰岩，發育了巨大的溶洞，並有地下河從中流過。石印山下為民國著名人物黃紹竑的故居，清澈的珊萃河從門前緩緩流過，周圍是低山丘陵和廣闊的田野，一片綠色，充滿了幽靜、閒適的鄉村風味。

神祕的南山寺「流米洞」有何究竟

在貴港南山寺內的彌勒佛對面的石壁上，有一個小岩洞，這就是神祕的南山寺「流米洞」。

相傳，南山寺建寺的時候，貴港這一帶還是一個荒涼貧窮的地方，

老百姓雖然虔誠拜佛,但溫飽問題尚沒有解決,他們無力對寺廟僧侶的生活提供幫助。僧侶們在寺廟中理佛,還必須自己種植莊稼,自己解決生活問題。然而,在種植莊稼方面,寺院裡的僧侶都沒有經驗,雖然出力不少,收穫卻不盡如人意。因此,每到青黃不接的季節,大家不得不忍飢挨餓,到寺廟外的山上去採集野菜充飢。即使在生活條件如此惡劣的情況下,南山寺的僧侶們依然恪盡職守,把寺院打理得井然有序。去南海巡視的觀世音菩薩路過南山寺時,了解了這一情況,十分感動,當即招來南山的土地神,囑咐他按南山寺僧侶的實際人數,每天向他們供應稻米。

土地神不敢怠慢,連夜在寺廟中的彌勒佛對面的石壁上鑿了一個小岩洞,作為供應稻米的地點。從此,這個岩洞每天都會流出稻米,寺中有多少人就流出多少稻米,既不多,也不少。從這以後,南山寺的和尚們就再也不用為吃飯的事而發愁了。可是,後來有一個和尚起了貪念,心想:「把岩洞鑿大一點就能多得到一些稻米」,於是他就用鋼鑿將岩洞鑿大了一些。結果卻與他的願望完全相反,流米洞從此再也沒有流出稻米了。

這才是「南山不老松」的原出處嗎

「福如東海長流水,壽比南山不老松」是中國人對年長者過生日的祝福語,表達了人們對老年人的良好祝願。東海是中國的四大海區之一,是唯一的和確定無疑的;南山卻有很多,哪裡的南山是這一祝福語的出處呢?很明顯,南山不老松就成為這一問題的關鍵所在。廣西貴港市的南山上,就曾經有過這樣的一棵不老松。相傳這棵松樹長在南山半山腰

的陡崖之上，樹幹粗大，需幾人手拉手才能把它合圍住。這棵松樹的樹幹上也長了不少突起的疙瘩，就像上了年紀的老人身上長出的老年斑，可見這棵松樹年齡不小。然而，這棵長壽的松樹並沒有失去青春的活力，而是新枝勃發，鬱鬱蔥蔥，因此而被人們稱為不老松。這就是南山不老松的來歷。很可惜的是，南山不老松不知什麼時候消失了，只流下了崖壁上的「不老松」摩崖石刻。宋朝皇帝還曾為南山寺賜了匾。

神奇的南山「樂器石」有何究竟

在貴港市的南山上，基岩岩石和岩石碎塊廣泛分布。當用鐵錘敲擊這些岩石的時候，其中的一部分能夠發出美妙的音響，有的非常清脆悅耳，有的低沉悠長，如同打擊類樂器一樣，令人耳目一新，為之振奮。那麼，在這山嶺之中為什麼會出現這種「樂器石」呢？這得從「樂器石」的岩石特徵和成因機理講起。南山屬於喀斯特地貌，構成山體的岩石形成於距今約3億年前的石炭二疊紀，為石灰岩，岩石非常緻密、純潔。之後透過地殼運動，上升為山地。在南亞熱帶溫度高、降水豐富的條件下，石灰岩發生了強烈的溶蝕作用，從而形成了南山風景秀麗、洞穴眾多的喀斯特地貌。在溶蝕過程中，一些地表的岩石剛好被溶到厚薄達到了石質樂器的要求時，就成為「樂器石」。當用鐵錘敲擊這些岩石時，岩石便發出了悅耳的音響，就像古代的石編鐘一樣。如果您有機會到貴港的南山遊歷，不妨用鐵錘敲擊一下那裡的「樂器石」，聽一聽這一大自然製造的樂器發出的奇妙聲音。不過，不能太用力，以防對這一「自然樂器」資源造成破壞。

廣西名勝（下）：祕境探幽，自然人文共生

為何說黃洞處處充滿運動型天坑的魅力

　　黃猄洞天坑是大石圍天坑群的重要組成部分，也是大石圍天坑群中最俊秀、最神奇的天坑之一，因天坑內曾圈養黃猄而得名。天坑呈不規則多邊形，長 320 公尺，寬 170 公尺，最大深度 238 公尺，坑口面積 51,700 平方公尺，坑底面積為 38,200 平方公尺。黃猄洞天坑集天坑、溶洞、高山、森林、瀑布、神話於一體。坑口是茂密的原始森林，坑底有大面積的地下森林。地下森林中有世界珍稀樹種拉雅松，還棲息著大型野生動物──野豬，是大石圍天坑群中唯一有大型野生動物分布的天坑。天坑內還有一個藍花園，生長著許多當地特有的藍花品種。

　　天坑內除了有獨特的動植物景觀以外，還有許多其他的自然景觀，如維妙維肖的天坑金剛、天坑仙鴿和黃猄神像；兩個季節性瀑布，落差一百多公尺，雨季的時候，飛流直下，十分壯觀，特別是在天坑內觀察，有一種驚心動魄的感覺，發出的聲響也特別大而且具有震撼力。天坑邊還流傳著蛙王護洞和七仙女下凡的傳說。正是黃猄洞天坑是這樣的與眾不同，天坑及其周圍區域獲得了國家森林公園、國家地質公園等稱號。這裡也是中國蘭科植物自然保護區及研究基地，中國青少年科學考察探險基地，國際岩溶與洞穴探險科考基地。這裡還是攀岩愛好者的樂園，已經建立了天坑攀岩基地，開發了三條國家級攀岩線路和兩條 170 公尺高的速降線路。

為何說木龍洞石塔是中國最古老的喇嘛式石塔

在桂林疊彩山腳下的灕江邊，有一座小巧玲瓏的石塔。石塔坐落在一隻天然的石蛤蟆之上，遠遠望去，背負著石塔的石蛤蟆正欲跳入江中，形象生動，栩栩如生。這座石塔就是中國最古老的喇嘛式石塔——桂林木龍洞石塔。石塔建於唐代，高 4.49 公尺，由塔基、塔肚、塔刹和頂蓋四部分組成，由整塊的岩石雕塑後疊置而成，具有蒙古喇嘛塔風格，造型典雅優美，花飾雕鑿精細。塔基由三個鼓形石座疊成，高 1.4 公尺，直徑 1.35 公尺，鼓形石座上雕刻有蟬翼紋和仰覆蓮花紋，雕工精緻，花紋細膩。中層塔肚高 1.25 公尺，四面雕刻佛像，佛像溫和慈祥，形象生動。塔刹高 1.23 公尺，上細下粗，形似石筍，其上刻有十三重相輪。頂蓋為六角形攢尖頂，高 0.49 公尺，角端上部微微向上翹起，邊緣有六個小孔，應是古時懸掛流蘇鐸而專門留下的。頂蓋之上的葫蘆寶頂，高 0.43 公尺。木龍洞石塔現為廣西壯族自治區重點文物保護單位。

桂林出土中國最早的「流觴曲水」石刻

「流觴曲水」又名「九曲流觴」，是古代人們的一種遊戲娛樂活動，起源於西周時期周公的「曲水之宴」。觴是古代一種酒杯，通常有木杯和陶杯兩種。木杯較輕，可以漂浮於水面。陶杯較重，因兩側有耳，也稱「羽觴」，又因陶器重於水，遊戲時須將杯置於荷葉上，才能漂浮前行。每年農曆三月初三，人們坐在「流觴曲水」的石刻旁，在上游放置酒杯，任其泛舟而下，酒杯在誰的面前打轉或停下，誰即取來飲之，彼此相娛

廣西名勝(下)：祕境探幽，自然人文共生

為樂，舉觴相慶。自兩漢至唐宋時期，「流觴曲水」這一古代遊戲娛樂活動在中國廣泛流行，並增加了吟詩等內容，使遊戲更充滿了情趣。1999年，桂林市在修建東華路時，在逍遙樓遺址內側的宋代地層中出土了「流觴曲水」石刻。石刻呈矩形，南北長 3.7 公尺，東西寬 3.1 公尺，厚 0.49 公尺，重約 13 噸，由九塊方形石灰岩拼合而成。

「流觴曲水」這種遊戲娛樂活動在桂林歷史悠久，源遠流長。唐初元晦在建設疊彩山遊覽地時，就在山前引泉水建設流杯池，開展「流觴曲水」娛樂活動。宋代時，桂林人文薈萃，「逍遙樓」是官員們觀江、吟詩、飲宴和娛樂的場所，這件「流觴曲水」石刻是當時的流杯渠遺物，也是目前中國發現最早的「流觴曲水」石刻。

中國最大的「佛」字摩崖石刻有多大

在廣西容縣的都嶠山風景區，遠遠地就可以看見紅色的山崖上有一個巨大的「佛」字在閃耀，這就是中國最大的「佛」字摩崖石刻——都嶠山鍍金大「佛」字。都嶠山是喀斯特景觀與丹霞景觀的奇妙結合，山體的下部由石灰岩組成，發育了典型的喀斯特地貌，溶洞廣布，以至於道教將其列為第二十洞天；山體的上部為紅色沙礫岩組成的丹霞地貌，山勢陡峭，形態多樣。都嶠山又是釋、道、儒三教合一的宗教名山，曾有過九寺十三觀的鼎盛時期，也是儒家有名的講學場所。大金「佛」字位於景區西部的慶壽岩景點，高 108 公尺，寬 88 公尺，為前中國佛教協會會長趙樸初先生手書，雕刻在紅色的岩石壁上，幾乎整座山就是一個「佛」字。「佛」字山的下方岩洞中有五百羅漢。在陽光或燈光的照射下，大「佛」字金光閃閃，周圍地帶佛光普照，氣氛極其莊嚴肅穆。

為何將陽朔大榕樹稱作桂林旅遊第一樹

中國 1960 年電影《劉三姐》有這樣一個場景，在一棵枝繁葉茂的大榕樹下，美麗的壯族歌仙劉三姐與憨厚老實的阿牛哥互相贈送了定情禮物，大榕樹見證了兩位年輕人純樸忠貞的愛情。這棵樹就是桂林陽朔的大榕樹，生長在距離陽朔縣城 7.5 公里的高田鄉穿岩村金保河南岸。大榕樹高 17 公尺，樹幹下部的外圍周長為 7.05 公尺，需多人合圍才能抱住；樹冠呈圓形，遠遠看去，像一把巨大的綠色大傘，矗立於天地之間，覆蓋面積達到一百多平方公尺。相傳大榕樹栽種於晉代，至今已有 1,500 多歲，是桂林市附近植物界的老壽星。大榕樹與桂林市一起成長發展，見證了桂林歷史上發生的重大事件，特別是見證了桂林旅遊業的發展。《劉三姐》的成功上映，使世人認識了這棵不平凡的榕樹，大榕樹也由此走向全國，享譽中外，成為桂林市的旅遊代表樹。來桂林遊覽的人，都要到這棵大榕樹下看一看，感受一下當年三姐的歌聲，更有年輕的情侶來到大榕樹下，讓這棵見證了劉三姐與阿牛哥愛情的大榕樹為自己的愛情作證。因此，陽朔大榕樹是當之無愧的桂林旅遊第一樹。

疊彩山何以成為名人留跡最多的桂林名山

山水甲天下的桂林，很早就已成為旅遊勝地，歷史上和近現代的許多著名人物紛至沓來，品嘗遊覽這裡的山水勝境。桂林山水中，名人留跡最多的山是疊彩山。疊彩山大規模的旅遊開發始於唐代，桂管觀察

史元晦在疊彩山修築遊道，在山上廣植花木，修建亭臺樓閣，並寫下了〈疊彩山記〉和〈四望山記〉刻於岩壁之上。清道光二十年（西元 1840 年），廣西巡撫梁章鉅於風洞前立「常熟瞿忠宣、江陵張忠烈二公成仁處」，紀念南明永曆五年（西元 1651 年）在桂林抗清被俘、不屈被害的文淵閣大學士兼吏部、兵部尚書瞿式耜和兵部右侍郎、總督諸路軍務張同敞。抗日戰爭時期，還建設了紀念兩位先賢的「仰止堂」。康岩則是戊戌維新的著名人物康有為發現的。

桂海碑林中最具歷史和書法價值的碑刻有哪些

　　桂海碑林是桂海碑林博物館的簡稱，包括了七星公園月牙山下的龍隱岩、龍隱洞、「流觴曲水」陳列閣及幾座碑刻拓片與重要石刻複製品陳列館，共有 218 件石刻。桂海碑林石刻中最具有歷史和書法價值的是〈元祐黨籍碑〉、〈米芾、程節唱和詩〉、〈龍圖梅公瘴說〉、〈餞葉道卿題名〉、〈五君詠〉以及反映宋代狄青平定邕州儂智高叛亂的大型摩崖〈平蠻三將題名〉、明代的〈平蠻碑〉等。宋徽宗崇寧四年（西元 1105 年），宰相蔡京將司馬光、文彥博、蘇軾等 309 人列為「奸黨」，下令全國刻石立碑，這就是〈元祐黨籍碑〉。第二年徽宗又下詔盡毀此碑。龍隱岩的〈元祐黨籍碑〉是此後重刻的，為中國僅存最完整的記載這一歷史事件的石刻，距今有七百多年歷史。南朝詩人顏延之持才負氣，觸怒權貴，被謫永嘉太守，一怒之下寫了〈五君詠〉。〈五君詠〉石刻為大書法家黃庭堅所書。〈龍圖梅公瘴說〉碑是北宋著名的政治家梅摯，在任廣西昭川（今平樂縣）知府期間，有感於當時的官場腐敗，寫作的揭露時弊的政論文。

廣西的旅遊大峽谷有哪些

廣西的旅遊大峽谷主要有通靈大峽谷、古龍峽谷群、百崖大峽谷、老虎潭峽谷和大藤峽、大明山大峽谷。

◆ 通靈大峽谷

位於靖西縣東南部，是全封閉式的峽谷，長約 1,000 公尺、寬 200 多公尺。峽谷內的通靈瀑布是亞洲最高的單極瀑布；這裡還有許多珍稀植物，其中，屬恐龍時代的蕨類植物桫欏、觀音蓮子座蕨是瀕臨滅絕的一級保護植物。峽谷中有一個高 100 公尺、寬 60 公尺的寬敞溶洞，洞壁及洞頂布滿各種造型的鐘乳石。

◆ 古龍山峽谷群

坐落在靖西縣東南的湖潤鎮新靈村，與通靈峽谷景區毗鄰，主要包括古勞峽、新靈峽、新橋峽，各峽谷由暗河相連。峽谷兩岸山巒疊翠，鳥語花香，瀑布較多。其中的明暗河泛舟獨具特色。

◆ 百崖大峽谷

位於武宣縣河馬鄉境內，主峽谷全長十公里，計有 37 道彎，十多處瀑布，7 處深潭，還有數以百計的側峽谷。峽谷內林木蔥鬱，怪石嵯峨；古藤懸吊，山花爛漫；流水潺潺，常年不竭。森林內有蜥蜴、猿猴、娃娃魚等珍稀動物和沙欏、紅椎香花木等珍稀樹種。

◆ 老虎潭峽谷

位於金秀縣聖堂山風景區的西北部，長約七公里，因峽谷中有一稱為老虎潭的深水潭而得名。老虎潭峽谷以流急、灘險而聞名。峽谷兩

岸,山峰秀麗,樹木蔥鬱,有許多珍稀的動植物,如羅漢松、福建柏、紅嘴相思鳥、畫眉等,有時還能看到在樹上騰躍遊戲的獼猴。中春時節,峽谷兩岸是漫山遍野的杜鵑花。

◆ 大藤峽

位於桂平市境內的黔江下游。峽以橫石磯為入口,弩灘為出口,全長 14 公里。峽內險灘遍布,水流湍急。峽谷兩岸奇峰聳峙,危崖突兀,地形險要,風景秀麗。大藤峽是明代瑤族農民起義的發源地和根據地,峽谷北岸的碧灘、仙人閣、三妹洞、九層樓等景觀,均為當年的古戰場。

平果「沒六魚」和沒六魚洞有何究竟

在平果縣城東南約 1,000 公尺處,有一個溶洞,洞中的地下河中常有一種魚隨泉水湧出,這種魚最重的不超過 6 斤(3 公斤),因此得名「沒六魚」。這個溶洞也因此魚而得名沒六魚洞。「沒六魚」學名岩鯪,屬鯉科異鯪屬魾亞種,是一種底棲性魚類。體形呈棒圓狀,背部黑色,腹部白色,頭部和眼睛很小,體側有多條體線。「沒六魚」是沒六魚洞中地下河的特產,牠們平時生活在岩溶地區的江河中,特別喜歡逆流而上,聚集在地下河與地表河流連通之處。每年 11 月至翌年 3 月,「沒六魚」隨地下河水游歸右江;5 月至 9 月,「沒六魚」逆流而上,進入到沒六魚洞的地下河中。

沒六魚洞是一個狹長而曲折的溶洞,洞長達七十幾公尺,洞內有石門、洞室、石桌等石器。地下河從溶洞的盡頭湧出,水量較大,與右江

相通。「沒六魚」生活在溶洞的地下河中,牠們已經習慣了地下河中的生活環境,但每年還是要回歸右江一次。「沒六魚」味道鮮美,其獨特的生活習性更是令人稱奇。現在,沒六魚洞已經開發成旅遊景點,供遊人觀賞、探究這種在地下河和地表河之間遷居生活的「沒六魚」。洞口上方有「沒六魚洞」四個大字,兩側還有一副石刻對聯:「潺潺清泉揚波去,尾尾沒六洞中來」。

沒六魚洞的神奇吸引了不少文人墨客前來參觀、採訪、撰文。1960年代初,著名作家曹靖華來此遊覽後發表了散文〈尾尾「沒六」洞中來〉,沒六魚洞隨之蜚聲全中國。

德保「喊泉」有何神祕

在廣西德保縣的馬隘鄉賢李村前的石山腳下,有兩眼特殊的泉水。平時,泉水是涓涓細流,到了春夏時節,如果有人在泉口叫喊一聲,泉水就會猛然增大,嘩嘩湧出。喊叫聲越大、越急,泉水的流量就越大;喊叫聲一停,泉水流量就迅速減小,很快恢復原狀。這就是德保著名的「喊泉」。居住在這裡的賢李村人早已熟悉了「喊泉」的習性,人們來到泉水邊挑水時,都會大喊一聲:「喂,挑水來了!」「水快來呀!」「喊泉」似乎聽懂了挑水者的話,並給予了積極的配合。喊聲過後,泉水大湧,一下子便灌滿了水桶,真是奇妙無比。

在廣西境內,有多個地方發現有類似德保的「喊泉」。這在明代魏浚的《西事珥》和著名地理學家徐霞客的《徐霞客遊記‧粵西遊記》中都有記載。廣西多「喊泉」,這與廣西大地的地質地理結構有著十分密切的關係。廣西是石灰岩分布區,喀斯特地貌發育,地下溶洞廣布,地下河

流眾多,「喊泉」就分布在喀斯特地貌發育地區。據分析認為,當有人在「喊泉」邊叫喊或發出其他聲響時,聲波會從泉水口傳入其內部的儲水池,產生共鳴、回音、聲壓等一系列物理聲學作用,並使生活在其中的生物受驚。受回音振盪或地下水中生物受驚而激起的水波的影響,儲水池水面受到了較強的壓力,誘發虹吸作用,形成湧水,聲止則水息。如果泉水儲水池的水源來自地下水,則構成永久性的喊泉;如果水源來自地表水,則為間歇性的喊泉,雨季能喊出水,旱季就喊不出水了。

鵝泉躍鯉為何翻起三重浪

在廣西靖西縣城南六公里的地方,有一眼著名的泉水,這就是鵝泉,也稱靈泉。鵝泉泉水流量大,形成了大約三公頃左右的水面,周圍山峰如屏,綠樹環繞,修竹叢叢,田疇村落灑落其間,景色十分優美。自古以來,每年農曆的三月初三,都要在鵝泉舉行隆重的儀式,祭拜靈泉,祈求住在泉水之中的龍王爺保佑當地風調雨順,五穀豐登。在鵝泉的水域中,生長大量的鯉魚。這些鯉魚也自然被當地人當做了「鵝泉龍王」的使者,在舉行儀式的過程中要好好招待一番。在鵝泉祭拜儀式舉行的這一天,周圍各地的民眾和地方官員聚集在鵝泉岸邊,先由專門的祭祀主持人下到水中,一邊用小竹竿攪動泉水,一邊口中唸唸有詞。隨後,鼓樂齊鳴,向泉水中拋灑糯米飯,讓「鵝泉龍王」的使者──鯉魚飽餐一頓。這些鯉魚似乎也很通人性,飽嘗了人類賜予的美食以後,不忘向人們道謝,牠們紛紛跳出水面,向人們致意。一時間,整個鵝泉水面都是鯉魚騰躍的場面,形成了一道亮麗的風景,當地人稱之為「鵝泉躍鯉三重浪」。

廣西民族：
多元共融，織就斑斕畫卷

廣西民族：多元共融，織就斑斕畫卷

中國最大的少數民族 —— 壯族

壯族現有人口 1956.85 萬，是中國人口最多的少數民族，主要分布在廣西、雲南、廣東、貴州、湖南和四川等省。其中，80% 的壯族人居住在廣西。

壯族是廣西壯族自治區的原住民，他們自古以來一直生活在這塊紅土地上，是八桂大地的最早開發者，創造了光輝燦爛的古代文明。關於壯族人民在廣西的發展歷史，最早可以追溯到距今 80 萬年前的舊石器時代。當時生活在右江流域的壯族先民已經學會了打製石器，也學會了用火，他們製造石器的水準在世界同一時期的文化層中是最先進的。到距今 3 萬～10 萬年前時，壯族先民的身體結構已與今天的人們沒有明顯區別，他們在廣闊的丘陵河谷中捕獵、撈魚，在岩洞中居住生活。

距今 6,000 年前，壯族先民已經由游獵民族變為定居民族，創造了著名的頂獅山文化。他們不但會製造陶器，學會了建造房屋，還開始了原始農業活動。當時先民的住宅結建構築結構與今天的鄉村住宅結構基本一致，都屬於干欄式建築。他們在住宅附近建設了大型的家族墓地，葬式特點也與今天的鄉村地區的大體一致，有二次葬、檢骨葬等。從那以後，隨著社會經濟的發展，壯族人民改造自然的能力不斷增強，活動範圍也不斷擴大，並開始了與中原地區漢族人民的交往。到秦始皇統一六國、開發嶺南之時，壯族人民已經遍布廣西全境，許多地方已經開發成為富庶的農業區。

在長期的生活和生產中，壯族人民同樣創造了輝煌的古代文化。6,000 多年前，他們創造了以頂獅山為代表的建築文化和農業文化；2,000

多年前,創造了銅鼓文化;春秋戰國時期,居住在左江流域的壯族先民更是創造了震驚世界的岩畫文化。

「壯族」名稱由何而來

壯族是中國人口最多的少數民族,也是南方地區的原住民,是由古代百越民族的一支分化發展起來的。壯族並不是這一民族的歷史稱謂,而是在 1949 年以後很長一段時間才正式確定下來的。歷史上,壯族自稱有「布壯」、「布越」、「布依」、「布土」、「布沙」、「布曼」、「布傣」等二十多種,古代文獻中有「俚」、「烏滸」、「僚」、「俍」（ㄌㄧㄤˊ）等稱謂,還有「儂人」、「沙人」、「土僚」等稱謂。宋代開始,稱為「僮」（ㄓㄨㄤˋ）、「撞丁」、「撞」等。中華人民共和國成立後,統一稱為「僮族」。但「僮」字的含義不清。1965 年 10 月 12 日,經廣西僮族自治區人民委員會報請國務院批准,將原來的族名「僮族」改為「壯族」。從此以後,各種文獻和出版品都使用「壯族」這一族名。

廣西的原住民有哪些

廣西大地上的原住民有壯族、苗族、侗族、仫（ㄇㄨˋ）佬族、毛南族、京族、彝族、水族、仡（ㄑㄧˋ）佬族等少數民族。壯族人是廣西人口最多的原住民,他們是古代生活在南方的百越民族集團中的一支發展起來的,世代居住在嶺南地區。廣西因是壯民族的聚居地域而被設立為廣西壯族自治區。壯族居民遍布全自治區,人口分布最集中的縣市,壯

廣西民族：多元共融，織就斑斕畫卷

族人口超過總人口的 95%。苗族原本是生活在中原地區的九黎族部落，5,000 多年前，在與黃帝和炎帝所組成的部落聯盟的戰鬥中戰敗，部落首領蚩尤戰死，一部分戰敗的部落成員逃往南方，在湘黔桂交界地帶定居下來；由於苗族很早以前就定居廣西，應該視為廣西的原住民。

侗族、仫佬族、毛南族、京族、彝族、水族、仡佬族等民族都是世代居住在嶺南或西南地區的少數民族，在民族的發展歷史過程中，遷移運動距離都不大，都是廣西的原住民。苗族和侗族分布於自治區的北部和西北部，毛南族、彝族、水族、仡佬族等少數民族分布於自治區的西部，仫佬族分布於自治區中部，而京族則分布於南部沿海地區。在這些少數民族集中分布的地區設立了民族自治縣或民族鄉。

廣西的原住民歷史上有自己的文字嗎

廣西境內的原住民歷史上都有自己的民族語言和獨特的民族風俗習慣，卻沒有本民族的文字。這裡的本民族的文字是指：在一個民族內得到了廣泛的運用，有明確的文字規範，並在歷史上得到了官方認可的文字。廣西的原住民中，壯族先民曾經創造並使用過一種文字，這就是自唐宋以來依照漢字的六書構字法創製的方塊壯文，稱為土俗字，或稱為古壯字。這種文字主要用來記錄民間的宗教典籍、歌謠、記事、書信、帳單，或用於記錄人名、地名等。這種文字流行於壯族的上流社會和文化人之中，沒有得到大面積推廣，也沒有得到統一和規範，字形和字意在不同的方言區有較大的不同，造成了理解方面的障礙。而且，這種文字只是在民間流行，流行的地域範圍也比較狹窄，歷史上沒有得到官方

認可。1957 年中國國務院批准了以拉丁字母拼寫的《壯文方案》，從而結束了壯族有民族語言而沒有自己文字的歷史。

廣西壯族與東南亞的泰族之間有何淵源

廣西壯族與東南亞的泰族在體質特徵、語言、風俗習慣等許多方面都非常相似，他們在民族的發展歷史上有很強的淵源關係，實際上是同一民族在最近的一千多年的時間裡發展分化成為不同民族的。廣西的壯族和東南亞的泰族都是古代百越民族集團的直系後裔，世代居住在長江以南地區；秦始皇統一六國後，他們生活和活動在南嶺以南地區。從秦朝到唐初的近千年的時間裡，隨著中原封建王朝對嶺南地區的統治，大批漢人進入嶺南，參與嶺南的開發，這自然加速了嶺南地區的漢化；到了唐朝末年，嶺南東部地區漢化已成定局，有著大量壯族語言底層詞彙的粵語作為漢語的一個方言開始形成，只留下了大量的壯語地名；不服漢化的壯族先民退至嶺南西部，與這裡的壯族先民融合，泰族與壯族的分化是在這個時期開始的。

中原王朝勢力的強大和文化的擴張，迫使一部分壯族先民紛紛南遷。他們透過廣西的左江流域進入了越南的紅河流域，卻受到了早已定居於此的越南京族先民的排擠，又不得不越過紅河流域向西進入中南半島的中西部地區，這就形成了壯族先民的遷徙路線 —— 左江流域－紅河流域－寮國高原－泰國中部平原 ——「壯泰走廊」。在經過漫長歲月的發展之後，這些南遷壯族先民征服了當地的孟人和其他大大小小的原始森林部落，在相當於中國宋朝的時候，首次建立起屬於這個民族的統

一政權——素可泰，其後在周邊地區建立起了其他大大小小的泰族政權，即現在的泰族和老族先民的政權。這些政權大都受到了這片土地的土著——孟人的影響，形成了全民信仰小乘佛教的局面。在以後的歲月中，由於雲貴高原北部的藏緬語族民族的南下，以及越南京族政權的興起及向北、向西的擴張，逐步將壯泰民族從地理上隔離開來，形成壯泰民族的最終分化格局。

「銅鼓非鼓」其何意

銅鼓是壯族先民創造的神奇樂器，是壯族的藝術珍品，也是至高無上的神器，具有多種功能和作用。如果我們對這一神奇的古樂器進行認真的觀察，就會發現，銅鼓的鼓面上有許多飾紋和雕塑。銅鼓的鼓面上多鑄有太陽紋、翎眼紋、雲紋、乳釘紋、櫛紋、游旗紋等紋飾；許多銅鼓的鼓邊還鑄有青蛙、龜、牛、馬、騎馬武士等塑像。銅鼓本身是一種神器，壯族先民認為，其鼓聲可以與神靈溝通，也可以與過世的先人溝通。

青蛙是壯族先民的崇拜圖騰，被認為是雷神的兒子，能夠呼風喚雨，能夠在人與神靈之間傳遞訊息。蛙神銅鼓是蛙神崇拜和銅鼓崇拜的融合，蛙是鼓的神靈，鼓是蛙的寄身，兩者共同支持著壯族先民的心理。太陽對農業社會的人民來說是非常重要的，許多民族都有太陽崇拜的歷史，壯族自然也不例外，因而，在銅鼓的鼓面中心總是鑄造有太陽紋。牛也是壯族先民的崇拜圖騰，牠們全力幫助人們從事農業生產，承擔繁重的勞動，而自己對生活要求卻很少，因而受到壯族先民的敬重和

崇拜。同時，壯族先民信仰萬物有靈，從而形成了多神崇拜，這從其他的紋飾和塑像中可以展現出來。

河池南丹銅鼓群

銅鼓形似圓墩，中空，無底，是由銅釜，即煮飯的鍋發展演變而來。它成為樂器並非偶然，設想一下，當時的人們高興地吃完飯後，一些人興奮地跳起舞來，另一些人則在一旁敲打能抓到的東西以助興，銅釜也自然成了被敲打的物品之一。銅釜清脆的聲音受到了壯族先民的喜愛，它就逐步失去了原來的功能，變成了專用的樂器，之後又變成了莊嚴的神器和法器。銅鼓的神祕之處一是鼓面的紋飾和雕塑既反映了壯族先民的圖騰崇拜，也承載著當時社會生活的諸多訊息。鼓面上有太陽、青蛙、牛等的崇拜圖騰，也有反映社會生活的水波紋、船紋、鳥形紋，馬、騎士等雕塑。

銅鼓的第二個神祕之處是，出土的銅鼓一般在荒郊野地或洞穴之中，而非出土於古墓葬之中。這是因為當銅鼓變成了一種莊嚴神聖的神器和法器之後，其身分十分珍貴，它既是權力的象徵，也是財富的象徵。人的權威與銅鼓連在了一起，鼓在權威在，失去了銅鼓就意味著失去了統治地位。同時，銅鼓也不是隨便可以敲響的，只有重大事件發生的時候才能敲響銅鼓。為了保護銅鼓不被毀壞或落入他人之手，銅鼓的擁有者從不把鼓留在家裡，而是趁著夜色，在別人不知曉的情況下，將銅鼓埋入村外的野地裡，或者藏進別人不知道的山洞裡。

> 廣西民族：多元共融，織就斑斕畫卷

廣西崖葬探究

在廣西的某些少數民族地區，由於崖壁、洞穴較多，歷史上曾有利用這一自然條件在崖穴或崖壁上安葬亡者遺體的一種葬俗，也屬露天葬。例如：廣西南丹縣大瑤寨瑤族除土葬外，還盛行此葬俗。他們利用當地石山多崖洞的自然條件，把天然崖洞當成墓室，內放杉木做成的大木棺。凡人亡故後，親人就把屍體背到崖洞墓室，裝殮到大木棺中。通常一家人共用一口棺材。

由於崖葬要求有比較獨特的自然條件，所以使用的並不多。位於平果縣鳳梧鄉香美村下里沙屯的背王山上，在約 80 公尺高的峭壁崖洞內，有十餘副用整段楠木分成兩半邊並刳成槽形的棺材，屬多人合骨截肢葬。其中一棺內有截肢、斷頸的裸體小孩乾屍一具，另一棺內有夫妻及兩個小孩的骨骸。據考證，此屬壯族先民俚人葬俗遺跡，入葬時間約為宋代。

為什麼說瑤族是國際性民族

瑤族是在民族發展和演化歷史上屬遷徙較多的民族。瑤族先民最早居住在長江下游的華東一帶，秦漢時期，遷居到今天的湖南、湖北一帶；唐、宋時期開始，遷往湖南北部和嶺南地區。在此之後，瑤族先民在繼續向南遷移的過程中，一部分向貴州南部以及雲南邊陲遷徙。向南遷徙的瑤族先民越過中國國界，繼續向中南半島的南部和西部遷徙，最後在東南亞的一些國家定居下來。

1970 年代，由於政治經濟等方面的原因，原居住在越南、寮國、泰

國等國家的部分瑤族分別遷徙到美國、法國、加拿大、澳洲等國定居。到今天，瑤族人分布在除非洲以外的所有人類居住的大陸上，所以，從地理分布上來說，瑤族是一個國際性民族。瑤族人民雖然定居於世界各地，為適應當地的條件，在生活方式和文化上都做了相應的改變；但是，各地的瑤族居民還是較好的保留和傳承了本民族的特徵和傳統文化，如信仰萬物有靈，祭祀盤王，重視人生禮儀，善於醫藥，主要是利用當地的動植物、礦物配製中草藥。

為什麼說「嶺南無山不有瑤」

「嶺南無山不有瑤」是對瑤族人民在嶺南地區的地理分布特徵的一種高度概括，說明瑤族是一個山地民族。事實上也是這樣的情況，在南嶺以南的廣大地區，凡是有山地分布的地區，就必然有瑤族居民在那裡居住，瑤族與山地似乎結下了不解之緣。瑤族多居住在山區，這是由多方面的原因引起的。首先，瑤族人民有山地情結，他們對山地充滿了感情，內心上願意居住在山區。其次，在歷史上，瑤族是一個受壓迫的民族，而他們有著反抗壓迫、過上自由生活的願望；在古代，山區交通和通訊條件差，中央和地方政府的統治相對薄弱，在這裡生活，民族受壓迫較輕，所以，瑤族人民更願意居住在山區。第三，他們當年遷居嶺南的時候，嶺南地區地勢平坦、土地肥沃的地方已經被先期在這裡生活的壯族、漢族等其他民族所開發，因此，他們沒有選擇的餘地，只能到山區定居。如此幾個方面的原因，造成「嶺南無山不有瑤」的現實情況。瑤族人民長期居住在山區，生產條件差，與外界交流較少，造成了該民族社會經濟發展緩慢，文化教育落後的情況。

廣西民族：多元共融，織就斑斕畫卷

瑤族總共有多少個支系

瑤族是一個山地民族，在其演化發展過程中，由於不同的族群居住地不同，語言、服飾和生產方式等都有不同，因而形成了不同的族系和支系，因他們的自稱中都有一個「瑤」字，1949年後，被統稱為瑤族。依據瑤族的語言和文化背景分析，大致分為「勉」、「布努」和「拉珈」三個不同的族系。其中，「勉」族系人口占中國瑤族總人口的68%，語言屬漢藏語系苗瑤語族瑤語支；「勉」族系崇拜龍犬（盤瓠）圖騰，自稱是盤王的子孫。「布努」族系人口占中國瑤族總人口的31%，語言屬漢藏語系苗瑤語族苗語支；「布努」族系崇拜創世女神「密洛陀」並以其為始祖，自稱是密洛陀的後代。「拉珈」族系人口僅占中國瑤族總人口的1%，語言屬漢藏語系壯侗語族拉珈語支。

瑤族總共有36個支系，各支系根據生產方式、服飾、居住地等進行區別。例如：

- 根據他們居住地的地理環境或村落的不同來命名支系。如住在山上的稱「山子瑤」；住在山坳地帶的稱「坳瑤」；住在平坦地帶的稱「平地瑤」；還有「東山瑤」、「西山瑤」等。
- 因生產方式的不同而有不同的稱呼。如一山過一山地進行游耕生產的稱為「過山瑤」；茶葉生產發達的稱為「茶山瑤」；有的善於種植藍靛，被稱為「藍靛瑤」。
- 因服裝的顏色不同而被稱為不同的支系。如穿紅衣服的稱為「紅瑤」；穿花衣服或藍花衣服的分別被稱為「花瑤」或「花藍瑤」；穿白色褲子的稱為「白褲瑤」。

因頭飾特點的不同而稱為不同的支系。例如：男女頭髮上用一塊紅木板做裝飾的得名為「頂板瑤」；在綰髮結上飾以木梳的稱為「梳瑤」等。

歷史悠久的少數民族 —— 苗族

苗族主要分布在貴州、湖南、雲南、廣西、四川、廣東、湖北等省區。在黔東南和湘鄂川黔桂的交界地帶（以湘西為主），有較大的聚居區，其他地方有小的聚居區，或與其他民族雜居，海南島也有少量分布。1990年人口為739.804萬人。苗族原是生活在中原地區的九黎族部落，5,000年前，九黎部落在與黃帝和炎帝的部落聯盟的戰鬥中被打敗，部落首領蚩尤戰死，殘部退出黃河流域，來到長江以南地區；西元前2世紀後，遷入湖南、貴州、廣西、廣東、四川、湖北等地的山區定居下來。苗族語言屬於漢藏語系苗瑤語族苗語支，有湘西、黔東和川黔滇三大方言。苗族地區以農業為主，狩獵為輔。苗族的挑花、刺繡、織錦、蠟染、剪紙、手飾製作等工藝美術瑰麗多彩，馳名中外。其中，蠟染工藝已有千年歷史。苗族服飾多姿多彩，種類就有130多種。苗族歌舞精采紛呈，具有鮮明的民族特色。苗族人喜食酸辣菜餚，酸湯煮菜是普遍情況，還喜歡把各種菜（包括魚、肉）醃製成帶酸味的菜餚。廣西的苗族主要聚居在桂北山區，以融水苗族自治縣人口最多，其次是隆林和三江縣，其他部分縣也有少量分布。

廣西民族：多元共融，織就斑斕畫卷

最講助人美德的民族 —— 侗族

侗（ㄉㄨㄥˋ）族是秦漢時期的古「駱越」民族的後裔，分布於貴州、廣西和湖南三省。廣西的侗族主要聚居於三江、龍勝等縣。侗族語言屬漢藏語系壯侗語族侗水語支。侗族人以農業生產為主，兼營林業，善於稻田養魚。侗族的建築藝術非常精美，三江縣的程陽風雨橋和馬胖鼓樓是其建築的精華，已被列入全國重點文物保護單位。侗族大歌在中國產生了重大影響。在侗鄉，貴客光臨時，主人用奇特味美的「打油茶」來招待客人。侗族人民富有互助友愛的精神。侗鄉有句諺語「眾人抬一」，也就是一人有事眾人幫的意思。無論是農活、建房或者紅白喜事，同寨人都會來幫忙，而且不計報酬。侗族人民熱心公益事業，樂於做善事。寨子裡修鼓樓，溪流上架風雨橋，山坳上建涼亭，田野裡修建道路，眾人有錢出錢，有力出力，齊心協力把工程做好。侗鄉的交叉路口都立有指路碑；林間小道也有指示方向的方向標。村寨間的道路上，隔不遠就鑿個水井，旁邊放著木瓢、瓷碗、葫蘆，供行路的人飲用。在一些交通要道的山坳上擺著板凳，掛著草鞋，免費供給旅行的客人。這些助人為樂的美德和傳統千百年來一直在侗鄉流傳。

壯族的民間神有多少神靈

壯族的宗教信仰是從自然崇拜、祖先崇拜、發展到多神崇拜，也信仰佛教、道教及由國外傳入的天主教。全民族信奉的神祇有蛙神、雷神、樹神、龍母神等，民間神祇更是名目繁多，而且，在壯鄉的不同的地方，信奉的神祇也不相同。《嶺表紀蠻》記載了師公、道公、魔公等

宗教職業者所信奉的神祇。

南壯（右江－鬱江一線以南的壯族分布區）信奉的神祇主要有：唐朝敕封桃源寶山三姑娘官家姊妹、樓頭聖母、聖母、上座羅天子、中座羅天子、下座蕭天子、天霄三十郎君、雲霄三十郎君、三十娘子、五通五郎君、五位娘子、西川關口二郎君、洪波廟下九郎君、九頭九面大將軍、青草三十郎君、寶山三十郎君、赤衣天子、白衣天子、大火龍王、小火龍王、鄧師公、李師公、寶山土地、李氏夫人、上殿黃茅小山一千二百旗「降相」、中殿靈浮山一千二百旗「降相」、上洞潮水九十九宮金花聖母、中洞潮水七十二宮銀花聖母、下洞潮水三十六宮錫花聖母、江君大郎、千千師主、萬萬師爺等。

北壯信奉的神祇主要有：河池古衙廟敕封通天聖帝莫一大王、南丹武異大王、西府武節大王、環州大廟梁善大王、長沙大廟五通明月十三郎、越州大廟北府金甲法水令公、大聖顯佑夫人、平陽大廟京師太子廣佑六宮郎、州平大廟金身韋都太子、崑崙大廟月宮大聖、四川大聖明覺先師、東連潮州大廟蒼皇聖帝、川岷天善政法三郎、西寧大廟威德平政大王、五海龍王、雪山樹王、神農五穀父母、巡峒天將梁九官、開天立社大王、補天立社大王、護天立社大王、本部都主大王、九州社主大王、茶山小妹、青蛇判官、五雞土地、烏鴉小娘子等。

壯族先民為什麼信仰萬物有靈

相信萬物有靈是自然崇拜的特點，也是原始宗教的特點。壯族先民信奉萬物有靈，認為周圍的一山一石、一草一木都是有靈性的。從天上講，認為太陽是太陽神，打雷是雷神播鼓，颱風是風伯作祟，下雨是雨

師作法。在神話《三星的故事》裡，太陽、月亮和星星是一個家族神靈，太陽是父親，月亮是妻子，星星是兒女。因為父親過於嚴厲，所以他一露面，妻子、兒女便匆匆地隱去了，直到太陽落山他們才出現在天空，兒女們愉快地在媽媽周圍眨著眼睛。

地上的鬼神就更多了，山中花草樹木無不有靈。特別是奇花異草，怪藤怪樹，長得異乎尋常的，莫不以為神。有的樹被奉為神樹，不讓砍伐，逢年過節還要祭拜它。因此，壯民族有對日、月、雷、風、山（洞穴、山脈）、河水、火、蛙、牛、狗、樹、草、禾等的崇拜，認為它們的喜怒哀樂會帶給人們福音或災禍。

壯族先民信奉萬物有靈是與當時人們的認知水準和抵抗自然災害的能力等多方面的因素有關。由於人們剛剛脫離低階動物界，知識累積很少，對自然的認知水準很低，無法對一些自然現象進行解釋，只能將其歸結為神靈作法。人類社會的初期，即使是農業社會的早期，人類對自然災害的抵抗能力有限，對大自然的信賴程度很高，人們為了獲得好的收成，避免自然災害的襲擊，不得不向一切自然物體或現象示好，以博得它們的好感和同情。於是就產生了信奉萬物有靈的自然崇拜。

大瑤山區瑤族古老的通婚限制是什麼

生活在廣西大瑤山地區的瑤族專門制定了有關的族內法令，禁止瑤族與漢族、壯族通婚。涉及這方面的瑤族法令主要有兩個：一是嚴厲禁止瑤族與漢族、壯族通婚的《平王律條》。二是《金秀大瑤山全瑤石牌律法》，規定：「誰家生姑娘，不許嫁到大地方（指漢、壯地區）。我們是雞

嫁雞，他們是鴨嫁鴨，自古雞不攏鴨，自古狼不與狗睡。把女嫁出山，犯十二條，犯十三款。」由於有這兩個禁止通婚的律條，以及瑤族內部不同支系之間的政治和社會經濟地位的不平等，1949年前大瑤山區的瑤族與漢族、壯族通婚有限制，族內的「山主」與「山丁」之間基本上不通婚。

　　過山瑤，特別是板瑤，因為沒有自己的土地，流動性大，後來與漢、壯的通婚已經非常普遍，不過他們只許招入贅婿，而不把女兒嫁出大瑤山之外。坳瑤、花藍瑤和山子瑤並不限制與漢人、壯人通婚。在這幾個支系的石牌文字、地方文獻以及學者們的調查資料中，均未發現他們限制本族人與漢、壯通婚的事例。一些地方的花藍瑤不僅允許漢人入村定居，還准許其與本族人通婚；不過，這種通婚需要有一定的條件，即入村定居的漢人必須與本村人有親密的朋友關係。坳瑤在與漢人、壯人通婚的問題上，應該說是瑤族五個支系中最為開放的，他們的漢化程度可能也是最高的。羅香坳瑤與漢、壯兩族通婚已有百年的歷史，不僅有漢女嫁瑤男的事，而且有瑤女嫁給漢人為妻的情況。

　　茶山瑤在執行瑤族與漢族、壯族不通婚規定時相當嚴厲，他們是從根本上限制本族女性與漢人通婚。在本族成員的婚姻選擇上，茶山瑤的族群限制要強於地域限制。1949年前大瑤山區的瑤族根據政治和社會經濟地位的不同分為「山主」和「山丁」。「山主」擁有土地和山林，「山丁」只有一些簡單的勞動工具，在山上耕作、採摘都要得到「山主」的許可，並要交租。雖然沒有律條的規定，他們之間實際上存在著嚴重的通婚壁壘。

廣西民族：多元共融，織就斑斕畫卷

壯族的圖騰有什麼

圖騰為印第安語 totem 的音譯，原意為「他的親族」，是在氏族社會時期，由自然崇拜衍生出來的崇拜。圖騰的首要標誌是被奉為「祖先」，與氏族有「血緣」關係。氏族活動範圍內如出現某種動植物怪異的現象，或其與人們頻繁接觸，其集中區域常被認為是神靈區。如婦女經過該地正值胎動，古人會認為是該物神靈投胎，於是，該物便被奉為氏族的圖騰。青蛙的叫聲隨天氣的變化而發生變化，壯族先民不知道其中的道理，以為青蛙能呼風喚雨，滅蟲除害，便尊其為圖騰。

在神話裡，蛙是老大雷公與三妹蛟龍私通所生的怪胎，本與其父住在天上，後被派到人間做天使，所以，在花山崖壁畫上，牠的形象大多出現在江邊山崖上。按壯人觀念，山頂有通天之柱，故蛙神在此下可通其母，上可通其父，透過蛙神的協調，大地可以風調雨順，壯人能夠人壽年豐。東蘭縣一帶的「蛙婆節」就是蛙神節日，其過程以葬蛙結束，並為青蛙戴孝。這就是說，人們把牠當考妣看待，當親族看待，當祖先盡孝，認可與其有「血緣」關係。蛙神早期可能是一個小部落的圖騰，後來，隨著稻作農業的發展和該氏族部落的強大而升格為民族守護神，這個部落就是西甌。

而駱越則以鳥為圖騰，是最強大而古老的圖騰，代表狩獵經濟。蛙圖騰則是農業經濟的代表。雷圖騰後來與鳥圖騰合而為一，壯族圖騰中的雷公為人身鳥形，有鳥喙、鳥翅和禽足，應與農業生產有關。牛本為狩獵時代的神物，後因耕田有功而在圖騰譜裡保有一席之地；壯族的韋姓（水牛）、莫姓（黃牛）均為大姓，並將莫一大王作為供奉大神。

壯民族除了有上述最為重要的民族圖騰以外，歷史上還崇拜過許多其他的圖騰，這些圖騰主要有：日、月、星、怪山、怪石、山洞、伏流、潭、泉、竹子、榕樹、楓樹、木棉、怪樹、巨藤、巨樹、原生林、虎、犬、羊、蜂、鱷、河馬、魚、犀牛、鴿、鵝、野雞、野鴨、雁、燕、鷂、烏鴉、蛇、熊、鹿、猴、馬、蜘蛛等。

壯族的祖先崇拜有何特點

在氏族社會時期，壯族由圖騰崇拜逐步形成了祖先崇拜。壯族人認為，人死之後，靈魂依然在奈何橋（壯人觀念中的陰陽分界）那邊生活下去。在陰間的祖先，能福佑陽世的子孫平安順利、興旺發達，這就是一系列喪葬儀式和祭祀祖先的前提和依據。壯族住宅廳堂正中板壁前，立有一個高約五尺的長條形神臺，神臺下為八仙桌，是放祭祖供品的地方。神臺往上是神龕，稍往裡凹，有遮簷，壁上寫「×門歷代宗親考妣之神位座」，下方擺一溜白瓷香爐。在一年的很多節日，祖先都可以優先享受香火，其中春節和中元節是兩次大祭。在人們觀念裡，祖宗在天之靈是很神聖的，切忌褻瀆。大新縣有些地方還特地在牆壁中留有祖先出入的神道，從門側直通神龕，並禁止婦女站在神道出口。清明節，要為祖先掃墓，並燒紙錢。如果是同一族人的祖先，還有蒸嘗田，收入留做同族人祭祀之用。到時子孫不管住在何方，都要回家祭祖，遠方的族人也要派代表參加，十分隆重。祖先崇拜曾是維繫家庭、氏族的強大力量，並常常和追念祖先艱苦創業、弘揚傳統優良道德融合在一起，成為教育、激勵後人的一種力量。

廣西民族：多元共融，織就斑斕畫卷

壯族的巫教和師公

壯族的巫教大約產生於原始社會末期，巫教的教士是天神和人間的溝通者，也是祖先和人間的溝通者，因而教士是祭祀天神的組織者及祭神者。在古代，壯族巫教的社會功能是多方面的，參與祭祀、戰爭、生產及文化娛樂等各種社會活動；隨著社會的發展，巫教的職能才限於祭祀祈禱、符咒治病的範圍。師公（也稱巫公）是巫教中的神職人員，他們沒有全民族統一的組織，各自為政，教義、收徒、做法也不統一。大致上是一個小範圍（區或鄉）有一個老師公當領袖（師父）。師公的活動一是跳神，每年幾次，內容是祭祀、敬神、遊神，之後發展到立廟、安龍、打醮。跳神有時一年一次，剛開始是敬三元，後來發展到敬鄧保、趙光明、馬光華、關志明四帥，後來又加上朱統鑑等九官。其他神還有樓頭聖母、天宵三十郎君與三十娘子，寶山三十郎君與三十娘子等。一般是三十六神，各有一個鬼臉殼（假面具）。跳神時邊唱邊舞，舞蹈有花燈、鯉魚跳龍門等，是按一定的符籙路線走的，這表示請神驅鬼，祈福消災。再就是占卦，為人卜吉凶。超度亡靈也是師公的工作內容之一。

侗鄉的最高禮儀——百家宴

在廣西三江縣的侗族聚居區，每當來了尊貴的客人，全村人一起擺設百家宴進行招待，氣氛熱烈，鄉情濃厚，具有鮮明的民族特點。在三江侗鄉，自古以來就流傳著這樣一個傳說：古時候，一個侗寨遭到洪魔的襲擊，眼看稻田被淹，房屋即將倒塌，百姓就要被洪水吞沒。這時，一位英雄從天而降，用他有力的臂膀斬斷了洪魔的脊梁，洪水很快消

退,侗民得救了。得救的村民們都想請這位英雄到自家吃飯,以表謝意,但英雄第二天就要走了,不能一一到侗家去做客。這時,寨老想出一個主意,就是全村每家做幾道菜,在鼓樓前擺起長長的宴席款待這位英雄。從此以後,每逢村裡來了貴客,或遇上大好事,或者族人聚會,都會擺起百家宴。百家宴又稱合攏飯、合攏宴、合歡飯,是一種集體備設的宴席,是侗族人民尊重客人和招待客人的最高禮遇,也展現了侗族人民熱情好客、團結互助、鄰里和諧的鄉土民風。

侗鄉傳統權威機構 —— 寨老制度

在廣西的侗族聚居區,村寨裡都建立了寨老制度,處理鄉村地區遇到的一些問題。寨老制度是侗鄉人民的自治機構,代表村民的利益。寨老一般由有威望、有公信力的、55歲以上的年長男性擔任,透過不定期民主協商推選產生。寨老不能兼任村幹部一類的行政職務,以保持其獨立性,主要是為了防止受到行政干擾,不能代表公共利益。

寨老在村中的最主要職責是維護公共秩序。在農村,鄉里的糾紛往往非常具體,大到山林水土,婚喪嫁娶;小到天旱時放了鄰家田裡的水,羊沒拴好或者鴨子沒看好,吃了人家的秧苗。這些小糾紛如果不能妥善處理,就會引發很大的矛盾。而這些非常具體的問題往往無法透過國家法律來解決。所以寨老們就依據各村討論通過的《鄉規民約》,憑藉自己的威望和公信力,承擔起了民間法官和調解員的角色。

如果糾紛涉及寨老的直系親屬時,還有迴避制度,讓其他寨老出面調解以避嫌。寨老還扮演治安調查員的角色,利用自己的經驗和觀察,對村裡發生的一些小案件,進行偵破。對一些涉及鄉村公共利益的問

題，寨老出面扮演代言人的角色與政府溝通，維護村民的利益。寨老的工作完全是義務的，他們白天和普通村民一樣去田裡工作，靠自己的勞動獲生活所得，沒有從寨老這一職務得到任何收入。從這一點上來說，侗鄉的寨老是真正的人民公僕。

壯族人民為什麼崇拜青蛙

壯族先民生活在嶺南地區，從自然崇拜發展成為多神崇拜，其中，蛙神崇拜是壯族地區流行較廣、影響較大的神靈崇拜之一。蛙圖騰原來應該是西甌部落的圖騰，春秋戰國時期，西甌人統一了嶺西各部，部落的蛙圖騰也隨之升格為民族的保護神。西甌部落為什麼會在動物中選擇蛙作為崇拜對象呢？這可以從蛙神崇拜的內容和蛙的特徵中找到答案。

首先，蛙和人同為動物，且是西甌部落非常熟悉的動物，人與蛙在形態和生理上有相似之處，如都具有四肢和血。在古代壯族人看來，血是生命和靈魂。著名的花山崖壁畫中使用的紅色顏料便是動物血與赤鐵礦粉混合而成，廣西的新石器時代遺址中，也發現了將赤鐵礦粉撒在死者的遺骨上，這裡的紅色都是血的象徵。因此，壯民族容易把同樣具有血和生命的蛙，透過幻想和歪曲，視之為同血緣的祖先。

第二，壯民族生活在華南高溫多雨地區，農業生產是其主要的經濟活動，人們熟悉青蛙，青蛙在稻田中捕捉害蟲，為人類的農業豐收做出了貢獻。而且，人們發現蛙的鳴叫和活動與天氣的晴雨變化有著密切的關係，「農家無五行，水旱卜蛙聲」。因此，人們相信青蛙能夠主宰雨水，因而想透過對青蛙的崇拜，締結人蛙之間的血緣關係，獲得蛙神的幫助和保佑，實現長期風調雨順、五穀豐登。

第三，人們對蛙的崇拜還源於對雷神的崇拜。壯族人認為蛙是雷神的兒女，而雷神掌管天上的風雨雷電，崇拜蛙神，可以得到雷神的關照和庇護。

壯族的舞蹈氣功

壯族地區高溫多雨，空氣潮溼，容易引發各種疾病。而壯族又是一個能歌善舞的民族，歌舞既是壯族人民的娛樂活動，又是壯族人民鍛鍊身體的自發活動。壯族先民正是從歌舞娛樂活動過程中，意識到了鍛鍊身體能夠強身健體，預防疾病。這種認識促使壯族的古人創造發明了有基本規範的舞蹈和氣功動作，用以引導人們鍛鍊身體，袪除和預防疾病。這些古代的舞蹈和氣功動作在壯族人民之間廣為流傳，並被記錄下來。

廣西左江流域的花山岩壁畫，畫面上有1,300多個人物，其表達的社會內容目前有多種解釋，也有不少爭論，體育運動和醫療方面的專家考察後認為，這是一場大型的舞蹈氣功演示活動。這些人像正面的多為兩手上舉，肘部彎曲成90°～110°，半蹲狀，兩膝關節亦彎成90°～110°。側身的人像大多排列成行，雙腿向後彎曲，雙手向上伸張。不管是正面圖還是側面圖，都是一種典型的舞蹈動作或功夫動作形象，畫面中好像還有專業人士在示教。在貴港市和西林縣出土的西漢時期的銅鼓上，有許多舞蹈的形象，舞姿有的重心偏後，上身微微昂起，雙臂前後屈伸，並上下襬動，似乎是在模仿鷺鳥振翅飛翔時的矯健身姿。這些古代的舞蹈和氣功動作記錄了當時的社會生活，其功能之中，顯然具有向人們示範，引導人們進行體育鍛鍊的作用。

廣西民族：多元共融，織就斑斕畫卷

壯族的「嫁郎」習俗

　　廣西的很多壯族地區，一直保持著男青年上門「入贅」，即「嫁郎」的習俗。自願「入贅」的男子，常常是家裡兄弟過多，或對家庭所在的地區覺得不理想，有離開家鄉的願望。於是他們便走出家門，到處打聽招女婿的消息。當相好對象，覺得滿意，便大膽地向女方披露自己的心事，要求和她成親；經雙方同意，便可「入贅」。女子則是出自孝敬父母之心，立志留在家裡供養父母。於是，她們便串村走寨，先近後遠，尋找稱心如意的「上門郎」。她們常常於農忙時節走村幫工（指流動到不同村莊，幫助農戶或村民從事農業或其他體力勞動的行為），晚上對唱山歌。透過勞動和交往，觀察男子的心願和表現。一旦看中某個男子，便千方百計找尋機會與對方聊天說情。一經男方同意，一年半載之後，則招之「入贅」。

　　另一種情況是，一些只有女孩的家庭，父母要求招婿上門，便出面為自己的女兒相好對象，派媒人上男家去說親，經男女雙方同意，即招之「入贅」。「嫁郎」結婚所需一切，均由女方準備。男子「出嫁」那天，男方家中不舉行婚禮，不擺宴席。但女方的婚禮卻很隆重，所有的親戚朋友，都要前來祝賀，女家殺雞宰鴨，設宴招待。男子「嫁」到女家後，要改隨妻姓，並按女方的輩分和排行稱呼，女方同輩人只能稱其哥或弟，絕對禁忌「姐夫」、「妹夫」之稱。之後，生兒育女，一律隨母姓。「嫁」入女家的男子，不論在家庭中或在社會上，都受到人們的尊重，享有和本地男子同等的地位。婚後如妻子過早去世，本人有家產的繼承權，並且家人必須替他另娶。

廣西壯鄉的對歌拋繡球戀愛風俗

　　在廣西壯鄉，許多地方的青年男女在對歌戀愛的同時，還盛行拋繡球選對象的風俗。在歌場上，壯族男女自然分成兩個群體，彼此先對唱一陣山歌，然後拉開適當距離。女子各自將用花布精心縫製的繡球，拋向自己心愛的男子。男子眼明手快，一伸手，抓住朝自己拋來的繡球的飄帶；而後，男子在繡球上繫上自己的信物，將繡球拋回給對面的女子。拋回女子的繡球上信物越多，表示男子追求女子的心情越迫切。女子若是收下男子拋回繡球上的禮物，就代表她接受了男子的愛，她也喜歡上了男子。青年男女在對歌和拋繡球的活動中相互認識，加深了解，發展成為戀人，最終走向婚姻的殿堂。

　　這樣透過對歌拋繡球談戀愛找對象，無需父母之命，媒妁之言，也無需聘禮，使壯族男女青年的戀愛婚姻更加富有詩情畫意。壯鄉的對歌拋繡球擇偶風俗在遙遠的古代就形成了，到唐朝時，已經是非常普遍的風俗了。當年柳宗元出任柳州司馬時，就看到了這樣的對歌拋繡球場面，並寫下了「男女分行戲打球」的詩句。繡球、歌聲作為傳遞壯鄉青年男女之間愛情的媒介，自古至今迴盪在壯鄉大地，記錄著青年男女之間愛情發展的歷程，充滿了無窮的魅力。

仫佬人難辨新娘的「送嫁」習俗

　　仫佬族青年男女自古以來都是自由戀愛。青年人除了節日、集會和趕集的時候交往相識之外，主要的戀愛方式就是在「走坡」中對歌交友。「走坡」的季節是陽春三月和金秋八月，年輕人身穿盛裝，男女各自結

伴，到集市上尋找對歌的夥伴。找到滿意的對手後，就邀到風景美麗的山坡草坪上進行對歌，透過對歌，相互認識，加深了解；如果雙方對對方感到滿意，就會互贈信物，建立戀愛關係；最後託媒人通報家長，確定婚期成親。仫佬族接親儀式中，最具特色的就是「送嫁十姐妹」。新娘出嫁前一個月，同村寨的同輩女孩自願組成十人儐相（伴娘），到準新娘家做姐妹，與新娘日夜相伴，幫她做新鞋，縫嫁衣，備妝奩。新娘成親的那天，十姐妹與新娘打扮得一模一樣，一起送新娘到新郎家。她們穿相同的「情人鞋」、「送嫁衣」，打同樣的「姐妹傘」，剪同樣的髮型，紮同樣的辮子，甚至連舉止姿態都相近相似。對新娘不熟悉的客人，根本就分辨不出誰是新娘，誰是儐相。到了新郎家，十一個女孩一起登堂入室，熱鬧非常，也使婚禮充滿了仫佬人特有的民族特色。

瑤族村寨前的鎮宅之石——泰山石敢當

在廣西恭城瑤族自治縣恭城鎮西河村前，立有一塊奇怪的「泰山石敢當」石碑。石碑高一公尺多，上面雕刻有帶「王」字的獅子頭像，其下書「泰山石敢當」。這件立在瑤族村寨前的泰山石敢當是該瑤寨的鎮宅石碑，有保佑村寨平安、驅鬼、避邪、制煞的作用。

根據傳說，石敢當原是居住在泰山腳下的一位威力無比的猛士，姓石名敢當。他好打抱不平，助人為樂，善於降妖除魔，使妖魔鬼怪聞風喪膽。一日，泰安大汶口鎮張家年方二八的女兒因妖氣纏身，終日瘋瘋癲癲，多方醫治未見起色，請來石敢當退妖，當晚石敢當就嚇跑了妖怪。妖怪逃到福建，一些農民被牠纏上了，請來石敢當，妖怪一看又跑到東北，那裡又有一位女子得病了，也來請他。石敢當想：這妖怪我拿

牠一回，牠就跑得老遠，可是天南地北這麼大地方，我也跑不過來。乾脆，泰山石頭多，我找個石匠，製造一些刻有我和家鄉名字的「泰山石敢當」石碑；誰家有妖魔鬼怪作祟，只要把這樣的石碑放在家裡，就可以嚇退妖怪保平安。從此，「泰山石敢當」石碑就作為一種鎮宅石碑在民間流傳開來。有些地方或居民，為了加強石碑對妖魔鬼怪的震懾作用，往往在石碑的上部雕刻上猛獸的頭像，瑤寨前所立的「泰山石敢當」石碑就屬這種情況。

廣西的少數民族為何用火把接新娘

在廣西，許多少數民族有打著火把接新娘的風俗習慣。成親之日，男方家派出幾個女子帶上必要的禮物，天黑時分悄悄出發，去女方家接親。到達女方家後，女方的家人與接親者一起吃一餐便飯，接親者就點著火把，接新娘到男方家去。接親者回到男方家後，男方家人在深更半夜與新郎、新娘和接親者及幾個近親的長輩同桌吃一餐便飯，結婚大事即宣告結束。

打著火把接新娘是由古代搶親風俗演變而來的。在古代廣西的少數民族地區，流行著搶親風俗：搶親一般發生在舉行婚禮的當天，在接親隊伍浩浩蕩蕩、吹吹打打將新娘接往男方家的途中，一群蓄謀已久的男子突然從道路的一側衝出，將接親隊伍衝散，在眾人還沒有明白到底發生了什麼事情的時候，那些男子抬著新娘的花轎，一溜煙地跑掉了。這樣就使得男方家的娶親活動落空，女方家也要為女兒的命運擔驚受怕，造成了許多人間悲劇。

當然，對於一些有錢有權的人來說，他們可以僱請地方武裝來做保

鑣，防止接親時新娘被搶；而普通老百姓則沒有這個能力來保證不被搶親。普通老百姓為了保證接親時新娘不被搶，就發明了自己的辦法——打著火把接新娘。接親隊伍在天黑時悄悄出發，事先不露出任何要接新娘成親的風聲，搶親者就無從知道誰家什麼時候接親，也就無法謀劃搶親了。接親隊伍當晚就把新娘悄悄接回男方家，並於當夜成親。等那些想搶親的人知道這個消息時，接親、成親活動已經結束，新郎和新娘成為合法夫妻，再也不懼怕被搶親了。

白褲瑤服裝中白褲的來歷

白褲瑤是瑤族的一個支系。因男子都穿白褲，而被稱為「白褲瑤」。白褲瑤的褲子用白布製成，褲長及膝，褲腳用黑布包邊，褲子的膝蓋處繡有五根直的紅線條，中間三根長、兩邊兩根短，就像印在白褲上的鮮紅的手印。白褲瑤為什麼要穿這樣的白褲呢？這要從當地流傳的一個古老故事說起。

很久以前，瑤王和他的族人居住在一個美麗的山寨裡，生活雖然談不上富裕，卻也是衣食不愁，鄰里和睦團結，日子過得安穩太平。瑤王年過六旬，膝下有一個漂亮的公主，嫁給了當地莫家土司的兒子。公主嫁到莫家後，莫家土司利用兒子的關係，設計盜取了瑤王的大印，並派兵包圍了瑤寨。瑤王對土司的威脅毫不畏懼，他怒不可遏，親自帶領族人與莫家土司作戰。戰鬥打了幾天幾夜，非常激烈。由於實力懸殊，瑤王和他的同胞被圍困在一個山頭上，瑤王也已負傷，流血不止。

在族人將要遭受滅頂之災的時候，瑤王召集各寨寨主商量對策，一位採藥老人獻計說：「我以前採藥時，發現山後懸崖有一條小路，可以從

那裡下山突圍。」瑤王聽後，高興得兩手往膝蓋上一拍說：「對，就這麼辦！」白褲上留下了瑤王手指的血印。在採藥老人的帶領下，瑤族同胞脫險了，而瑤王因傷勢過重，不久壯烈犧牲。為了紀念這位英勇善戰的瑤王，瑤族人民按照他逝世時的裝束做成民族服裝，褲子上縫製五根紅線條，象徵瑤王的手印。

茶山瑤的「爬樓」戀愛傳統

　　在廣西大瑤山生活的瑤族，保留了很多古老的民族傳統，茶山瑤的「爬樓」戀愛就是其中最具特色的傳統之一。茶山瑤村落一般依山傍水，較大而集中，其住宅均為兩層木樓。村寨中還建有供女子居住和戀愛的吊樓，吊樓裝飾華麗，美觀大方，就像一頂花轎懸掛在山中。當女子到了談戀愛的年齡，父母就安排她到吊樓裡居住。男子來談情說愛時，不能直接從大門進屋再沿樓梯進到吊樓內，而要在吊樓下的巷道裡攀爬而上，進入到吊樓內。人們稱這種戀愛方式為「爬樓」。

　　每當吊樓披上了朦朧的月光，女子便在一起繡花織帶。有心的男子在巷道裡以歌代話，表達自己的愛意。如果來者是女子的意中人，吊樓的門就會在歌聲中悄悄打開，這時勇敢機智的男子就會靈活地攀木柱而上。當然，熱心的女子少不了在樓上助男子一臂之力。也有吃閉門羹的，但他們並不生氣，而是自我解嘲地唱道：「我想妳多麼辛苦，阿香哩！我想妳吃不下飯喲，一餐三大碗；我愛妳睡不著覺喲，一覺睡到大天亮⋯⋯」吊樓裡的女子被這善意的歌聲逗得大笑。然而，能夠進入吊樓裡的男子也不一定穩操勝券，還得靠其他女子的撮合和自己的智慧與努力。男女雙方一旦情投意合，吊樓裡便只剩下一對情侶，相依在一

起，互吐愛慕之情。以後男子再來「爬樓」，便送綵線給女子作為禮物，而女子則把精心編織的草鞋送給男子。

白褲瑤的「打親」儀式

白褲瑤的「打親」儀式，發生在男方的接親隊伍來到女方家的接親過程中。在白褲瑤的結婚儀式中，新郎不隨接親隊伍一起去女方家接新娘回來成親，而是選擇一個「多坎」（即伴郎）和一個歌師，與接親隊伍一起去女方家接新娘。接親隊伍到達女方家裡後，「多坎」要將躲在母親屋內的新娘「搶」出來。「多坎」拉著新娘一出門，就會遭到守候在堂屋裡的女子們追的圍攻，她們用細竹竿追打「多坎」，或者唱歌盤問。「多坎」只能躲閃，不許還手，口裡還要說些逗趣和發誓的話，或唱些滑稽的歌，招惹女子們追打。打親的場面越熱鬧，追打得越厲害，就越說明新娘受到姐妹們的愛戴，婚禮也就顯得熱烈、隆重。有的時候，「打親」儀式要持續到天黑才停下來。「打親」儀式過後，女方家派出送親隊伍，與男方的接親隊伍合在一起，送新娘去新郎家。在這個送親的過程中，以男方家的歌師為前導，女方家的歌師來斷後，新娘在前後兩位歌師的護衛下，一路步行到新郎家。

瑤族的成年禮儀 —— 度戒

在廣西的瑤族地區，普遍流行著成年禮，這種成年禮在瑤家稱之為「度戒」。只有經過度戒的男孩，才有了成年人的權力，才可以有資格戀愛、結婚，博得大眾的信任和尊重。在廣西金秀瑤族自治縣和賀州市

的瑤族鄉，當男孩長到 15～16 歲時，都要依俗舉行這種帶有民間宗教色彩的「度戒」儀式。以前，在「度戒」儀式上，男孩要接受諸如「上刀山」、「過火海」、「睡陰床」、「跳雲臺」等近十種危險的考驗。如今儀式簡化了，山子瑤度戒時，以「跳雲臺」為重要內容。

雲臺是一個 4 公尺多高的正方形高臺，一邊紮以橫木做梯。受戒者在師公的帶領下登上雲臺，等師公唸完戒詞，受戒者宣誓不殺人放火、不偷盜搶掠、不姦淫婦女、不虐待父母、不陷害好人等。宣誓完畢後，將燃燒的木棒扔進一個裝了水的碗裡，火立即熄滅。這裡暗示受戒者如有不軌行為，其命運有如此火。接下來，受戒者雙手抱膝，從雲臺上勇敢地翻滾至雲臺下那張鋪有稻草的藤網裡；剛落下，下面的人就拉起藤網一齊用力旋轉。此時四周歡聲雷動，讚揚孩子的勇敢無畏，祝賀又一個瑤山好漢走入了社會。

瑤族的美德標──草標

瑤族從古至今，都是遵紀守法、講道德、重禮儀的民族，男女老幼均有自己的行為規範與準則。草標就是在這種人文背景下形成的習俗。所謂草標，就是用幾根茅草結在一起，作為一種象徵，形成在一定範圍內制約人和提示人的作用，是瑤族人認可的「文字」。

草標有四種：

- 一是劃地草標。某人發現某處有一塊肥沃的土地，自己想開墾種莊稼，可是一時又抽不出時間，就可以在這片土地四周各插上一個草標，並在地上開挖一行土。這樣，別人就不會開墾這片已有人劃過的土地。

- 二是發現草標，主要用於發現了蜂窩，鳥窩、菌子等物。發現者在這些物件旁邊插一個草結，以表示自己的發現，別人就不會動它。
- 三是提醒草標，用以提醒人們注意，不可踐踏破壞等。如在已種下莊稼的田地邊，豎幾根木杈，木杈上再掛一個草結，以提醒他人看好牲畜，別損壞莊稼。
- 四是警示草標，以提醒他人注意前面的問題和危險。如有人發現前方有蟒蛇，虎豹，就在路的兩邊各拉一把草結在一起為草標，擋住去路。有條件的，還在草標上加掛上蛇蛻或藤子，人們一見到這種記號，就會停止前行。

如果發現了「禁地」，擔心別人進入會得各種怪病等，就在去「禁地」的每條路上，將路兩旁的草和樹枝拉攏來拴結在一起，別人看到這種攔路草標以後，就會轉身往回走。如果前方安置有捕獵的鐵夾和陷阱，安放者就要在通道上打草結，草結上面再放一個交叉的木棍，提醒人們繞道而行。如有人知道此山的野果或水不能食用，也要沿路打上草結，草結上面再放上野果的丫枝或在泉水邊再打上幾個草結。有些如毒菌、漆樹、蕁麻等不能採摸，也同樣要結草標提醒他人。一個個簡易的草標，展現了瑤族的優良美德，也讓我們看到了那一顆顆善良美好的心靈。

神祕的瑤族醫藥

自古以來，瑤族人民居住在中國的南方山區。由於自然條件惡劣，人們容易罹患各種疾病。因此，從古時代開始，瑤族人民就充分利用山區的藥物資源，發展了自己的民族醫藥。由於種種原因，瑤族醫藥沒有

形成專門的典籍,但在一些古籍和地方志中,卻有許多零星的記載。瑤家一寶的靈香草,在宋代的典籍和地方志中多有記載,明代的李時珍將靈香草載入他的《本草綱目》。

瑤族先民除利用靈香草做香料驅蟲、驅蚊之外,還普遍用於治療感冒頭痛,腹痛腹瀉,腰腿痛和皮膚搔癢等多種疾病;在避孕絕育祕方中,靈香草也是一味不可缺少的藥物。在宋代,瑤族用藥已相當普遍,當時不僅專業瑤醫,就連平民婦女都能識藥採藥。在素有「瑤族醫藥之鄉」美稱的廣西大瑤山,藥材資源非常豐富,清朝時期,每年都有幾十名瑤醫將十多萬斤草藥送往中國各大城市,一面行醫,一面銷售。可見,當時的瑤族醫藥不僅受本地本民族人民的信賴,而且受到其他各族人民的歡迎,不少懂醫藥的瑤民成為靠行醫賣藥為生的專業人士。

瑤醫在治療上除了採用湯藥內服、外洗、外敷和燻、熨、佩帶等之外,還有放血、點刺燈劃灸、艾灸、骨灸、席灸、藥物灸、藥棍灸以及拔罐、針挑、捶擊、拍擊、搔抓、推拿和指刮、骨弓刮、碗刮、匙刮、青蒜刮、稈草刮、萱麻刮等。所治療的病種包括了內、外、婦、兒、皮膚、五官及神經等各科,許多方法療效顯著。瑤醫使用藥物品種約有836種,土石草木,鳥獸蟲魚,無所不包。一些典型和常用的藥物,經過現代藥理研究,確實有很好的療效。

侗族的法律講座 —— 講款

侗族是一個講究社會美德和社會秩序的民族,很早就建立了鄉村社會自治組織,並制定了鄉規民約,規範人們的行為。款是侗族村寨中以地緣為紐帶的民間自衛和自治社會組織形式,大約產生於侗族的原始氏

廣西民族：多元共融，織就斑斕畫卷

族社會晚期，並一直延續到民國。由參與款組織的村寨共同制定侗族地方社會的法規 —— 款約，是侗族社會對外共同禦敵，對內保持團結、維持治安、保護生產和維繫社會道德風尚的習慣法規。為了保證侗族社會的這些法規能夠被各村寨的居民所熟悉，實現人人懂法，個個守法，確保法規在款組織內各村寨的順利實施，侗族的先民還創造性地開展了普法教育，舉辦法律講座 —— 講款。講款是指對款組織內的居民宣讀和講解款約，有定時的和非定時的兩種講款形式。在侗族社區，定時的講款每年至少要進行兩次，即每年農曆三月的春種時節和農曆九月的秋收時節；前者稱為三月約青，後者稱為九月約黃。透過講款，對廣大的款民進行了普法教育，使侗鄉的地方法規深入人心，有力地維護了當地社區的社會秩序。

融水苗族的娛樂神 —— 芒蒿

融水元寶山地區的苗族居民自古就崇拜著一個叫「芒蒿」的娛樂神。傳說他身穿野草編織的蓑衣，模樣怪異可怕，卻法力無邊，無所不能，能為人們帶來大吉大利，風調雨順，五穀豐登。每年的正月十七日這一天，「芒蒿」從高山上下來，為人們驅邪賜福，教訓那些不聽話和做壞事的人，並與人們歌舞娛樂。現在，由苗族人民崇拜的娛樂神「芒蒿」，發展成了具有地方民族特色的「芒蒿」節。

「芒蒿」節於每年的農曆正月十七、十八兩日舉行，屆時，融水苗鄉的男女老少都聚集在寬闊的坪地上，吹笙踩堂，等候著「芒蒿」的來臨。扮演「芒蒿」的苗族青年，頭戴假面具，身上披著蓬鬆的芒草，四肢烏黑，在鼓聲的引導下，從山上狂奔下來；在節奏明快的鑼鼓聲中，跳起了粗獷豪放的「芒蒿」舞。舞後，「芒蒿」們在鑼鼓聲中走村串巷，向人

們恭賀幸福吉祥。「芒蒿」們摸著小孩的頭，祝他們平安長大；握住老人的手，祝他們健康長壽。而青年後生（廣西少數民族指代年輕男子的詞彙）則樂於和「芒蒿」擁抱，以祈求在新的一年中獲得豐收，獲得美滿的愛情。那些不務正業的人受到「芒蒿」的教訓後，從此改邪歸正。「芒蒿」是正直、友善、勤勞、勇敢、吉祥、幸福的象徵，崇拜「芒蒿」表達了苗族人民對真善美的祈望。

融水苗族的龍圖騰崇拜與禁忌

　　融水苗族現存的圖騰活動是以龍為對象的，把龍作為自己的祖宗、保護者和象徵，把自己視為龍的後裔。將龍作為本族的族徽和標誌，虔誠地對龍加以崇拜。龍的崇拜主要包括三個方面：一是置龍壇。每個苗寨中央有一塊平地，稱為龍坪，其東面築有直徑1.5～3公尺的圓形土壇，內建水缸，放黃鱔於其中，稱為龍壇。一般是先有龍壇，後有村寨。如果村寨裡出現了災禍等不祥之兆，則認為是龍潛逃所致，要舉行隆重的請龍、安龍儀式。二是立龍柱。龍柱也稱「神柱」，豎立在龍坪和蘆笙塘中間，長1～3丈、是一根裝飾有木製牛角的雕龍彩柱，是苗民祭祀的象徵物和崇拜物。每逢節日或寨中的大事，都要祭祀、拜謁龍壇和龍柱。三是樹龍旗。龍旗即村旗，是用綢料製作的旗幟。旗幟中央畫上騰龍，左右各垂一邊屏，飾以花色犬牙、串珠、白禽毛等。各村逢年過節或大典，以龍旗為指揮，旗進人進，旗退人退。

　　龍圖騰禁忌：

■　　一是以彩虹為龍。每當雨後天空現出彩虹時，大人則告誡小孩不得

用手指「龍」，否則手指會斷；且要及時教唱〈詠龍歌〉。

- 二是以大蛇為龍。大蛇在苗族地區被視為龍的化身，是禁殺、禁食、禁辱的，以達到談「龍」變色、不敢言見的程度。
- 三是龍地禁止耕種和伐木。融水縣杆洞、安太兩地各有一蛇洞，當地稱此兩地為「龍山」。每年清明前後或中秋時節，蛇輩出洞，許多苗民穿著盛裝，前往觀「龍」。此兩「龍山」，禁止耕種，禁伐樹木。
- 四是以深潭為龍潭。禁止向龍潭投擲石塊，禁止捕撈龍潭中的水產品。

黑衣壯的服飾和山歌

黑衣壯是壯族四十多個支系之一，主要聚居在廣西那坡縣，總人口約為 5 萬。黑衣壯在服飾、語言、社會生產、生活習俗等方面，既有壯族的共性，也有自身的特點。「黑」是黑衣壯支系的標記，黑衣壯的服飾至今保留著傳統，具有自身特點和深刻內涵：以黑為美，穿戴上講究實用，款式大方、樸素美觀。在那坡縣黑衣壯生活的地區，婦女喜歡用土法紡線、織布，用土法印染棉布，縫製衣服，並且將這種自製的服裝視為最莊重的節日衣著。

在當地生活的各民族中，黑衣壯最擅長唱山歌。山歌已經融入黑衣壯社會生活的各個方面，唱歌已經成為他們生活中不可或缺的內容。他們從相識、相知、相戀到結婚生子，從過年過節到貴客登門都離不開山歌。每當夜幕降臨，男女老少便匯聚在村頭，以歌代言，以歌傳情。這種亙古不變的山歌傳統，在節日活動中表現得更為明顯。

黑衣壯的節日是歌的節日，是歌的海洋。唱歌是節日的主旋律，沒

有歌聲，節日就會顯得平淡乏味。每逢節日，黑衣壯的男女老少穿著節日盛裝，唱著熱情甜美的山歌，沉醉在歌海中。其中，農曆四月初五的「單」是黑衣壯傳統的歌圩節日，當地也叫「風流節」。在這一天，方圓幾十里的男女青年，穿上節日盛裝，雲集於當地著名的歌圩。同村的青年男女相邀在一起，去尋找別的村屯的青年對歌。男青年遇到理想的對歌對象時，便唱起「見面歌」、「邀請歌」，得到對方的回應後，再唱「詢問歌」，接下來是「愛慕歌」、「交情歌」，歌聲不斷，徹夜不息。直到天亮，他們才開始唱「送別歌」，並約定下次見面的時間。

風雨橋的傳說

當這個天地還很新的時候，還沒開闢平等大寨。侗家都住在半山坡上，一個小山寨，只有十幾戶人家。有個小山寨裡有個小後生，名叫布卡，娶了一個妻子，名叫培冠。夫妻兩人十分恩愛，幾乎是形影不離。兩人工作回來，一個挑柴，一個擔草；一個扛鋤，一個牽牛，總是前後相隨。這培冠又長得十分美麗，以致夫妻兩人過橋時，河裡的魚兒也躍出水面來偷看她們。

有一天早上，河水突然猛往上漲。布卡夫婦急著去西山工作，也顧不得這個了，同往寨前大河彎的小木橋走去。正當他們走到橋中心，忽然一陣風颳來，刮得卡布睜不開眼，妻子「哎呀」一聲跌進水裡。卡布睜開眼一看，不見妻子，知道被刮下河去了，就一頭栽進水裡，潛到河底。可是來回找了好幾遍，卻不見妻子的影子。鄉親們知道了，也紛紛跑來幫他尋找，找了半天工夫，還是找不到他的妻子。這究竟是怎麼回事呢？

廣西民族：多元共融，織就斑斕畫卷

　　原來河彎深處有隻螃蟹精，把她捲進河底岩洞裡去了。一下子螃蟹精變成了一個俊俏的後生，要培冠做他的老婆，培冠不從，反手打了他一巴掌，他馬上露出凶相來威逼培冠。培冠大哭大罵，哭罵聲在水底一陣陣傳到上游的一條花龍耳裡。

　　這時風雨交加，浪濤滾滾，只見浪裡有一條花龍，昂首東張西望。龍頭向左望，浪往左打，左邊山崩；龍頭往右看，浪往右沖，右邊岸裂。小木橋早已被波濤捲得無影無蹤。眾人膽顫心驚！可是花龍來到布卡所在的沙灘邊，龍頭連點幾下之後浪濤就平靜了。隨後，花龍在水面打了一個圈，向河底衝去。頓時，河底「咕嚕咕嚕」的響聲不斷傳來，大漩渦一個接一個飛轉不停。接著，從水裡冒出一股黑煙，升到半空變做一團烏雲；那花龍也緊追衝上半空，翻騰著身子，把黑雲壓了下來，終於壓得牠現出了原形。原來就是那隻鼓樓頂那麼大的黑螃蟹。黑螃蟹慌慌張張地逃跑，爬上崖壁三丈高。花龍王到水裡翻個觔斗。龍尾一擺，又把螃蟹橫掃下水來。這樣來回幾次，把螃蟹弄得筋疲力盡，搖搖晃晃爬向竹林，想藉竹林擋住花龍。可是花龍一躍騰空，張口噴水，噴得竹林一片片倒塌下去，螃蟹又跌進河中。花龍緊緊追進水底後，浪濤翻騰著便順河而下，這時再也看不見黑螃蟹露面了。後來，在離河彎不遠處露出一塊螃蟹形狀的黑色大石頭，就是花龍把螃蟹精鎮住的地方。這塊大石頭，後人稱它為螃蟹石。

柳州三江風雨橋

　　等到河水平靜之後，聽到對面河灘上有個女人的聲音在叫喚。布卡一看，那女人不是別人，正是自己的妻子，布卡叫了幾個人馬上游泳過

去。上岸之後，培冠對布卡說：「多虧花龍搭救啊！」大家才知道是花龍救了她，都很感激花龍。這時花龍往上游飛回去了，還不時轉身向人們頻頻點頭。

這件事十傳百，千傳萬，很快傳變了整個侗鄉。大家把靠近水面的小木橋，改建成空中長廊式的大木橋，還在大橋的四條中柱刻上花龍的圖案，祝願花龍長在。空中長廊式大木橋建成後，舉行慶賀典禮時，奏蘆笙，唱耶歌，人山人海，非常熱鬧。這時，天空彩雲飄來，形如長龍，霞光萬丈；眾人細看，正是花龍回來看望大家！因此後人稱這種橋為回龍橋。有的地方也叫花橋，又因橋上能避風躲雨，所以又叫風雨橋。

壯族傳統服飾

◆ 服裝

從清朝末年起，大多數壯族男子上穿對襟唐裝，下穿長褲。婦女多穿圓領對襟或偏襟的上衣，腰繫繡有一道花邊的圍裙，下著長褲或裙，顏色多為黑、青、白等色，上衣短小，褲腳寬大。桂西壯族婦女衣服一般是黑色，她們視黑衣黑裙為禮服，一般都在結婚、赴宴、拜訪親戚、過年和參加傳統節日活動時才穿，並配有各種色彩花紋的圍裙，頗為美觀。布質粗糙的白衣白裙為勞動服裝，藍衣、藍裙為不勞動時的在家穿著。

◆ 冠戴

古代壯族男子多以黑、青、藍布帶裹頭，出門做客亦有戴竹笠者。婦女多用彩帛或繡帕蓋頭或包頭。到民國時期，男子逐漸不再包頭，而女子穿戴變化不大，仍慣用布巾或毛巾包頭，頭巾多為黑白兩種，毛巾

多是提花的。

一些地區的壯族婦女的冠戴仍然是代表了某種象徵。鳳山縣長洲、砦牙一帶，未出嫁的少女包純白色頭巾，頭巾兩頭各織有三條一公分寬的五綵線，兩端綴白色纓絲墜。已婚少婦包白底藍線方格巾，兩端有黑白混染的絲墜。老年婦女包純藍或純黑色頭巾，兩端無瓔絡。頭巾的包法也有講究，少女包成羊角形，少婦包成盤碟形，老婦包成桶箍形。都安、大化一帶的壯族婦女，在趕街（去市場趕集、購物或辦事）、拜訪親戚和趕歌圩（壯族人民在特定的日子聚集在一起，以對歌、交流為主要內容的傳統集會）時，每人頭上都蓋一條嶄新的白底花邊毛巾，未婚女子將毛巾疊折三四層使之成為頭帕一樣大小的方塊，蓋在頭上；若已婚，用毛巾包頭打結。

◆ 飾物

壯族婦女喜愛佩戴銀飾，其種類繁多。有銀簪、銀針、銀釵、銀圈、銀帽、銀耳環、銀鏈、銀鎖、銀排、銀項鍊、銀手鐲、銀戒指、銀腳環等，這些銀飾有的打製成栩栩如生的動物，有的打製成秀麗多姿的自然景物，有的打製成各種幾何紋飾或吉祥圖樣；有浮雕的，也有透雕和圓雕的，立體感強，有濃郁的地方民族風格。

瑤族傳統服飾

◆ 服裝

因瑤族支系較多，分布區域較廣，服裝式樣多達六七十種。男子一般穿對襟或右衽的銅釦上衣，有的穿交領花邊衣，下穿寬腳長褲，腰和

小腿綁紮布帶。婦女一般穿圓領花邊對襟或右衽長衣，下穿挑花長褲或百褶裙，紮繡花腰帶、圍裙和綁腿。瑤族男女服裝一般都用青布或藍黑色布製作，喜用黃、藍、綠、白、紅等色點綴，運用繡、挑、織、染等技藝加工成各種圖案花飾，其中尤以挑花最為精緻。

◆ 冠戴

瑤族男女大多以繡花青布做頭巾、也有用紅布頭巾和藍黑頭巾包頭，有平頂式、塔式、圓筒式、尖頂式、飛簪式、銀簪式、絮帽式等諸多樣式。近幾十年來，除節慶和參加傳統的民族活動外，大部分中青年男子已免冠戴或改戴市面買來的帽子。瑤族女子的包頭日趨簡化，有的買回花布、紗巾、綢緞製作頭巾包頭。老年人多數仍保持傳統的民族冠戴。

◆ 飾物

瑤族男女都喜歡佩戴銀飾，婦女的飾物有銀簪、銀針、銀帽、耳環、串珠、項圈、銀釵、銀牌、銀鏈、銀鈴等；男子的銀飾有戒指、菸盒、銀鏈、吊牌等。每逢節日，女子的頭上、手上、頸上、胸前、背後往往佩戴著許多銀飾，琳瑯滿目，叮噹作響。遇婚嫁喜慶，銀飾更是新人必不可少的飾物。瑤家認為，佩戴銀飾不僅是美的顯示，而且也是勤勞富有的象徵，佩戴越多，就表示越有能耐。平時，瑤胞只佩戴戒指和手釧，其他的銀飾多是過年過節或重大喜慶活動著盛裝時才佩戴的。

廣西民族：多元共融，織就斑斕畫卷

苗族傳統服飾

◆ 服裝

廣西各地的苗族服裝各有特點。過去，男子一般穿對襟或大襟短衫，有的穿長袍，下穿長褲，束腰帶，冬天裹腳綁。婦女服裝款式多些，色彩也鮮豔。一般穿大襟右衽衣，長齊腰，下穿百褶裙或寬短褲。裙長短不一，有的長過膝，有的僅至膝蓋。色彩有藍靛色、青藍色、黑色、紫色和白色等。有的裙沿繡上花邊。尤其是白裙，花紋斑斕，秀麗厚重。男子便裝多為藏青色、黑色，也有白色的。下穿寬口長便褲。婦女平時穿黑衣和蠟染素長裙、腰繫黑圍腰，衣裙均不繡花，平時穿著也較隨便，只重大節日才著盛裝添喜慶。盛裝布料質地較好，領口、衣服及兩側均繡花。

◆ 冠戴

男子多以青布纏頭、女子則裹青色繡花頭帕。三江苗族男子平時以六尺長巾纏頭，長巾兩面繡有鋸齒狀花紋，巾邊常插一桿短菸斗，煞是瀟灑。女子裹青色滾花邊頭帕，帕角垂至兩肩。龍勝部分苗族男子舊時喜歡包頭巾，如今多改戴帽。未婚女子現在多從集市買回花巾包頭，在家時常包兩三條，趕圩、過節和拜訪親戚時則包上七八條；已婚婦女包黑頭巾。有些人的黑頭巾長達五六尺，將之折成寸把寬的條狀繞在頭上，平時繞一條，參與喜事、拜訪親戚時則繞八九條，盤得如同草帽般大小，荷戴沉重也無所謂。

◆ 飾物

婦女飾物有銀簪、銀針、銀花、鳳頭釵、戒指、手鐲、針筒、銀鏈、項圈、腳圈等。龍勝一帶的苗女常是頭插銀花、戴耳環，雙手腕戴

一到四對手鐲，頸上套三五個項圈，腰圍銀鏈，腳亦帶銀圈。隆林一帶的苗女戴手鐲，少則一對，多則八九對不等。三江一帶的苗家婦女佩戴的銀飾有銀簪、手鐲、項圈、戒指、銀扇、銀花、銀鏈等十餘種，若逢民族節日，女子的頭、頸、手、胸、腰、腳都佩戴著銀飾，周身銀光閃閃，重達幾斤至二十多斤。婚嫁時，新娘身上的銀飾是絕對不能少的。

侗族傳統服飾

◆ 服裝

　　侗族服裝的衣料以自紡自織的「侗布」為主，機織布和綢緞等多做盛裝或做配飾用。近幾十年來，已普遍購入市場銷售的布料，衣服顏色有青、藍、紫、白等。有些婦女喜歡穿著用藍靛染製的斜襟衣。三江侗族男子著半邊花袖衫，有褲無裙，衫短褲長；女子則有裙無褲，裙短得露膝，胸前圍肚兜，並配上銀飾。龍勝等地的侗族男子上穿青色無領斜襟寬袖衣，腋下以兩道布帶束身，下穿長至腳面的寬腳青色長便褲。女子上穿青色無領無扣直襟衣，前襟內襯繡花圍胸。衣襟用兩道布帶結繫。上衣胸襟大，袖短而寬，衣邊、袖口均鑲花邊；下穿青色百褶裙，長過膝蓋，小腿包三角形，青布腳綁。

◆ 冠戴

　　侗族男子過去多包長頭帕。三江侗族男子包的青布頭巾長一丈二尺，捲在頭上如大圓盤。1960年代以後，除老年人外，中青年多戴帽。婦女一般都包白頭巾，良口和里地區的婦女多包對角白頭巾，苗江、榕江一帶的婦女則多包三角蜂窩白頭巾。

廣西民族：多元共融，織就斑斕畫卷

◆ 飾物

　　侗族佩戴銀飾，以多為美，以重為貴。無銀飾的女子不僅自己認為不美，甚至連父母也覺得低人一等，省吃儉用也要買幾樣銀飾來打扮女兒。侗族銀飾種類繁多，有項鍊、項圈、手鐲、戒指、耳環、銀花、銀梳、銀冠、銀簪等。其中最大最重的要算項圈和銀冠。三江婦女掛的銀項圈重約七八斤，從頸脖掛到腰部。在特別喜慶的日子裡，年輕女孩耳吊銀環，滿臂戴銀鐲，項鍊、項圈層層疊列於胸前，全身銀飾重量達一二十斤，顯得富麗堂皇。兒童常佩戴銀帽、銀鎖、銀項圈、銀腳圈。男子佩戴銀牙籤、銀菸嘴和銀戒指。青年男女談戀愛，若雙方情投意合，男青年要送些銀飾給女子作為訂婚信物。第一個孩子生下三天後，外婆家要送銀項圈、銀鎖以及銀手圈；孩子滿週歲時，要送一頂銀帽。

廣西娛樂：
歌舞飛揚，民俗風情盡顯

廣西娛樂：歌舞飛揚，民俗風情盡顯

廣西少數民族為什麼喜愛唱山歌

人說壯鄉是歌海。似乎是遺傳，廣西的少數民族歌手們個個都有「開口一唱歌成河」的天賦。壯族民間文化最明顯的流行形式就是唱「民歌」，這裡的人們愛唱山歌的傳統源遠流長。

廣西的少數民族，自古以來就有以「歌」會友、以「歌」傳情、以「歌」擇偶的風氣，逐漸形成了「歌墟」或「歌圩」等以「歌」為主的民族節日盛會，並有透過賽「歌」選賢、賽「歌」擇婿等習俗。廣西人以歌代言，「山歌」言詞婉轉、生動傳神、極富感染力。「山歌」有講述歷史的「古歌」和傳授技術的「生產歌」以及抒發感情的「情歌」等。因此到處都有聚眾唱歌的習慣，而「民歌」主要有「苦歌」，如「長工歌」和「婦女苦情歌」等。

喜愛唱山歌的人們在喜慶節日或勞動之餘，或在趕集路上，或去趕歌圩時，都少不了要唱山歌。有男女對唱的，也有獨唱解愁的。由於世代相傳，唱歌不斷，這種長期形成的傳統又反過來「激發了人們的歌唱才能，許多歌手『該臨機自撰，不肯蹈襲』，開口成章，嫻熟無比。真是：山稔越採花越開，江水越舀越有來；山歌不用錢來買，舌頭一拐就出來」。於是，山歌便如春潮湧江、山花遍地，充滿壯族人民的生活中，成為他們不可缺少的精神食糧。

壯族的山歌有多少種

壯族的民歌種類很多，按照思想內容分可以分為訴苦歌、情歌、風俗歌和革命歌謠，其中以情歌的數量最多，藝術價值也較高。

青年男女通常是唱情歌，成套的山歌分為四個階段：相見時唱「初戀歌」，唱到愛慕時轉為「贈禮歌」，之後再唱「別情歌」，分手時則唱「約會歌」，相互問答賽輸贏，有時通宵達旦，夜以繼日。壯族素有「倚歌擇配」的習尚，社交和戀愛較為自由，在過去由於父母包辦制度的約束，在壯族的情歌中也有不少是反抗包辦婚姻的內容。

　　壯族的民歌在表現形式上有各種短歌式、勒腳歌式、排歌式、敘事長詩式等，其中最具特色的是勒腳歌式，即歌詞押腰韻的同時押腳韻。勒腳歌有五言、七言、五三五言、七三七言幾種。

　　壯族「民歌」的內容極為豐富，像流傳於桂西右江一帶的「嘹歌」就包含著山水、動植物、農工技藝和世俗民情等內容，既敘事又抒情，因此被稱為是「一部未經刊行的壯族古代原生態百科全書」。

為什麼把「三月三」定為歌節

　　農曆的三月三是壯族傳統的歌圩，關於三月三的來歷，壯族民間有許多優美動人的傳說。有人說，在唐代，壯族出了一個歌仙，名叫「劉三姐」。她聰明過人，經常用山歌歌頌勞動和愛情，揭露財主們的罪惡，財主們對她又恨又怕，因此有一年的三月初三，趁劉三姐在山上砍柴時，財主派人砍斷了山藤，使她墜崖身亡。後人為了紀念這位歌仙，便在劉三姐遇難這天聚會唱歌，一唱就是三天三夜，歌圩就此形成。

　　「三月三」歌節是壯族富有民族特色的傳統節日，源於壯族古代的「歌圩」。又稱「三月三歌節」或「三月歌圩」，是壯族的傳統歌節。壯族每年有數次定期的民歌集會，如正月十五、三月三、四月八、八月十五等，其中以三月三為最隆重。青年男女在村頭或山落，以唱山歌來表達

> 廣西娛樂：歌舞飛揚，民俗風情盡顯

他們相互愛慕之情，在對歌中增進了解、互訴衷情，最後終成眷屬。在「三月三」期間除了「歌圩」外，歌場上還有「搶花炮」、「耍雜技」、「演壯戲」和「舞龍鳳」等各種精采的康樂活動以及各種熱鬧非凡的小買賣，而最豐碩的成果就是造就了雙雙對對的美好姻緣。

為什麼說蘆笙節是原始的東方狂歡節

蘆笙節是苗族地區最普遍的傳統節日，每年正月十三在廣西柳州的安太蘆笙節（又稱為十三坡會）熱鬧非凡，盡顯東方的狂歡場面。屆時，隨著十三聲響亮的鳥槍聲劃破長空，十三位德高望重的「頭嘎」（領頭人），舉起了十三碗糯米水酒，「呀—嗚」的歡呼聲在擠滿兩三萬人的場坪上此起彼伏。突然，一陣陣如驚濤駭浪、排山倒海，又如滾滾雷鳴、驚天動地的笙歌響徹雲霄，這時場內大約兩千把大小蘆笙同時吹響，穿著百褶裙，戴著雪白的、叮噹響的銀飾的「達配」（苗家女子），圍繞著吹蘆笙的「達亨」（苗家後生），跳起了歡樂優美的踩堂舞。「達亨」們鼓勁地吹，「達配」們盡情地跳，圍觀的人群裡三層外三層，水洩不通，歡呼的、吶喊的、吹的、踩的、看的，如痴如醉。村民往往利用這個機會進行奏笙比賽，一堂一堂擺陣踏舞演奏，各不相讓。根據曲調的水準高低，評出誰優誰劣。蘆笙節上還有鬥馬、賽馬、鬥鳥、進行苗錦展覽和交易等活動，也是青年男女接觸、交誼、談情的好時機。濃郁的民族情趣，狂歡的氛圍，強烈地吸引著遠近的人們。

瑤族為什麼過盤王節和達努節

盤王節是瑤族最大支系盤瑤紀念祖先的最隆重的節日，每年農曆十月十六日舉行。盤王節歷史悠久，早在晉代就有活動記載。

瑤族崇奉「盤王」或「盤古王」為本民族始祖。盤王節起源於對始祖的祭祀。經過長期的發展變化，盤王節演變成怡祖、娛神、樂人兼有的民間節日。當今盤王節，其形式和內容均有變化和創新：一方面，過去盤王節冗雜繁瑣的宗教儀式已經逐步改革，大操大辦，靡費繁瑣之風也有所節制；另一方面，盤王節中表現瑤族文化精粹的歌舞如歌頌其祖先創世、遷徙、耕山、狩獵的〈盤王歌〉和表現其生產、生活的〈長鼓舞〉等內容得到繼承、發展和提升。節間還舉辦物資交流、商品展銷及各項文體表演競技活動，觀者雲集，盛況空前。瑤族聚居較多的以都安、恭城、富川、大化、金秀、巴馬等瑤族自治縣為代表，都可見到隆重的盤王節，參加人數一般都超過萬人。

達努節又稱「祝著節」，達努在瑤語中為「永不忘記」之意，它是瑤族第二大支系布努瑤祭祀祖先密洛陀的盛大節日。

祝著節的來源民間有多種傳說：

- 一說是為紀念始祖母「密洛陀」生日，相傳每年農曆五月二十九日是密洛陀的生日；
- 二說是為紀念瑤王藍陸射落多餘的太陽，拯救瑤民的功績；
- 三說是紀念為引進穀種而獻身的民族英雄卡亨的忌日。

節日的主題活動是打銅鼓，並透過唱始祖歌等活動，使他們不忘本族的悠久歷史、光榮傳統，增強本族的內聚力。此外還有對歌、點沖天

炮、打陀螺、鬥畫眉、賽馬、射箭等民間傳統文娛體育活動。聚會宴飲絕對少不了。屆時，家家戶戶殺雞宰羊，拿出自釀好酒，親朋好友一醉方休。

苗族的苗年與漢族的春節有什麼不同

苗年是苗族的傳統節日，無統一節期，一般在農曆九、十、十一月的卯(兔)丑(牛)亥(豬)日。

苗年是慶賀豐收的節日，是各地苗族最隆重的節日。節日臨近，家家戶戶都要打掃環境、殺雞宰豬、打糯米粑粑、釀米酒、置辦年貨等。除夕之夜，家家都要敬神祭祖先，祈求來年五穀豐登、人畜平安。然後，闔家歡聚，共享豐盛的晚餐。從初一開始，人們走親訪友，相互拜年。年輕人則身著節日盛裝，參加跳蘆笙、踩木鼓、鬥牛、賽馬及遊方、對歌等豐富多彩的文體娛樂活動。整個苗家村寨到處都是鞭炮作響，笙歌陣陣，沉浸在喜慶、歡樂的氣氛中。

與漢族春節不同的是，苗年的民俗活動很豐富，主要有祭祀祖先、吹蘆笙踩堂、走寨結同年。蘆笙踩堂在本寨蘆笙堂舉行，男吹女踩，男女都參加。先由小蘆笙手吹出一陣短促的笙曲，接著大小笙手一起吹奏，女子則穿著百鳥衣，戴著銀首飾，銀花冠翩翩起舞，銀佩的脆響和著笙歌，交織成節日動人的旋律。

苗胞早起開門後，要放鞭炮或用鳥銃對天連放三炮，以示吉慶。走寨結同年也是苗年期間重要的民俗活動。每到苗年，寨與寨之間便互為客主，互結同年。全村男女幾十人或上百人，帶上蘆笙，穿上節日盛裝，敲鑼打鼓到同年村進行聯歡活動。進村前以三曲笙歌告知主人，主

人則帶領全村男女出村迎接。

　　苗年期間，除上述活動外。苗族人民還舉行鬥牛、鬥馬、鬥鳥、射擊、爬竿等傳統體育比賽活動。其中以鬥牛、鬥馬最有吸引力，常吸引成千上萬的群眾前往觀看。

　　在沒有過苗年的地方，苗族也與其他民族一樣，共慶新春佳節，但稱之為「客家節」。

為什麼說香粉古龍坡會是古老而完整的選美

　　農曆正月十六，香粉古龍坡會在鄉府附近的一塊約900平方公尺的坡地上舉行，那一天，方圓數十里的苗族男女，拿著蘆笙，扛鳥槍，牽馬匹，打花傘，朝著古龍坡趕來。正午時分，山梁上、村道間、河溪旁，出現了成列成隊穿紅戴綠的人群。遠遠望去，像一條條綵帶在飄動。當萬人匯集後，整個坡地就成了彩色的世界。坡上，豎有十多根木製的蘆笙柱，每根蘆笙都有一支蘆笙隊圍著吹笙，每隊有三四十人，「達亨」們手持蘆笙，蘆笙長者丈餘，短者盈尺，笙管粗的如碗，細的如指。坡會開始了，幾百支蘆笙齊聲起奏，高亢處，聲浪如潮，十里可聞；低鳴處，曲調深沉，如泣如訴。苗家後生邊奏邊舞，顯得特別的豪邁。一群群穿著繡衣褶裙的苗家女子，烏黑的頭髮上插扣著鮮花、銀梳，還佩戴著閃光的手鐲、頸圈、耳環、銀鈴等。她們圍著蘆笙手，按曲拍跳起了踩堂舞，輕輕踏足、扭腰、擺手，那份苗家女孩的嬌羞與可愛讓觀者如痴如醉。

　　在坡會上有一項特別的活動，就是評選「坡花」，即選出當期坡會中最美麗的女孩為「坡花」。參加坡會的女孩們，只要是年齡在16～19歲

廣西娛樂：歌舞飛揚，民俗風情盡顯

之間，未婚，身材勻稱，都可參加比賽。「坡花」是根據參賽女子的形象、勤勞、智慧和才藝評選出來的，完完全全是鄉里老百姓自己評選的「苗花」，是原生態的「坡花美女」。也難怪那些少女們盛裝而來了，因為當選了「坡花」，不僅可以成為全坡會的焦點，贏得男子的青睞，還可為她所在的村寨贏得無上的榮耀。

這裡的選美還有一項特別之處，就是不僅選美女，而且選猛男。在坡會上，將進行「坡會大力士」選拔，如果哪個男子能夠當選，那他將不會為與哪個女孩約會而煩惱了，因為「坡會大力士」是女子首選的如意郎君。

為什麼說「花炮節」是東方橄欖球盛會

搶花炮是流行在侗族、壯族和仫佬族等民族中間的具有濃郁的民族特色的活動。廣西三江、龍勝、融水等地都十分盛行。

所謂「花炮」，實際上是鐵製圓環，把直徑約5公分的鐵環用紅布或紅綢纏繞，置於送炮器（即鐵銃）上，內裝火藥，燃放後，花炮就被轟上天空，待落下時參加者奮力奪取，廣西南寧、百色兩地傳統的送炮器的形狀最為美觀，外形為六角柱形，六邊飾有圖案花紋，共分三層：底層是稍大的六角柱，柱角鑲有桂花邊；中層腰較細，鐫有各類形態的小人像；上層為喇叭狀開口。

花炮分頭炮、二炮、三炮等，搶到花炮除得到一定的物質獎勵，還意味著獲得幸福吉祥。按民間傳統只燃放三炮，搶得頭炮者，象徵人財興旺；搶得二炮者，五穀豐登；搶得三炮者，則萬事吉祥如意，展現了

人們對美好生活的渴望。一旦花炮分清得主，頓時嗩吶聲、歡呼聲、鞭炮聲響成一片，勝利者成為人們心目中的幸運者。下次花炮節由頭炮得主組織，稱為還炮。傳統的搶花炮不限人數隊數，每炮必搶。

場地通常設在河岸或山坡上，無一定界限，滿山遍野皆為活動範圍。這就需要搶花炮的人具有強健的體魄、頑強的意志和敏捷的反應能力。

據考證花炮節已有五百餘年的歷史，由於有強烈的對抗性、娛樂性和獨特的民族風格，因此被譽為「東方橄欖球」運動，數百年來長盛不衰。

為什麼說鬥馬是「愛情角鬥場」

鬥馬活動，相傳是源自古代的婚姻裁決習俗，即男子每有情敵相爭時，苗王就舉行鬥馬，獲勝的鬥馬手就有權優先娶得他喜歡的女孩。後來，演變成每逢節日都進行的娛樂活動，其中11月26日正式定為鬥馬節。

鬥馬節這天，鬥馬場上早已聚集了成千上萬的人。鬥馬開始，兩名馬主分別將自己的公馬放入場內，由場中的人牽一匹母馬從中挑逗，使兩匹公馬為得到母馬的喜歡而拚鬥起來。他們相互踢撞撕咬，窮追猛打，拚得你死我活，場面令人驚心動魄，直到一方招抵不上敗逃出場為止。如是者一對對公馬相搏相鬥，敗者下場，最後的勝者就是冠軍。

比賽結束後，奪冠的馬披紅掛綵，馬主也得到獎勵，當然最好的獎勵就是女子的紅綵帶。

廣西娛樂：歌舞飛揚，民俗風情盡顯

古老的聯防大演習是什麼

極具傳奇色彩的侗族「趕賊節」可稱為古老的聯防大演習。

三江侗族自治縣獨峒鄉唐朝村是個侗族風情非常濃厚的村寨，地處三江縣的北部，與貴州、湖南省交界。「趕賊節」是三江縣唐朝村獨有的傳統避邪節日。

三江唐朝村由於山高林密，經常受到山賊的騷擾。為了避邪，同時也為了教育子孫後代不要做傷害他人的事，寄語歲歲平安。

「趕賊節」活動開始後，侗族人就開始放鳥銃，意在用槍聲趕走山賊。1997年後，由於當地政府開展了收槍制爆活動，侗族民眾的鳥銃被收繳。現在只能用鞭炮聲來趕山賊了。唐朝村分為上中下三個鼓樓區域，每年輪到一個區域的村民扮演山賊。

唐朝村居住著楊、吳、龍、陽、夏、湯六個姓的侗族民眾，由於以前山賊進村搶劫時，是龍姓的人把山賊趕走，同時由於龍是中國的吉祥物，所以唐朝村的侗族民眾定下規矩，「賊王」必須由龍姓人來扮演，預示著龍可以化邪惡為吉祥。其他賊則由村裡的年輕男子扮演。

「山賊」被趕跑後，可在寨外「偷」青菜回來做百家宴，到晚上，每家拿出一碗糯米和一斤白酒，然後聚在鼓樓裡吃百家宴。

「趕賊節」是從1952年起每年大年初一都必須舉行的節日活動。聚在一起舉行獨特的傳統活動，企盼著歲歲平安。

為什麼說拉鼓節是最古老的遊園活動

　　拉鼓節是廣西融水苗族自治縣和三江侗族自治縣苗族的傳統節日。

　　拉鼓節是苗家祭祀祖先的節日，苗語稱為（鼓啦）。每 13 年舉行一次大節，也叫大鼓；每 1 年、3 年或 7 年過一次的是小節，也叫小鼓。時間在農曆十月。

　　關於拉鼓的來歷，民間流傳著一個優美的故事：鼓原在天上，人間和天上的人可自由來往。天上過拉鼓節，勇朋夫妻應舅家邀請，到天上看拉鼓活動，並從天上要來了鼓。鼓聲一響，豺狼虎豹逃跑，蚊蟲遠飛，人們得到一年的豐收和寧靜的生活。另一傳說是雷公與一個叫「英」的人打仗，把世上的樹木全燒光了，山嶺光禿禿的。豪良為了找到樹種，不辭勞苦，長途跋涉，最後找到杉樹種回來種。後來，苗山才有綠油油的杉林，他卻變成了花牛樹。人們感激豪良造福於人類，便砍一節花牛樹製成鼓，拉進寨裡，好似請豪良回到村中，同男女老少共同歡樂。於是便有了每隔 13 年舉行一次的拉鼓節。

　　三江同樂一帶苗族過拉鼓節，要提前在當年農曆二月，先推選主事者，砍一根粗大的花牛樹（有說六七丈長的大空筒樹），取一節鑿空樹心製成木鼓，再用粗大的山藤穿過鼓心，縛在鼓上，藤尾留著許多藤杈，並須在拉鼓的山上種一株楠木樹。十月的吉日到來時，天剛亮，每戶一人上拉鼓山，凡帶去的口袋要掛在楠木樹上，巫師唸完咒詞，大家便搶摘楠木樹葉，裝入袋子裡，村民認為，摘的葉子越多越吉利。

　　拉鼓時，前面有吹蘆笙的引路，鼓身中央鑽洞，拴上一個牛頭，兩端繫粗藤以便競拉。拉鼓開始時，先由頭戴銀飾鳳尾冠的寨老帶領，唱

廣西娛樂：歌舞飛揚，民俗風情盡顯

起拉鼓舞，歌中歌頌了對祖先的崇敬和民族的來源，充滿神聖之感。唱畢，相互競賽的兩個村寨的人群各據一方，拉鼓手們便展開激烈的拉鼓拔河競賽，喝采加油之聲震天動地。誰把大鼓拉過來到自己的一方，便是勝利，這意味著將會得到13年的吉利和好運氣。

青年們拉著鼓順著山坡下去，其他人在一邊護送，周圍站滿了看熱鬧和抬酒肉的人。應邀來參加活動的親友，抓住藤不放，並且把藤尾拴在沿途樹上，製造麻煩，使拉鼓不能順利進行。這時組織者便向他們敬酒敬肉，招待他們，乞求放行。如此反覆五六次，最後才把鼓拉回村寨，停在寨邊。拉鼓的人回家時，婦女們都在家門口，端酒湍肉迎接。每家還要好好招待外來的客人。最後由巫師把13年來各戶亡人名字和年庚、逝世的年月寫在紙上，放進鼓中，然後表示同意將鼓放進山洞，便算完成安置祖宗大事。晚上，人們歡聚在一起，吹著蘆笙，盡情地歌舞。

當拉鼓隊員們把鼓拉到寨邊，人們便鳴槍慶賀，宰牲設宴大會餐，將煮熟的肉串成一串串，慰蘿拉鼓隊員，勝方的隊員更可得到雙份的獎賞。

這場面通常有幾十個村寨、成千上萬人參加，熱鬧非凡。

為什麼說多耶是歌舞接力賽

多耶，侗語，「多」有唱、舞等多種含義，「耶」是侗歌的一類。「多耶」為唱耶歌或跳耶舞的意思。

在廣西三江侗族自治縣的侗鄉山寨，從 8 月 14 日起，就呈現出一派節日氣氛。人們在預測今年將有什麼樣的客人前來對歌。年長的老歌手，招來村子裡最會唱歌的女子（少的十人、八人，多則一二十人），通宵達旦地練歌，決心戰勝對手，為全村人爭光。

按規定，一般為男隊（客）先唱，女隊（主）後唱。「多耶」時，男隊用手攀肩，踏著整齊步伐，向同一個方向移動；女隊手牽著手，按歌曲節奏來回擺動。就是這樣你唱一首、他唱一首，對起歌來。

對歌如接力賽一般，順序大概分為以下幾部分：

- 客隊先唱讚頌性的「耶不」。內容是：讚村寨、讚鼓樓，讚老年人、讚女子、讚小孩等。讚頌主方人傑地靈、熱情好客、老人長壽、女子漂亮、小孩聰明……
- 唱「耶堂」。內容有傳統故事、孝敬父母、男女愛情等。
- 唱「耶斷」（一問一答形式的歌）。內容有天文地理、神話歷史、山水草木、鳥獸蟲魚和生產知識、生活知識等。
- 唱「耶披」（挖苦逗樂的歌）。這是「多耶」的高潮。主客雙方經過一場激戰，發展到了白熱化的程度。此時，大家挖空心思，想方設法奚落對方，引起圍觀者發笑、起鬨。特別是客隊歌師，常利用生動、形象的詞語挖苦女子。女子毫不示弱，採取針鋒相對的辦法給予回敬，有時簡直是「罵」了起來，常常引起聽眾捧腹大笑。唱到這時，不知不覺天色漸漸明亮起來，已是第二天凌晨。歌師為逃避女子的「窮追猛打」，乘人不備，悄悄溜到親友家做客去了，餘下歌隊眾青年，則由女子拉的拉、扯的扯，被請到女子家做客去。

> 廣西娛樂：歌舞飛揚，民俗風情盡顯

仫佬族最盛大的活動 —— 依飯節

依飯節是仫佬族祭祖、祭神及慶祝豐收、保護人畜平安的隆重傳統節日。

依飯，是仫佬語音譯，意思是慶豐收、保人畜。它可能來自古時仫佬族的祖先崇拜。過去每隔三年在宗祠內或族人家裡做一次依飯，目的是還「祖先願」，故又名「敬依飯公爺」。據說做了依飯，同宗族人的財產能得到保護。

每逢依飯節來臨，全村收拾得乾淨整齊，各家要殺豬、殺雞、宰鵝、包粽耙。人們高興地聚集在一起飲酒暢談，舉辦舞獅子、耍龍燈、唱採調、歌舞、走坡、舞「草龍」等節日活動。

各地仫佬族過節的時間略有不同。羅城仫佬族自治縣東門鎮羅姓逢農曆閏年的立冬日過節，每五年舉行一次；四把鄉謝姓每逢丑、辰、未、戌年的立冬日過節，每三年一次；大梧村和四把鄉吳姓每逢卯、未、亥年立冬後的頭一個未日過節，每四年一次。其他姓氏與上述略同。依飯節以一至三天為期。過去，依飯節在祠堂舉行，沒有祠堂的在族頭家舉行。屆時，祠堂門上貼對聯，門楣剪貼紅、黃、綠、藍彩紙九張，分別書寫「奉神」、「集福」、「慶賀」、「依飯」等字樣，堂前以松枝紮三門，堂中設壇，壇前燒香點燭，陳列供品。依飯節儀式的流程依次為「開壇」、「請聖」、「點牲」、「合兵」、「送聖」。整個儀式由兩位司公任司儀。其中一人頭戴面具，身著紅法衣，腳蹬草鞋，專跳請神敬神的舞蹈，稱為「跳師」；另一人著便裝，專唱請神敬神的經文，稱為「唱師」。

依飯節的祭神儀式宣告結束，族人一起宴飲、唱歌、演對、耍龍舞獅，歡慶幾個通宵。

毛南族最盛大的節日 —— 分龍節

分龍節，又叫「五月廟」，是毛南族特有的一年一度盛大的傳統節日，是毛南族祈神保佑豐收的傳統節日。於農曆夏至後的第一個辰日（龍日）前後舉行，一般活動有兩三天。說是「龍」是管雨水的，「龍日」前後祭拜祂，是求其均勻降雨以獲得好收成。過節前一天，要「椎殺」一頭公牛，用牛頭、牛尾、牛腳、牛內臟祭龍。祭時有法師喃嘸、跳神。牛肉則分給各家各戶或拿到市上出賣，收入作為節日費用。祭龍後兩三天，各戶自拜祖先、三界仙、灶王、地主娘娘等，也是求神靈保佑五穀豐登。又用糯飯、粉蒸肉餵牛，以酬謝牠耕作的辛勞，並讓牛放假一天，讓牠好好休息。嫁出去的女兒則帶上子女和禮品回娘家過節，親戚朋友也常常登門賀節，青年男女則盛裝聚會唱歌，選擇知音。

「分龍」當天，各家除拜訪親戚外，還要參加祭神祈求五穀豐登。出嫁在外的女子和遠道親友都趕來參加，主人則備節日菜餚及五色糯米飯招待，共同歡聚。

傳說分龍節是為了祭奠三界公，感謝他教會毛南人養牛和種水稻。因此，全村老少都必須先去廟堂敬廟，觀看師公唸經、唱神歌、跳神舞、椎牛祭神，還用包著粉蒸肉的五色糯飯餵牛，感謝牠一年拉犁拖耙的辛勞。敬廟過後，已成婚的婦女攜兒帶女，用精緻的竹籃帶著五色糯飯和粉蒸肉回娘家與父母兄弟姐妹團聚。未婚的年輕男女則各自帶著精心製作的花竹帽和新布鞋在各個坡腳坳口以歌傳情。如今，祭掃氣氛淡薄了，增加了文體競賽或者開展有關生產生活方面的科普活動等。人們除了會友聚餐外，武術、打陀螺、踢毽子、爬桿和木面戲、師公戲、對歌等藝文、體育活動也日漸蓬勃開展起來，為古老的節日增添了新的色彩。

廣西娛樂：歌舞飛揚，民俗風情盡顯

彝族的跳弓節

跳弓節即跳公節，彝語稱為「嘈契」，意為「跳弓舞」，也稱「孔夠」，意為「快快樂樂，祈禱祝福」。跳弓節是居住在那坡縣桂滇交界地區彝族人民一年之中最隆重的節日。各個村屯過節的具體日期雖不盡相同，一般都在每年農曆四月上、中旬舉行。節的來歷，據傳是有一位祖先曾率領彝人在保衛疆土的戰鬥中被敵人圍困在大山竹林中，情況十分危急。後他們以竹子製造弓箭，奮起反擊，終獲勝利。凱旋歸來，受到族人的熱烈慶賀，久而久之，遂成風俗節日。

跳弓節的活動內容極為豐富多彩，以祭神和歌舞為主，整個節日活動要舉行三天才能結束。第一天，先祭祀祖先和天地眾神。祭完神後，人們集中到村寨坪場跳集體舞，表現以前慶祝勝利歸來的場面，一直持續到第二天。第二天晚上，人們又到各家各戶去跳，互祝和平生活。在兩天的跳舞過程中，還不時穿插具有特定內容和民族特色的表演活動。第三天是做「三朝」，主題是上坡祭山，祭山結束後，來參加節日活動的客人要立即離去，否則便被視為不友好。等客人走完，全村男女凡能工作的都得於當天下田做事，表示人勤神佑，今年定將獲得好收成。

京族最盛大的節日——哈節

哈節是京族人民最隆重、最熱鬧的傳統節日之一。「哈」或「唱哈」，京語即唱歌之意，哈節就是歌節。

哈節的具體日期因地而異。防城各族自治縣的巫尾、巫頭兩地在農曆六月初十，山心是八月初十，紅坎是正月十五。節期一般為三天，通

宵達旦，娛神娛人。

　　各村的哈亭是節日活動的中心。哈亭位於村邊，以上乘木料建成，堅固美觀。哈亭正堂設有神臺，上供全村共同敬奉的神位（如「鎮海大王」、「陳朝上將」等）和祖先牌位。哈節活動可分為四個步驟：首先是迎神，其次是祭神，再次是入席和唱哈。「唱哈」是哈節的高潮，所占時間最長。唱哈的主角有三人，男歌手一人，稱「哈哥」，專司扶琴伴奏，兩位女歌手是「哈妹」，一個持兩塊竹板，另一個拿一個竹梆，擊節伴奏，輪流演唱。曲調有三十餘種；歌的內容有民間傳說、哲理佳話、愛情故事等。鑼鼓聲中，常有妙齡少女登臺獻舞。其中最有特色的是「頭頂天燈舞」，只見少女頭頂瓷碗，碗上疊盤，盤子裡點上蠟燭，兩手端著酒杯，酒杯裡也各有一支點燃的蠟燭。載歌載舞時，三根蠟燭閃閃不滅，若是群舞，一片燭光閃爍，煞是好看。

　　關於哈節有不少的傳說，其中一個傳說是古代有位歌仙，來到京族三島，以傳歌為名，動員民眾起來反抗暴政。她的歌聲感動了許多人，後人為了紀念她，建立了「哈節」，定期在哈亭唱歌傳歌，漸成節俗。

　　皓月當空，海浪輕拍，青年男女們在亭外踏月傳情，或初次邂逅，或訂立婚約，或互訴衷情，都趁此花好月圓的良辰佳日，勇敢地敞開愛情的心扉。

水族最盛大的節日 —— 端節

　　端節是水族最盛大的節日，就像漢族的春節。端節是水族人民辭舊迎新、祭祀祖先、慶賀豐收和預祝新的一年幸福美滿的傳統節日。

　　節日前夕，水族人民舂新米，釀新酒，縫新裝，籌備各色食品、果

> 廣西娛樂：歌舞飛揚，民俗風情盡顯

品，以備祭祖待客之用。

祭祖是水族過端節最重要的活動，分別在除夕夜和大年清晨進行，除夕夜，人們將銅鼓或大皮鼓懸於庭中，盡情敲擊，以示辭舊迎新。初一凌晨，各家設素席，新糯粑、新米飯、新米酒、豆腐、筍乾、南瓜、花生、水果、糖、青菜等，祭品依例要戒葷食，唯獨魚不在禁用之列。祭品有魚（水族把魚看做素菜），其中尤以清蒸或清燉「魚煲韭菜」和「炕（烤）魚」為必不可少的祭品。水族祭祖的魚叫「魚包韭菜」，是將韭菜、栗仁等塞滿魚腹後，燉煮或清蒸而成，祭祖之後便可食用。相傳，水族的遠祖由南方北遷時，送行者送上一包食物，原來是內有九種青菜的煮魚。遠祖靠這食物充飢來到黔南落戶，後來魚包韭菜便成為水族人最喜歡的家鄉風味。水族民間有「無魚不成年」的說法。

初一早上，家家戶戶殺雞宰鴨，準備豐盛的酒菜迎候登門拜年的客人。清晨，水族村民在長老指揮下敲起了神聖的銅鼓，大家聚集在銅鼓周圍互祝人壽年豐，然後隨著銅鼓挨家挨戶去賀新年，吃年酒。每到一家，大夥便按輩分依序入座，互挽手臂在「秀！秀！」（水語：好！好！）的歡呼聲中乾杯，一邊吃些魚和其他菜餚。吃年酒必須家家去到，若有一家未去，就是對這戶人家的極大侮辱。孩子是吃年酒隊伍中的重要角色，據說孩子的歡笑會帶來好運，所以誰也不敢冷落他們。

賽馬大會是端節活動的最高潮。賽馬的地點叫「端坡」或「年坡」，人們吃過年酒後便成群結隊地從各村寨趕來這裡，端坡頓時人山人海。青年人趕端坡不但為了看賽馬，還把這盛大的聚會看成是物色情侶的好機會。水族的賽馬形式非常獨持，叫做「擠馬」。當指揮者一聲號令，騎手揚鞭策馬，在山谷裡互相衝闖，在抗爭中擠出山谷向坡頂衝去，誰先到達坡頂，誰就是勝者。

在廣西的南丹、環江、河池、宜州、融水等地居住的水族過「端節」民俗甚濃。

仡佬族最隆重的節日──吃新節

每年的夏收前後,田地裡的新糧成熟了,仡佬人都要舉行一次別有韻味的「嘗新」活動。吃新節是廣西仡佬族和部分苗族、瑤族、壯族喜慶豐收的傳統節日,是仡佬族一年中最隆重的節日。

夏收較早的村寨,多在農曆七月的第一個辰(龍)日或戊(狗)日舉行;夏收較遲的村寨則在八月間的巳(蛇)日舉行,因此有「七吃龍」、「八吃蛇」之說。有的在每年農曆六月早稻抽穗將近成熟時,也有的在晚稻黃熟時,按各地群眾的習慣選擇一天來過節。

節日的內容是「吃新」,即嘗新米,當天除準備好雞鴨魚肉外,各家還到田裡摘一些新穀來煮,煮熟後先祭過神和祖先,全家才開動大嚼,具體的過節形式各地稍有不同。

瑤族長鼓舞有何精采之處

長鼓舞是瑤族民間在冬季所跳的一種傳統舞蹈,主要在還願,即祭祀以傳說中的「盤古大王」為始祖的歷代先人的表演。它所用的鼓像瑤族生產工具──舂杵,也稱為「舂杵舞」或「舂杵把戲」。

長鼓舞是瑤族民間歌舞的典型代表。表演時,鼓手左手握住長鼓的鼓腰上下翻轉,右手隨之拍擊,邊舞邊擊。表演形式主要有四人合舞、

雙人對舞等。動作主要有造屋、製鼓、耍鼓、模擬動物、祭祀等。舞姿剛健，風格純樸。有的還可以在一張八仙桌上手舞長鼓，邊打邊跳。一般以嗩吶、鑼鼓伴奏，有時也唱「盤王歌」來助興。

長鼓瑤語稱「播公」，其歷史悠久。南宋紹興二年（西元 1132 年）五月三日頒發的〈十二姓瑤人過山榜文〉載：「天子殿前，國王長衫大袖，長腰木鼓，斑衣赤領，琵琶吹唱。」據此，瑤族長鼓已有八百多年歷史。

「播公」大打 72 套，中打 36 套，小打 24 套。有伐木、鋸板、建房、架樓、生產、打獵等動作，是祭祀盤王時不可少的表演活動。舊時瑤民進官府衙門告狀也要「播公」。現在，每逢婚慶喜事，歡度節日，喜慶豐收，瑤寨男女老少聚集，都要「播公」。

舞雞的寓意是什麼

桂西一些地區，世代流傳的舞雞、舞春牛活動，增添春節的喜慶氣氛。

大年初一，由舞雞的青年提著用木頭、木爪做成的兩隻鬥雞，打著鑼去各家各戶賀年，他們唱起吉慶幽默的舞雞歌，使主家笑顏逐開。主家從雞身上拔幾根雞毛插在自家的雞籠上，作為送給賀年的舞雞者的紅包，以祈求六畜興旺。

舞春牛的寓意是什麼

舞春牛更為有趣。「春牛」是用竹片巧妙編織而成，牛頭、牛角糊上綿紙，在紙上畫上牛眼，牛身披一塊黑布或灰布。舞牛人敲鑼打鼓在

村中表演，鑽進布底的兩人，一人在前撐牛頭，一人在後彎腰拱背甩尾巴，後面跟著的是一個手拿犁架的漢子。此外，還有敲鑼打鼓的，領唱春牛歌的，「正月初一是新年，農村處處喜連天，農村處處喜連天」。每繞場一周，便唱一個月的農事，唱完 12 個月為止，演唱時配以二胡、嗩吶、竹笛等民間樂器，具有濃郁的鄉土氣息。

他們走到哪裡，哪裡就有歌聲笑聲。舞罷上村又到下村，從初一鬧到元宵節。舞春牛為農家帶來了節日的歡樂，同時，也寄託著對農家豐收、祥和的祝願。

高臺舞獅是怎樣的

仡佬族的民間高臺舞獅，是很受人們喜愛的娛樂活動，具有雜技藝術的特色。

高臺是以 8～12 張大方桌一層層疊疊而成，最上面的桌子四條腿朝天，總高度十幾公尺，一個舞獅團隊，少則四五人，多則 15 人。一般同時登臺表演的是 4 人。兩個人扮獅子，把獅頭獅皮披蓋在全身，只露兩腳，另外兩人分別裝扮成孫猴和笑臉和尚。有時還有同時出場的小獅子。「孫猴」和「笑臉和尚」揮舞手帕逗引大獅子逐層攀上高臺，直至頂端。

上攀的動作十分驚險，有正上、倒上、翻上，「小猴」與「和尚」、「小獅」與「小獅」一正一倒向上；大獅子有直上、穿上、穿繞桌子螺旋上，到最高處還要四腳踩桌腿表演，不帶任何保險繩索。所表演的技巧，都有生動形象的名目，「燕子翻飛」、「鰲魚吃水」、「雛鷹展翅」、「鯉魚晒肚」、「蜘蛛吊線」、「仙猴摘桃」、「滾龍抱柱」、「沖天倒立」、「靠背翻」、

「踩高樁」、「疊羅漢」、「旋風車」等。一個舞獅班有時可連續表演四五個小時，有些動作使人屏息斂氣，心跳加速。有些動作又因滑稽可笑而使觀者忍俊不禁。

拋繡球的最佳手法是什麼

拋繡球的準確性尤為重要：

◆ 一是側位站立上拋法

動作方法：（以右手為例）側位站立，左肩對著木桿方向，兩腳左右開立約與肩同寬，重心在兩腳之間。右手握住繡球的提繩，手腕按逆時針方向做 2～3 次的繞球預擺動作。繞球時要屈肘、手腕放鬆、運轉柔和，使球速均勻。當球繞到最低點與地面垂直時，身體重心前移，轉體面對彩環，同時蹬地，伸臂側繞到最高點，順著球的慣性，以合理的角度用力抖腕送指，把球丟擲。

動作關鍵：手腕擺球為逆時針方向擺球，動作要連貫、柔和、匀速；拋球時，移動重心、轉體、蹬腿、伸臂、抖腕、送指，讓球的運動軌跡成拋物線狀。

◆ 二是背向拋球法

動作方法：身體背對木桿，兩腳左右開立，距離約與肩同寬，讓重心落在兩腳之間。右手握住繡球的提繩，手腕帶球做 2～3 次「8」字繞環的預擺，當球獲得一定的速度後，上體後仰成反弓形，當球提繞到右側最高點時，伸臂、抖腕、送指，把球丟擲去，兩眼注視球的走向，球在空中的走向為大拋物線狀。

動作關鍵：右手在身體兩側繞「8」字，出手瞬間，上體後仰成反弓形，倒頭，眼看著球丟擲去。

舞翡翠的由來

舞翡翠流傳於武宣縣桐嶺鄉盤龍村，屬一種壯族民間體育活動。

人們在勞動生產與生活中，經過了長期的觀察，發覺美麗的翡翠鳥不但羽毛鮮豔，而且性格溫馴，勤勞善良，為人們所喜愛。於是，人們做成了翡翠鳥衣，模仿翡翠活潑的動作，跳起了翡翠舞。它表達了本民族正直善良、勤勞勇敢的本性，激發起人們爭取自由，嚮往美滿幸福生活的強烈願望。

參加這一體育活動的人，不但要有良好的體能，而且還要有一定的武術修養。每當春節或豐收時節，這一地區的農民均登場表演。由於翡翠鳥象徵著美滿、幸福、吉祥，加上表演形式新穎，動作美觀大方，形象惹人喜愛，很受民眾的歡迎。

板鞋競技的由來

板鞋競技是瓦氏夫人當年為了培養士兵的集體觀念，以求步調一致，而命人根據壯人的木屐樣子做成的長木鞋。她讓士兵三人一組或六人一組共穿一雙長木鞋，練習賽跑，要想跑得快，必須團結一心，默契配合，若有一人分心，精神不集中，便會影響全體。正是這種饒有趣味的練兵方法，使壯兵團結一致，無畏勇敢。瓦氏夫人指揮的陣法有：「一

> 廣西娛樂：歌舞飛揚，民俗風情盡顯

字壽蛇攔路陣」、「兩路相輔相成陣」、「三才求成陣」、「四象循對陣」、「五行相剋陣」……每一個壯兵都嚴守陣法，把平日在板鞋競技中練就的本領用於陣法訓練，終於練就了使敵人聞風喪膽的過硬本領，天下稱最。（《嶠南瑣記》）壯兵作戰之勇敢，明人鄺露在〈赤雅〉中記載如下：「臨敵比偶而前，執槍者乍前乍卻以衛弩。執弩者口銜刀而手援矢，矢盡，投彎挾刀，與槍具奮。」短短數語，便把壯兵的英勇強悍表現得淋漓盡致。

古代壯人喜穿木屐，徐霞客在〈粵西遊日記〉中記載：「男子著木屐，木片為底，端絆皮二條，交於巨趾間……」後來這一生活習俗用於健體強身，無論在節日還是在平時，都深受壯家兒女的喜愛。再加上板鞋競技在平倭歷史上有過光輝的一頁，更加得到發揚光大。它不僅是集競技、娛樂、健身於一體的民間體育運動，而且帶著濃郁的民族特色。

跳螞拐的由來

相傳500年前，紅水河邊住有一家壯族老夫婦，無兒無女，生活十分孤獨。歲月如梭，兩老白髮如霜。每逢過年，別人都高高興興地走親串友，而老兩口卻悶在家裡。

有一天，一隻形狀像人的螞拐（壯族對青蛙的俗稱）突然跳進了他們的家，用棍子趕不走。這時，螞拐突然開口說起話來：「爸爸媽媽不要趕我，我是你們的兒子啊！」兩位老人聽了又驚又喜，便收養了牠。這隻螞拐不但長得像人，而且十分聰明，很討老兩口的喜歡。後來老頭子發現這個螞拐每到夜深人靜的時候都偷偷跑出門去，直到天快亮時才回來。一天晚上，明月當空，螞拐又偷偷跑出去了，老頭子便悄悄地跟了出去。他看見螞拐走到河邊一塊較平的沙灘上停了下來，剝掉了身上

的螞拐皮，變成了一個十分標緻的後生，他先坐在沙灘上運動，然後舞起拳棍，打得沙飛石走好不驚人。舞弄一陣後，他又把螞拐皮往身上一穿，恢復了螞拐的樣子。

　　老頭子回家後，沒有把見到的祕密講給老伴聽，而是暗暗地繼續觀察。後來，他替螞拐取了個名字叫「螞拐郎」。不久，壯家受到敵人侵犯，官兵天天打敗仗，皇帝沒有辦法，只好出榜招收民間武藝高強的人去抗敵，並講明誰能打敗敵人就把公主許配給誰。螞拐郎應招赴戰，他施展的螞拐拳、螞拐棍、螞拐刀所向無敵。最後得勝，皇帝不得不把公主許給他為妻，公主也非常願意。但皇后不滿，對螞拐郎說：「螞拐郎，你就要當駙馬了，成天披張螞拐皮成何體統。你把那張螞拐皮燒掉就准你們成親。」公主不知是計，就勸螞拐郎把螞拐皮燒掉。螞拐郎不同意，皇后便指使公主等螞拐郎睡著以後把螞拐皮拿去燒掉。螞拐郎失去螞拐皮後就死了。人們得知此事後十分悲痛。為了紀念這個為民除害的英雄，在每年的正月或二月間舉行紀念活動，後來定為「螞拐節」。

花燈是怎樣跳的

　　跳花燈一般是在晚上進行活動，中元節跳的更是熱鬧。舊社會跳花燈多是迎神賽會，袪除瘟疫的迷信活動。

　　跳燈的場地是選擇在村頭較平坦寬廣的場地上，用 72 個小碗裝上豆油，排成 9 行，每行 8 個，點燃著閃亮的燈光，按前後左右間隔約 80 公分到 1 公尺處安放一燈。跳燈的人數少的五六人，多的有十幾個人，他們有的戴面具，每人手中各拿有不同的樂器，有木魚、有木笛、有小鼓、鑼、鈸，還有掛紙花條的木棍等。開頭由一個人帶頭敲打木魚，在

廣西娛樂：歌舞飛揚，民俗風情盡顯

行燈中來回有規律地按節奏地穿跳，到行角轉彎處時，各人都做一引起亮相的跳步轉彎動作，並且吹打各人手中所拿的樂器和道具，歡快而又有節拍地穿跳過已擺好的花燈。晚上看去猶如長龍在星光中舞動，在跳花燈的節目中還有上仙橋、跳仙桌等內容。

據老人傳說，古人生病不懂就醫，而是祈神拜鬼來保佑。

據《呂氏春秋·季冬》記有「命有司大儺」高秀注：「大儺，逐盡陽氣為陽導也，今人臘歲前一日。擊鼓、驅疫、謂之逐除是也。」

《壯族簡史》也有這樣的記載：相傳是在唐以後出現的壯族地區的師公戲，可能與宋代就名聞京師的桂林儺舞有淵源關係……師公戴假面具，邊跳邊舞，以表現「請神驅鬼，祈福消災或豐收酬神的宗教內容」。

據考證，師公戲實是壯族原始巫教的舞蹈，流傳下來形成了今天民間體育活動的一種形式。今壯人把它作為節日歡樂活動的項目，跳畢人們大汗滿面，要付出很大的力氣，從鍛鍊身體的意義上來看，很有改造、發展的空間。

打榔的由來

在廣西百色、南寧地區的壯族民間，流傳著這樣一種體育娛樂活動——打榔。榔是壯民族用來舂穀的一種長大器物，現在天等縣的稻香、榮華、洪嶺一帶的壯族山村把「打榔」稱為「打穀榔」。

「打榔」早在唐代盛行，據清代康熙四十四年（西元1705年）江森《粵西業載》中記述：「廣西有舂堂，以渾木刳為槽，一槽兩邊約十杵，男子間立，以舂稻量，調皮磕槽弦，皆有扁拍，槽聲若鼓，聞於數里，雖思

婦之巧弄秋砧，不能比其瀏亮也。」這真實而生動的描述，說明打榔源於生產勞動。

每至新春佳節，壯鄉人民習慣在大年初一的晚上歡慶豐收，他們在村中穀場上張燈結綵，闔家老小身著節日新裝，興高采烈地匯聚於穀場，觀看「打榔」表演。人們在場中間擺放一個用木製作的長 2 公尺，寬 50 公分，高 40 公分的大穀子榔。然後，由穿戴著豔麗的壯族盛裝的青年男女 6～10 人組成一個隊，每人手持一條兩頭粗、中間細的長木杵，唱著壯鄉山歌，跳著傳統「特礱」舞，來到木槽兩邊，以整齊多變的動作節奏，如臂使指地調皮磕著木槽邊緣，迸發出「咚格咚咚，咚格咚咚」的榔聲，其節奏明快清晰，旋律優美感人，令人心曠神怡，蕩氣迴腸，一隊表演完畢，隨即另換一隊，隊隊都有各自的花樣動作，其中的主要動作有：衝打、拖打、撩打、抬損、點槓等，以此作為競賽的內容。

這種打榔活動能使眾多的人參加鍛鍊與娛樂，這對提高人的力量及節奏感、靈敏度等身體素養具有良好的效果，並且還利於培養人們堅毅、頑強、友善和團結的美德，因而這項運動一直廣泛流傳，經久不衰。

南寧國際民歌藝術節

南寧是天下民歌眷戀的地方。由三月三歌圩發展而成的南寧國際民歌藝術節是世界民族文化藝術交流的盛會。每年的金秋時節，南寧成為群星薈萃的歡樂海洋。南寧國際民歌藝術節主要由文化、經貿、旅遊三大主題活動構成。開幕式晚會是每屆民歌藝術節的重頭戲，場面壯觀、異彩紛呈。民歌節期間，在全市各個城區、公園、廣場遍搭歌臺，由來

廣西娛樂：歌舞飛揚，民俗風情盡顯

自世界各地的藝術家和南寧各藝文團體，以及來自廣西各地的民歌歌手，共同舉行一場精采的民歌盛宴。

同期舉辦的還有風情東南亞晚會、「中華情」演唱會等，展現出各國民族文化風采，加深相互了解，增進友誼。

賓陽炮龍節

每年農曆正月十一日夜，在南寧賓陽縣蘆圩鎮都會舉行數萬人參加的炮龍節。炮龍節是一項頗有震撼力的娛樂活動，節中所舞的炮龍由當地工匠製作，長約30～40公尺不等。舞龍者身繫紅綢帶，大多赤膊上陣，任鞭炮飛舞，毫不畏懼，活動包括開光、搶珠、炸龍等環節。

《印象‧劉三姐》大型演出

《印象‧劉三姐》是當今世界上最大的、最具魅力的山水實景劇場，傳唱最久遠的民族山歌，是史無前例的灕江風情鉅獻。《印象‧劉三姐》是文化產業與旅遊產業相結合一個旅遊演出典範，由中國著名導演張藝謀出任總導演，國家一級編劇梅帥元任總策劃、製作人，數易其稿，歷時三年半努力製作而成。它集灕江山水風情、廣西少數民族文化及中國菁英藝術家創作之大成，是全世界第一部全新概念的「山水實景演出」。演出集唯一性、藝術性、震撼性、民族性、視覺性於一身，是一次演出的革命、一次視覺的革命。《印象‧劉三姐》是遊覽桂林陽朔的遊客必看的晚間娛樂節目。

廣西市井：
煙火人間，交織傳統現代

廣西市井：煙火人間，交織傳統現代

廣西十八怪

繡球最大馬最矮，男女戀愛擺歌臺；
大年初一祭螞拐，百歲壽星能打柴；
草帽蓋著地一塊，稻穀種到雲天外；
不叫南海叫北海，海邊紅樹也懷胎；
象鼻飲水山疊彩，米粉吃出三大派；
粽粑大得像豬崽，石頭當成寶貝賣；
禮品店裡賣棺材，滿街都是一腳踹；
山在城裡樓在外，樂業天坑成群擺；
千年銅鼓敲不壞，花山壁畫好難猜。

南寧十八怪

四季花草綠不敗，滿城果樹夾道栽；
單車頭上陽傘蓋，滿街都是一腳踹；
一年時興一種菜，瓜果蔬菜烤著賣；
生魚做菜上宴臺，想吃鴨子到郊外；
酸攤酸品惹人愛，酸筍煮粉成名牌；
美食紀錄破得快，友仔友女不排外；
說話愛把尾音帶，羽毛小球成最愛；

出門撲克隨身帶,划拳猜碼有比賽;
街邊舞臺天天擺,民歌也可賺外快。

柳州十八怪

一水抱城像腰帶,石頭當成寶貝賣;
古人化石耀萬代,柳侯衣冠人人拜;
禮品店裡賣棺材,雲片米糕惹人愛;
天天對歌擺擂臺,尊稱父母把「們」帶;
高篷柳微滿城開,的士(計程車)起步才三塊;
金嗓叫響海內外,帶「針」牙膏成名牌;
脆皮狗肉做主菜,螺螄米粉上宴臺;
喝茶用油打著賣,風雨廊亭橋上蓋;
節日一年數過百,雞鴨魚肉做酸菜。

桂林十八怪

景點處處見老外,冒煙工廠不存在;
高樓公廁不見怪,短裙穿在褲子外;
樹上鳥窩長蔬菜,桂花四季開不敗;
會說英語有老太,朋友叫狗不是壞;

山水字畫輕易帶，市內也有民族寨；
西瓜霜銷海內外，溶洞能與仙境賽；
郊外生豬跑戶外，米粉好吃便宜賣；
長豆角當褲腰帶，鞋子後面多一塊；
東邊下雨西邊晒，三姐歌聲傳國外。

梧州十八怪

萬古龍母今猶在，山城水都連四海；
北迴歸線穿城外，年年洪水常心態；
防洪大堤當樓蓋，水門鐵環拴牆外；
逆水龍舟顯能耐，清濁並流分兩派；
人造寶石名在外；滿城騎樓連成帶；
香雞用紙包著賣，龜苓做膏銷海外；
發霉豆渣賣得快，冰泉豆漿惹人愛；
蛤蚧三蛇養著賣，粥中極品屬「艇仔」；
香腸包包做禮袋，滿街涼茶當藥賣。

北海十八怪

地處南方叫北海，沙如白銀水如黛；
無鐵無釘把樓蓋，海上飛魚比鳥快；

水井挖在半海外,別墅比沙還難賣;

海底樹木也懷胎,珍珠項鍊才十塊;

好吃噁心「雞屎菜」,男女老少都稱「仔」;

冰攤擺到海裡賣,生猛海鮮家常菜;

少的沒有老的帥,百年老街騎樓怪;

蜑民把船當屋蓋,海水放到田裡晒;

潿洲風景賽蓬萊,水泊梁山假晃蓋。

端午節廣西人為什麼愛吃粽子

　　廣西的粽子多種多樣,有枕頭粽、方形粽、三角粽、羅鍋粽、涼粽等,餡料也多種多樣,有芝麻餡、豆沙餡、板栗餡、香腸餡、瘦肉餡等,也有不放餡的清水粽;吃法也多種多樣,有蒸著吃的、煎著吃的、沾蜜糖吃的等。由於粽子攜帶、食用方便,歷來是廣西民間傳統的送禮佳品和節慶的傳統食品。民間有許多人認為,圓形粽子代表天,方形粽子代表地,三角粽代表人,天地人合一,大吉大利。並認為端午節吃粽子可以求得風調雨順,五穀豐登。廣西愛吃粽子,不但和端午節連繫在一起,而且在春節期間也以吃粽子來寄託對新一年美好生活的嚮往。粽子是用糯米做主料,配上各式各樣的餡料,香氣撲鼻,令人陶醉。最大的粽子──大肉粽產於廣西的南寧一帶,每顆重約一公斤,形如枕頭,多以肥豬肉、綠豆為餡,清香、軟糯、甘潤、膏腴不膩。有條件的人家,可以將粽餡作出多種有特色的小菜,或可包成十幾二十斤重的大年粽,闔家圍桌共食,其樂融融,別有情趣。

> 廣西市井：煙火人間，交織傳統現代

廣西民間農曆七月初七取聖水的來由

　　每年的農曆七月初七，又叫七夕，是民間傳說的牛郎會織女的日子。這一天，廣西許多地方的民間，都流傳取聖水的習俗，男女老少在雞啼初遍時都拿著各種盛水器皿到江邊或井邊取水，取水時有一定的講究，如在當天下過雨後取的水被認為是最聖潔的。人們將取來的水用於祭奠、泡菜、蒸酒、泡藥等，甚至大量保存備用。人們認為，七夕這天取泉水、河水，就如同取銀河水一樣，具有潔淨的神聖力量。有的地方直接叫它「天孫（即織女）聖水」。因此女性在這天沐髮，也就有了特殊意義，代表用銀河裡的聖水淨髮，必可獲得織女神的護佑。據民間流傳，七夕聖水能常年甘甜而不變味，並可療熱病等，甚至傳說，「是夕水重於他夕數斤」。如賀州黃姚古鎮，在七夕這天至今仍能看到男女老少排隊取聖水的壯觀場面。

中元節廣西人為何要吃鴨子

　　農曆七月十五，俗稱「中元節」，也就是廣西人很重視的一個傳統節日──「鬼節」，可以說是中國的「萬聖節」，但人們一般稱之「七月十四」。在這個節日，廣西人約定俗成地要吃鴨子，於是這個節日吃鴨子便成了習俗。這一天，市場上活鴨子成了搶手貨，銷售火爆，一些燒鴨攤也出現斷貨現象。中元節前幾天，每天進市場的活鴨數量比平時增加了好幾倍，有麻鴨、土鴨、西洋鴨等。

　　「中元節」和「清明節」有點相似，都是祭祀緬懷已故的先人的節日。不同的是，「清明節」寄託人們對故人的哀思，悲傷的情緒多一點。

而「七月十五」則是人們召喚故人的亡靈回家吃頓團圓飯,更多的是一份溫情和歡樂。

農曆七月十五「鬼節」這一天,民間許多地方家家戶戶都要放鞭炮,驅趕邪惡的妖魔鬼怪,燒香火紙錢召喚逝去的先人回家吃飯。在食物方面,最主要的是吃鴨子,至於為什麼,連老人們也說不清個緣由來。只知道這天要吃鴨子的習俗是一代傳一代,沿襲至今。而民俗專家的解釋也未免太牽強,他們只是從養殖方面來說。每年的四月初是養鴨子的好時節,而到了七月底、八月初,正是鴨子長大成熟的時期,肉鮮肥美。這時候用鴨肉來祭拜祖先和驅趕孤魂野鬼便是最佳的食物。

廣西的交杯酒是怎麼喝的

交杯酒是廣西壯漢苗瑤等少數民族聚居區訂婚娶親時相當普遍的傳統禮儀,男女雙方將酒杯交換互敬,象徵「我中有你,你中有我」。如今,這種傳統禮儀已經演變成廣西許多人接待貴客或好友相聚時的一種待客方式。傳統的交杯酒需要交換酒杯互敬,即你喝我的酒,我喝你的酒。現代的交杯酒則多從衛生方面考慮,基本上都是互敬的雙方以手臂相交,將自己杯中的酒一飲而盡,稱為「交杯」。交杯酒已經成為廣西人熱情好客的象徵,尤其是少數民族的地區,交杯酒更是友好合作的重要認可方式。

交杯酒作為一個傳統禮儀,在古代又稱為「合巹」(巹,ㄐㄧㄣˇ,原意是一個瓠分成兩個瓢),古語有「合巹而醑(ㄒㄩˇ)」,即「以一瓠分為二瓢謂之巹,婿與婦各執一片以醑(即以酒漱口)」,合巹又引申為結婚的意思。

廣西市井：煙火人間，交織傳統現代

古代喝交杯酒是用瓢，瓢的瓤是苦的，挖出來盛上甜蜜的紅酒，象徵著日子紅火，同甘共苦。新人應該深明其義方能了解交杯酒的最高境界。杯和杯之間要用紅絲帶連線，表示喜結連理之好，中間繫上同心結，暗示永結同心。雙臂交合，象徵你中有我、我中有你、相互扶助。兩人首先交臂轉一圈，然後分三次喝，最後一次必須把酒喝乾——表示青年時代、中年時代、晚年時光永不分離，白頭偕老。

誘人的壯族五色糯米飯

廣西壯族地區常在「三月三」歌節及清明節時，製作五色糯米飯食用。糯米飯的五種色彩，多是用鄉間野生植物染料浸染而成。例如：紅色的用蘇木水浸米，藍色的用搗爛楓葉汁水（稍淡）浸米，黑色的也用楓葉汁浸米（汁要濃，浸泡時間要比藍色的更長些），黃色的用梔子水或黃薑水浸米，白色的則是利用糯米的本色。蒸煮好的五色糯米飯有一股山野的清香味。人們常用來餽贈親友或供奉祖先。若將此「五色糯飯」同置於一碟中，光是那斑斕色彩，也夠讓人賞心悅目的。

綠色米飯──竹筒飯

顧名思義就是用竹筒代替飯鍋煮成的米飯。起初是山區少數民族進深山勞作時，因路遠不便中午回家吃飯，也懶得帶鍋具，便砍下山中竹子用竹筒裝米燒飯吃。後來他們覺得這也不錯，久而久之就推廣開了。做法是，把洗好的米配適量的山溪水置兩頭有節的竹筒中（於節上開一

孔以便放進米、水，最後用竹木塊塞緊），再把竹筒置明火上（最好有上好的炭火）燒烤，待外竹皮燒得焦糊，竹筒內的米飯熟透。此時趁熱破開竹筒取飯食用，那股山野竹香味是十分濃郁誘人的。由於它既「土」又香也便宜，還不受汙染，已被推廣到許多旅遊點，被稱之為「綠色米飯」。

打著喝的茶 —— 打油茶

在廣西的侗、瑤、苗地區，自古以來形成了一種獨特的喝茶方式 —— 打油茶。打油茶是先把茶葉炒熱，即加入些茶油和少量的鹽、薑等與之同炒，待油冒煙，即加入清水，煮沸，接著用木槌把茶葉舂碎（所謂「打油茶」的「打」就是「舂」的意思），再用文火燜一下，使茶汁濃些，便濾出葉渣，放點蔥花，油茶便算「打」好了。臨吃時，先取一小碗放入各種配吃的小食品，如爆米花、炒花生、炸黃豆、炒芝麻、糍粑、豬肝片等，愛吃甜食的則加入白糖。然後舀起滾熱的茶汁沖進碗中即成。吃起來十分酥香甜美。

在桂北侗族地區，茶葉、茶油是特產，所需的配料小食品也是本地所出，都呈現成的。桂北冬天較冷，打油茶還可以暖身，所以在那裡，吃「油茶」，尤其在冬季很流行。一進侗鄉，侗胞往往把打油茶當為敬客的一道禮節，侗妹們會一小碗一小碗地捧給你，還讓你只用一根筷子來喝完，表示是一心一意的。此種吃法既獨特又受歡迎。所以打油茶能傳遍桂北。

廣西市井：煙火人間，交織傳統現代

巴馬盤陽河為何被譽為「世界長壽之河」

盤陽河源於鳳山縣喬音鄉，流經鳳山坡心水源洞，穿過巴馬瑤族自治縣甲篆鄉坡月村的百魔洞，又從烈屯的百鳥岩湧出，流向東南，經巴馬瑤族自治縣城北側，再向東注入賜福湖，最後在大化瑤族自治縣岩灘匯入紅水河。全長145公里，巴馬境內60公里。其中段正好流經巴馬盤陽村，故名盤陽河。盤陽河流域包括巴馬的主要地區。巴馬百歲以上的老人占了全縣人口3.08％，列中國第一位，居世界前列，是繼原蘇聯的高加索、巴基斯坦的罕薩、厄瓜多的比爾卡班巴和中國新疆的南疆之後的第五個長壽之鄉。而巴馬大多數長壽老人就居住在盤陽河兩岸，在這裡的壯村瑤寨常可見到許多百歲兄弟、百歲姐妹、百歲夫妻。盤陽河地帶成了中外聞名的「長壽區」。

這裡的人為何能長壽？據中外專家、學者幾十年來的反覆調查研究及科學檢測，他們認為這與環境、飲食、勞動、風俗習慣、社會諸因素有關，離不開天、地、山、水、人五字。

天這裡陽光充足，氣候宜人，年平均氣溫20.4℃，夏季雨量充沛，利於作物生長，白天溫熱，夜間涼爽，利於睡眠休息，加上每立方公分空氣中的負氧離子（能淨化空氣）高達兩萬個，比城市街道高出幾倍至幾十倍。在這樣的氣候下，人體自然能長期保持著良好狀態。

地這一帶土壤中含有錳、鋅、硒、鎳、鉻、銅、鎘等多種元素，而且含有高錳、高鋅，低銅、低鎘，為生長長壽食品的優質土壤。且此類土壤分布與長壽老人分布密度成正比，與心血管發生率分布呈反比。經化驗，這裡的長壽老人頭髮裡錳的含量比廣州人、東京人頭髮的錳含量高十倍。可見，土壤中有益於人體的微量元素透過作物食品，進入人

體，對人的生長發育、健康長壽有著重要作用。

山盤陽河流經處是山區，一般海拔 400～600 公尺，山間夾雜著大小谷地與農場，有些是中溫帶的石山或半石山地帶，長壽老人多居住在這樣的山區。由於這些山區一般比較偏僻，處封閉或半封閉狀態，無喧囂，無汙染，傳染病傳入和原發病都很少；加上人們終生在山上生活、勞動，運動量大，肺活量增加，吸入新鮮空氣多，身體得到鍛鍊，抗病能力增強，自然有助於健康長壽。故此種岩溶峰叢群被稱為「長壽型地貌」。

水這裡的水源也含多種有利於人體的微量元素。經化驗的多股水源均屬高品味優質礦泉水。其中所含的硒、矽是其他礦泉水所少見的，聞名的長壽點──甲篆鄉波開屯的清泉含 12 種有利於人體的微量元素；被美國《華爾街日報》稱之為「神仙水」的巴馬城東南十二公里的民安礦泉水更含有 24 種人體需要的微量元素；還有賜福湖半山腰流出的礦泉水，除了含有優質礦泉中存在的鍶、偏矽酸完全達標外，還含有溴、碘、鋅、鋰、硒等十多種有利於人體的微量元素，這在廣西是首次發現。眾多泉水從地底下帶出多種養分精華，匯入盤陽河，哺育著一代代的長壽老人。因此，盤陽河成了「長壽河」。

人指人為因素，含飲食、風俗習慣、精神面貌等。盤陽河上下壯瑤人家常吃玉米粥食。這裡的玉米纖維素多，蛋白質含量比一般稻米高，還有抗癌作用。其中著名的珍珠黃玉米，所含的維他命 B1、維他命 E 和胡蘿蔔素均高於其他地區的玉米含量。玉米粥成了既富營養，易於消化，又可減少腸胃病的「長壽粥」。他們的食用油料以火麻油為主，火麻油在常見植物油中含不飽和脂肪酸最高，有潤腸、補溢之功，可治老人便祕、降低血壓和膽固醇，被稱為「長壽油」。那裡的百姓歷來的飲食

廣西市井：煙火人間，交織傳統現代

都以清淡為主，本地產的苦麻菜、竹筍、豆類、薯類等，都是長壽老人經常食用的抗衰老食品。還有，這裡的人終生勞作，早睡早起，勤儉知足，而且樂觀開朗，善良寬厚，尊老愛幼，樂於助人，同時有傳統節慶習俗等康樂活動來調劑生活，於是自然形成了一個「康樂無憂」的生存空間。

筆者賴富強有感於「世界長壽之河」的神奇，以〈盤陽河嘆古〉記之。

> 人生易老天難老，
> 世人多為長生盡發愁。
> 道不盡八仙過海煉仙丹，
> 一渡東海不復返。
> 做不完一統天下秦皇夢，
> 長生尋到天盡頭。
> 難為了多少帝王又將相，
> 好容易求來了萬歲聲聲民眾齊叩首，
> 獨享霸業耀千秋，
> 到頭來俱是歲月悠悠志未酬。
> 而今秋立盤江畔，
> 何須再為古人憂。
> 看一看多少白髮老翁健步如飛走村口，
> 數一數多少百歲阿婆辛勤勞作在田頭。
> 早知天下難尋長生不老藥，
> 不如盤陽河上痛痛快快洗個澡，
> 拾得悠閒樂陶陶。

龍州美女村為何總出美女

一方水土養一方人，美麗的自然山水養育了美麗的人。在中國大地上，一些特定的地方，由於自然山水的滋潤，出現了一個個美女村。在廣西的龍州縣，就有這樣的一個美女村。美女村地處龍州縣金龍鎮，名為板池屯。村中女子身材苗條，面容姣好，皮膚白嫩細膩，貌美如花。不僅如此，就是外村嫁到這裡的，在該村居住一段時間後，皮膚也會變得白皙細嫩，容貌變得更加美麗。

板池屯得名於村前的一眼泉水，這眼泉水名叫玉泉。相傳泉眼的下方有個天然形成的游泳池，泉水匯入池中，清潔乾淨，冬暖夏涼，因而常有仙女下凡來此游泳、洗澡，使這裡的水帶有了仙女的靈氣。經仙女洗過澡的泉水，用來灌溉田園，五穀豐登，遍地金玉，村屯也因金玉滿地而得名為「玉地村」，之後又改為「板池屯」，顯然與仙女洗浴過的游泳池有關。

美女村確實得益於這一汪泉水，這泉水終年流淌，雨季不溢，旱季不乾，流量十分穩定。美女村的美女飲用這裡的泉水，吃的是由這眼泉水澆灌的土地上出產的農產品。也許她們真是得了仙女的靈氣，才顯得超凡脫俗，美麗動人。有趣的是美女村也是長壽村，村裡 80 歲以上的老人很多。美女村的這眼泉水明顯有其不平常的地方，水中可能含有大量人體必需的微量元素，從而成就了人間罕見的美女村。遺憾的是，這泉水到目前為止還沒有得到權威部門的化驗和研究。

廣西市井：煙火人間，交織傳統現代

傳說中的布洛陀、姆六甲是何許人

布洛陀和姆六甲是壯族人心目中的聖神，是他們不可或缺的精神偶像。

布洛陀是壯民族所信奉的男性始祖神，而姆六甲被奉為女性始祖神。布洛陀和姆六甲都被認為是智慧超凡並且能夠替人排憂解難的具有崇高品格的聖神。

壯族認為本民族是布洛陀創造的，自己民族的一切是布洛陀賜予的，自己所懂得的生產生活知識和勞動技能也都是布洛陀教會的。正因為布洛陀無所不知，無所不能，能夠安排一切，教會一切，因而祂超越於地界各種神靈之上，成為壯族民眾心目中地位最高的聖神。當布洛陀聖神形成之後，地界的其他各種神靈也仍然存在，但已經退居到次要的地位。布洛陀從此成為壯民族最崇拜的大神，世世代代受到隆重祭祀和膜拜。

壯族民間傳說和壯族《麼經》都認為，布洛陀是一位萬能的創造神，具有創造世界萬物和人類的非凡能力，是偉大的創世神。布洛陀不僅創造了天地萬物，同時也賦予了萬物不同的效能，按照萬物各自的效能來安排萬物的位置，使世界萬物井然有序，雜而不亂。

壯族古代傳說，在遙遠的古代，還沒有天地之分，宇宙中只有一團大氣在旋轉，後來大氣越轉越快，變成了一個雞蛋形狀。沒有天地之分，沒有萬物，這就是最初的世界。後來，是布洛陀派下盤古王和天王氏，把天地分開，造日月星辰放在天上，造山川萬物放在地上，從此才有了天空大地，有了天地之間的萬物，形成了色彩繽紛的世界。雖然造天地的任務是盤古王和天王氏完成的，然而造天地的主意則是布洛陀定

下的,造天地的命令也是由布洛陀發出的,盤古王和天王氏只是具體執行命令而已。因而,造天地的神是布洛陀。

布洛陀造天地之後,大地仍非常單調,於是他又同其他神靈來整理大地。他把大地收皺起來,讓九頭龍犁出河溝,使大地出現高低不平的地形,既有山嶺平地,又有江河溝溪,更有利於萬物生長和人類居住。他又派各種神靈創造樹木草類、飛禽走獸、蟲蛇魚蝦,使形形色色的物種生長繁殖,使大地天空萬類共生,使人類有各式各樣的食物,世界因此變得色彩斑斕,生氣蓬勃。

莫一大王是何許人

莫一大王是神話傳說中的人物,是壯族民間敘事詩《莫一大王》的主角。他是一個富有傳奇性的神化人物。

他是古代壯族人民在推翻暴政的抗爭中,根據當時的現實生活和自己的願望,精心塑造出來的理想中的人民英雄。他勇敢機智,勇於冒著生命危險智鬥奸臣,為民除害。他神通廣大,具有超凡的本領:能將身上捆著的粗鐵鏈掙碎;能像孫悟空那樣千變萬化,躲過一切災難;能一箭射到京城的皇宮裡,射中皇帝的寶座;能像趕羊群一樣用竹鞭趕山來圍堵官兵;能在竹子裡孕育兵馬;能紮草成兵,等等。他臨危不懼,視死如歸。他被敵人殺死後,變成了地龍蜂,仍繼續進行對抗。莫一大王在與統治者的抗爭中所表現出來的百折不撓、寧死不屈、雖死猶鬥的精神,形象而具體地展現了壯民族在長期生活中所形成的頑強、堅毅的民族性格。

廣西市井：煙火人間，交織傳統現代

瑤族是如何做洪門的

師公舞有「殺吊豬」流傳於廣西金秀地區，係多年舉行一次的隆重祭典「做洪門」中的組舞之一。其過程如下：師公圍繞吊起的豬籠做法畢，復由手持法劍、利棍的師公環繞籠邊起舞，邊刺豬的喉部，使之怪叫，最終將豬殺死，肉分與眾人炙食，以表示除了獸害。舞者腿部基本動作為曲蹲旁點步，雙手握棍變換不同方向而舞。

又有女遊舞，亦係「做洪門」組舞之一，敘說神話中龍王的三女兒被洪門盛會的鼓聲引動，於是浮出水面扮做一個秀麗的瑤族少女加入其中，並隨歌歡舞，與眾共享娛神之樂。舞者時而伏地晃身，時而立起抖肩，節奏由慢到快，動作先柔後剛，層次分明，形象生動。

「侗款」有什麼規則

別以為侗款就是侗族的大款，侗款在侗語裡叫合款，既指侗族社會獨特的政治制度、社會組織形式，又指以款約為核心的各種款詞。每個侗款組織無論大小，都有自己的「款首」。通常由款首召集本「款」所屬各戶戶主定期或不定期地聚會，議定有關生產、生活及社會風俗、道德等有關事項，經集體議定的規則，稱之為「款約」。

「款約」涉及內容廣泛，如生產活動、風俗習慣、道德準則、信仰禁忌等。對違反款約的成員，裁定方式有兩類，一是神判，二是人判。神判即是在證據不確定時，透過占卜、撈油鍋等巫術活動來判定當事人是否有罪錯或如何進行相應的制裁。人判則是由款首依據款約進行裁決，或由款首邀集寨老、族長等長者依據款約議定，以決定給違規當

事人相應的懲處。

侗族的講款也不是談錢，而是宣講侗族的款約。舉行「講款」活動的期間，也往往是解決款內外各種糾紛的時候。為了調解糾紛，勸和家庭，勸善規惡，解人哀愁，「理款」便應運而生。由於「侗款」的強大習慣勢力，侗族在 1949 年以前還保留著很多原始公社的遺風。他們非常維護民族尊嚴，遵守「侗款」中「壞事不進官衙」的信條，有什麼事，都不去找統治者強加於侗族頭上的行政官吏，而是訴之於大眾公認的「理老」。這種理老，多是寨裡德高望重、精明能幹、辦事公正而又熟悉「理詞」的老人。著名的理老，往往能運用「理款」打動人心，使矛盾雙方消除隔閡，口服心服、重歸於好，或使愁人憂傷頓除，怒人轉怒為喜、壞人改惡從善。

侗款作為一種很成熟的制度文化，維繫著整個侗族社會的穩定和發展，是制度文明的一朵奇葩。

真的有「上刀山、過火海」嗎

情人間的發誓「上刀山，過火海」，現實中真的存在嗎？

在廣西瑤族地區，便有這樣的儀式，不過這在當地是成人禮。

在場地中央，有一根十幾公尺高的粗壯木柱，穿柱而過的十幾把尖刀作為階梯，人們赤足踏在利刃上蹬上蹬下。如此驚險如耍雜技般的活動便是「上刀山」。

「過火海」同樣令人驚奇，它有幾種形式，一是將若干個鐵犁頭燒得通紅，赤足一步一步踏在上面疾行而過；一是走過燃燒木炭的「火海」；

再有就是「走足燈」,即用竹筒做成的燈排成行,一步踏一燈地走過後,燈火依然熊熊。

瑤族信奉道教、崇尚陰陽五行說,上刀山、過火海就是青年人成年舉行的宗教化的成年儀式 ——「度戒」。(參見「瑤族的成年禮儀 ——度戒」)

據說每次做表演前,都會請西海龍王來「降霜降雪」。萬一有割傷燙傷,一杯清水放三根茅草後抹在傷處,傷口就可癒合。

「浪希結」結的是什麼

廣西巴馬瑤族自治縣一帶的瑤族青年,在每年農曆立春時,要過一個「浪希結」的節日,具有「合在一起種愛地」的美好寓意。

參加「浪希結」的男女雙方,人數必須相等,但數量不限,少的八九人,多的 20 人左右。屆時,男女青年先要分別組成小的集團,然後派出代表,互相協訂盟約,議定盟約後,男青年每人湊錢,共購雞兩隻、豬肉五斤、糯米、酒、菸葉等作為禮物,送給女方,與女方正式定約。

「浪希結」這天,為男女兩集團共同挖地下種的吉日,大家都身穿盛裝,女子手提煮好的糯米飯,扛著鋤頭,腰挎花簍;男子手持砍刀,帶上燒好的野味佳餚,與女子一起上山,共種愛地。大家邊勞動邊唱歌,每下一樣種子,都有歌對答。勞動之餘,對歌談情,歡樂聚餐,男女雙方觸景生情,借物生歌,都想用真摯動聽的歌聲,來打動戀人的心扉。這是在生產勞動和康樂活動中,共同播下農作物的種子和愛情的幼苗,歡度青春的節日。

這種集體性的生產活動，時間有長有短。種玉米的「浪希結」，從農曆的二月初二開始，到七月十四日結束；種黃豆的「浪希結」，從四月二十四日開始，到九月初九結束；種棉花的「浪希結」，從農曆三月初四開始，到八月十五日結束。

　　在「浪希結」期間，有某一成員受傷或患病，大家都要主動關照、探望和出錢醫治。

　　收割完畢這一天，是「浪希結」活動中最熱鬧、最有趣的時節。每個參與者分得一份勞動成果，共同享受勞動果實。各人從家裡帶上一籃籃糯米飯，一串串野味肉，一筒筒糯米酒，集中到某一個寨子過夜，讓該寨的男女老少共享歡樂，熱鬧通宵。當晚吃完飯後，一對對歌手，互邀到各家各戶對唱「薩旺」歌。從古到今，從下種到收割，從山水人情衣食住行，都可以作為歌曲的內容盡情地歌唱。

　　在「浪希結」活動中，青年男女自由戀愛著，湧現出一對對恩愛夫妻，寨與寨之間也更友愛團結了。

　　（流行地區：廣西巴馬瑤族自治縣東山、西山、城關、甲篆、鳳凰等地土瑤、番瑤山寨）

「爬樓戀」是怎樣的

　　廣西金秀大瑤山有「爬樓」的戀愛方式。

　　通常是集體進行，幾個男子一起爬上幾個約集的門樓，各坐一邊，與女子唱「香哩歌」並與其交談，從中尋找知己。如果男女雙方已確定了戀愛關係，聽到了心上人熟悉的聲音，女子就會出來，在男子爬樓時，

助一臂之力使之順利爬上樓。多次爬樓後，雙方感情漸深，便相互贈送禮物。女子常把自己繡的腰帶，編織的草鞋送給男子，男方則送給女方銀手鐲和彩色絲線，這樣就算定了。

有些瑤族地區則不同，青年戀愛習慣在傍晚進行。屆時男子來到女子窗前，「謳沙腰」即唱歌求婚，透過歌聲一方面自報身世，另一方面抒發自己的志向和對女子的愛慕之情。如女子對男子有好感，就與其對歌談心，並送花袋給男方，男方則回贈耳環、銀簪等作為信物。如女方不滿意，對求愛者不予理睬，男方默然離去。如果女子已有相好，出於禮貌也應酬對歌，但內容是勸男子另尋他人。

居住在廣西金秀的茶山瑤，女子到了婚戀的年齡，父母就把她們安排在吊樓裡去住。這種吊樓多位於房屋的外沿，男子來找女子談情說愛，不需從大門進屋，再沿樓梯進入吊樓內，而是從吊樓下的巷道裡攀柱而上，便可以進入女子居住的吊樓裡。男子的「爬樓」一般都是在夜間悄悄地進行。男子爬上樓以後，便緊靠女子坐下，一邊看著女子做手工活計，一邊以歌訴情，如果女子對男子有意，他們的歌聲便越來越低，越唱越柔，身體也越貼越近，最後攀肩而歌，情意纏綿。

「草鞋情」是怎樣的

這是苗族女子贈給情人的一種信物。通常草鞋只有四練，送給情人的第一雙草鞋要有六練。相傳很久以前，有位苗女送給情人一雙四練草鞋，不久發現那草鞋仍在她家屋邊，情人離她而去。苗女很傷心。後來她與另一青年定情，送他一雙精心編製的六練草鞋，結婚後，恩恩愛愛，白頭偕老。六練草鞋是在四根經練的基礎上加兩根經練，都用棕絲

搓就，鞋板用禾稈編織，股股均勻細密，還可以編出花色，鞋耳用青麻做成，穿在腳上既舒適又好看。

「爬樓」並不是一夜就能定情的。經過一段時間的交往，女子覺得男子可以信賴，覺得可以定下親事，才從櫃中拿出精心編織的草鞋，為男子穿上。草鞋表達了女子的心願，她希望心上人勤勞勇敢，祝福心上人「草鞋繫住腳後跟，上山下水都平安」。得到草鞋的男子更是由衷地喜悅，因為他知道自己已經得到了女子的心，於是，他從懷裡取出彩色絲線送給女子表達自己與女子締結連理的心情。

「玩表」是什麼

居住在廣西南丹一帶的白褲瑤，男女青年戀愛達到一定程度以後，便可以進入「玩表」階段。

白褲瑤家中的女孩在長到十一二歲時，家長會為其蓋一間屋子，供她戀愛使用。女孩一般在十五六歲選定男友或經做媒後出嫁，有些人家的女孩則嫁得更早，十三四歲就嫁人了。

白褲瑤的戀愛相當自由，人與人關係和諧，不知妒忌為何物。以前男女間談戀愛風俗叫「玩表」，男女「玩表」自由，婚否不論。

已經進入了「玩表」階段的男女青年，之間來往更加密切，並可以共居同宿，進行「試婚」。在更為深入細緻的互相了解之後，如果男女雙方都覺得對方是自己理想的人，便可結為侶伴；如果女方覺得男方不是自己理想的人，便拒絕再與男方「玩表」同宿，於是，男方即使再眷戀女方，但不得不終止戀愛關係。假若男方再去糾纏女方，便將遭到社會議論甚至譴責。

現在的已婚男女除極少數外，已基本上不「玩表」了。

廣西市井：煙火人間，交織傳統現代

「行歌坐妹」是什麼

程陽侗族的婚姻雖有父母包辦，但談戀愛歷來比較自由，「行歌坐妹」是長期流行在程陽八寨的自由戀愛風俗。

「行歌坐妹」亦稱行歌坐夜。有些人一聽「坐妹」二字就產生了誤解，認為侗族很粗野。其實不然，侗族青年談情說愛，雖大多在夜間，但他們的舉止卻是很文明的。農閒季節，行歌坐夜盛行，逢年過節，更是通宵達旦，很少發生「越軌」之事。

行歌坐夜往往是這個寨子的男子到那個寨子的女子家去坐（同寨的也有）。其原因：一是侗寨大多是同族共姓的，二是外寨人平時見面少，坐夜時親熱些。

男子一出寨門就哼起歌來，一路走，一路歌，進了女子的寨子，更是歌聲不絕。如果女子不開門就用歌聲叫開門；開了門的，唱著歌走進去（有時女子不開門或不在家裡，他們就有針對性地唱著歌離開）。進了門即你問我答，一問一答，以歌代話。有的一舉一動，都有歌。不過這時的歌聲，聲音不拉那麼長，調子也降低了些。侗語叫「嘎理」，即「歌話」，即是歌，又是話，是歌和話的結合，有韻律。有些村寨，進了家之後，談話的多，其間插些歌或一陣陣笑聲，歡樂的氣氛甚濃。有些村寨的男子愛彈唱琵琶歌，坐夜時，徹夜彈唱。所唱的歌，多為傳統抒情歌。

行歌坐夜的約會通常要到夜深人少時才開門，或對了暗號才開門。約會有的是在平時「坐夜」中建立了感情，為不受旁人「干擾」特約單獨坐，或兩男兩女坐，其中有兩個是陪伴的。也有互不相識或其中一方不

識另一方經媒人介紹約坐的。如果是一般的「坐」，女子大多開門很早，走寨的男子離開也較早。當然故意「作對」的也有，這些大多是一些「甫岡」，即有了孩子的年輕爸爸。他們有「臨場」經驗，能講會道，遇到一幫性子急，又不善講，只知道發脾氣的小女孩，尤其愛逗她們。

「信歌」是什麼

歡信的壯語音譯，意為信歌。用民歌來寫信，寫在布或紙上，寄給親人或情人、好友，叫做信歌。流行於廣西上林、馬山、武鳴和邕寧等地。

有些地方的信歌很講究，比如曾有人把民歌寫在長達數丈的一匹白布上，然後派人送給對方。信歌的格式不拘一格，篇幅可長可短。一般都沒有標題，有的連收信人和寄信人都巧妙地寫在歌詞裡，語帶雙關，落款只見個日期，很別緻。信歌能充分陳述心情，感情特別莊重，特別感人，令人永世難忘。

在廣西的金秀盤瑤，青年男女在婚前的戀愛相當自由。青年男女在各種場合互相認識之後，多以一種當地瑤族稱之為「寄歌」的方式互表衷情，即互寄情歌來表達自己對對方的愛慕之情。這種情歌，可以由自己編自己寫，也可以自己編請人代寫。透過互寄情歌，敘情抒懷。雙方有意結合，便互相交換首飾巾帶作為憑信，然後將心願告訴家長，家長同意後，即請媒人說合。青年男女們互寄的情歌，有的編寫得非常之美，以至人們互相傳抄，廣泛流傳，成為傳世的民間文學佳作。

> 廣西市井：煙火人間，交織傳統現代

「集體走寨」是什麼

在春節期間，廣西融水元寶山一帶的瑤族，盛行著一種一個寨子的人集體到另一個寨子做客尋找知音的習俗。這種習俗，既是一種民間的交際活動，也給男女青年尋覓配偶提供了大好良機。

在走寨中，如果客寨的某一位後生看上了主寨的某女子，晚上他便會來到女子的木樓前吹奏動聽的蘆笙曲。女子聽到蘆笙聲後，她會找個藉口出來觀望。如果是她看中的人，她就唱歌請後生進屋來喝茶。

待到第二天的兩寨集體宴席上，這後生一定要上前找機會向女子敬上一碗酒。對男子的敬酒，如果女子一飲而盡，即表示她已經接受了男子的愛情。如果是這樣，等不到宴席結束，他們便會互使眼色而先後離開宴席，雙雙走進密林深處，互相以歌傾訴衷情。

走寨時，男子可以向女子發出邀請，確定時間地點之後，女子就會按照時間來到男子的村寨，他們帶著農具和肥料，上山種花生，在這期間男女青年談笑風生，邊勞動邊對唱山歌，互相接觸試探。花生種子播下後，等苗長高時，雙方又要舉行一次施肥除草活動，其實是為了創造一次見面機會，這時大家開始物色對象談戀愛。第三次是秋收花生時，大家相邀收花生並聚餐，相好的在一起講悄悄話，還沒有對象的趕緊抓住這最後一次機會尋覓意中人。

廣西的侗族人民，在擇偶時也有走寨的婚俗。

「吃同年」是怎樣的

苗年的一項重要活動是「吃同年」。「吃同年」是苗年期間人與人或寨與寨之間的交往習俗，各寨普遍性的互相「吃同年」之俗特別盛行，其中耗資巨大的活動已逐漸改革，一些友好的走訪及一些健康的康樂活動則保存。節間，大一點的苗族村寨便組織蘆笙隊，進行串寨賽蘆笙活動。有時還要進行鬥牛、鬥馬、鬥雞、鬥鳥、射擊、爬竿等傳統體育比賽活動。

桂北元寶山一帶，一個後生如果看上了一個女子，可以趁「吃同年」（一個寨的人集體到另外一個寨去做客）的時機，晚上來到女子的木樓前吹奏蘆笙，接著用充滿柔情蜜意的歌聲訴說著蘊藏在心底的心曲。女子聽到之後就找個藉口出來觀望，如果是意中人就唱歌請入屋中喝茶；如果不是意中人，女子就笑笑返身，後生便知趣地離開。第二天吹蘆笙後，兩寨的人一起喝酒，後生可以敬酒給自己愛慕的女子，女子對不是意中人的酒只是舔一舔，只有意中人的酒才會一飲而盡，然後大家都會過來祝福二人。男女雙方互相尊重各自的擇偶權，絕無強制之風。

「求婚洞」是什麼

居住在廣西南丹縣的白褲瑤女子，長到十六七歲的時候，父母特意為她在門邊圍個小房間，靠外面的壁笆開個小洞，叫「求婚洞」。

男子和女子經過初次交往，如果對她產生思念之情，便半夜來到「求婚洞」前喚醒女子。女方若感到中意，便出門跟男子悄悄地談情說愛，甜滋滋地流露知音，表示愛慕之意。之後經多次接觸，彼此心心相

> 廣西市井：煙火人間，交織傳統現代

印、情投意合，女子便縫製一套繡有本民族傳統圖案的服裝，在約會時贈給男方。男子受禮後，心有靈犀一點通，到圩鎮挑選彩色絲線回敬女子，與女方歡歡喜喜訂下終身大事。兩三年後，戀愛成熟，情篤意深，即可成全美事。女子出嫁時，父母一般只陪嫁一頂雨帽和一雙布鞋，只有極少數還要陪嫁一個衣櫃。女方父母收的彩禮也很少。接親那一天，男方殺一頭一百多斤毛重的豬，準備一些酒，置辦簡便的菜餚，請舅公、姑姑、姑丈和三代以內的親兄弟，以及本寨長輩到場，高興地吃喝一餐。女方二位送親者，被視為「送花果」的嘉賓，受到特別尊重，必須殺一隻雞，另外單獨款待。他們的婚俗，十分簡樸。

（流傳地區：廣西南丹瑤寨、里湖白褲瑤地區）

筷條如何定良緣

廣西巴馬、都安的布努瑤男女青年，在自由戀愛感情相當牢固後，雙方家長便各派一名歌手為代表，用詩歌商量婚事。

男方派出的歌手稱為「布商」，女方派出的代表稱為「嗨把」。「布商」和「嗨把」都由壯年男歌手充當。他們都是主家忠實的代言人，代表主家商定婚約，選擇婚日等。

定親的日子來到了，女方家在大門外擺上一張八仙桌，桌上置有一個小酒罈、兩個酒杯和一個裝有筷條（根數不論）的竹筒。「嗨把」站在桌旁，恭候著「布商」的到來。當「布商」領著三五個賀婚人來到後，雙方鞠躬致禮。「嗨把」捧起筷條筒搖動起來，按照搖動筷條的節奏朗誦定親詞。誦完一段，就從竹筒裡抽出一根筷條放到「布商」的前面。「布商」緊接著誦答，誦完一段對答，即將那根筷條拾起，握在手中。這樣

雙方一問一答，一誦一和，筷條一放一拾，直到所有筷條全都從「嗨把」的竹筒裡轉移到「布商」的手中，雙方端起酒杯，斟酒互敬，一場定親儀式就在碰杯聲中、歡笑聲中完滿結束了。

最後，為了慶賀這門親事議成和慰勞這兩位高明的歌手，女方家長走出門來，邀請他們進屋小憩，熱情置酒款待。這餐酒有個美名，叫做「親戚頭歡酒」。然而，並非所有的「布商」都能享受這頓佳餚。有的只能喝完桌上那點「議婚酒」就打馬回府了。為什麼呢？原來，對誦定親詞時，有一條傳統的規矩：當「布商」有一段定親詞答不上，無法拾起筷條時，這頓「頭歡酒」就告吹了。

「辛勤水」是如何挑的

廣西中部大瑤山的茶山瑤，吉日當晚，男方派出4～6位房族兄弟，半夜三更點著火把去迎接新娘。女方舉家迎候，然後吃「領情飯」，飯畢，將新娘連夜接走。新娘一到新郎家，立即連夜舉行婚禮，婚禮上不請其他客人，然後就入洞房。巴馬東山的瑤家，新娘過門的那天晚上，要由伴娘和接親孃陪同，在新郎家的屋簷下過上一夜，第二天一大早去挑一擔「辛勤水」，然後方可入門。

「陪樓歌」要唱多久

廣西恭城縣蓮花鎮九甲河源頭一帶的壯族瑤族地區，每逢女子出嫁，都有唱陪樓歌的習慣。女子出嫁的前幾天，主家就邀約村寨裡的女

廣西市井：煙火人間，交織傳統現代

子和表姐妹們，專替女子陪 3～5 天的閨樓。陪樓當中，大家除了幫助新娘做些針線活外，更重要的任務就是唱「陪樓歌」了。

一方面為新娘慶賀美滿的婚姻，歌唱幸福的未來；另一方面，可以好好地熱鬧一番，主家也感到特別的榮幸。每當有唱「陪樓歌」音訊一傳開，鄰近村寨的後生們，鼓足幹勁，半天做完一天工作，或者連夜做完第二天的工作，洗好腳，穿起新衣，戴起白帽，纏上白牛肚手巾，從四面八方跋山涉水往嫁女的村寨趕來。大家一到村邊，三五成群地圍在閨樓四周，放開喉嚨，盡情高唱最美好的山歌。有時多達二三十起，一兩百人，熱鬧非凡，大家都爭著要和陪樓女子對歌。

鄰近村寨後生們每當聽到有唱陪樓歌的音訊，都趕來圍在閨樓四周。剛開始，女子並不輕易和樓下的後生們對歌，而是要經過一番「擇優錄取」，選中後才開始唱。對歌內容十分廣泛，但誰也不許唱低階庸俗的山歌，否則將遭到痛罵和拒絕。主家對後生們招待十分熱情，一連唱幾夜，直到新娘出嫁過門為止。

「偷杯」是怎麼回事

娶親必偷杯，這是巴馬瑤族一項有趣的婚俗。

嫁女之夜，父母在堂屋裡擺酒席歡宴賓客。待到客人散席了，主家有意不收桌上的碗碟和筷杯。在人們進入夢鄉之後，去接親的青年男子便悄悄偷杯。偷時，按瑤族的規矩，一定偷雙，不偷單，一般偷四或六盞，不能太多，太多了對不起主家。偷得杯後，收藏在掛包裡不給人發覺。接親到男家後，親手交給新郎保存。次日，新婚夫婦交杯換酒時，大家有意逗樂把偷來的酒杯給新娘敬酒，新娘認出這是娘家的酒杯時，

心中完全明白,也暗中自喜。這意味著永世百事吉昌。

這些偷來的酒杯,其中兩盞珍藏在箱子裡一輩子,以紀念父母的養育之恩,多餘的杯子可以日常使用。

(流行地區:廣西巴馬)

「洞房雞宴」是怎麼擺的

新婚之夜,布努瑤定要舉行別具一格的「洞房雞宴」。新郎殺一隻雞煮熟,再蒸好一斤糯米,裝在一個小簸箕裡,放在洞房的床鋪上,然後由朋友們拉入洞房與新娘對面站著,彼此說一句「希綢問漏」(恩愛到老的意思)後,面對面地盤腿坐在床鋪上,新郎一手抓雞肉一手抓糯米飯餵新娘,新娘一邊吃一邊笑,意味著婚姻美滿,地久天長。一生如沒有機會吃上這樣的「洞房雞宴」,那才是一件遺憾終身的事。

「一水三槍」是什麼

「一水三槍」是一種招郎上門的民俗活動。盛行於桂中的桂平縣紫荊山盤瑤聚居區。

「一水」就是糖水,對歌中女子如果看上了哪個後生,就把事先準備好的糖水放在男方面前,男方如果中意女子,就把糖水喝下。喝下糖水之後,這一對人就開始單獨活動了。當男女雙方經過一段時間的獨立對歌生活之後,達到誰也離不開誰的時候,便徵求雙方家長同意。

新婚時,新郎跟在媒人、父母身後,帶著七八個身背長桿鳥槍的歌

伴向新娘家走去，到了新娘村寨前，全體一字排開，由歌伴中的神槍手向新娘家的屋頂連放三槍，新娘歌伴中的神槍手也向新郎隊伍頭上次敬三槍，表示請新郎進屋。「三槍」是男子上門做贅婿的象徵。

「納婚紅菸」與「攔門禮」是什麼

納婚紅菸是瑤族問婚的親禮。

男性到青春期，相中了意中人，父母同意兒子的意見，就用二兩菸絲加一角二分錢，用大紅紙包成長方形，再將兩條紅黑花線兩頭留著兩個銅錢，並排放在紅紙包上，瑤家稱為「納婚紅菸」，送到女家去問婚。若女方同意這門親事，就接收這「納婚紅菸」，如不同意便謝絕不收。當婚事說成後，女方父母就把「納婚紅菸」交給女兒，如女兒沒有意見就把信物收下。男方不見女方把東西退回，就知道女方已完全同意了，選擇吉日，拿一隻公雞和兩斤米酒到女方家訂婚。

而攔門禮則是到舉行婚禮時，男方隊伍接親時需在女方門前對歌的禮儀。

接親隊伍到村邊，女方村子一位明理的寨老領著一群男女青年到路口，招手應酬、敬酒敬茶，雙方互相敬拜，對陣唱歌。女方寨老盤問男方陪娘和鴛姑（服侍新娘），如果答得對，讓路進寨，如答得不對，男方來客每人拿出一元二角給女方，才能進村，這是「攔路禮」。

客人進了寨子，先不進新娘家，另住別家。媒人和保親主（男方的壯年人）帶著新郎的衣服，挨家挨戶去報喜，使各戶家主高興。隨後，男方三位義郎（男方青年人）要一個小瓷缸盛四斤米酒，用竹籃裝著，外封紅紙，上書寫紅「囍」字，稱為「禮缸」到新娘家送「門禮」。

女方父母得知男方接親客人將要進堂,馬上在堂中擺酒席,請本寨兩位能說會唱的老人封為「正堂師」、「正堂帥」,坐在席上等待。又請兩位壯年人為「接客主」站在門口,客人來到,雙方對歌,這是「攔門禮」。

雙方對唱山歌完畢後,義郎將「禮缸」,加十二對花繩獻給接客主,由他們轉交給正堂師和正堂帥。這時村裡一群女青年跑來搶「禮缸」。如禮缸被搶走,義郎就要拿兩塊錢給他們,贖回禮缸,義郎還被正堂師、正堂帥罰每人喝一碗酒。罰過酒,才讓男方客人進堂坐席,獻茶、敬酒。雙方對唱〈排中〉、〈還封〉、〈建正堂〉、〈慰父母〉、〈謝女兒〉等婚禮歌。唱畢,陪娘和鴛姑扶新娘出房跪拜父母、哥嫂,撐傘遮住新娘的面出門。新娘到新郎家當晚,由鴛姑或陪娘陪睡,不能與新郎同居,到第三天晚上才能共房。

(流行地區:廣西西林縣藍靛瑤地區)

什麼是破竹筒離婚

茶山瑤的戀愛婚姻是自由的,青年男女經過戀愛,彼此了解,心心相印,即可結婚。民國以前結婚沒有登記手續,辦幾桌酒請親友吃一餐,就表示合法了。婚後如雙方感情破裂,也可以離婚,離婚的儀式是「破竹筒」。

「破竹筒」的儀式是怎樣進行的呢?由寨老拿著一節一尺長的竹筒,到村頭山坡路口上,當著夫婦雙方的面,判明離婚後家產的處理及子女的安排。寨老徵求雙方意見,如雙方無意見,寨老手起刀落,將竹筒破成兩片,然後夫妻各持一片,背道而馳,表示從此脫離夫妻關係。

離婚後,雙方若後悔,願意破鏡重圓,也可復婚。復婚時,必須拿出各自收藏的竹片,請來寨老,在原來破竹筒的地方,當面複合。

(流行地區:廣西金秀茶山瑤羅孟村)

「出世標」是什麼

廣西少數民族對生兒育女十分重視,形成了姿態紛呈的民間生養風俗。

瑤族小孩出世,父親即在屋前插一枝樹尾或竹尾,俗稱「出世標」,告訴村人本家添丁了;壯族、瑤族、侗族在小孩出生三天以後,要替小孩辦「三朝酒」,待小孩滿月、滿週歲後還要為小孩辦滿月酒和過生日。小孩稍懂事,即教小孩兒歌、猜謎語、玩兒童遊戲,並教小孩做人的道理,期待小孩長大後有出息。

誰家添了丁,就在屋前豎起一根頂端插有一枝樹尾或竹尾的標誌,表示深厚的愛情之樹結出了成熟之果。人們稱之為「出世標」。若生男孩,就插上山茶樹尾,表示孩子將來宛如山茶樹一樣挺拔、瀟灑和勇敢;若生女孩,就插上金竹尾,表示女孩長大就像金竹般的娉婷、溫柔和純潔。

在廣西金秀六巷的花藍瑤,每當嬰兒「哇哇」落地時,年輕的父親歡喜若狂地在屋前樹起一根頂端插有一枝樹尾或竹尾的長桿,以此標誌愛情之樹結出了成熟的果實,人稱「出世標」,瑤語叫做「參依金」。

一旦誰家屋前升起了「出世標」,特別是晚婚晚育的頭胎標,鄉親們當做全寨眾人的大喜事,奔走相告,前往祝賀。

(流行地區:廣西金秀六巷,花藍瑤之鄉)

「打三朝」是什麼

嬰兒出生的第三日，稱為「三朝」。「打三朝」是各民族為慶祝嬰兒出生的一種習俗，廣西苗族的「打三朝」就更獨具特色。

苗族非常重視嬰兒的誕生，孩子出生後，家人就會用一種獨特的方式告訴全寨的人，與大家共同分享其中的快樂。苗寨裡，「打三朝」又被稱為「喝三朝酒」，應邀前來慶賀的賓客多以女方親戚為主。「三朝」酒宴上，主賓們對唱苗歌來表達祝福。

第二天，夫家還會舉行隆重的「三朝禮」儀式，所有的親戚都要送上禮物，其中以外祖母的禮物最為豐厚。主要有糯米、雞蛋、銀項圈、銀鎖、銀手鐲等。按苗族習慣，嬰兒出生後，不會事先為其預備衣物，一般是用柔軟的舊衣裙包裹。只有經過「三朝禮」後，嬰兒才能穿上臨時趕製的新童裝。所以「三朝禮」時，外婆家的親戚是特別忙碌，她們一方面要為新生嬰兒趕製背帶、衣裳和裙片等衣物，另一方面還會輪流傳抱嬰兒，左右上下，細心端詳，同時唱起吉利祝福的苗歌。苗族的「三朝禮」儀式就在這苗歌聲中結束。

瑤族的打三朝

瑤族的風俗是產後三天內要對老人敬酒，以示尊敬並祈求吉利平安。盤瑤和靛瑤婦女產後第三天，要舉行「打三朝」儀式，其中盤瑤只在生男孩時舉行。孩子出生後第三天，早上殺一隻雞，師公為嬰兒向祖先禱告後，產婦抱著嬰兒再禱告天地，求天地賜福，保佑嬰兒快長大。

靛瑤則無論生男生女都要舉行「三朝」禮儀，內容為：替嬰兒取乳名，戴花帽。嬰兒乳名多由撮合父母的媒人取，不能與其五代家族名字相同，要求標新立異，具有象徵性。媒人事先要替嬰兒擬取很多名字，到三朝宴會上一個個說出，直到嬰兒父母喜歡大家滿意為止。乳名取定後，主人用葉子包一碗肉送給媒人作為酬謝。

什麼是「大禮十二拜」

板瑤有一個大禮——十二拜。

傳說古時盤古王封贈瑤族的子孫有十二姓，即盤、李、趙、鄧、黃、沈、馮、鄭、周、祝、唐、雷。當時，有開天大王、造地大王和唐法聖祖王等在座受封。到周平王時，向天下公布這十二姓為瑤族。後來瑤族子孫為紀念十二姓祖先和盤古聖皇，形成瑤族十二拜大禮。

瑤族十二拜大禮只在祭祀、結親、祝壽和喪葬的日子才舉行。

祭祀十二拜大禮先向祖宗神靈擺好祭品，參祭的成員按班輩長幼跪拜十二次。

喪葬十二拜禮亡人子孫在本家第一道大門前向師公跪拜十二次，伏地等師公進屋後才能起來，否則，師公就不肯做法事超度亡靈。送棺入土時，亡人子孫按班輩長幼在墳前依次跪拜十二次，才能回家。

祝壽十二拜禮壽誕老人的子孫要按長幼順序逐個向端坐在堂屋中的壽誕老人行十二跪拜禮。

婚娶十二拜禮新婚夫婦梳妝打扮整整齊齊，畢恭畢敬向坐在堂前酒席上的長輩和師公參拜十二拜。每參拜一次就站在一旁懇聽老人和師公

的教誨，然後進行第二拜。這樣拜一次，聽一次教誨，直到拜完十二次。若參拜完了，長者還有話說，得站立一旁等長者把最後一句話說完為止。之後，夫婦才能進入洞房。

在行十二大拜禮時，是很嚴肅的。不得錯亂、違反，也沒有什麼祝頌之詞。只能虔誠地行禮。這是板瑤世代相傳的一個最隆重的禮節。

（流行地區：廣西三江、融安、融水和貴州從江等地，板瑤山寨）

神醫三界公的傳說

傳說古代壯鄉有一位神醫，人們都稱他為三界或三界公。三界本姓李，幼即喪父，隨母再嫁到馮家。靠賣柴度日，家境貧寒。他心地善良，樂於助人，有一次在夢中得仙人指點，要他不畏一切險阻，攀登高接雲天的鬚眉山，去接受八仙贈送的寶物。

三界遵照夢中仙人的話，第二天一早就出發。一路上，三界不貪圖強盜分給的贓物，在和一隻猛虎的搏鬥中，緊抓虎尾巴不放鬆，結果虎尾化成了一條綵帶，虎負痛而逃竄。他繼續攀登懸崖，上了第一峰、第二峰。在向最高峰攀登時，忽然聽到草叢中沙沙作響，一條水桶般粗大的蟒蛇，張開血盆大口向三界撲來。三界用扁擔、柴刀奮力與大蟒搏鬥，終被大蟒緊緊咬住，人蛇打滾，昏迷過去。待他醒過來的時候，已經不見了大蟒的蹤影，手中卻握著一條奇棒，棒上寫著「鬚眉棒」三字。三界持綵帶和鬚眉棒繼續前進，又翻過了幾個大坳，終於來到了雲霧繚繞的最頂峰。在這遠離人間煙火的仙境洞府，他得到八仙的禮遇和點化，告訴他一路上與虎、蟒搏鬥中所得的五彩如意帶和鬚眉棒，都是能治病的寶物。並要他用這些寶物為鄉親們治病。仙人們又送給他一個大

廣西市井：煙火人間，交織傳統現代

仙桃，讓他吃了脫胎通仙氣。再送給他一本金字天書，囑其臨危唸誦真言，可以逢凶化吉，甚至起死回生。

三界從此成為壯鄉的神醫。他每天手持五彩如意帶和鬚眉棒，懷揣金書，走村串戶為病人治療。不管是惡疔毒瘡，還是骨折筋斷，只要用五彩如意帶包紮，並照金書唸誦咒語，再用鬚眉棒輕輕敲三下，立即就復原痊癒。不少弓背跛腳、眼瞎浮腫的病人，都被三界治好了，因而很快就遠近聞名。

土司老爺得知三界有這麼好的法寶，又天天為百姓治病，深得民心，十分害怕，便以謀反罪奏請皇帝派出三千兵馬，浩浩蕩蕩開赴壯鄉，不容分說，給三界帶上枷鎖押到京城，關入大牢。老百姓知道三界被官兵抓走，都紛紛到京城為他求情。但老皇帝硬是說三界妖法惑眾，圖謀造反，欲將三界問斬。三界在刑場上拒絕下跪，並暗中唸誦金書咒語，劊子手們的大刀利斧，都無法傷到他的一根毫毛。一刀砍下，三界頭冒火星，劊子手反而跌到三丈外。皇帝聞訊，又傳旨用一個大銅鐘罩住三界，弄來三百擔桐油，幾千斤柴火，在鐘外燒起烈火，以為這樣就可以燒死三界。哪知三界在鐘內閉目唸咒，件件法寶顯神通，白天在鐘內坐著，夜晚卻能潛回家中治療病人。皇帝又叫燒紅鐵棒，令三界吞下，三界竟能像啃甘蔗一樣，把燒紅的鐵棒啃掉一半。皇帝和文臣武將們無奈，加上聽說許多州府瘟疫流行，百姓病死無數，大片田園已荒蕪，於是轉而下令，釋放三界，讓他到疫區為百姓治病。同時也想看看他的法寶是否真的那麼靈驗。

三界來到瘟疫流行的州府，立即唸誦咒語，向四海龍王求得龍涎水，又進深山採集百種草藥共製成驅瘟神丹。病人服下這種仙藥後，吐出了肚裡的惡臭的瘟毒黑痰，頃刻渾身清爽，健壯如初。三界為窮人治

病，親自登門，不避臭穢，連診藥費也不收一分，更加受到人們的崇敬。瘟疫很快就被平復了，皇帝念三界治病有功，本想封他為國師，但是一班奸臣異黨又出來阻攔，誣衊三界與州府勾結，共同作弊欺騙皇帝。昏庸的皇帝聽信奸臣讒言，又把三界囚禁起來。三界一氣之下，決定用他的法寶和法力，懲治這幫壞人。他念起咒語，只見金鑾殿上的文臣武將們，全都長出了一條三尺多長的尾巴，個個嚇得大驚失色。皇帝只好請三界為眾大臣除掉尾巴。三界讓他們輪流摸他的鬚眉棒。十個大臣摸鬚眉棒後，有九個的尾巴消失了。有一個最壞的傢伙，無論怎麼摸也去不了這條難看的尾巴。三界乘機對老皇帝說因為他是奸臣，作惡太多，殘害忠良，魚肉百姓，天怒人怨，所以法力對他也沒有用了。皇帝此時也不得不聽三界的話了，立即傳旨將這個長尾巴變禽獸的大奸臣滿門抄斬，大快人心。

三界辭去皇帝替他封的官，帶著仙人贈他的幾件法寶，又回到壯鄉老家，為人民防病治病，一輩子做救死扶傷的善事，百歲無疾而終，並被八仙超度而去。壯鄉人們為三界公立廟宇，香火不絕，祈求三界公保佑，除病消災，福壽雙全。

「爺奇鬥瘟神」的傳說

靖西壯鄉藥市到底起源於何時，現尚未發現比較明確的文獻記載。當地民間傳說，古時候一位大家都叫做爺奇的醫術高明的老壯醫，帶領壯族人民，大量採集各種山間草藥，跟一個在每年農曆五月初五就來肆虐人間的瘟神——「都宜」（壯語，即千年蛇精）對抗並取得勝利，在與「都宜」對抗的過程中逐漸形成了藥市。

這瘟神「都宜」很厲害，凡是有人居住的村寨，牠都要去噴射毒氣，散布瘟疫，放蠱害人。一家一戶對付不了牠，一村一寨也奈何牠不得。爺奇常年為鄉親們治病，並仔細觀察「都宜」的惡行，發現牠特別害怕艾葉、菖蒲、雄黃、半邊蓮、七葉一枝花等許多草藥，於是就教會人們採集這些藥材，或掛在家門口，或置備於家中，以對付「都宜」的襲擊。在「都宜」到來之前，或以草藥煎湯內服，或煮水洗浴，就可預防瘟疫流行，即使得了病，也會很快痊癒。因為有些村寨採集的藥材較多，有些村寨採的較少，或者採不到特定品種，爺奇就建議大家在五月端午把家裡的藥材都擺到街上來，這樣一來可以向瘟神「都宜」示威，二來可以互通有無，交換藥材品種，交流防病治病經驗。「都宜」發現各村寨民眾居然準備那麼多草藥，而且聯合起來對付牠，氣焰就不再那麼囂張了，最後只好逃之夭夭。爺奇不但教會人們採藥，而且教會人們種藥。如今靖西已成為中國最大的三七產地之一，相傳也是這位神醫兼藥農開的先河。

盤陽河裸浴如何延續至今

盤陽河，是世界長壽之鄉——巴馬的母親河、長壽河，發源於廣西鳳山縣境內，全長145公里，在巴馬境內流程有82公里，其中有四段是伏於地下的暗河。在巴馬，盤陽河水四進四出於地下溶洞，水清見底，色如碧玉，全流域無任何汙染，於是就形成了盤陽河一河多洞，洞洞清幽，沉沉浮浮，忽隱忽現，悠然神祕的特點。春、夏、秋三季兩岸鳳尾竹的婆娑風姿和沿岸盈盈綠意。當您走進盤陽河谷，您便能切身體會到壽鄉神奇大自然中那風秀、谷幽、氣香、水甘的山水特色。在盤陽河

谷，有一延續至今的風俗——裸浴，讓人更加深切地感受到壽鄉盤陽河的神祕與嫵媚。盤陽河畔的裸浴，其實是返璞歸真的一種古風，也是幾千年來這裡人們長壽的祕訣。盤陽河水清澈見底，因四進四出地下溶洞而被礦化，所以水中含有十分豐富的礦物質，河水一般恆溫於十七八度左右，不冷不熱。長期裸浴，不僅可使肌膚滑嫩，而且可以驅疾健身。

新娘過河是怎樣請「水手」的

桂北地區龍勝各族自治縣是個高寒山區。這裡崇山峻嶺，林密路遠，河道九彎十八拐，本來只有四五十里的山路，卻要涉水過五六次河，跨過三四座橋。所以成親時，為了確保新娘的安全，過河過橋都要請人來背。

背新娘的人稱為「水手」，多是虎背熊腰的未婚男子，新娘過河時，鳴炮三聲，喇叭吹響。「水手」的兩掌即刻按住自己的膝蓋，弓下腰來，讓蒙著面紗的新娘用膝蓋頂著自己的脊背，雙手扣穩自己的肩膀，身體往前傾去。「水手」即刻反手到後腰挽住新娘的小腳，妥當後，即起步入水過河（或過橋）。如像小孩攤開兩腿時大人背著的姿勢是禁忌的。背新娘特別講究禮貌，行動上不能有半點的粗野，更不能調笑。所以背新娘的「水手」多是品德最佳者。過河時，「迎娘」（由未婚女子擔任）在旁邊為新娘撐傘遮蔭（不管天氣好壞都要撐開傘），表示護住喜氣，不給失散。整個隊伍過完河上岸後，乖巧的「迎娘」把傘放得很低，擋住別人「偷看」蒙著面紗的新娘。此時火炮轟響，鞭炮齊鳴，樂隊吹奏歡樂曲，岸上也擠滿了觀看熱鬧的民眾。

廣西市井：煙火人間，交織傳統現代

廣西方物:
山海瑰寶,珍奇特產雲集

> 廣西方物：山海瑰寶，珍奇特產雲集

為何說廣西是中國最甜蜜的地方

如今廣西年產糖五百多萬噸，占中國糖市大半壁江山，有「廣西糖甜中國甜」的說法。有人打比方說：廣西糖業一咳嗽，中國糖業都會感冒。

地球上最適合種植甘蔗的地方是北迴歸線正負十度地區，而北迴歸線恰恰穿過廣西。廣西的土壤和氣候條件，更是甘蔗生長無可挑剔的天堂。在中國宜蔗區中，廣西種植條件最好。糖業在廣西的地位非常突出，各地均把糖業擺在突出地位加以發展，政府各部門對發展糖業給予大力支持；農民積極參與糖業的發展；製糖企業形成了一支強壯的製糖隊伍；探索出了一套行之有效的糖業發展政策和措施等。糖業已經成為廣西的支柱產業和中國的優勢產業。

天外來客 —— 南丹國寶

一顆重達 3.2 噸的天外來客 —— 南丹隕石，因是目前世界上最早的既有記載又有實物的隕石，而成為國寶。它是一顆硫化鐵鎳隕石，含有多種目前地球上沒有的稀有金屬元素，蘊含著 46 億年前的宇宙資訊，是南丹隕石中最具代表性的一個。因此，中國探月工程首席科學家、著名隕石研究專家歐陽自遠院士將這顆隕石命名為「南丹隕石」。

據《慶遠府志》記載，明正德十一年（西元 1516 年 6 月）南丹縣里湖鄉仁廣村曾下過鐵隕石雨。隕石分布在寬 3 公里、長 10 公里的帶狀區域內，由於當時的社會情況及交通、資訊等不便，未能及時找到墜落的隕石，使之長年埋藏於地下。1958 年，「大煉鋼鐵」（大躍進）時，地質找

礦隊員才發現了不少紅褐色的有鏽痕的「鐵礦石」，當時人們看到連坩鍋都無法熔化的這些「鐵礦石」，感到奇怪，逐級向上匯報，直至中央相關部門，中國科學院將此事交給地質研究所處理。經專家調查化驗，證實它就是世界上已知最早列入文字記載的鐵隕石——「南丹隕石」（因該隕石中含有大量鐵鎳合金，故稱鐵隕石）。政府和科學研究機構先後回收了其中的 9.5 噸標本，其中最大的一顆重達 3.2 噸。

根據史料和現場分析，南丹隕石在隕落時發生了爆炸，所以散落點分布達方圓幾十里。南丹隕石是鐵隕石中礦物種類較多、樣品最全的隕石，更重要的是可以從石中獲得初始隕石各組成部位的資訊數據。隕石的色彩紛呈，大部分不保存有熔殼，有隕石與高溫氣流作用留下的「氣印」。對它們的研究，有助於認識隕石高速衝破大氣層時所受的壓力和溼度、散熱與傳導、隕石對地面的衝擊能、隕石結構的物理化學變化、太陽系小行星的形成過程及其環境演變等情況，進而用於研究宇宙飛行器穿過大氣層時表面的融蝕及宇宙射線的影響程度等。

1990 年開始，前往南丹尋找和倒賣「南丹隕石」的活動一直很盛行。如今，世界各地的隕石販賣網站都號稱有「南丹隕石」出售。「南丹隕石」幾乎成了隕石收藏界的知名商標。目前，國際上南丹隕石被賣到 1 克 20 美元。

「中國沙田柚之鄉」—— 容縣

沙田柚以果型優美，味道甘甜，富含人體需要的多種維他命而聞名於世，是柑橘類水果中的上乘佳品。沙田柚的原產地是廣西容縣松山鎮沙田村，這裡已有兩千多年的種植沙田柚的歷史。沙田柚原名「羊額

廣西方物：山海瑰寶，珍奇特產雲集

籽」，正宗容縣沙田柚長在纖細的枝條上，往往一根細長的枝條上掛著兩三個碩大果實，給人「千鈞一髮」之感，人稱此景為「金錢吊芙蓉」。果實為葫蘆形和梨形，蒂部像一截頸子，底部有金錢狀的印環，叫做金錢圈；果皮黃色；果肉蝦肉色，一般有 12 片瓣瓣，形似眉月，厚薄均勻；果瓣汁飽脆嫩，蜜味清甜。沙田柚以其獨特風味而揚名天下，多次被中國領導人用於款待外國首腦。

清乾隆四十二年（西元 1777 年），在外地做官的容縣沙田村人夏紀綱，把家鄉名果「羊額籽」贈給共事的朋友品嘗。他的朋友品嘗後，覺得非常不錯，於是透過自己的熟人關係獻給了乾隆皇帝。乾隆皇帝品嘗之後連聲讚好，因此佳果產自沙田村，皇帝便賜名為「沙田柚」。從此，容縣沙田柚成為進貢朝廷的珍果，名揚四海。容縣沙田柚為葫蘆形或梨形，單果重約 900～1,500 克，直接食用的果肉為長腎形囊瓣中的蝦肉色的汁飽。柚樹高十餘公尺，枝葉繁茂，春季綻開小白花，霜降前後果實成熟。容縣沙田柚常溫可儲藏 120～150 天，常溫儲藏一段時間後食用，香味更濃，口感更佳，因而有「天然水果罐頭」之美稱。容縣沙田柚多次參加博覽會和品質評比活動，受到廣泛好評。

「中國月柿之鄉」在哪裡

恭城瑤族自治縣種植月柿已有一千多年的歷史，乾隆皇帝、民國總統孫中山都品嘗過恭城月柿。

每到金秋時節，市面上的柿餅要想暢銷，商販們都會冠以「正宗恭城月柿」之名，否則就難以招徠顧客。恭城月柿歷來以其個大、形圓、肉厚、質軟、無核或少核、含糖量高而著稱於世。恭城月柿還有一個與

眾不同的特徵,那就是它的蒂蓋是呈四方形的,恰似一枚銅錢,那些圓形、梯形、三角形、橢圓形等形狀蒂蓋的柿餅,都不是正宗恭城月柿,憑這一特徵標誌,就可以防偽打假了。

月柿精製成的柿餅,表皮可呈灰白色或呈深金黃色,斷面呈金黃半透明膠質狀,具有柔軟、清香、涼爽、甜美的風味,食之口舌生津,有沁人心脾之感。經過加工熬製的柿餅,可治療便血和老年咳嗽,對肝炎病患者也有一定的療效。柿餅便於保存、攜帶,為旅遊、待客、餽贈的傳統佳品。

「中國苦丁茶之鄉」──大新

廣西大新縣是苦丁茶的原產地。據唐代陸羽著的《茶經‧之源》載:「茶者,南方之嘉木也⋯⋯其樹如瓜盧。」明朝李時珍著《本草綱目》載:「皋盧,葉狀如茗,今廣人用之,名曰苦登。」經中國專家考證,在古文獻稱謂「皋盧」或「瓜盧」茶,即今天的苦丁茶。舊本《辭海》注有:「苦丁茶者,廣西特產名茶也,產於萬承縣苦丁鄉。」萬承縣「苦丁鄉」即現在的大新縣龍門鄉苦丁村。歷代均負盛名,馳譽於海內外。苦丁村原有苦丁茶母樹六株,現遺存五株,最大的一株,樹高28公尺,胸徑79公分,兩人合抱方攏,枝繁葉茂,冠幅蓋地達144平方公尺。據年已古稀的茶樹主人陸煥奎稱:「這株苦丁茶樹係先祖陸有玉所種,迄今已歷五代人之久。」當春茶上市或茶果紅熟,慕名而來的各方客商,不遠千里而來,絡繹不絕,門庭若市,因而茶樹被譽為「綠色的黃金樹」。

大新苦丁茶含有熊果酸、β-香樹脂醇、蛇麻脂醇、蒲公英賽醇、木角、桷皮素、天然硒化合物、胺基酸及鐵、鋅、碘、硒等對人體有益的

微量元素，具有清熱解毒、止瀉鎮痛、減肥降壓、美容保健等良效，是藥用和保健價值較高的多功能天然飲料。此茶具有香醇、清苦、濃甘之味，飲之有清喉久甘之感，在中國名茶中獨具特色。

「中國芒果之鄉」在哪裡

百色、田陽、田東三市（縣）地處桂西山區腹地的右江河谷地帶，屬於南亞熱帶季風氣候，冬春少雨，春季回暖快，為芒果生產提供了十分有利的自然條件。百色、田陽、田東三市（縣）先後被相關部門授予「中國芒果之鄉」稱號。目前右江河谷芒果基地栽培品種主要有田陽香芒、青皮芒、象牙22號芒、紫花芒、紅象牙芒、桂熱10號芒、桂香芒、串芒、金穗芒等30餘種。其中田陽香芒、紫花芒、紅象牙芒、金穗芒等優良品種種植面積21.7萬畝，占總面積55%。

芒果基地生產的芒果果實外形美觀、皮薄多汁、肉質細膩、品味香醇、酸甜度適中，富含人體所需的多種維他命和微量元素，耐儲運，是食用和送禮的佳品。

「中國八角之鄉」在哪裡

八角其果實形若星狀，每顆由7～9個果莢組成，多數為8個，因而得名。八角具有強烈香味，有驅蟲、健胃、祛寒、興奮神經等功效。除做調味品外，八角還可在工業上做香水、牙膏、香皂、化妝品等的原料，也可用於醫藥上，做祛風劑及興奮劑。

廣西的八角，栽培面積大，分布廣。其面積、產果量和產油量分別占全國的 87%、92% 和 86%。故廣西境內的八角之鄉甚多，有金秀縣、那坡縣、德保縣、寧明縣、蒼梧縣、防城港市等處，每處各有千秋。如金秀的八角產量居中國第一。那坡縣的大紅八角色澤好、香味濃、無汙染、品質佳。德保縣盛產由八角的葉子提取的茴油，「巴黎香水沒有天保（德保古稱）茴油不香」向來被傳為佳話。防城港市氣候屬副熱帶溼熱季風型，擁有豐富的山地資源及肥沃的赤紅土壤，十分適合八角生長繁殖，種植八角已有百年歷史，所產大紅八角以其個頭大、角正、飽滿、含油高、品質好而享譽海內外。

「中國玉桂之鄉」在哪裡

玉桂又名肉桂，是指生長數百年的老桂樹皮，因其珍貴如玉而得名。玉桂的粉末可直接用做調味佳品，也可製成玉桂油成為食品香料、工業化工香料等，在醫藥上八角性溫陽、散寒、有健胃、止咳和治療神經衰弱、消化不良等藥用功效。

藤縣玉桂種植歷史悠久，光緒年間玉桂就暢銷港澳地區。藤縣玉桂的優良品種「西江桂」，桂皮肉厚色潤，味辛辣，甜中帶香，享有「潯江桂」的美譽。

防城的玉桂以優質、油多、香味濃郁而享譽世界。防城區玉桂產品遠銷歐美等二十多個國家和地區。防城區的玉桂生產迅速發展，面積和產量均列廣西其他地區之首，是中國著名的玉桂主要產區。

廣西方物：山海瑰寶，珍奇特產雲集

「中國荔枝之鄉」在哪裡

　　靈山縣位於廣西南部，由於靈山荔枝種植歷史悠久，種植面積廣闊，品種較多，產量高，品質好，靈山縣於 1996 年 7 月被「中國特產之鄉命名宣傳組委會」授予「中國荔枝之鄉」稱號。每到荔枝成熟的季節，滿山滿嶺，屋旁村邊，處處閃耀著紅色的火焰，風景獨特。

　　靈山種植荔枝的歷史悠久，南北朝時期，荔枝已開始人工培植。1963 年，經中國著名的生物學家蒲蟄龍教授（中科院院士）為首的專家組考察論證，認定新圩鎮鄧家村的荔枝樹齡已超過 1,460 年，堪稱「荔枝王」。靈山荔枝種植面積廣，產量高，品種多，品質佳。有 27 個品種，主要品種是三月紅、靈山香荔、桂味荔、妃子笑、糯米餈、黑葉荔、雞嘴荔等，這些優質品種果大、皮薄、肉厚、核小、質脆。

「羅漢果之鄉」在哪裡

　　羅漢果本是一種多年野生的藤本植物，後才出現人工種植。它含有豐富的葡萄糖和果糖，還含有一種甜味素，其甜度是砂糖的 300 倍。它是一種名貴藥材，對咳嗽、便祕、氣管炎、咽喉炎等多種病症都有很好的療效。用少許羅漢果肉沖入開水浸泡，其味清甜，是一種極好的清涼飲料，既可提神生津，又可預防呼吸道感染，常年服用，能延年益壽。羅漢果汁還可以入菜做調味品，著名的桂林滷味米粉中的滷水就加進了羅漢果。

「金花茶之鄉」在哪裡

　　金花茶於每年 11 月至次年 2 月分開花，金瓣玉蕊，臘質金黃，晶瑩光潔，鮮麗俏豔，點綴於綠葉瓊枝間，風姿綽約，美豔怡人，高貴雅致，其觀賞價值無與倫比，被榮稱「茶族皇后」，花卉中的「超級明星」，又因它是一種古老植物，結果率極低，屬世界稀有，故又稱之為植物界的「大熊貓」，被列為中國一級重點保護珍稀植物。在中國廣西防城港市，全世界 95% 以上的野生金花茶生長在那裡，有普通金花茶、顯脈金花茶、長柱金花茶等多個品種。因此防城港市被稱為金花茶的故鄉，金花茶被防城港市定為「市花」。防城港建立了國家級金花茶自然保護區及世界最大的金花茶基因庫。金花茶亦可作為盆景，有很高的觀賞價值。金花茶的葉和花還可做藥品和保健品進行開發。它含有鍺、硒、錳、鉬、釩等稀有化學元素和幾百種化學成分。具有促進新陳代謝、抗衰老、防癌、美容等袪病強身作用。

「中國香豬之鄉」在哪裡

　　巴馬香豬原產於廣西巴馬瑤族自治縣。因其骨細皮酥，肉質細嫩，外地人食之甚感鮮香，逐傳名為「香豬」。

　　巴馬香豬肉質特點為皮薄肉細，胴體瘦肉多，肌肉鮮紅，肌纖維細嫩，脂肪潔白。而且肉味清香甘甜，營養豐富。尤其獨特的是，乳豬在哺乳期任何日齡階段屠宰食用絕無奶、腥、羶等異味。香豬烹調時不新增任何佐料也香氣撲鼻，素有「一家煮肉四鄰香，七里之遙聞其味」之美稱，被譽為豬類的「名門貴族」，早在宋朝便成為皇室貢品。

巴馬香豬在營養上表現除了「三高兩低」的特質，即蛋白質、胺基酸和微量元素的含量普遍高於普通豬，脂肪含量和熱量均低於普通豬，鈣磷含量和比例幾乎與雞蛋完全一致。更為獨特的是，巴馬香豬肉中含有一種豐富的不飽和脂肪酸物質，它具有多種藥理性，可使血管內皮細胞合成的抗炎物質增多，使血小板形成的血栓素 A2 減少，造成預防血栓形成的作用，有較強的擴張血管活性的功能，對美容和保健有特殊效果，對預防心血管疾病也有獨特功效，完全符合人體生理需求和健康需求。

除此之外，巴馬香豬還是目前世界上原始豬品種中最小的品種之一，可廣泛運用於醫學領域和作為偵緝動物和寵物開發利用。

「中國茉莉花之都」—— 橫縣

橫縣茉莉花花蕾大、花期長、香氣濃郁持久，是茉莉花中的上品。橫縣也是中國最大的茉莉花茶加工基地，現有茉莉花種植面積 4,000 公頃，年產鮮花 5 萬多噸，占中國茉莉花總產量的一半，還擁有好多家茉莉花加工廠和一處茉莉花交易市場，被譽為「中國的茉莉花之都」。

橫縣種植茉莉花的歷史已有四百多年。早在西元 1566 年，橫州州判王濟在《君子堂日詢手鏡》中記述，橫縣「茉莉甚廣，有以之編籬者，四時常花」。明版《橫州志·物產》也有類似記載，明朝詩人陳奎詠花作詩云：「異域移來種可誇，愛馨何獨鬢雲斜，幽齋數朵香時泌，文思詩懷妙變花。」說的就是橫縣的茉莉花。

在橫縣，如同藏族獻哈達一樣，贈送茉莉花鏈是待客禮賓的最高禮節。一些餐廳酒店用茉莉花裝點杯盤、調製茉莉花酒和飲料。正在建設和改造的一些縣城街道、建築和商店、飯館、茶樓，也以「花都」等與茉

莉花有關的名字命名。茉莉花已成為橫縣人民生活和文化的一部分，獨具魅力的「花都文化」正在橫縣形成。

《宰相劉羅鍋》名揚荔浦芋

電視劇《宰相劉羅鍋》中有這樣一個鏡頭，和珅正在服侍乾隆皇帝用白糖蘸著吃一種芋頭，皇帝吃得非常高興，忙問這道菜的名稱，和珅趕緊告知，這是正宗的廣西荔浦芋。皇帝頓時有一種被劉羅鍋矇騙和愚弄的感受，一怒之下，派人抄了劉羅鍋的家，還把他貶為五品官。乾隆皇帝為什麼為了這樣一些芋頭對劉羅鍋動這麼大的氣呢？這得從劉羅鍋說起。

劉羅鍋是清朝著名的清官，能夠體恤百姓的難處，仗義執言，這自然有時會引起乾隆皇帝的不滿。在這之前，他已經被皇帝貶出京城，到廣西去當巡撫。當時，廣西每年都要進貢荔浦芋到北京供皇帝和宮廷人員享用，由於路途遙遠，道路難行，要花費大量的人力、物力。即將成為廣西父母官的劉羅鍋當然希望減輕當地人民的負擔，於是在赴任前以貌似芋頭、質粗味劣的山薯莨，冒充荔浦芋請乾隆食用。乾隆吃了果然大倒胃口，馬上免掉了荔浦芋的進貢。當然，這讓劉羅鍋的政敵抓住了機會，於是就出現了前面的鏡頭。

結果是顯而易見的，荔浦芋的進貢沒有免去，這種芋頭卻因為《宰相劉羅鍋》而名揚四海。荔浦芋因產於桂林荔浦縣而得名，是桂林名優特產之一，又因肉質為紅色並帶檳榔紋，也被稱為檳榔芋。芋頭個體粗大，形狀為長橢球形，肉質細膩，富含蛋白質、澱粉、鈣和多種維他命。煮食味道芬芳酥軟。除了乾隆皇帝的那種吃法外，「荔浦芋扣肉」也是桂林的特色菜。而且還可以製成各種點心，味道也很鮮美。

廣西方物：山海瑰寶，珍奇特產雲集

生長在海陸交界地帶的胎生植物
——紅樹林

紅樹林因主要由紅樹科植物組成而得名，是生長在海陸交界地帶的特殊的森林，是海岸生態系統中的主要植被類型。紅樹林生長在南北迴歸線之間的熱帶海岸地區，一般是泥沙質海岸，它們在這一溫度帶內的河流入海口處最為常見。紅樹林生長在海岸地帶的潮間帶，每天都要定時被海水浸泡，並要抵禦潮漲潮落的輪番沖擊。

經過長期的環境適應，紅樹林在生長發育方面形成了自己特有的方式。首先，紅樹林屬於植物界罕見的胎生植物，即植物的種子成熟後，並不掉落在地面，而是在樹上繼續發育生長，長出根系和主莖幹，成為一棵小樹後才從樹上掉落下來。這種繁育方式的好處是顯而易見的，一方面，小樹比種子要重一些，即使是漲潮時期，紅樹林被海水浸泡，掉下來的小樹也能觸及到海水下面的泥土；另一方面，由於已經長出了根系，離開母樹的小樹在觸及到海水下面的泥土後，能迅速扎根生長，不被海浪沖走。為站穩腳跟並順利生長，紅樹發育了大量的支柱根，就像船舶的鐵錨一樣，扎入到泥土之中，把自己牢牢地固定在潮灘之上。紅樹還有伸出潮灘淤泥的呼吸根以幫助呼吸，它體內的細胞構造也有獨到之處，能夠保存多餘的鹽分和其他不需要的物質。廣西沿海地區生長有大片的紅樹林，其中的山口紅樹林被列為中國國家級自然保護區。

廣西黑五類是如何成為新寵的

中國知名廣告:「芝麻糊哎──小時候,一聽見黑芝麻糊的叫賣聲,就再也坐不住了……一股濃香,一縷溫暖,南方黑芝麻糊。」就是這麼一個簡單的故事,親切感人、深入人心,南方黑芝麻糊」的濃香和溫馨伴隨著電視臺的廣告畫面走入千家萬戶,撥動了大眾的心弦。那一聲仿若隔世的吆喝,使人們在體會傳統文化的同時,又感受著溫馨。1990年代這一廣告使「南方黑芝麻糊」在中國市場颳起了「黑旋風」,銷售收入達2億元。如今以生產銷售「南方黑芝麻糊」而聞名全中國的廣西黑五類食品集團公司,已成為在壯鄉大地上迅速崛起的鄉鎮企業新星,該企業根據市場需求,又開發了「黑八珍」、「黑豆奶」等系列黑色食品和快點方便米粉等深受消費者喜愛的食品。

覃塘蓮藕為何特別受歡迎

覃塘蓮藕名聞遐邇,產於貴港市覃塘區覃塘鎮,其中以六燕藕最佳。由於山澗溪水滋潤、土質肥沃,形成其獨特風味品質。覃塘蓮藕色澤淡黃,肉厚節勻,營養極為豐富,生食嫩脆可口,煮後顏色明亮透紅,粉香撲鼻。食之具有清熱涼血、健脾開胃、益氣生津之功效。用覃塘蓮藕加工成的藕粉,隨著放置時間增長,色澤由白變紅,閃耀星光,美味可口,老少皆宜。處於交通要道的覃塘鎮還以蓮藕為特色形成一條五公里長的美食街,公路兩旁的近百家餐廳,吸引著南來北往的過客。

廣西方物：山海瑰寶，珍奇特產雲集

廣西最原始的造紙工藝是如何保存至今的

廣西西北部樂業縣「大石圍天坑」邊緣的把吉村現存的造紙術，是中國古代四大發明之一的造紙術的延續和發展。把吉村的古法造紙以南方盛產的毛竹為原料，包括砍竹、浸泡、淘洗、舂料、打槽和加「滑水」、抄紙、壓紙、晾乾、揭紙等工序，與三百多年前明代科學家宋應星在《天工開物》中記載的造紙工藝流程十分相似，獨缺少了蒸煮一道工序。技術難度很大，比如砍竹，要選剛開葉的嫩竹，削除枝梢、竹根、土皮等，只留下一公尺多長的主幹，再把主幹分成四部分才能用。

據了解，中國最晚在唐代就發明了竹紙，比西方早一千多年。目前中國保存下來的造紙古作坊並不少，但是多是人工復原的，或僅僅剩下幾個遺跡供人參觀，像把吉村這樣一直在運作的作坊並不多見。把吉村這裡的作坊多數選在半山腰的斜坡上，離竹源、水源都較近。當地人說，這裡造紙已經有幾百年歷史，他們稱把吉村造出的紙為「火紙」，主要用於祭祀、哀悼等活動。令人擔憂的是，把吉村的造紙戶已從數十年前的十幾家減少到現在的 6 家，古老的造紙術瀕臨失傳。

正骨水、雲香精的特別功效與由來

曾有一名國民黨軍隊的少校軍醫掌握了一個良藥的祕方。1949 年後，他在獄中把祕方獻了出來。據祕方製成的兩種藥，一個是正骨水，具有活血袪瘀、舒筋活絡、消腫止痛功效，用於治療跌打扭傷、骨折、脫臼等傷病；另一個是雲香精，具有鎮痛、消腫、殺菌、袪風袪溼、舒

筋活絡、促進區域性血液循環和新陳代謝作用，主治風溼骨痛、傷風感冒、暈車暈船、頭痛肚痛、心胃氣痛、筋絡痠痛、凍瘡瘡癤、搔癢和各種神經痛等病。

正骨水、雲香精均被譽為玉林的「五寶」之一，都屬於中國衛生部保密處方、中國中藥保護品種，且多次榮獲中國金質獎章。長年暢銷美國、加拿大、法國、臺灣及港澳等二十多個國家與地區。正骨水、雲香精以其獨特的療效享譽海內外，確實是居家旅行必備的良藥。

恐龍時代的活化石 —— 南寧青秀山蘇鐵林

蘇鐵屬珍稀瀕危裸子植物，在兩億多年前的中生代侏儸紀，它與恐龍並存於地球。位於南寧市青秀山風景區鳳凰嶺西麓西坡的蘇鐵園，面積 2.67 公頃，收集蘇鐵種類 16 個，包括高大的篦齒蘇鐵、闊葉的南美蘇鐵以及叉葉蘇鐵、石山蘇鐵等珍稀品種。其中篦齒蘇鐵數量多達四百多株，最高達 7 公尺多，極為罕見。青秀山蘇鐵園在中國蘇鐵園中面積最大、瀕危樹種數量最多，也是亞洲最大的篦齒蘇鐵專類園。每年均有十幾株鐵樹同時開花的奇異景象。其中樹齡最長的蘇鐵出現在唐高宗年代，距今已 1,300 餘年。

園內裝點著的躍龍、畸齒龍、霸王龍、蜀龍、腕龍等 15 尊恐龍雕塑栩栩如生，與蘇鐵樹林相映襯，別具一番古生態的原始風味，置身其中，彷彿回到了兩億多年前的侏儸紀 —— 神祕的恐龍時代。

廣西方物：山海瑰寶，珍奇特產雲集

廣西的葡萄為何以興安出產的最美味

　　興安縣從 1980 年代中期開始從外地引進葡萄以來，種植葡萄已經有四十多年的歷史了，現為廣西乃至華南地區最大的南方優質葡萄生產基地，有「嶺南吐魯番」之譽。

　　如今，興安縣向葡萄「四化」進軍。一是葡萄種植「優質化」，按照無公害健康食品要求，先後進行了葡萄套袋和避雨栽培兩大技術改良，減少了農藥的使用量，使其真正成為健康食品；二是葡萄上市時間「合理化」，上市按照早、中、晚熟 1：1：2 比例搭配；三是葡萄品種「多樣化」，除原有早熟的巨峰系列外，又先後引進了超藤葡萄和晚熟的歐亞葡萄系列，現有紅玫瑰、獨角獸、黑天鵝、美人指等外國珍品葡萄，具有果型好、色澤鮮、口味爽、耐保存等特點；四是經行銷售「品牌化」，由原來零星分散經行銷售到組建各類協會進行整體集約化經營銷售。

芒果也能治咳嗽嗎

　　芒果具有鳳梨的滋味、香蕉的馥郁、蜜橘的甜汁，果肉鮮嫩，是深受人們喜愛的水果。但芒果性帶溼毒，多吃會助溼，所以皮膚過敏、內臟潰瘍、疔瘡腫毒、溼熱體質的人，都不宜多吃。如果進食過量會引起腹瀉、皮膚敏感、燥熱等溼熱症狀，可多飲綠豆水，或者多喝開水亦有幫助。芒果同時是一味很好的家庭藥物，有益胃、解渴、止嘔止暈、利尿等療效。芒果中所含的芒果甙有祛痰止咳的功效，對咳嗽、痰多、氣喘等症有輔助治療作用。據此藥理已有製藥廠生產出芒果止咳片。

欽州「四大名產」是什麼

　　欽州豐富的海產品中，大蠔、對蝦、石斑魚以及青蟹被稱為「欽州四大名產」。大蠔，學名近江牡蠣，肉可鮮食，亦可加工成蠔豉、蠔油。蠔肉蛋白質含量超過40%，營養豐富，味道鮮美，素有「海中牛奶」之稱，同時還可入藥。欽州市欽南區是著名的「中國大蠔之鄉」。欽州灣茅尾海是中國最大的大蠔天然苗種繁殖區，苗種品質優良，其他海區不可比美。

　　欽州這裡的對蝦體長而側扁，甲殼薄而肉多，光滑透明，呈青藍色或棕黃色，額劍上下緣都有鋸齒，尾節末端很尖。欽州生產對蝦歷史悠久，在國內外市場上久負盛名，在明代日本及東南亞諸國美其名曰「中國大明蝦」。其特點是肉味清香鮮美，肉質嫩滑可口，食而不膩，是高蛋白、低脂肪、高能量的滋補優質水產品，為筵席上的高級佳餚。目前欽州對蝦養殖面積有10萬畝，年產對蝦3萬多噸。欽州本地主要品種有長毛對蝦、墨吉對蝦、日本對蝦，引進品種有斑節對蝦、南美白對蝦等。

　　石斑魚的肉質細嫩，味道鮮美，營養豐富，而且沒有細刺，不論紅燒、清蒸還是煮湯，都特別好吃。欽州沿海常見的品種有寶石石斑魚、六帶石斑魚、赤點石斑魚、雲紋石斑魚、青石斑魚、縱帶石斑魚等。目前欽州採用網箱養殖形成了網箱養殖基地。

　　欽州青蟹因背甲隆起，呈青綠色而得名。牠味道鮮美，營養價值高，是本地區傳統的出口水產品之一。欽州沿海有多條河流注入，在鹹淡水交會的河口區出產的青蟹，無論從體色，還是從味道方面比較都勝於其他地區的產品。欽州出產的青蟹暢銷廣東、福建、港澳等地。

廣西方物：山海瑰寶，珍奇特產雲集

「桂林三寶」指何物

桂林的三花酒、辣椒醬、豆腐乳在廣西乃至整個中國都享有很高的聲譽，並稱「桂林三寶」。

桂林三花酒以其歷史悠久、工藝獨特、品性優良而備受中外人士的青睞。因在搖動酒瓶時，只有桂林三花酒會在酒液面上泛起晶瑩如珠的酒花，入壇堆花，入瓶要堆花，入杯也要堆花，故名「三花酒」。三花酒之所以優質，除了與採用清澈澄碧，無怪味雜質的灕江水、優質稻米、精選的酒麴有關外，還因為桂林冬暖夏涼的岩洞所構成特有的保存條件，才使酒質愈加醇美和芳香。此酒無色透明，蜜香清雅，入口柔綿，落口爽冽，回甜，飲後留香。適量飲用，可提神、活血，有益健康。

桂林豆腐乳歷史悠久，頗負盛名，是白腐乳的代表。清代詩人袁枚在《隨園食單》中稱「廣西白腐乳最佳」。桂林豆腐乳製作工藝細膩嚴謹，從磨漿、過濾到定型、壓乾、霉化都有一套流程，選材也很講究。製出豆腐乳塊小，質地細滑鬆軟，表面橙黃透明，味道鮮美奇香，營養豐富，增進食欲又幫助消化，是人們常用的食品。

桂林辣椒醬因配料有別而品種有異，以大蒜頭為配料的是蒜蓉辣椒醬，再加入豆豉就成為豆豉辣椒醬，通常是選用優質紅辣椒、大蒜頭等剁碎，拌入豆豉，加入三花酒和細鹽等，密封入壇，數月之後始成。桂林辣椒醬油潤鮮辣，香醇可口，既可食用提味，還可作調味用。

世界上最珍貴的小個頭馬 —— 德保矮馬

在廣西西南部的德保縣山區，可以看到一種體型很小的馬匹，駄著沉重的貨物穿行於山嶺之間，動作靈活，步伐穩健，這就是聞名中外的德保矮馬。矮馬是世界上珍貴稀有的馬種，德保矮馬與英國謝特蘭矮馬是世界上僅有的兩個矮馬品種。德保矮馬體短矮而粗壯，成年馬體高為86～106公分。體形結構勻稱、緊湊，機靈嫻靜，性情溫馴。德保矮馬抗病力強，耐粗飼，適應性強，耐渴耐勞，單位拉力大於高種馬，是交通不便的山區的理想交通工具，也是良好的役畜，具有很高的經濟價值和觀賞遊樂價值。自古以來，德保矮馬一直默默地生活在廣西德保縣的山地之中。

1981年11月，中國農業科學院組織的西南考察組在廣西德保縣進行品種資源調查過程中，發現了德保矮馬。透過血型分析和品種鑑定，確認這是中國特有的矮馬品種。從此，德保矮馬逐漸為世人所認識。1991年在廣西首府南寧市舉行的第四屆中國少數民族傳統體育運動會上，德保矮馬參加的矮馬童軍節目取得了巨大的成功，德保矮馬也從此開始聞名海內外。此後，德保矮馬開始進入中國各地的動物園和遊樂場，成為重要的觀賞遊樂馬種，不斷給人們帶來歡樂。目前，德保矮馬約有1,000匹左右，主要分布於德保縣的巴頭鄉和馬隘鄉。

奇石之都 —— 柳州

中國賞石文化源遠流長，精衛銜石填海，女媧煉石補天，石之美、石之奇、石之神可以追溯到遠古的洪荒時代，而柳州的奇石則為其成就

廣西方物：山海瑰寶，珍奇特產雲集

了一個令人嚮往的美名——石都。

在這座連石頭都會唱歌的城市，千年萬年的滄海桑田造就了千姿百態的奇山秀水，也洗練出了條條江河、座座奇山中美麗獨特、婀娜多姿的彩陶石、大化石、三江石、綠釉石、水沖石、釉卵石、碧玉卵石、黃蠟石、草花石、海洋生物化石等精美絕倫的奇石。

在柳州，奇石可謂無處不在，大到分布在城市各個角落裡上噸重的雕塑，小到尋常百姓家書桌上、臥室裡、茶几上如鴿卵、雞卵般大小的飾物、菸灰缸等無不是用石頭打造的，就連愛美的女士脖子上戴的飾物也常見一塊塊色彩繽紛的美石。

柳州奇石藏量大、石種多、石質好，得天獨厚的條件使得民間自古玩石成風。柳宗元早在〈柳州山水近治可遊者記〉中，就形容柳州是「多秀石、可硯」，意思是「有很多漂亮的石頭，可以用來做硯臺」。

柳州市內有號稱亞洲第一的柳州奇石城，有匯聚海內外奇石極品的中華奇石園、八桂奇石館、魚峰石玩精品館以及用於民間交流的馬鞍山奇石市場。奇石館之多，奇石市場之大，私人藏石藏館之多，可以堪稱中國乃至世界之最。

位於柳州市城市主幹道屏山大道的箭盤山奇石園，占地面積 42,800 平方公尺，是一座具有清新的文化氛圍和濃郁的地方特色的觀賞石景園，是中國最大的奇石專類園。箭盤山奇石園擁有俊秀的山，清新的景，高雅的石，為遊客敞開著琳瑯滿目的觀石、品石之門。

箭盤山奇石園以石立意造園，外景以本地墨石、風化石、卵石為主，採用動靜理水、聚散疊石、植物配置的方法，或群石疊景，或獨自顧盼，或相擁而臥，或與挺拔秀麗的副熱帶植物相映成趣，更與峻峭的箭盤峰交相輝映，相得益彰。園門右側，一尊高 5 公尺、重 16 噸的迎賓

石，是柳州市特有的典型水石，其正面氣勢雄渾，側背部皺褶多變，滄桑肅穆。門正前方一組名為「激流勇進」的疊石瀑布，採用類似於傳統太湖石的本地墨石，既有太湖石「瘦、透、漏、皺、秀」之美態，更具墨石本身「色如墨、膚如肌」之風骨。主場館「八桂奇石館」門左側，一方龍形墨石，含「柳州－龍城」、「中華民族龍的傳人」的寓意。園東側綠樹掩映間一個由大小彩色卵石鋪設而成的小河，波濤滾滾，再現江河沖刷之勢，昭示著柳州奇石生於斯長於斯的自然奧祕。

八桂奇石館是一個以桂中少數民族民居為特色，由一二館組合而成的建築群，為 L 型布局的三層建築，占地 700 平方公尺，外牆塑木塑竹，坡面屋頂，灰瓦綠牆，其樸素的民俗民風和鄉土氣息，與古老奇石文化渾然一體，高雅自然。館中展示的奇石約五千餘塊，大部分產於柳州地區。柳州奇石按形成與分布環境可分為七大族群，它們是：山石、水石、土石、洞石、岩石、化石和混成石族，約五十餘種，在園內已知觀賞石九大族群中，除風石、隕石外，均有分布和出產，可謂品種繁多，姿態各異。館中珍藏的許多奇石精品，如「中華魂」、「暮色蒼茫看勁松」等，是歷次中國賞石展和國際雅石展中獲獎的作品。柳州市因此被東南亞石玩界譽為「奇石之都」。

廣西的特色雕刻

◆ 竹木雕刻

竹木雕刻工藝品遍布廣西各地，尤以桂林、柳州、南寧等地最為有名。據宋代范成大《桂海虞衡志》所載的「桂林佛刻面具」資料，至少在西元 12 世紀初，桂林木雕技藝就已達到相當高的水準。桂林木雕以天然

> 廣西方物：山海瑰寶，珍奇特產雲集

青竹和黃楊木、銀木、柚木為材料，運用線雕、浮雕、鏤空雕等技藝，並借鑑中國畫技法，把山水、園林、花鳥、人物等各種題材，雕刻在用竹木製作的茶葉盒、花瓶、筆筒、菸具、竹筷、方竹手杖、屏風、掛屏等產品上。畫面意境深遠，刀法嚴謹，有相當高的藝術水準。

曾有黃楊木香蕉形的圓雕〈桂林山水〉和馬鈴瓜形的鏤空雕〈桂林山水〉送香港展出，香港《大公報》稱讚它是突破了傳統的木雕形式的作品。另一幅黃楊木浮雕〈山水座捕屏〉則送北京人民大會堂廣西廳做案頭陳列品。還有一幅黃楊木鏤空雕〈壽桃〉贈送當年曾訪問桂林的越南國家主席胡志明，作為慶祝他六十壽辰的禮品。1986 年，竹刻〈民族食盒〉獲中國國際旅遊產品銀獎。1987 年，竹雕〈山水茶具〉獲中國第 13 屆旅遊紀念品內銷會優秀產品獎。1982 年以來，共有近 20 件產品分別獲中國自治區優秀產品獎。產品除供應來桂的旅遊者外，還出口新加坡、泰國等地。

◆ 角雕

角雕是北海市合浦縣傳統手工藝術品。採用天然優質的牛角加以精雕細刻而成。角雕具有地方民族特色，雕刻的題材十分豐富，已有產品三百多種，主要有仿蝦、蟹、魚、鳥、蟲、禽、獸、花草及筆盒等。作品造型美觀大方、典雅多姿。有一幅叫做〈蝦泛〉的作品，半透明體的群蝦依附在用黑色牛角雕製成的水草上，水草刻得既薄又有彈性，輕輕一撥，群蝦也隨之活動，如戲游水中。角雕藝術就是這樣巧借角料本身的自然色澤，運用圓雕、平雕、浮雕、鏤空、鑲嵌等傳統技藝，並發揮角質硬中帶軟、彎而不折、薄而透明、細而柔韌等特點，創造出一件件富有地方民族特色的精美藝術品來，很有欣賞和收藏價值，也曾多次獲獎。產品主要銷往中國各大城市，並遠銷歐美、日本、東南亞等十多個國家和地區。

◆ 貝雕

貝雕是北海傳統手工藝品。它是以海灘上的各種貝殼、溜螺為原材料，利用其天然色彩和人工配色處理，按照預先設計的圖樣，經過選料，研磨，精雕細刻，成型安裝，然後依樣鑲嵌或堆貼進鏡框中。一幅〈孔雀開屏〉的貝雕畫屏，就得由上千片各種色道的貝雕件組成。這種貝雕畫造型美觀，色澤明快，意境深遠。突出了傳統的東方藝術風格，使人嘆為觀止。曾有〈程陽橋〉、〈真武閣〉兩幅貝雕畫陳列於北京人民大會堂廣西廳。現在北海貝雕品種已從貝雕小品、貝雕國畫拓展到多種貝雕風光畫、貝雕電子鐘、貝雕裝飾屏風等 6,000 多個品種。貝雕產品已出口走向世界。

◆ 石雕

廣西石雕，工藝精美。所採用的石料也較名貴，其中東興的「含黃玉絹軟玉石」和陸川的「桂翠玉石」最為適合雕琢。這兩種石，軟硬適中，易於雕琢，且紋理變化無窮，色彩斑斕可愛，實為雕琢用石之上品。雕出來的各種花果、動物、風景、山水、人物、金石、古董、器皿等工藝品，典雅別緻、優美逼真、風格獨特，許多外國旅遊者對此石雕情有獨鍾。

廣西的主要副熱帶水果

◆ 荔枝

廣西盛產荔枝，至少有 2,000 年以上的種植歷史。漢武帝時，荔枝已被作為貢品上送朝廷。桂平麻桐荔枝早就有名。是因它果皮鮮紅、果

廣西方物：山海瑰寶，珍奇特產雲集

大核小、皮薄、肉厚、多汁、清甜脆口而著稱。此外，北流荔枝、靈山荔枝、蒼梧古鳳荔枝也都是上佳產品。特別是北流，有號稱南方最大的連片荔枝園，荔熟季節，漫山遍野一片紅色，來收購的客商絡繹不絕。靈山新培育出來的「桂味」香荔，十分清甜，味壓「群芳」，往往供不應求。

◆ 龍眼

廣西盛產龍眼，在漢代已有栽培，果品與荔枝並駕齊驅，它如腳拇指大小，吃用的是其果肉，肉呈玉石般的乳白色，因其甜度很高以至「味壓眾果」而被譽為「果中珍品」。每年七八月收穫，比荔枝稍遲。它屬一種滋補品，性甘溫，有益脾、長智、養心、補血之功效，除鮮食外可以其乾品入藥泡酒，對神經衰弱、氣血兩虧頗有療效。廣西北迴歸線以南地區都有出產。

◆ 香蕉

屬副熱帶、熱帶水果，一年四季都有上市。主要產地在桂東南和桂南一帶。廣西玉林的谷平蕉很著名，如南方所產之香蕉，香氣十分濃郁，甚得北方旅客青睞。田東、田陽所產的香蕉姐妹種——芭蕉，又香又甜，營養價值也高，可作為正餐食用。

◆ 鳳梨

在中國稱為菠蘿，是副熱帶、熱帶著名果品，廣西南部都能種植，已成為廣西特產水果之一。主產於南寧、邕寧、武鳴、寧明、欽州、防城、合浦、博白等地。其果實呈球形或成短圓柱狀，表面披鱗狀的皮，成熟時呈黃綠色，重 1～1.5 公斤，果肉淡黃，清甜多汁，有特殊香味。它營養豐富，含糖、澱粉、脂肪、蛋白質和多種維他命，以及鈣、磷、鐵、有機酸和鳳梨酶等營養成分。

◆ 菠蘿蜜

　　南寧、飲州、玉林等市盛產「水果大王」──菠蘿蜜，又叫木菠蘿，是一種南亞熱帶的常綠喬木，老莖結果，一般果重達 5～20 公斤。菠蘿蜜樹形高大，可達 8～15 公尺，果實為不規則的橢圓形。每當夏日，一簇簇果實掛滿枝幹，多的竟有兩三百個。這種果實遠看像個蜂窩，近看外皮是粗粒疙瘩，剖開來看，果瓣疊著上百個肉包，狀似棗而稍大。肉包呈淡黃色，甜如蜜糖。每個肉包內有一個指頭大的果核。果肉含有豐富的糖分、維他命、礦物質，菠蘿蜜不僅是一種很好的水果，且能止渴解煩，醒酒益氣，治食積不化、慢性腸炎等病症，除了生吃外，還能釀成菠蘿蜜酒。

◆ 無籽西瓜

　　無籽西瓜指沒有瓜籽或有很少瓜籽的西瓜。是用高科技手段培育出植株後，再經雜交而得出的新品種。瓜體外皮暗綠，肉質紅潤細嫩，糖度比一般西瓜高，吃起來更清甜爽脆，消暑提神。

◆ 芒果

　　一般大如鵝蛋，有的形似心臟，有的像豬腰，略扁，因喜歡長在日照多而熱的地方，被稱為「熱帶果王」，廣西右江盆地的百色、田陽、田東一帶，氣候炎熱，所產芒果，質優味美，特別是新培育出的「香芒」更稱上品，百色還被稱為「芒果之鄉」。

理想的保健食品 ── 銀杏

　　銀杏是古老的孑遺植物，素有「活化石」之稱。它在桂林市及其所轄各縣均有分布，其中以興安、靈川、全州三縣為主要產區，也是中國

著名產地，在那裡已有170多年的栽培歷史。主要集中分布在海洋山脈一帶，包括靈川縣的海洋、興安縣的高尚，全州縣的蕉江、安和等鄉（鎮）。銀杏性涼，是清涼飲料的上好原料。

廣西有哪些名酒

◆ 桂林三花酒

桂林三花酒與桂林腐乳、桂林辣椒醬並稱「桂林三寶」，屬米香型小曲白酒。釀造歷史可追溯到南宋時期，清末出現專業釀酒作坊，至民國年間，作坊遍及桂林。因須蒸熬三次，搖動時會泛起三層「酒花」，此為酒質最佳者，俗稱「三熬堆花酒」，簡稱「三花酒」。該酒無色透明，蜜香清雅，入口柔綿，落口爽冽，片刻回甘，飲後留香。酒度有57度、38度、30度等系列，均受酒友喜愛，由於它留香持久，酒力滲透力強，連家庭炒菜，也常用它來調味，民間製作臘味也用它來醃肉，同時它又是泡藥酒最適用的酒類，所以年供應量很大。

◆ 東園家酒

東園家酒以廣西北海市合浦縣東園飯店黃家祖傳中藥祕方，配以名貴動物藥材如珍珠、海馬、海龍、海蛇、鹿筋、龜板、蛤蚧、地龍等，以小黑米酒為酒基，用現代科學方法配製而成。內含多種對人體有益的微量元素和二十多種胺基酸，經抽查檢驗，其品質優於米香型配製酒的國家標準要求，而且酒中不含對人體有害的甲醇、激素和興奮劑。除了作為宴席喜慶用酒外，還可以用來健體強身和輔助治療多種疾病。

◆ 神蜉酒

　　神蜉酒是廣西浦北酒廠開發的一種新型高級天然補酒。主要選用廣西野生大黑螞蟻（蚍蜉）以及桂圓肉、杞子等為藥料，其中的螞蟻要用特殊工藝提取其有效成分，然後配入優質小鍋醇米酒，再經精製而成。此酒含有多種有益於人體的胺基酸、糖類、維他命和微量元素，不含化學藥物和色素。有增進食欲、改善睡眠、振奮精神、消除疲勞、調節生理機能，提高人體免疫功能等作用。

◆ 梧州蛤蚧酒

　　梧州蛤蚧酒是用廣西特產的蛤蚧泡製成的名貴藥酒，是廣西八大名酒之一。蛤蚧酒釀造歷史約有 300 年，其泡製要領是：將蛤蚧宰殺後，摘去內臟，挖去眼睛，清除腦漿，並用布或藥棉拭淨血液，再放入優質米酒中浸泡，一般兩三個月後飲用。這種酒具有補腎壯陽、益血養顏之功效，常用做中老年人的保健飲料。出於它功效奇顯，曾被外商稱之為「世界獨一無二的酒」。

◆ 梧州三蛇酒

　　梧州三蛇酒是用廣西的三種蛇──眼鏡蛇、金環蛇、過樹榕蛇經宰殺處理後，用 50 多度的優質米酒浸泡而成的藥酒，也是廣西八大名酒之一。對治療慢性風溼、腳面浮腫、中風傷溼、骨節疼痛頗有療效，深受人們喜愛。一些港澳遊客到梧州，往往要喝上用生蛇膽調配的三蛇酒才過癮，有的還特別要購買這種三蛇酒帶回去自用或餽贈親友。

◆ 都安野生山葡萄酒

　　都安野生山葡萄酒是採用都安當地山上的野生葡萄做原料，經釀製而成的低度酒。「瑤嶺」牌都安野生葡萄酒呈淺寶石紅色，澄清透明，

不含防腐劑，也不加入色素和香料，酒香自然清雅，口感柔和。酒中含有 18 種胺基酸和 13 種人體必需的微量元素，抗衰老物質 SOD 的含量較高，其數值是 360U/100mL。

◆ 桂平乳泉酒

乳泉酒是以高粱、麥曲發酵，用桂平市西山的乳泉水精心釀造，並經陳年儲藏，成為酒液晶瑩、味道甘醇、具有獨特風味的優質酒。乳泉酒之所以獨具風味，與釀酒用水有極大關係。乳泉，位於桂平市西山上的龍華寺南側，是一個綠蔭底下大約三尺口徑的泉眼。乳泉與其他泉不同的是，泉水不時湧出乳狀的泡汁，且冬不枯，夏不溢。乳泉水表面張力大於常見的水，水質明淨，清醇可口，沁人肺腑，還含有微量對人體有益的鉀、納、鈣、鎂等元素，天然氧含量特別高。它對人體的消化機能有調節作用，可促進飲食，強身健體。乳泉酒素有「廣西茅台」的美名。

◆ 丹泉酒

丹泉酒產於地處雲貴高原南緣的南丹縣。南丹處於廣西區域性高寒山區，獨特的氣候條件很適宜微生物發酵，加上甘甜的地下泉水資源，使其能釀造出優質白酒，是中國罕見的純生態白酒釀造基地。南丹，也自然成為釀造美酒的上好「寶地」。

南丹還有悠久的釀酒歷史，始於秦漢，興於隋唐，盛於明清。丹泉酒，填補了廣西有史以來無高級白酒的歷史空白，成為廣西人的驕傲，也成了廣西對外的一張「品牌」象徵。

廣西有哪些名茶

廣西的地理環境和氣候條件適宜種茶，出產茶葉的地方很多，名產品有白毛茶、桂平西山茶、橫縣茉莉花茶、桂林毛尖茶、桂林桂花茶、金秀絞股藍茶、浦北苦丁茶、武宣金龍茶、蒼梧六堡茶、紅碎茶，另外還有龍勝龍脊茶、甜茶、消肥茶、桑寄生茶等。

白毛茶廣西的許多高山雲霧重，溼度高，土層厚，是種植白毛茶的理想之地。所以許多地方都出產白毛茶，聞名的有：

◆ 凌雲白毛茶

出產於凌雲縣四季都有雲霧、海拔 800～1,500 多公尺的岑王老山、青龍山一帶。茶葉經獨特務藝加工製成。表面呈黛綠色，背面有白茸毛，湯色淡綠明淨，香味醇正持久。飲之爽口舒心，能提神止渴、消食。被摩洛哥國王哈桑二世譽為「茶中極品」。

◆ 覃塘白毛茶

出產於貴港覃塘山上。由茶葉的尖芽製成，成品茶芽相當纖細，每 0.5 公斤茶葉竟有五萬根之多，故被稱為覃塘毛尖。

◆ 南山白毛茶

出產於橫縣南山，茶芽細嫩如銀針，茶湯有天然荷香味。相傳為明朝建文帝於此避難時手植，被稱為「聖種」。也曾在 1915 年巴拿馬博覽會上獲二等獎。

> 廣西方物：山海瑰寶，珍奇特產雲集

◆ 桂平西山茶

因產於桂平西山而得名。它的栽種始於唐代，明朝時已飲譽兩廣和湘閩。清乾隆年間，不少廣州、泉州、長沙等地的商人以販賣西山茶為業。從此，西山茶的外銷管道更為通暢。西山茶條索緊細勻稱，泡開後湯色碧綠清澈，味道醇厚，提神作用特佳，被視為綠茶中之佳品。

◆ 橫縣茉莉花茶

橫縣既出產上好茶葉，又出產茉莉花，縣內共種植茉莉花達4,000公頃，年產鮮花5萬噸，是中國最大的茉莉花生產基地之一，被稱為「茉莉花之鄉」。

◆ 桂林毛尖茶

桂林毛尖茶是桂林茶葉科學研究所於1970年代初創製的名貴綠茶。他們由清明前後採摘自植的優質茶樹的嫩芽細葉，再經精心焙製而成。成品條索緊細勻稱鋒苗挺秀，色澤翠潤，白毫顯露。沖泡後湯色清澈，葉底綠亮，清香持久，滋味醇厚，回味甘甜，經中國茶葉檢測中心檢測，這種茶符合名茶品質要求，而且含硒特別高，為廣西特有富硒茶，對防癌抗癌有獨特功效。

◆ 桂林桂花茶

桂花茶生產歷史悠久，加工工藝精細，技術要求嚴格。其製作工序是：先選擇氣味清香的烘青茶坯和優質金桂花為原料，經拌和、通花散熱、復火、提花、奪堆成蔭而成。成品形似綠葉綴金花，湯色金黃明亮，滋味甘和醇爽，茶香花香並茂，香氣清雅持久。長期飲用，對口腔炎、牙周炎、皮膚乾裂、聲音沙啞有一定療效。

◆ 金秀絞股藍茶

　　金秀絞股藍茶是採用廣西金秀瑤族自治縣大瑤山原始森林中野生的絞股藍草經精製而成。該茶具有調節血脂（降低膽固醇）、增強免疫力、延緩衰老、預防動脈粥狀硬化等保健作用。經十餘年的實際飲用及科學實驗證實，絞股藍茶還具有助眠、通便、降血壓、促進人體微循環、雙向調節人體機能等功效。

◆ 浦北苦丁茶

　　浦北縣生產苦丁茶已有 2,000 多年的歷史，它是一種古老名貴的天然飲用茶，曾上貢朝廷，民間則作為保健茶飲用。特點是先苦後甘，苦中有甘。茶中含 18 種人體所需的胺基酸及有機鍺、硒等微量元素，是居家旅行的必備品。

◆ 武宜金龍茶

　　武宜縣特產，含人體所需的 17 種胺基酸。茶葉質優，湯色鮮綠、金黃，味甘，回味悠長。泡第二、第三道茶水味道更醇和。此茶有健胃消食、生津止渴、提神醒腦的功效。

◆ 六堡茶

　　出產於蒼梧縣六堡鄉山區，已有一千多年歷史，是用一種大葉茶製成的。堪與福建著名的武夷茶媲美，其茶身緊結成塊狀，葉為黑褐色，耐久藏，越陳越好。如茶面生有「金花狀」（一種有益於人體的金色菌類孢子）的，品質更佳。因這種「金花」能分泌多種酶，促使茶葉更加香醇，有檳榔味道，入口頓覺甘和平順，甚合胃弱者飲用。加上茶湯色如琥珀，看了有一種親和感，被稱為「伯伯茶」。

廣西方物：山海瑰寶，珍奇特產雲集

◆ 紅碎茶

高溫溼潤的桂中、桂南多出產一種大葉茶，用大葉茶加工可得出紅碎茶。以百色陽圩、玉林新橋所產者為優。這種茶集濃、強、鮮三者於一身，在國際市場上頗受好評，因而外銷甚好。

◆ 大新苦丁茶

大新縣是苦丁茶之鄉，是苦丁茶的原產地，據舊版《辭海》記載：「苦丁茶者，廣西特產也，產於萬承縣苦丁鄉。」「萬承縣苦丁鄉」即是現在的大新縣龍門鄉苦丁村，千年苦丁茶樹王就在這裡。歷史上大新苦丁茶曾作為進貢皇帝的貢品，具有降血壓，降血脂等功效，入口先苦後甜。

亞洲最大的藥用植物園 ——廣西藥用植物園

廣西藥用植物園位於南寧市東郊，離火車站約八公里，南梧二級公路和邕賓公路經過該地。南寧市城市快速通道（廂竹大道）也從該園西緣通過，交通便利。

廣西藥用植物園是在科學研究基地的基礎上興建起來的集生產、教學、科學研究、遊覽於一身的多功能植物園。它處於一個典型的丘陵地段，面積約 217 公頃，已引種藥用植物 2,500 多種。現已建成八個藥用植物標本區——廣西特產藥物區、藥物療效分類區、木本藥物區、草本藥物區、蔭生藥物區、藤本藥物區、薑科藥物區、熱帶植物區。還有一個藥用動物區，飼養著黑葉猴、恆河猴、梅花鹿、飛虎等珍貴的藥用動物。正在建設的有民族藥物區和藥物品種鑑別區。

廣西飲食：
百味交融，品嘗道地風情

廣西飲食：百味交融，品嘗道地風情

廣西菜的主要流派

廣西菜在長期發展中形成了一定的特色，主要是：用料豐富，善於變化；注重色味，配菜適當；粗料細作，經濟實惠。

廣西菜系，包括不同地域的流派，主要有：

- 桂北菜。以桂林、柳州的地方菜組成。口味醇厚，色澤濃重，善燉扣，嗜辛辣，尤善於以山珍野味入菜。
- 桂東南菜。以南寧、梧州、玉林的地方菜組成。講究鮮嫩爽滑，用料多樣，選擇當地良種禽畜、蔬果，創製風味菜式。
- 濱海菜。以北海、欽州地方菜組成。講究調味，注重配色，擅長海產製作，對海鮮、家禽的菜式製作頗有獨到之處。
- 民族菜。以少數民族菜組成。就地取材講究實惠，製法獨特，富有鄉土特色，有山野風味。此外，由於各個地區有各自的地方土特名產以及不同的飲食習慣，因而形成許多帶地方特色的古早味小吃。

不能不喝的特色名湯

◆ 筍絲沙蟲

湯筍與沙蟲均為廣西特產，筍為山鮮，沙蟲為海鮮，兩者結合自是鮮上加鮮，美味無比。筍絲沙蟲湯採用乾筍、乾沙蟲為原料，經除沙去苦澀後，配以梅肉、上湯和調料加工而成。其外觀樸實無華，但氣味清香，口感嫩爽，鮮中帶甜，回味無窮，具有清熱化痰、利水消腫、潤腸通便等功效。

這是廣西沿海地區傳統的名湯，故而在廣西沿海地區的一般餐廳都可喝到此湯。

◆ 紅菇雞湯

此湯採用農家土雞與新鮮紅菇為主料，配以紅棗、杞子、北芪、薑、蔥、上湯等，以燉盅盛裝，旺火蒸燉三小時即可。湯味清香、鮮醇，有益氣養顏、健脾胃之功效。

紅菇是玉林容縣的特產，越新鮮越好，去到容縣的餐廳便可以喝到正宗的紅菇雞湯。

◆ 滋補三套湯

此湯選用上好的土雞、乳鴿、鵪鶉各一隻和三七、桂圓肉等配料，先將鵪鶉套入乳鴿膛內，再將乳鴿套入土雞肚膛中，先武後文煲燉，故稱為「三套湯」，其湯濃厚、鮮醇，具有養血補氣之功效。

此湯由南寧市民農覃格所創，在南寧中高檔餐廳中已有普及。

◆ 八渡筍雞湯

八渡筍產於百色市田林縣馱娘江畔的八渡瑤族鄉，筍質香甜脆嫩，每年 6～8 月產筍，7～8 月為產筍高峰期。八渡筍營養豐富，含有豐富的蛋白質、植物脂肪、膳食纖維、胡蘿蔔素、鈣和多種維他命，具有解毒利尿、清肺、化痰等功效，對腎炎、心臟病、肝臟病、高血壓有一定治療效果，經常食用可幫助消化，增加食欲，減肥降壓，有助人體健康。

此湯選用上好八渡筍和烏雞，配以紅棗、淮山、杞子、薑、蔥等，將其密封、大火蒸燉四小時而成。其湯味鮮醇綿長，雞爛而不失形，營

養搭配合理,為滋補佳品。

百色市一般餐飲飯店都可以喝到此湯,並且八渡筍已經實行市場化經營,可在百色範圍內的雜貨店購買到包裝品。當然,新鮮正宗的八渡筍還是得到田林八渡瑤族鄉去品嘗。

◆ **路海龍鳳湯**

此湯選用海蛇與項雞構造一海一路、一龍一鳳的對比,合理搭配海鮮與路鮮,同時,將海蛇的去風溼與項雞的滋補作用有機融合,湯色與湯味均別具一格。其湯色清澈中帶有清香,其湯味鮮醇而又濃厚,具有滋補祛風溼之功效。

南寧市以及靠海的北海、欽州、防城港等地均可以喝到此湯。

◆ **羅漢果豬肺湯**

羅漢果是一種名貴藥材,又是高級清涼飲料和上好的烹調配料,可謂藥食兼用。羅漢果及其果實製成品,是廣西的傳統出口商品。以羅漢果沖泡飲用具有清心潤肺、涼血舒胃、止咳化痰、清熱解暑、降低血壓、潤腸通便等功效。臨床常用於治療急慢性氣管炎、急慢性扁桃腺炎、胃炎、百日咳等。

此湯以羅漢果與豬肺為主料,配以霸王花,用小火煲煮而成。特點是湯濃清香,味鮮軟滑,果香、花香、肉香三味合一,果效、花效合一,外加吃什麼「補」什麼。故此湯具有良好的止咳、祛痰、潤肺功效。

桂林市臨桂縣也是中國羅漢果之鄉,在桂林與廣西其他城市的大街小巷均可喝到此湯。要想選用新鮮上好的羅漢果煲湯,只有去臨桂縣最理想。

◆ 黑豆野菜湯

黑豆有豆中之王的美稱，是藥食兼用的佳品，具有健脾利水，消腫下氣；滋腎陰，潤肺燥，制風熱而活血解毒；止盜汗，烏髮黑髮以及延年益壽的功能。而野生白花菜在地處副熱帶的廣西幾乎是隨處可見，其花白，味香，是喜食野味的廣西人的餐桌美味。

此湯以黑豆、豬腳、野生白花菜與適當配料製成。其湯黑濃，味清鮮香醇，有補血養髮、補腎利尿、祛風解毒、養顏抗衰之功效。

此湯為桂南地區著名美味，其中尤以南寧市的酒樓飯店善做。

◆ 全羊湯

此湯精選廣西石灰岩山區天然放養的山羊，以羊肉、羊腸、羊肝、羊肚、羊心、羊肺、羊血構造全羊，佐以辣椒、辣油、胡椒、生粉、料酒等配料，先煮羊肉與其他羊料，待至熟爛之時，放羊血燒開倒入湯中，撒上香蔥即可。

此湯湯料軟滑爽口，採用鮮辣去除腥羶，沒有新增過多香料，使食客可以最近距離的品味羊之鮮美，喝過之後使人回味無窮。

廣西百色與河池主要為石灰岩山區，適合山羊生長，山區人民長期的生活實踐孕育出了全羊湯美味。因而，在百色、河池的特色餐廳均可品嘗到此湯。

◆ 魚羊鮮湯

此湯採用新鮮都安山羊與新鮮紅水河魚巧妙搭配，除胡椒粉外不新增過多香料，僅用薑片去腥，形象詮釋出中華美食對於「鮮」的理解，是都安、大化一帶居民的待客上品。湯一上桌即鮮香四溢，令人毫不懷疑魚羊鮮湯的名副其實，吃起來更令人讚不絕口。此湯味鮮美無比，湯色

乳白濃郁，羊肉軟糯，魚肉嫩爽，讓人百吃不厭。

大化有紅水河野生魚，都安有美味山羊，兩者互通有無，因而在兩地酒家均可以品嘗這一人間美味。其中，由於鮮魚不易運輸，大化成為了主要的食客集散地。

◆ 雞骨草燉鷓鴣

雞骨草是廣州相思子的乾燥全草，性味苦寒，有清熱解毒、舒肝止痛、袪疸排毒的作用，能抗病毒和抑止細菌生長，有預防和治療感冒、病毒性肝炎、黃疸及乳腺炎等功效。鷓鴣鳥的肉中含有豐富的蛋白質和胺基酸以及有益兒童智力發育的牛黃酸。據古代經典記載，鷓鴣肉具有開胃、健脾、有益心神、滋補壯陽等保健作用。鷓鴣昔日曾是帝王御宴上的珍品，如今已成為大眾宴席中的佳餚。雞骨草與鷓鴣同食，營養搭配得當，既清熱解毒，又滋補開胃，而且味鮮醇厚，湯色清黃透亮，可同時滿足食客視覺、嗅覺、味覺等多種感官需要。

玉林有中國最大的中藥材市場和中國雞骨草用量最大的企業之一——玉林製藥廠，具有原料優勢和雞骨草加工食用習慣，因此在玉林上等級的飯店都可以品嘗到這一佳餚。

不能不嘗的特色名菜、名小吃

◆ 南寧粥品

南寧人早餐愛吃粥，粥也有十幾個品種之多，有瘦肉粥、豬紅粥、魚片粥、紅豆粥、皮蛋粥、田雞粥等。特點是香熱鮮美。

◆ 南寧酸品

南寧方言叫「酸野」。南寧有句俗話稱「英雄難過美人關，行人難過酸野灘」，即將「酸野」描述得維妙維肖。製作是採用當地物產木瓜、蘿蔔、黃瓜、蓮藕、椰菜、鳳梨等時令果蔬，配以酸醋、辣椒、白糖等醃製而成。吃起來酸、甜、香、辣味味俱到，脆爽可口，生津開胃。

◆ 南寧高峰檸檬鴨

南寧高峰檸檬鴨是武鳴縣一帶的特色菜餚，其中尤以高峰林場一帶的餐廳最為擅長。其做法是將宰後洗淨的鴨切成塊，入鍋炒至六分熟再放入切成絲的酸辣椒、酸芥頭、酸薑、酸檸檬、酸梅、生薑及蒜泥，共同煨至八分熟，再放入鹽豉，炒熟後淋上香油即可出鍋。其味酸辣適宜，鮮香可口，極其開胃。

◆ 南寧肉粽

在糯米中加入去皮綠豆及調好味的豬肉塊，或臘肉、火腿、雞肉等，用棕葉包成枕形，中高階低，蒸熟而成。香軟、味鮮，在廣西各地均可品嘗到。

◆ 南寧粉餃

蒸熟的稻米漿加適量生粉，搓擀成皮，十分有彈性，不黏牙，吃起來很爽口。包以豬肉、蝦仁、蓮藕、涼薯、馬蹄及調味品製成的餡料，成為餃子，入籠蒸熟。新鮮、滑潤、香甜而爽口。

◆ 南寧八寶飯

糯米蒸熟，趁熱拌入豬油、白糖，佐以蜜棗、杏仁、青梅、蓮子、葡萄乾、桂圓肉、桔餅，夾以蓉餡，裝碗蒸之，扣盤中，澆糖汁芡。色澤絢麗，香甜糯滑。

廣西飲食：百味交融，品嘗道地風情

◆ 南寧馬蹄燉北菇

馬蹄是廣西著名特產。它個大扁圓，棕紅鮮亮，肉嫩汁多，皮薄渣少，清甜鬆脆，爽口清香，在清代時就成為貢品。魯迅先生生前曾寫信給廣西的朋友說：「桂林荸薺，亦早聞雷名，惜無福身臨其境，一嘗佳味，不得已，也只好以上海小馬蹄代之耳。」北菇即香菇。馬蹄燉北菇，始於1940年代，最早由南寧市萬國飯店廚師鍾逢貴所創，並成為著名佳餚。

此菜製作方法是將馬蹄去皮削成棋子狀，北菇水發洗淨，和火腿片一起入鍋略焯取出洗淨。將馬蹄、北菇、火腿片依次排放於碗中，加雞油、蔥、薑、酒、精鹽和鮮湯，上用砂紙封密碗口，上籠或入鍋隔水燉熟取出即成。成菜色澤素雅，滋味清鮮，食之齒頰留香。

◆ 都樂八寶飯

由優質大糯米、豬油、白糖、豆沙、蓮米、果脯、葡萄乾、桔丁、蜜棗等原料用水沖泡、晾乾、蒸製而成，其味芬芳，飯質軟和，香甜可口。

◆ 柳州馬打滾

這個有趣的怪名小吃，據說為融安人發明，繼而成為融安特產之一，後來在柳州得到普及。該小吃用糯米粉、豆粉、芝麻、黃糖粉製成，狀如湯圓。食用時在黃豆粉中滾幾滾即可，熱而嫩滑，香味可口。

◆ 柳州雲片糕

柳州雲片糕歷史悠久，製作工藝細膩，以上等大糯米、純豬油、精白糖為主要原料，輔以天然香料和陳皮末精製而成，具有營養豐富、餘香悠久的特點。

◆ 柳州冬菇湯包

柳州的冬菇湯包，脫胎於鎮江湯包和武漢四季美湯包，又區別於上述湯包的風味，它吸收了鎮江湯包和四季湯包的精髓加以改良，形成具有柳州獨特風味的冬菇湯包。

◆ 桂林尼姑素麵

相傳是桂林月牙山尼姑庵所創。天長日久，製作方法廣為流傳。桂林尼姑素麵的精華是湯，湯是用黃豆芽、新鮮草菇、香菇、冬筍等久熬而成。湯色金黃，味鮮而甜，清香四溢。麵條用清水煮熟裝碗，將湯放入，再加上桂林腐竹、黃菜、素火腿、麵筋等素菜和佐料，鮮香爽口，色香味俱佳的尼姑麵即可食用。尼姑麵以七星公園內月牙樓的最負盛名。

◆ 桂林荷葉鴨

桂林荷葉鴨用桂林郊區蓮藕塘裡生長的青青蓮葉，包裹鴨子，製成菜餚，清香可口，別有風味。必須選用肥嫩鴨子做主料，選用鮮嫩、粉香原料做餡心，用青青荷葉做包裹物，調味適當，火候到家，才能做出風味獨特的佳餚。特點：鴨肉滑嫩，荷葉清香，餡料多樣，製作簡便。該菜具有養胃生津，固精補元，降膽固醇，防癌抗癌之功效。

◆ 桂林銀杏燉老鴨

傳統滋補菜，採用桂林特產銀杏、老鴨切塊、火腿片及各種配料，放入燉盅上籠火蒸而成。其特點是鴨肉鮮香、銀杏滑嫩、湯清味濃，具有滋補生津、潤肺益氣功能。

廣西飲食：百味交融，品嘗道地風情

◆ 荔浦芋扣肉

製作荔浦芋扣肉選荔浦芋至關重要。一般選荔浦芋的母芋，以呈橢圓形，皮呈棕色、粗糙、節間較密，剖面呈紫紅色的檳榔花紋為最佳。荔浦芋扣肉肥而不膩，香味四溢。

◆ 桂北冬筍炒牛肉

冬筍炒牛肉是傳統家常菜。採用桂北特產冬筍、上好牛肉、木耳、香菇及佐料、精工烹炒，裝盤即成。特點為牛肉嫩滑，冬筍鮮脆，色鮮味美，具有滋陰補血，健脾養胃的功效。

◆ 桂林馬蹄蒸肉餅

桂林傳統菜。採用削皮馬蹄、新鮮瘦肉和各式佐料，精心加工烹蒸而成。特點是味道鮮美、質脆爽口、冬夏皆宜。具有清熱解渴、開胃下食、溫中補氣的功效。

◆ 桂林粽子

糯米食品，品種很多，以其所用配料不同而味道各異，有豆子粽、板栗粽、蓮蓉粽、裹蒸粽、三角粽等。製法一般用浸泡過的上好大糯和配料拌勻，用洗淨的竹葉包紮好，用火蒸煮 1～2 小時，取出濾乾水分即可食用。配料一般有綠豆、紅豆、花生、五花肉（或臘肉）、板栗、蓮蓉等。

◆ 桂林馬蹄糕

主料為稻米粉，把米粉裝入壯如馬蹄的木模，用黃糖粉、馬蹄粉或芝麻粉包心，猛火蒸熟，取出即可食用，其製作簡便，吃來香甜撲鼻，鬆軟可口。一般多為路邊攤現做現賣，散見於各處街頭巷口。來往行人，即購即吃，甚為方便。

◆ 桂林糍粑

　　桂林糍粑是桂林人喜愛的冬季糯米食品。製法是用糯米泡水蒸熟，然後用木棍舂成糯飯糰，使其具有筋力，再製成圓形餅狀晾乾即成。糯米糍粑在冬天放入清水中浸泡，經常換水，可存放一個多月，吃法多樣，可用炭火烤熟蘸糖吃，亦可用油煎熟吃，切塊用糖水煮熟吃，鹹甜隨意。

◆ 桂林水糍粑

　　製作工藝精細。把上好糯米蒸熟後，用力杵打，直到糯米飯全融，像棉團狀，然後再取出糯漿做成圓團，放入蒸籠蒸熟而成。水糍粑多放內餡，如豆蓉、蓮蓉、芝麻桂花糖等，質地細膩柔韌、潔白晶美，如趁出籠時熱氣騰騰，再裹上點白糖或熟豆粉，更是色美味鮮，口感細滑沁甜。為桂林名小吃之一。

◆ 桂林粉利

　　桂林粉利是用上好稻米細磨成漿，搓捏成小圓柱狀，蒸至八分熟，取出晾乾即成。桂林粉利上市要在冬季春節前後，吃時切成條狀，配上臘肉、芹菜或菜花、青蒜等燴炒裝盤即可食用。特點是色鮮味美、香滑爽口。

◆ 桂林鬆糕

　　用糯米摻粳米適量磨成粉，稍摻些黃糖水拌勻，再將半乾半溼的米粉層層撒入蒸桶中蒸 1～2 小時熟透即成。其味鬆軟爽口，香甜宜人，若再配以荔浦芋頭丁，其味更佳。桂林習俗，鬆糕一般用於喜慶場合，如生日賀壽、得子、新屋上梁等，常贈以鬆糕，以示慶賀。為桂林的著名風味小吃，今市場上亦不時有售。

廣西飲食：百味交融，品嘗道地風情

◆ 桂林豆蓉糯米飯

將上好糯米蒸熟做成飯糰，以甜豆蓉為主餡，再拌以炒香的芝麻、夾入些蔥花、油，米飯柔韌，餡心鮮香，饒有風味。現又有以香腸、煮牛肉等做餡的鹹糯米飯，亦別有風味。為桂林人早餐的常見小吃。

◆ 桂林湯圓

桂林湯圓比一般的湯圓稍小，是用上好糯米磨漿，壓乾成粉，再和成團做皮，以桂林特產桂花糖或麻蓉、椰蓉、豆蓉等做餡製成。煮湯圓可用黃糖或冰糖，也可配以糯米甜酒或雞蛋。滑爽、營養豐富，是小吃中的名品。

◆ 桂林田螺

原料是一種產於當地水稻田裡的田螺，其特點是個大肉肥、味道鮮美。先放上桂林特製的酸辣椒和蔥、薑、三花酒等調料爆炒，再放上辣椒豬骨和紫蘇葉燜煮，味道酸辣鮮美，特別開胃。煮時須將螺尾敲掉，便於煮時進味，亦便於吸食螺肉。吃的時候要將湯和肉一併吸入，所以稱為「喝螺」。

◆ 梧州紙包雞

此菜是將雞肉醃製後，包在玉扣紙內密封，放入六分熱的油鍋裡，兩面炸熟。梧州紙包雞的雞肉原汁原味，肉嫩鮮美，甘香可口，滑而不膩，為梧州傳統名菜。相傳已有近百年歷史，它因氣味芳香、鮮嫩甘美、製作工藝獨特而蜚聲海內外。

◆ 梧州艇仔粥

梧州艇仔粥開始時只以新鮮的河蝦或魚片配入熬爛的稀粥中，後來增加了許多配料，如海蜇、花生、腐皮、蔥花、雞肉、鴨肉、瘦肉、豬牛上下水等，吃起來鮮香可口，大受顧客青睞。

◆ 梧州神仙缽

梧州神仙缽和一般的火鍋相似，以白醋兩斤、紅糖六兩、沙薑三兩倒入瓦缽，放在炭爐上熬成湯，然後選用牛三星（牛黃、牛肝、牛雙弦）、魷魚、蜇皮等為肉菜上料，或選用雞鴨的翅膀、豬粉腸亦可。當燉缽的湯水沸騰，可將席前的肉菜一件件夾起放在燉缽裡燙，邊燙邊吃。由於菜料不斷吸進湯裡的味道，形成酸甜爽脆的風味，吃起來舒服得有如做神仙的感覺，故名神仙缽。這種吃法為梧州獨有。

◆ 梧州滋味田螺

梧州滋味田螺是梧州的風味小食之一。將活田螺處理乾淨後，把螺尾去掉少許，以便入味食用。然後配上蒜泥、薑末、豆豉、紫蘇和少量辣椒或胡椒粉，炒至近熟後加入豬骨湯熬至螺香四溢即可趁熱食用。田螺肉鮮甜可口，田螺湯美味無窮。

◆ 梧州冰泉豆漿

冰泉豆漿蜚聲遐邇、得天獨厚的是「冰井泉香」的井水。「冰井泉香」自唐朝已出名，《梧州府志》記載：「梧州城東有井出冰泉，井水甘涼清冽。」梧州市冰泉豆漿館坐落在白雲山腳的冰泉衝，已有六十多年經營歷史，冰泉豆漿以它「香、滑、濃」獨具風味，馳名中外。冰泉豆漿以優質黃豆，利用冰井泉水精工製作，保持黃豆的原色，是一種內含植物蛋白質，營養極其豐富的飲品。冰泉豆漿涼凍後，面上凝成一層薄豆皮，滴在桌上成珠，聚而不散，謂之「滴珠豆漿」。這種豆漿醇濃、甘甜、香滑。「不飲冰泉豆漿，不算到過梧州」之說已傳遍中外。

> 廣西飲食：百味交融，品嘗道地風情

◆ 梧州蛇宴

　　蛇宴製作根據不同的蛇品種，可用蒸、煮、煎、炸、炒、熬、煲等不同的烹製方法，配以各種不同的佐料製作成各款粵式、川式美味佳餚，是迎賓宴客中的一種高級享受，對人體健康而言不愧為一種極佳的保健食品。蛇宴中的用蛇生宰即製為之上品，可將所得的鮮蛇血、鮮蛇膽調製成鮮蛇血酒、鮮蛇膽酒，這是蛇宴席上不可多得的佳釀。而活宰的蛇可分別以蛇衣、蛇肉、蛇骨及內臟配以不同佐料，烹製出百餘款不同品味之佳餚，經廚藝大師拼製成各種圖案，組成豐盛美味的全蛇宴。品蛇按中國民間的傳統習慣最理想是在秋冬時節，俗話說，「秋風起，三蛇肥，進補要及時」、「秋冬不補，人生易老」，所以中國南方及香港、澳門等地區，許多家庭以及行業工會社團都有入秋後參加或組織旅遊美食團來梧州一品蛇宴以求進補的習慣。

◆ 蒙山肉丸

　　以蒙山縣皮薄肉嫩的雜交豬肉為原料。製作時將尚有餘溫的新鮮瘦肉放在光滑的石板上，用木棍捶成肉泥，再加入菱粉水、蛋清、小蘇打等配料用力拌勻即可製丸，最後將丸放在80℃水中文火煮至浮起即可，蒙山肉丸以其爽滑鮮美而深受食客稱譽。

◆ 凌雲灌豬血腸

　　灌豬血腸是凌雲特有的一種風味小吃，它的製作工藝比較複雜。首先把糯米用溫水浸泡幾小時後用機器磨成粉，然後放入新鮮豬血中再新增上酒、鹽、五香粉、香菜等配料，並攪勻，接著預熱後灌入洗好的豬腸中放到冷水鍋裡明火蒸煮，並且還要不斷地用竹竿給豬血腸放氣，以防受熱膨脹而斷裂，待豬血腸全部變色即可食用。其味十分鮮美，香氣濃郁，如若到凌雲一遊，可千萬別忘了品嘗。

◆ 玉林牛巴

　　正宗的玉林牛巴，色似咖啡，油亮，香味濃郁，鹹甜適口，韌而不堅，越嚼越有味。玉林牛巴為下酒美餚，餽贈親朋摯友的佳品。玉林人舉辦筵席以及逢年過節，多喜以牛巴與油炸花生米拼作冷盤。夏秋季節，各攤位的涼拌粉，常以牛巴搭配。

◆ 玉林肉蛋

　　即玉林肉丸，玉林人稱肉蛋。玉林肉丸潔白、嫩滑、鬆脆、無渣、味鮮美，富彈性，從高處扔下，可彈起 10～20 公分。肉丸湯、炒肉丸是筵席的佳餚。民國時期，玉林的酒樓、飯店就多有肉丸出售。

◆ 玉林茶泡

　　是一種味道清甜的泡茶甜品，也是一種精雕細鑿、耐人觀賞的工藝品。玉林茶泡在宋代已有。至清代，玉林的富戶人家，在嫁女時用茶泡敬遍親戚朋友，俗稱「新人茶」。在新郎到女家「迎親」或「回門」時，女家須以大型精緻的茶泡相餽贈。男家也須以同樣規格的茶泡，餽贈女家的「送嫁娘」。逢春節，玉林民間常以茶泡招待賓客。

◆ 玉林炒米糖

　　黃中帶亮，顆粒均勻，狀如蜂蛹、軟硬適中、香甜酥脆，係經過選料、拌糖籠蒸、碓臼熟米、爆米花、熬煮糖油、成型等一系列工藝精製而成。

◆ 巴馬香豬

　　香豬是世界第五長壽之鄉──巴馬的優良小型豬品種，其外貌清秀，體型矮、短、圓，具有皮薄多肉，肉質細嫩，味道鮮美、甘香等特點，適宜多種加工烹調食用，是品質上乘的保健品，深受消費者的喜愛，在區內外享有較高的聲譽。

廣西飲食：百味交融，品嘗道地風情

不能錯過的北部灣海鮮

廣西地處北部灣，近海的汙染都很少，海鮮肥美生猛，暢銷中國各地。特別是依灘傍海的海鮮大排檔，各類魚蝦貝蟹置池中飼養，任客挑選。海邊就餐，把酒臨風，濤聲助興，吃海鮮、觀海面、沐海風，個中情趣，妙不可言。

北海是中國四大漁場之一，防城港的企沙是廣西第二大漁場，東興的金灘海鮮別具一格，各種魚、蝦、蟹令人眼花撩亂，吃法亦多種多樣。在廣西北部灣的大排檔（設有座位的街頭小吃攤）吃海鮮，是廣西人品嘗海鮮的一大特色，因為他們更希望自己的金錢全部用在食物之上。大排檔雖無冷氣，但有自然海風輕拂，而且無需擔心海鮮的新鮮程度，誇張一點說，那裡的海鮮是從海裡直接跳到鍋裡的。

只需要驅車來到海邊城鎮，比如北海、欽州、防城港等地，就可以打聽到哪裡有又新鮮又好吃的海鮮。

種類繁多的廣西米粉

◆ 「米粉之都」──南寧

南寧是中國南疆的著名綠城，因是西南出海大通道的樞紐城市和中國－東協貿易博覽會的永久舉辦地而聞名海內外。在飲食方面，南寧也具有鮮明的特色，其中，以吃米粉最為出名，是有名的「米粉之都」。「米粉之都」名不虛傳，走在南寧的大街小巷，你隨處都可以看到經營米粉的飲食店。即使是在不大的社區內，米粉店也是不可缺少的景觀。所以到南寧來旅行的人，都會不由自主地吃上南寧的米粉。

南寧的米粉品種繁多，做工精細，品質上乘。從品種上看，特色米粉有老友粉、桂林米粉、羅秀米粉；普通米粉有腸粉、肉粉、牛腩粉、酸辣粉、素粉、蘑菇粉等；還有外來傳入的「三品王」和「花溪王」米粉。由於地處南亞熱帶，終年氣溫較高，人們體內的水分消耗大，在飲食方面養成了喜歡食用帶湯水的、易於吞嚥和消化的食物的習慣，而米粉正好迎合了人們這一飲食習慣的要求，因而得到了大發展，形成了南寧無處沒有米粉的「米粉之都」飲食特色。

◆ 南寧特色小吃 —— 老友粉

　　來到南寧，不可不品嘗這裡的特色小吃老友粉。當服務生端上老友粉的時候，你遠遠地就可以聞到一股酸辣味；這股酸辣味並不是特別的濃烈，更不會嗆人耳鼻，而是帶有一股淡淡的清香，勾起人們的食欲，使你頓時產生一種迫不及待地要品嘗這種小吃的欲望。而當你開始食用老友粉時，熱汗也開始慢慢地從你的體內滲出，及至吃完，你已經出了一身汗，而且感到渾身舒爽，精神煥發。這種獨特的飲食經歷是老友粉所特有的，使你一吃忘不了。

　　老友粉作為南寧有名的特色小吃已經有一百多年的歷史。相傳清朝晚期，在南寧市有一家經營米粉和麵條的小餐廳，一位年過花甲的老者是小餐廳的常客，久而久之，餐廳老闆與這位特殊的顧客成為了好朋友。一天，老者與往常一樣來到小餐廳，可是他顯得精神不佳，說話的聲音比往常小了許多，還帶有很重的鼻音，老人感冒了；老者並沒有像以往一樣，點一碗米粉食用，而是請店老闆替他泡一壺茶；餐廳老闆並沒有按照老者的要求為他上茶，而是想著替這位老友做一碗既開胃又提神的米粉，讓老朋友恢復精力，祛除疾病。於是他將蒜米、豆豉、辣椒、酸筍、牛肉末、胡椒粉等用大火爆炒後加湯，做成了一碗酸辣可口

廣西飲食：百味交融，品嘗道地風情

的米粉。老者一嘗，果然胃口大開，很快就把一大碗粉吃完了，並出了一身汗，頓時感到渾身輕鬆，感冒病也好了一大半。由於這種米粉是小餐廳的老闆特意為自己的老友做的，因而就得了「老友粉」這一名稱。很快，老友粉就因其獨特的味道和功效而傳播開來，成為了人人喜愛的著名小吃。

◆ 南寧八仙粉

相傳是清宮食譜之一，因其配有山珍、海味、時鮮八味以上，味道相異相輔，如「八仙過海，各顯神通」，故而得名。八仙粉以鮮滑清爽為特點。

◆ 南寧乾撈粉

把米漿蒸熟後切成條形，拌以調製好的叉燒、肉末、蔥花、炸花生、醬料、香油等即可食用。特點是香、酸、脆、甜、鹹適度，食而不膩。

◆ 南寧捲筒粉

用磨成的米漿放進托盤攤成一張薄餅，撒一些肉末、蔥花在上面，蒸熟後捲成卷即可上碟，佐以醬料、香油等拌以食用。特點是軟滑爽口。八寶飯——將糯米泡溼，拌以食用油、綠豆、百合、蓮子、銀杏、蜜棗、山黃皮、冬瓜糖等近十種清補原料，蒸熟即成。以其香溢軟滑，甜而不膩著稱。

◆ 百吃不厭的桂林米粉

提到桂林的飲食，人們會不約而同地想到桂林米粉。確實如此，桂林米粉是當地居民的傳統食品，也是到桂林遊歷的遊客非常喜愛的食

品。桂林米粉以其韌性好、有嚼頭，味道鮮美而深受人們的喜愛，許多當地居民和來桂林工作的外地人幾乎每天都要吃桂林米粉，有些人甚至一日三餐都是吃桂林米粉，真是百吃不厭。美味的桂林米粉當然少不了上好的滷水和佐料。滷水一般是用八角、桂皮、甘草、草果、小茴香等香料作鍋，放入豬肉、豬骨、牛肉等，同時加入三花酒、羅漢果等多種配料，先用武火，後用文火精心熬製而成，香味清純，營養豐富。佐料則有蔥花、蒜末、辣椒、胡椒、黃豆、花生等。葷菜通常是預先做好的豬肉、牛肉、牛腩、馬肉等。客人來米粉店吃米粉時，師傅將米粉在沸水鍋中燙熱，放入碗中，加入葷菜和滷水，上好湯，端給客人，佐料則由客人根據自己的口味自行新增。

◆ 獨具特色的桂林馬肉米粉

中國的南方地區養殖的大型家畜主要是豬和牛，馬和羊主要是北方的家畜，而桂林的馬肉米粉硬是把南北風味結合在了一起，這本身就是這一小吃的特別之處，自然會勾起人們的好奇心和品嘗的慾望。馬肉米粉的傳統吃法是：使用小碟盛馬肉米粉，通常是一小碟馬肉米粉剛好夠客人吃上一口。待客人吃飽，面前已經堆滿了一大摞小碟，這也成為了吃馬肉米粉中特有的一道風景。由於用小碟盛馬肉米粉，這其中的米粉也是特製的。一小碟盛一根米粉，米粉的長度大多超過一米，用手工方法將米粉纏做一團。客人來吃馬肉米粉時，由師傅用特製的笊籬盛上纏成團的米粉，放入滾沸的馬骨湯內一小會兒，然後連湯一起盛到小碟內，加入馬肉，撒上蔥花、芫荽，淋上花生油，放少許辣椒醬和蒜末，然後端到客人面前，讓客人品嘗。這樣的馬肉粉清香撲鼻，色澤明快，營養豐富，吃來爽滑可口，鮮美無比，讓人難以忘懷。

廣西飲食：百味交融，品嘗道地風情

◆ 消暑開胃的賓陽酸粉

南方的夏天，天氣炎熱。由於氣溫高，溼度大，往往使人難以忍受，輕者精神不振，胃口全無，重者還會出現中暑情況。在這種情況下，你到一家賓陽酸粉店，要上一大碗酸粉，慢慢品嘗。你會感到精力逐漸恢復過來，精神也為之一振，而且更為讓你驚奇的是，你多日沒有食欲的胃口突然變得好起來了，一大碗米粉居然在不知不覺中吃完了。賓陽酸粉酸甜可口，爽滑香脆，具有消暑止渴、健脾開胃、除熱去溼的功能，是不可多得的夏季保健食品。賓陽酸粉歷史悠久，還有著不同尋常的來歷。

相傳，北宋皇祐五年（西元1053年），樞密副使狄青率部南征儂智高來到賓州（今賓陽縣），而儂智高則在距賓陽縣城以西十九公里的崑崙關憑險固守。狄青於元宵之夜在營中張燈結綵、歡宴過節以迷惑對方，暗中卻派出兩千輕騎從背後偷襲崑崙關，而後突然前後夾擊。儂智高措手不及，大敗而逃，遁入雲南大理，狄青大獲全勝。在賓陽居留期間，狄青部下多為北方人，不喜歡吃米飯，提出要吃麵條，但盛產稻米的賓州難以滿足這一要求。但是，賓州人還是用自己的智慧間接地滿足了部隊的要求。他們用稻米浸泡後磨成米漿，蒸成米粉，配以滷水肉片等佐料送到軍營中，受到了將士們的歡迎。時逢南國早春，氣溫驟升，悶熱如夏，北方將士不服水土，出現了拉肚、發痧、不思飲食等現象。賓州人又精心將米粉再度改造，蒸成薄薄的粉片，配以米醋、酸瓜、香菜等調料讓將士食用。將士們食後頓覺胃口大開，神清氣爽，拉肚和發痧竟也不治而癒了。於是這種神奇的米粉就一直流傳了下來，成為賓陽和廣西的著名小吃。

◆ 鮮辣味美的柳州螺螄粉

　　這是柳州最著名也是最受大眾歡迎的一種小吃米粉，具有酸、辣、鮮、爽、燙的獨特風味，由柳州特有的軟滑爽口的米粉，加上酸筍、木耳、花生、油炸腐竹、金針花、鮮嫩青菜等配料及濃郁適度的酸辣味和用螺螄熬成的湯水調和而成。

全州紅油米粉的紅油是什麼

　　到全州旅行，一定要品嘗一下這裡的特色小吃──紅油米粉。這種米粉顏色豐富，香辣可口，味道鮮美。紅油米粉中的米粉並沒有什麼特別之處，關鍵是米粉的湯料、滷水和特色佐料──紅油。湯是用豬的後腿骨經過長時間熬煮而成，呈白色，富含鈣質，營養豐富。滷水則是用當地出產的香料，加上豬肉和其他輔助配料精心烹製而成。紅油是這一米粉的特色，用當地出產的植物油和紅辣椒製成。將本地產的紅辣椒切成細末，放入到滾燙的油鍋中，炸出其中的辣椒素和天然紅色素，很快，油鍋的上面便出現了一層紅色的辣椒油，這就是紅油米粉中的紅油。不能吃辣的客人千萬不能貪多，那樣會辣得你受不了。

廣西飲食：百味交融，品嘗道地風情

廣西人物：
群星閃耀，歷史英傑薈萃

真有劉三姐其人嗎

劉三姐是壯族民間的傳說人物。其傳說最早見於南宋王象之《輿地紀勝》卷九十八〈三妹山〉。明清以來，有關她的傳說與歌謠文獻記載很多。壯族民間口耳相傳的故事與歌謠更為豐富。

據傳劉三姐為唐代壯族農家女，年幼聰穎過人，被視為「神女」。12歲能通經傳，指物索歌，開口立就。自編自唱，歌如泉湧，優美動人，不失音律，故有「歌仙」之譽。15歲時聘於林氏，唐開元十年（西元722年），為抗拒林氏逼婚，與情人張偉望出奔，不知所終。民間多以為雙雙成仙而去。廣西宜山壯族傳說，劉三姐生於唐中宗神龍元年（西元703年），從小聰慧過人，能歌善唱。12歲即出口成章，妙語連珠，以歌代言，名揚壯鄉。後曾到附近各地傳歌。慕名前來與她對歌的人絡繹不絕，但短則一日，長則三五天，個個瞠腹結舌，無歌相對，無言以答，羞赧而退。然而她的才華卻遭到流氓惡霸的嫉恨，後被害死於柳州。傳說她死後騎鯉魚上天成了仙。也有的說她在貴縣的西山與白鶴少年對歌七日化而為石。還有的說財主莫懷仁欲娶她為妾，三姐堅決反抗，莫買通官府迫害三姐，三姐乘船飄然而去等等。

雖然傳說不一，但千百年來壯族人民對她的尊崇與熱愛之情卻是一致的。現在，廣西很多地區都有劉三姐的塑像或劉三姐廟。每當有新的壯歌集問世，必先捧一本供在她的像前。有些地方的歌圩，第一項議程便是抬著她的像遊行。壯族人民尊她為「歌仙」，至今還有「如今廣西歌成海，都是三姐親口傳」的傳頌。

「桂林山水甲天下」出自何人之手

說起「桂林山水甲天下」，可謂家喻戶曉。但這一不朽名句的出處，卻鮮為人知。

南宋時，時任廣西提點刑獄兼權府事的王正功，在為赴京城趕考的桂林考生餞行的宴會上，當眾賦詩，最早提出「桂林山水甲天下」之說。1983 年，桂林市文物工作者在對獨秀峰石刻進行清理時，意外發現這裡刻有「桂林山水甲天下」的字句。

由於宋代旅遊的發展，不少人留下了與王正功類似的溢美之詞。如張洵的「桂林山水冠衡湘」，鄧公衙的「桂林岩洞冠天下」，曾幾的「江山清絕勝中原」，張孝祥的「桂林山水之勝甲東南」等。其中，南宋末年的李曾伯在〈重修湘西樓記〉中直書「桂林山川甲天下」，與王正功的提法十分類似。

另外，據目前考證發現，歷史上最早讚美桂林山水的文章出自南北朝時的大學者顏延之。宋文帝元嘉元年（西元 424 年），他來到桂林獨秀峰遊玩，感悟山水之際，揮筆寫下「未若獨秀者，峨峨郛邑間」的詩句。

從容縣楊外村走出來的大美人 —— 楊貴妃

楊貴妃是中國古代四大美女之一，本名楊玉環，唐開元六年（西元 718 年）出生於容州楊沖（今廣西容縣十里鄉楊外村），父親楊維，母親葉氏。楊外村是一個美麗的小山村，周圍低山環抱，小河從村前流過，四周一片翠綠，荔枝林廣布。小玉環非常聰明伶俐，相貌更是無人能比，

因而人見人愛，在周圍鄉村一傳十，十傳百，迅速傳開，不久，全縣都知道楊維家裡有個非常漂亮聰明的好女兒。3歲時，容州後軍都督楊康將其買回家中做養女。小玉環既聰明美麗，又十分乖巧，深得楊康夫婦疼愛，在養父母家中逐漸長大。在容州「攝行帥事」的長史楊玄炎看上楊玉環的聰明美貌，強行把她從楊康手中買到自己家中做養女。不久，長史任滿，楊玄炎便把楊玉環帶回了長安。

在長安的環境中，玉環日漸長大，知識也不斷增長，成為明經史、諳音律、善舞蹈的美女。很快，楊玉環就成為了唐玄宗之子──壽王李瑁的妃子。唐玄宗見到楊玉環後，更是被其美貌和才氣所傾倒，竟然從兒子的手中搶來楊玉環當自己的貴妃。唐玄宗得到楊貴妃之後，整日沉溺於酒色之中，朝政日漸荒廢，以致在唐天寶十五年（西元756年）發生了安史之亂。玄宗在逃往四川的途中，部隊在馬嵬坡發生兵變，楊玉環被賜死，一代美貌的才女就這樣香消玉殞了。

楊玉環在安史之亂中承擔本不應該由她來承擔的國家動亂的責任，印證了紅顏薄命這一千古名言。至今，在楊貴妃的家鄉──容縣楊外村還保留有貴妃廟、貴妃井等遺址。楊貴妃的故事在當地一直流傳至今。

抗倭女英雄──瓦氏夫人

瓦氏夫人是壯族歷史上一名抗倭女英雄。她本是歸順州（在今靖西）知州岑璋之女，後嫁給田州（州治在今田陽）土官岑猛為妾。她自幼習武，也善管理行政。岑猛死後，她撫養並輔佐孫子、曾孫襲任土官，治理州政，把田州治理得井然有序。明嘉靖三十三年（西元1554年），倭寇侵擾中國東南沿海，朝廷下令徵調田州土官岑太祿率兵抗倭。瓦氏夫

人見太祿年幼，便毅然請纓從徵得到批准。她即率領六千多名俍兵開到江浙前線。

戰場上，瓦氏夫人率領俍兵作戰，取得多次勝利。特別是王江涇一戰，她與湖南永順、保靖土兵互相配合，大敗倭寇，共殲敵四千餘人，僅斬獲敵首級即達 1,900 餘顆。民謠譽她為「花瓦家，能殺倭」，皇帝詔封她為「二品大人」。但正當節節勝利之時，統帥孫經被奸臣害死，逼得瓦氏夫人憤而告病回師田州，她於嘉靖三十六年（西元 1557 年）59 歲時病逝，葬在岑氏土官墓地──「地太」處。墓前原立有石碑、石獅、石狗、華表等，後遭到破壞。經政府努力修復，重立墓碑、石柱，可惜石獅、石狗、華表、墓頂蓋等已散失無存。

「嶺南大儒」──陳宏謀

陳宏謀，廣西臨桂縣橫山村人，清康熙三十五年九月十五日（西元 1696 年 10 月 10 日）出生。雍正元年（西元 1723 年）考中進士，歷任御使、布政使、按察使、巡撫、總督等職，總計外任三十五年，當過二十一任地方行政長官。乾隆三十二年（西元 1767 年），陳宏謀被授予東閣大學士（宰相）兼工部尚書，成為乾隆年間的一代名臣，為建立乾隆盛世立下了汗馬功勞而名垂青史。

陳宏謀的功績貢獻有如下幾個方面：

- 一是倡導百姓廣種桑蠶雜糧，鑿井修渠，墾荒造地，發展農業生產。他任兩廣總督時，指導農民開墾荒地，種植農作物，農民受益不淺。任陝西巡撫時，倡導種桑養蠶，鑿井修渠均有成效。

- 二是興修水利，根治洪患，造福於民。任江西巡撫時，整治贛江水患，使江西人民免受水災之苦。
- 三是重視教育，整頓書院，編印教材，躬身示教，讓人民有書讀，使百姓受教育。陳宏謀在雲南任布政使四年，興辦義學650所，在繁忙的政務之餘，他親手編印了《孝經》、《小學》、《綱鑑》、《大學衍義》，並親身示教。
- 四是正直無私，以身作則，勇於檢舉彈劾不法官員。他曾冒殺身之禍三次上疏彈劾弄虛作假、謊報墾荒田畝數的廣西巡撫金。
- 五是學術成就輝煌。陳宏謀不僅是清代的一位政績卓著的官員，而且又是一個博大精深的教育家和理學大師，被稱為「嶺南大儒」。他治學嚴謹，學識淵博，著述甚豐，主要有《培遠堂全集》及《五種遺規》等。他的著作在其生前和死後都廣為流傳，對後世影響很大。

中國科舉最後一個「三元及第」是誰

在桂林市靖江王城方城南面的正陽門上，立有一塊「三元及第」坊，這是清代兩廣總督為表彰桂林臨桂人陳繼昌連中「三元」（解元、會元、狀元）而特別立下的榮譽牌坊。連中三元，即鄉試解元（縣級考試第一名）、會試會員（省級考試第一名）和殿試狀元（中國考試第一名），不僅是科舉考試的最高境界，也是學子們夢寐以求的榮耀。然而，要在三級考試中都獲得第一名，談何容易。在中國古代一千多年科舉考試歷史上，中國只出過13個三元及第，在清朝的260多年的時間裡，僅出了兩個三元及第，這使得連中三元的學子更加珍貴難得，無怪乎兩廣總督要在桂林王城上立一牌坊來進行表彰和炫耀了。

陳繼昌，桂林臨桂縣人，高祖父陳宏謀，清朝雍正年間進士，官至東閣大學士、吏部尚書等職。陳宏謀一生致力於發展生產，不畏權貴，為人民做了不少好事，並有不少著述，成為嶺南地區的一代儒學宗師。陳昌繼正是在這種良好的家庭氛圍中長大，並接受了良好的教育，加上他天資聰慧，勤奮好學，從小就顯露出了過人的才華，從嘉慶十八年至二十五年（西元1813～1820年），陳昌繼接連參加了鄉試、會試和殿試，連中三元，成為了科舉歷史上的13個三元及第之一，也是中國科舉歷史上的最後一個三元及第。

晚清名將馮子材

馮子材（西元1818～1903年），字南幹，號萃亭。欽州人，父母早亡，少年時流浪街頭，做過木工，跑過馬幫。23歲時投奔天地會首領劉八，因武術高強受到重用。不久後，他接受博白知縣招安，被編入「必勝」營，因鎮壓農民起義有功，升任千總。清同治元年（西元1862年）升任廣西提督，駐守鎮江，圍剿太平軍。同治七年至光緒五年（西元1869～1879年），受越南政府邀請和清廷派遣，三次出關鎮壓退入越南的廣西農民起義軍和譁變的清軍。光緒七年（西元1881年），因與當政權貴不和，「稱疾」解甲歸鄉。

清光緒九年十一月（西元1883年12月），清法戰爭爆發。馮子材主動請纓，率軍入越抗擊法軍，朝廷不許，任馮子材為高、雷、廉、瓊團練督辦。光緒十年（西元1884年），清廷對法宣戰，馮子材上書請戰，並召集舊部，募兵十八營，號「萃軍」，開赴廣西前線。次年2月，駐越清軍敗逃關內，法軍前鋒一度進占鎮南關（今友誼關）。年近古稀的馮子材

受命幫辦廣西關外軍務，被各路將領推舉為前線總指揮，他團結將士，積極備戰，並制定了周密的作戰計畫，率領中國軍隊取得了鎮南關大捷。馮子材因戰功被授予太子少保，加封尚書銜。清光緒二十九年（西元 1903 年）逝於南寧軍旅之中。

陸榮廷與明秀園

明秀園位於武鳴縣城西部的武鳴河旁，三面環水，呈葫蘆狀，面積約三公頃。園內古木參天，假山奇石、亭臺樓閣隱現其中，素以清、奇、古、幽而聞名，是廣西舊園風貌保存較為完整的三大古典名園之一，為自治區級文物保護單位。

陸榮廷（西元 1858～1928 年），原名亞宋，字幹卿，廣西武鳴人，壯族，舊桂系軍閥首領。

據《武鳴風景名勝》記載，明秀園原為縣城西門外荒地，荊棘叢生，老虎出沒。清嘉慶年間（西元 1820 年左右），武鳴舉人梁生杞在河南任知縣二十年後，告老還鄉，在此地開荒建園，將其命名為富春園。梁舉人在園中廣種荔枝、龍眼、扁桃等果樹，使富春園成為了真正的花果園。

梁舉人過世後，富春園逐漸敗落，於是，他的孫子梁流廷便以三千大洋將其賣給了當年的「耀武大將軍」陸榮廷。陸榮廷購得此園後，將園名改為明秀園，並進行了大規模的園林建設，重新鋪設了道路，建設了亭臺樓閣，移植了不少古樹木到公園之中，明秀園也成為了當時廣西三大名園之一。舊桂系首領陸榮廷就是在明秀園的荔枝樹濃蔭下調兵遣將，在亭臺樓閣間迎來送往的。當年在這裡參加軍事會議的李宗仁、白

崇禧當時還只是連排長之類的小官。1921年的兩廣大戰中，廣東軍閥陳炯明的部隊攻入明秀園，燒殺搶掠，將園中的亭臺樓閣大半焚毀。在兩廣大戰中戰敗後，陸榮廷通電下野，勢力衰落，再也沒能重修明秀園。一生崇尚武力的陸榮廷沒有想到，他的武力居然保不住一座自己心愛的莊園，他甚至沒有明秀園的第一代主人梁舉人那樣終老家園的福氣，最後客死上海。

白崇禧與老家的清真寺

在新桂系著名人物白崇禧將軍的老家——桂林市臨桂縣會仙鄉山尾村，有一座清真寺，名為山尾清真寺。在這鄉村地區為什麼也有清真寺？難道白崇禧也是信仰伊斯蘭教的回教徒嗎？人們不禁會產生這樣的疑問。情況確實如此，白崇禧是回族人，信奉伊斯蘭教，是虔誠的回教徒。在白崇禧的家鄉，居住有許多信奉伊斯蘭教的回族居民，而清真寺是他們的禮拜堂，所以，這裡有清真寺也就不足為奇了。山尾清真寺因山尾村而得名，建於明末清初，占地面積近一千平方公尺，有大殿一座，高大寬敞，古風尚存，南北有對稱的廊柱，寺門建在大殿東側。天井明朗，花木扶疏，但畢竟是鄉村偏僻的古寺，昔日的輝煌已經不再。正是在這座清真寺裡，白崇禧在父輩的帶領下，接受了伊斯蘭教的洗禮，成為虔誠的伊斯蘭教信徒。在白崇禧以後的職業軍事家生涯中，一直保持著自己的宗教信仰，從財力、物力上支持伊斯蘭教的發展。即使是在兵荒馬亂的戰爭年代，他還是堅持要求部隊不要進入當地的清真寺。

廣西人物：群星閃耀，歷史英傑薈萃

蔣經國的情人為何落難桂林

　　1942年3月3日凌晨時分，在廣西桂林西郊麗獅路的一所民房裡，忽然傳出了幾聲嬰兒降生的啼哭，兩個月前住進這裡的一位大腹便便的少婦，順利地產下了一對雙胞胎男嬰。這位少婦並非桂林人氏，是突然來到這裡待產的，沒有誰知道她的來歷，也沒有人知道她的姓名和職業。附近鄰居只知道這位深居簡出的嫵媚少婦有些特殊的背景和來頭，因為自從她住進這裡以後，經常能見到一些小汽車在夜間出沒於這座普通的民居。

　　這位不知從何處來桂林待產的女人，名叫章亞若，是蔣經國的情人。她生下的兩個嬰兒，就是她與蔣經國的地下愛情結出的果實。1940年代，蔣經國被江西軍閥熊式輝帶到贛州擔任公署專員職務。此時，贛州公署也來了一位新上任的女祕書，她就是章亞若。女祕書年輕漂亮，辦事幹練，自然得到了蔣經國的賞識，而女祕書也非常崇拜這位見多識廣、年輕有為的上級。日久生情，蔣經國與女祕書發生了戀情。不久，女祕書懷孕了。看著自己心上人的肚子一天天大起來，蔣經國開始為孩子的降生和日後母子的安全做出籌劃。為了保護章亞若和尚未降生的孩子的安全，同時也為了保住自己的名譽，蔣經國在桂林西郊麗獅路租了一所民房，然後讓章亞若在那裡神不知鬼不覺地生下孩子。然而，章亞若是不幸的。她沒有得到蔣家的承認，也沒有看到孩子長大成人，就在孩子出生後不到半年，突然暴病身亡，永遠留在了桂林的土地上。她的死因到今天還是一個謎。

袁崇煥與白馬雙英

平南縣城東三十多公里外有白馬圩，在此建有一間為紀念本縣狀元梁嵩的紀念館和為紀念曾家居此地的明代扶危救國名將袁崇煥的「總制三邊」坊。梁、袁二位是為地方爭了光的一雙英傑，所以這些景點統稱為「白馬雙英」。

梁嵩，五代南漢時平南鵬化（今大鵬鎮）人，自幼家貧好學，終於考中狀元，後因不滿朝廷惡政，辭官歸回故里。離職時他不要皇上賞賜的財物，只請準免除了龔州（轄境相當今平南縣）百姓的一年賦稅。當他返抵白馬圩河口時，遭遇突發山洪，落水遇難。平南人感其恩德，立廟奉祀，後廟毀，1987 年在原址建成梁嵩紀念館。館內繪有梁嵩苦讀圖，碑廊上刻有梁嵩詩文，門口的對聯是：「閬石千秋，尚記春風歸故里；大江百頃，有靈夜月湧寒潮」。

在建梁嵩紀念館的同時，重建了袁崇煥的「總制三邊」坊。袁崇煥考中進士後曾在福建任知縣，因其鎮邊策略為朝廷賞識，調任北方邊防將領，又以軍功逐步升為兵部尚書。在抵抗清軍入侵的戰爭中，有重大貢獻。只是後來被清軍的反間計所害，遭崇禎皇帝處死。這裡建立「總制三邊坊」正是展現了當年他督師薊遼，兼管登、萊、天津三地軍務的豪邁氣概，以紀念他不計個人得失、一心為國的精神。

史祿與廣西

史祿，姓佚，名祿，又稱監祿，秦代督修靈渠的郡監御史。秦王政二十七年（西元前 220 年）秦始皇派兵五十萬分五路進攻百越，由主帥屠

唯率兩路大軍攻西甌。秦王政三十年（西元前 217 年）派史祿主持鑿渠（後稱靈渠），溝通湘、漓，加強糧餉運輸。由於有了充分的後勤保障，秦軍轉敗為勝。三年後，秦始皇統一嶺南，廣西地域被正式納入中央王朝行政區劃。後人在今興安縣靈渠秦堤旁建有四賢祠，奉祀史祿以及後來修濬靈渠的東漢的馬援、唐代的李渤和魚孟威四人。

馬援與廣西

馬援（西元前 14 ～ 49 年），扶風茂陵（今陝西興平東北）人。東漢軍事政治家，虎賁中郎將。建武十七年（西元 41 年），漢光武帝封馬援為伏波將軍，與扶樂鄉侯劉隆以及樓船將軍段志率軍兩萬餘人，兩千餘艘，水陸並進，南下征討徵側、徵貳，歷時近三年。馬援因此曾到過今廣西地域。除作戰外，他還處理政務，組織軍民建城池、修水渠，推廣中原生產技術，發展生產，受到民眾的愛戴。後人用他的名字或官名命名地方或山川，並為他編造故事，寄託懷念之情。桂林有伏波山試劍石和他用箭射穿的穿山，橫縣有伏波灘，龍州修有伏波廟，友誼關外越南的同登古代叫文淵，是馬援的字。人們以其官號建廟，取鎮伏波濤之意，祈求他保佑行船平安。

葛洪與廣西

葛洪（約西元 284 ～ 364 年），字稚川，號抱朴子，東晉丹陽郡句容縣（今屬江蘇）人。曾任掾史、諮議、參軍，晚年聞說交趾出丹砂，求為

勾漏（今北流縣）令。據說他曾在北流勾漏洞的寶圭洞採藥、煉丹、修道和著書立說。清代，在勾漏洞建有葛仙祠和碧虛亭，洞口摩崖碑刻如林，現在刻有葛洪畫像。「勾漏仙蹤」是因葛洪命名的一景，為北流人文景觀之最佳處。容縣都嶠山傳說曾是其棲息之所，崇左白雲洞傳說亦是其煉丹處。

李商隱與廣西

李商隱（西元 813～858 年），字義山，懷州河內（今河南沁陽）人。唐代著名詩人，曾任祕書省校書郎。西元 847 年應桂州刺史兼桂管防禦觀察使鄭亞之聘，掌書記，任觀察判官，於當年六月初來到桂州。次年正月到昭州（今平樂）代理過短時間的郡守。三四月間即離桂北歸。在桂期間作詩三十餘首，〈桂林即事〉一詩寫出了他所見到的不同於中原的異域風光和習俗：「城窄山將壓，江寬地共浮。西南通絕域，東北有高樓。神護青楓岸，龍移白石湫。殊鄉竟何禱，簫鼓不曾休。」〈江村題壁〉一詩寫出了桂北農村的美好和民風的純樸：「沙岸竹森森，維艄聽越禽。數家同老壽，一逕自陰深。喜客嘗留橘，應官說採金。傾壺真得地，愛日靜霜砧。」最值得稱道的是他在桂林寫了〈晚晴〉一詩：「深居府夾城，春去夏猶清。天意憐幽草，人間重晚晴。並添高閣迥，微注小窗明。越鳥巢干後，歸飛體更輕。」此詩比其在長安所寫的〈樂遊原〉「夕陽無限好，只是近黃昏」來，顯示出一種積極的情調。他在昭州寫的〈昭州〉和〈異俗二首〉，可以作為考察平樂唐代社會、風俗和自然環境狀況的詩證。

狄青與廣西

狄青（西元1008～1097年），字漢臣，汾州西河（山西汾陽）人。曾任樞密使同平章事。宋皇祐四年（西元1052年）九月二十七日，狄青被任命為宣徽詢院使、荊湖南北路宣撫使、提舉廣南東西路經制盜賊之事，征討儂智高。皇祐五年（西元1053年）正月初三，他率領三萬一千餘人到達賓州（今賓陽）。正月十五佯裝大宴將佐三日，而於十六夜間繞過崑崙關南下，於十八日在歸仁鋪（今邕寧縣三塘）擊敗儂軍，繼而占領邕州（南寧）。二月五日班師，十六日返至桂州。狄青出師時曾列隊於桂州南門側一大廟前做臨戰動員。凱旋時封此廟為「靈順廟」，並在鐵封山和龍隱洞分別刻了〈大宋平蠻碑〉和〈平蠻三將題名碑〉。

為紀念狄青、孫沔、余靖，宋邕州知州陶弼在望仙坡建三公亭（後改為「三公祠」），並寫有〈三公臺落成飲其上〉詩：「北原喬木外，三將舊屯營。草沒金錘跡，山應玉管聲。路隨關地起，江背瘴天傾。異日誰相繼，來書第四名。」1917年，陸榮廷把亭拆毀，改建鎮寧炮臺。

蘇軾與廣西

蘇軾（西元1036～1101年），字子瞻，號東坡居士，四川眉山人。宋代大文學家、書法家。先後任主簿、判官及殿中丞、杭州通判，轉知密州、徐州、湖州，任過黃州（今屬湖北）團練副使，升為翰林學士，官至禮部尚書，又被貶到惠州（今廣東惠陽）、儋州（今海南儋縣）。

他被貶海南之時，其弟蘇轍（字子由）被貶雷州。紹聖四年（西元1097年）五月十一日兩人在藤州（今藤縣）會面，他作詩勉勵子由：「九

嶷連綿屬衡湘，蒼梧獨在天一方。孤城吹角煙樹裡，落日未落江蒼茫。幽人拊枕坐嘆息，我行忽至舜所藏。江邊父老能說子，白鬚紅頰如君長。莫嫌瓊雷隔雲海，聖恩尚許遙相望。平生學道真實意，豈與窮達俱存忘。天其以我為箕子，要使此意留要荒。他年誰作輿地誌，海南萬里真吾鄉。」他與子由在今藤縣盤桓多日後，經容縣、北流、鬱林（今玉林）、陸川而至雷州，於六月十一日相別，由其幼子蘇過相伴，渡海赴儋。元符三年（西元1100年）獲遷廉州（今廣西合浦）安置。七月初他到了廉州，廉州名士鄧擬請他住在清樂軒，寓所還有長春亭，擅園池竹木之勝。他應主人之請為長春亭題匾懸於亭上，又為清樂軒題記。

他定居清樂軒消息傳開後，石康縣（在今合浦東北）縣令、靈川人歐陽晦夫等前來拜訪。蘇軾寫詩作酬，留下佳話。八月間，蘇軾又獲命徙永州（今湖南永州）安置，他乘舟離廉逆南流江北上，經博白、鬱林、藤州等地赴梧州，與搬家到此地的長子蘇邁相會。然後繼續北上。途經鬱林時，知州王靖殷勤款待，他寫有〈次韻王鬱林知州〉酬謝。途經藤州，知州徐元用父子邀東坡父子同遊東山浮金堂，他也寫詩記其事。詩云：「昔與徐使君，共賞錢塘春。愛此小天竺，時來中聖人。松如遷客老，酒似使君醇。繫舟藤城下，弄月鐔江濱。江月夜夜好，山雲朝朝新……」同時還寫有詩〈藤州江上夜起對月贈邵道士〉：「江月照我心，江水洗我肝。端如徑寸珠，墮此白玉盤。我心本如此，月滿江不湍。起舞者誰歟，莫作三人看。嶠南瘴癘地，有此江月寒。乃知天壤間，何人不清安。床頭有白酒，盎若白露漙。獨醉還獨醒，夜氣清漫漫。仍呼邵道士，取琴月下彈。相將乘一葉，夜下蒼梧灘。」

蘇軾謫居嶺南，喜愛地方風物之美。在惠州曾賦詩稱：「日啖荔枝三百顆，不辭長作嶺南人。」到廉州嘗到了龍眼，則又稱「廉州龍眼，質

味殊絕,可敵荔枝。」賦詩云:「龍眼巧荔枝,異出同父祖。端如柑與桔,未易相可否。異哉西海濱,琪樹羅玄圃。纍纍似桃李,一一流膏乳。坐疑星隕空,又恐珠還浦。圖經未嘗說,玉食遠莫數。獨使皺皮生,弄色映雕俎。蠻荒非汝辱,倖免妃子汙。」他是個美食家,在廉州製作了不少別出心裁的美食。他一改廉州人以前吃羊肉都調成鹹味的做法,以蔗糖調味,人稱「東坡羊」;他還以山芋做玉糝羹,並寫詩稱其「味如牛乳更全清」,「色香味皆奇絕。」人稱「東坡羹」;他還用天門冬根汁釀酒,「天門冬酒熟,予自漉之,且漉且嘗,遂以大醉」。傳說東坡天門冬酒可以預防瘴癘。廉州婦女,「每出入必戴涼笠,以細草編成之,圍以短巾,藉障其面,相傳為東坡遺教,咸稱東坡笠」。他在〈留別廉守〉詩中曾提到:「懸知合浦人,長誦東坡詩?」

今天,他在廉州(今合浦)的居所清樂軒被闢為東坡亭,亭東有「東坡井」,相傳是他鑿的。他親筆手書的「萬里瞻天」匾額還留在合浦海角亭。

黃庭堅與廣西

黃庭堅(西元1045～1105年),字魯直,號山穀道人、涪翁,到廣西後自稱八桂老人,分寧(今江西修水)人。北宋詩人、書法家。他與秦觀、張耒、晁補之同為「蘇門四學士」,而其「書法已與蘇軾齊名。曾任國子監教授、祕書省校書郎、國史館編修等職。司馬光、蘇軾一派被排擠時,他被貶為涪州(今四川涪陵)別駕,黔州(今重慶彭水)安置,並被列為元祐奸黨。崇寧三年(西元1104年)編管宜州,但他即說:「宜州者,所以宜人也。」其兄元明曾寫詞〈送山谷弟貶宜州〉稱:「千峰百嶂

宜州路，天黯淡，知人去……」，可是他一到廣西便為美麗的風光所陶醉，「百嶂千峰」在其〈過桂州〉詩中呈現出了亮麗的色彩：「桂嶺環城如雁蕩，平地蒼玉忽嵯峨。李成不在郭熙死，奈此百嶂千峰何？」桂林榕湖邊上有兩株千年古榕，相傳他途經桂林時曾繫舟其下。後人在此立石建亭以資紀念。宋人劉克莊寫〈榕溪閣〉詩說：「榕聲竹影一溪風，遷客曾來繫短篷。我與竹君俱晚出，兩榕猶及識涪翁。」

到了宜州，地方官不許百姓接侍住宿，他只好「抱被入宿南門城樓」（在東街四牌樓南約三百公尺處）。此處「湫隘暑燠，上雨旁風，市聲喧逐，人不堪其憂」。但民眾為他送來了油鹽柴米和魚肉，還有送竹涼床、中草藥和人參等補品的，因此他仍能堅持讀書、寫作，並「日與州人士講學諷詠其間」。馮京曾說：「黃庭堅之德譽動乎宜。」《宜山縣志》亦寫道：「名賢所至，風教殊焉。」鄰縣的人也有來向他請教的，如中進士的壯族文人區革就與他有交情，區到瓊州任椽官，他曾寫〈青玉案〉詞相贈。

他對宜州人特別有好感，自稱「余往在江南絕不為人作草，今來宜州求者無不可」。一天，宜州人俞若著把他與東漢受黨錮之害的賢人相比，請他書寫《後漢書》中的〈范滂傳〉。他立即默書了全文，僅誤兩字。該年十二月，其兄元明來探望他，二人訪問朋友，暢遊宜陽八景。他在《乙酉家乘》中均有記載。崇寧四年（西元1105年）二月「五日甲辰，諸人置酒餞元明於崇寧並召余，余亦宿崇寧寺」。他也寫有〈宜陽別元明用觴字韻〉：「霜須八十期同老，酌我仙人九醞觴。明月灣頭松老大，永思堂下草荒涼。千林風雨鶯求友，萬里雲天雁斷行。別夜不眠聽鼠齧，非關春茗搞枯腸。」傾訴兄弟之情、故鄉之思。

同年九月重九日，他登郡城樓，聽別人講到「今歲當鏖戰取封侯」，

因作〈南鄉子〉詞一首：「諸將說封侯，短笛長歌獨倚樓，萬事盡隨風雨去，休休，戲馬南臺金絡頭。催酒莫辭留，酒味今秋似去秋，花向老人頭上笑，羞羞，白髮簪花不解愁。」寫此詞時，他「倚欄高歌，若不能堪者」。此後他一病不起，九月三十日溘然長逝。死時無親屬在側，全是由成都來陪的好友范廖處理後事，將其屍體舟載還鄉，並將其《乙酉家乘》刻版傳世。

宜州人為紀念他，在城西門外龍江畔建山谷祠，立衣冠墓，建龍溪書院。祠內豎石刻山谷自畫像及其手書自作像贊詩：「似僧有髮，似俗無塵。作夢中夢，見身外身。」並將他生前借米貸錢所書借帖刻石陳列於龍溪書院用以習字。清順治十五年（西元 1658 年），當時的郡守將刻帖舟載而去，宜州人請留不得，引以為憾。山谷祠有清人所寫長聯云：「謫粵同時亦有人，緣何定國賓州，淮海橫州，不及先生綿俎豆；作神此地原非偶，恰是龍城柳子，潮陽韓子，能令邊徼化詩書。」廣西學者鄭獻甫在〈謁山谷祠〉詩中寫道：「蘇門之客半吾鄉，橫州秦子宜州黃。前人不幸後人幸，萬里為破南天荒。」現在，山谷祠已重建於宜州北山山麓，是一方名勝。

岳飛與廣西

岳飛（西元 1103～1142 年），字鵬舉，相州湯陰（今河南湯陰）人。南宋抗金名將，亦曾被派鎮壓農民起義和征討地方割據勢力。紹興二年（西元 1132 年）曹成盤踞湘桂邊界的道州、賀州，拒絕招安。宋廷詔命神武副軍都統制、權知譚州（長沙）兼荊湖東路安撫都總管岳飛剿勘。曹成在賀州桂嶺與蓬頭嶺以十萬兵布防，岳飛率八千兵與之戰。《賀縣志》

載，因岳飛以寡勝眾，故蓬頭嶺易名為將軍嶺。岳飛曾在賀州賀街鎮河東街東郊設過前線指揮部，後人在此建有南嶽廟以資紀念。灌陰縣文市月嶺村曾駐紮岳家軍，也建有將軍廟。文市唐家田村後有紹興五年（西元 1135 年）所立石碑，上刻「宋大尉岳武穆王平賊駐軍於此」。全州縣大西江鄉四板橋村為紀念路過該村的岳飛，建有精忠祠戲臺。據《融縣志》和民國《廣西名人鑑》所載：高宗初，岳飛任融州清遠軍節度使。民國時期曾在其點將、練兵處建有紀念亭。

徐霞客與廣西

徐霞客（西元 1586～1641 年），名弘祖，字振之，以號霞客名世，生於明末南直隸江陰（今屬江蘇）一個仕宦之家。他用畢生精力探險考察寫出《徐霞客遊記》，是地理學和遊記文學的傑出鉅著。他早期主要是觀覽名勝，數月即返。母親去世後，51 歲的徐霞客才開始國土考察活動。他帶了一位姓顧的僕人，並由赴雲南雞足山獻經的靜聞和尚為伴，取道蘇浙贛到湘桂黔滇作「萬里遐徵」。明崇禎十年（西元 1637 年）閏四月初七入桂，在廣西遊歷一年。

《徐霞客遊記》共六十餘萬字，其中在廣西的記錄達 21 萬字。他對桂、黔、滇這片世界上岩溶分布最廣的一個地域做了系統的、史無前例的科學考察和記錄，闡述了岩溶的成因並作了分類。他記錄的洞穴約 400 個，其中親自入洞考察的有 100 多個。他兩次目測步量桂林的七星岩，對洞穴的分布、方位、形狀、結構都做了詳細的紀錄，與用現代儀器做的測量結果基本相符。他對上林三里佛子南岩考察後指出，岩洞和地下水道由地下水侵蝕而成，並揭示了侵蝕的重要機制──反溢作用。

他記錄中所用的「峰叢」、「天生橋」、「石鏃」、「石乳」等稱謂，成為了學術專用詞語。他開創性地運用了地理比較法、綜合因子分析法和區域描述法。在其記述中，廣西有些地方是「千峰萬岫，攢簇無餘隙」的峰叢地貌；有些地方是「離立獻奇，聯翩角勝」的峰林地貌；有些地方是「土石間出，土山迤邐間，忽石峰數十，挺立成隊」的殘峰丘陵地貌；有些地方則是「石山點點，青若綴螺」，基本上是溶蝕平原了。徐霞客對熔岩地貌的觀察和分類，比德國人腦曼足足早出200年，因而被中外科學家稱為近代地理學的先驅。

在徐霞客筆下，明代的廣西風光十分秀麗。在全州與興安之間是「長松合道，夾徑蔽天」，「連雲接嶂」。越城嶺金寶頂流下的瀑布是「連搗三潭：上方，瀑長如布；中凹，瀑轉如傾；下圓整，瀑勻成簾。下二潭俱有圓石中立承水，水墜潭作勢濚洄尤異」。舟遊灘江，則見「隔江石峰排列而起，橫障南天，上分危岫，幾埒巫山；下突轟崖，數逾匡老。於是扼江，而東之江流齧其北麓，怒濤翻壁，層嵐倒影，赤壁採磯失其壯麗矣」。次日「雞鳴，即棹舟南行，曉波漾月，奇峰環棹，覺夜來幽奇之景，又翻出一段空明色相矣」。船到陽朔，「龍頭山崢崢露骨，縣之四周，（群峰）攢作碧蓮玉筍世界矣」。

他遊歷桂林附近六十多個山峰、岩洞，都有生動的記述。乃至離桂赴柳，途經平塘街夜宿，所記「晚餐後，出坐當街明月下，而清風徐來，灑然眾峰間，聽諸村婦蠻歌謔浪，亦是群玉峰頭一異境也」。數言片語，也足以讓人神往。他乘桴入融縣（今融水苗族自治縣）真仙洞，「漸進漸異」，發出感嘆：「人耶？仙耶？何以至此耶？俱不自知之矣！」他從南寧溯左江西進，「舟行石峰中，或曲而左，或曲而右，旋背一崖，復縈一嶂，既環乎此，轉鶩乎彼……如梭之度緯，如蝶之穿叢，應接不暇，無過乎此。」

康有為與廣西

康有為（西元 1858～1927 年），曾名祖詒，號長素、更生，廣東南海人。戊戌變法的中心人物。三次寓居桂林。第一次是清光緒十年（西元 1884 年），隨時任廣西布政使的叔祖康國器到桂林讀書。第二次是應桂林學士龍澤厚之邀，於光緒二十年十二月（西元 1895 年初）來桂林，在疊彩山景風閣住了四十天，收徒講學，延攬人才。第三次是光緒二十三年（西元 1897 年）元月十日來到桂林，在岑春煊、唐景崧、蔡希邠等支持下，在依仁坊街彭公祠（今市工商聯處）成立「聖學會」，辦廣仁學堂，出版《廣仁報》，宣傳維新變法主張，介紹西方科學和文化，激勵士氣、啟發民智。閒時，與弟子遊覽名勝古蹟，題詩題名。於越山的「康岩」、「素洞」是他發現和題刻的。後兩次在桂林共七個多月時間，寫山水的詩作達三十首，〈灕江雜詠〉組詩，寫他從梧州沿桂江上溯，半月水程所得印象：「石瀨濺濺立鷗鷺，綠杉綴綴隱芳廬。清溪縹碧竹排溜，紅樹青山問賣魚」，「錦石奇峰次第開，清江碧流萬千回。問余平月行何事？日讀天然畫本來」，「拍拍清灘起鷺鶿，蕭蕭疏竹繞臺池。灕江清絕誰人領，入我扁舟一卷詩」。

現在存留在桂林的康有為遺跡有於越山的「康岩」、「素洞」題刻，刻於龍隱岩〈元祐黨籍碑〉下方的〈觀元祐黨人碑題記〉（部分被毀），刻於疊彩山風洞的題名「光緒甲午之臘，南海康長素以著書被議，遊於桂林，居風洞月餘」。

廣西人物：群星閃耀，歷史英傑薈萃

孫中山與廣西

孫中山（西元 1866～1925 年），中華民國國父。在其革命策略中，曾提出過「兩廣首義，各省響應」的方針，曾兩次到過廣西。第一次是清光緒三十二年（西元 1907 年）冬，他派會黨首領黃明堂率兩百多革命軍在內應的配合下，於 12 月 2 日發動鎮南關（今友誼關）起義，占領了金雞山炮臺。4 日他率黃興、胡漢民等從河內乘火車到同登，連夜點火把登上右輔山，犒賞起義官兵，群情雀躍。次日，他叫隨來的法軍退伍砲兵上尉耿氏修改炮座軌道，指揮並親自發炮，炮擊清軍。他是醫學博士，還動手為傷員包紮，為將士汲水解渴。

第二次是 1921 年，孫中山就任中華民國非常大總統兼陸海空軍大元帥後，決定統一廣西，出師北伐。6 月 18 日命令粵、贛、滇、黔各軍集中桂林候命。派陳炯明為援桂粵軍總司令，率部入桂討伐陸榮廷。10 月 15 日下午 5 時，孫中山偕胡漢民（行營祕書長）、許崇智（粵軍長）、汪精衛、廖仲愷、陳少白等乘「寶璧」艦，率北伐軍三萬餘人，從廣州天字碼頭溯西江而上。17 日下午 4 時許，「寶璧」艦抵達梧州西門碼頭。

孫中山頭戴黃斜紋布通帽，身著灰色呢中山裝，腳穿黑皮鞋，拄著手杖走下軍艦，笑容滿面，頻頻向歡迎的人群舉帽答禮。他駐在市政廳（原為梧州鎮守使署，今市委大院右側工字樓）內的行營。警衛團駐在西門，葉挺為先鋒營營長。當晚，他電召駐南寧的陳炯明來梧商討北伐事宜，陳託詞拒召。次日晨，他和胡漢民等乘「廣明」號淺水艦西上，24 日抵南寧。與陳商談未果，於 29 日下午返抵梧州。在梧州 16 天中，他先後視察了軍事要地——龍州、北山、白雲山、長洲島及思達公醫院，創辦軍人教養所，開設中央銀行，接見美國《大陸報》記者，任命一批軍政

官員，整編北伐軍、徵調船員、出席會議、發表演說。11月14月下午，駐梧北伐軍的兩千多人乘船170餘艘北上。次日午1時，孫中山偕許崇智、胡漢民、李烈鈞（總參謀長）、鄧家彥（廣西省黨部主任）乘電輪船沿桂江北上。時值水淺，電輪於下午6時行至倒水烏龍灘與先行船隊會合即棄置不用，孫中山改乘原水警巡船繼續北上。於22日上午11時，船抵昭平。孫中山在縣府後大操場群眾歡迎會上發表演說。

他說，民國成立已十年，有名無實。袁世凱帝制自為，官僚武人割據各省為私有，徐、靳賣國自肥，政府腐敗，國勢日危，官為刀俎，民為魚肉。武昌起義之時，陸榮廷贊成民國，本大總統以為陸雖游勇出身，倘能改過自新，未始不可以為廣西之利。乃狼子野心，盜性難移，仇殺民黨，陰謀帝制，霸占廣西，剝奪民權，以廣西全省為個人之私產。數月前，本大總統順天下之民意，令粵軍驅逐陸輩，將廣西還之廣西國民之手。他還說，梧州到昭平兩百八十里，坐船需要幾天，如通汽車幾小時就夠了。他以此為例，號召廣西全省廣闢道路，開發財富，振興實業。並說，若推及全國，中國之富強可敵於世界。

27日和29日，船經平樂縣城和陽朔縣城，他均上岸下榻，並在群眾的歡迎大會上發表演說。船隊駛抵興坪漁村時已近黃昏，須停泊過夜。為了掌握宿營地情況，他率胡漢民等進村串門訪問，並登上村後的天水寨察看地形。

12月4日，孫中山抵達桂林，設北伐大本營於王城，至次年4月8日才離開，駐蹕四個多月。

孫中山也很喜歡廣西的果品。1923年過生日時，他到虎門要塞去避壽。飯後吃到兩個蒸熟的恭城月柿，很高興。便叫恭城籍的要塞副司令對他講月柿的特性、營養價值和藥用價值。

後來，在桂林王城內的獨秀峰下，建有中山紀念塔。在梧州有中國建成最早的中山紀念堂，南寧、桂林、梧州還命名有中山路、中山碼頭等。

齊白石與廣西

齊白石（西元 1864～1957 年），湖南湘潭人。現代畫壇宗師，曾任中國美術家協會主席。壯年時到過桂林。他把桂林山水當做創作之泉源，認為師古人不如師造化。他 92 歲時在贈給老舍的〈雨耕圖〉上題詩稱：「逢人恥聽說荊關，宗派誇能卻汗顏；自有心胸甲天下，老夫看慣桂林山。」他與胡佩衡論畫時說到：「我在壯年時代遊覽過許多名勝，桂林一帶山水，形勢陡峭，我最喜歡。別處山水，總覺不新奇，就是華山也是雄壯有餘、秀麗不足。我以為，桂林山水既雄偉又秀麗，稱得起『桂林山水甲天下』。所以，我生平喜畫桂林一帶風景，奇峰高聳，平灘捕魚，即或畫些山居圖等，也都是在灕江所見到的。」他愛吃桂林會仙樓的馬肉米粉和魚生粥，其〈憶桂林往事〉詩之一寫道：「粉名馬肉播天涯，粥號魚生美且佳；世味飽嘗思飲水，幾曾經過會仙來。」

清宣統元年（西元 1909 年）二月初，他從海南島乘輪船到北海，六日後買舟往欽州旅遊，參觀了「天涯亭」，並刻「天涯過客」印章一方，畫荔枝一幅作為此行之紀念。八月離開欽州沿西江返廣州，到香港乘輪船北歸。晚年回憶欽州時，對當地的荔枝非常讚賞。寫有〈詠荔枝〉詩稱：「此生無計作重遊，五月垂舟勝鶴頭。為口不辭勞跋涉，願風吹我到欽州。」

胡適與廣西

　　胡適（西元 1891～1962 年），字適之。祖籍安徽績溪，生於上海。曾任北京大學校長。1935 年元月從廣州來到梧州，應馬君武之約到蝴蝶山上的廣西大學為全校師生演講。當馬君武致完歡迎詞回座後，胡適上臺走到馬君武座前，畢恭畢敬地向馬屈膝行禮，感謝老師培育之恩。（胡在上海公學讀書時是馬的學生）然後，做〈讀書的方法〉的演講。他這一尊師的舉動給聽眾留下了深刻的印象。當時，廣西正在全省普及國民基礎教育運動，胡適認為廣西地瘠民貧，要在每個鄉村設一間學校，哪有那麼多的經費？廣西教育廳廳長雷沛鴻陪他到南寧附近的鄉村參觀考察，他目睹孩子們在茅舍、泥屋、破廟、舊祠堂裡如飢似渴地讀書認字，追求知識；又看到村民們有錢出錢，有力出力，修建校舍的情形，便恍然大悟，對雷沛鴻的教學思想和辦學精神有了了解，並大為感動。將離開廣西時，他集《楚辭》句為聯，書贈雷沛鴻：「孰不實而有獲，獨好修以為常。」

徐悲鴻與廣西

　　徐悲鴻（西元 1895～1953 年），中國美術教育家和繪畫大師。1936 年參加世界學術團到桂林旅遊，寫了〈南遊雜感〉：「世間有一桃源，其甲天下山水，桂林之陽朔乎……桂林到陽朔約一百二十里，舟陸可通，江水盈盈，照人如鏡，索回繚繞，平流細瀉，有同吐絲；山光蕩漾，如媚如畫，真人間仙境也。時花間發，鳴禽賡和，如是清流，又復有急。於是漁者架筏，御水鷹，發號施令，雜以歌聲；又有村落歷歷，依傍山水，

不過五六人家,炊煙斷續,長松修竹,參列白牆……」

1937年,應廣西當局的邀請,離開南京中央美院來桂林籌辦美術學院。他帶來了珍藏的大部分畫作,並邀請了一批有才華的畫家來桂林。當局在獨秀峰後西邊城牆角建起了一棟二層樓房交給美院辦公。後來抗日戰爭爆發,需全力支持戰事,辦校因經費困難而中止。他和滿謙子看到廣西藝術教育品質差,就倡辦了廣西省藝術師資訓練班,並親自授課培養美術和音樂教師。在桂林期間,他住在王城內的圖書館,之後遷往陽朔,住在縣南街一號屋。曾請人刻了一方「陽朔天民」的印章,以表其欣慰之情。在這段時期,他創作了〈灕江煙雨〉、〈灕江船夫〉、〈牧童與牛〉、〈九歌圖〉、〈山鬼〉、〈馬〉、〈雞鳴不已〉等作品。現陽朔有徐悲鴻故居紀念館對遊人開放。

李四光與廣西

李四光(西元1889～1971年)湖北黃岡人。地質部部長,中國科學院學部委員。民國初年曾任中央研究院地質研究所所長。1937年末該所遷到桂林雁山,1940年9月,遷至良豐,1944年11月撤至重慶。在桂期間,他還兼任桂林科學實驗館館長、廣西建設研究會經濟部、文化部研究員等多個職務,從事科學研究和講學,每天都很忙。但他還是親自率隊到廣西各地及廣東、福建等地進行地質考察、研究。

在考察雁山時,他得到一塊彎曲成90度的小礫石,這不足一寸長的小石頭凸的一面很光滑,凹的一面有皺紋,認為它是對他在實驗室中許多模擬實驗的補充,是大自然「實驗」的結果,是第四紀冰川活動的見證。他替它取名為「馬鞍石」,拍了照片,又做了一個精緻的木盒將它

保存起來。並以〈一個彎曲的礫石〉為題，寫了一篇論文發表在英國《自然》雜誌上。以後他作學術報告時，常以這塊礫石來說明其見解。經過在廣西各地的多次考察，他對廣西地質構造有了新的發現──確定了廣西山字形構造；又在桂北、桂東等地發現了第四紀冰川的遺跡，進一步否定了外國學者關於第四紀中國不可能有冰川的結論。

郭沫若與廣西

郭沫若（西元 1892～1978 年），四川樂山人。中國文學家、歷史學家、古文字學家和社會活動家。抗日戰爭期間曾於 1938 年 12 月末到桂林，在桂林 24 天裡，多次做了抗日救亡演說，策劃《救亡日報》在桂林的復刊，主持被炸殉難的音樂家張曙的追悼會，中間抽空遊了灕江，作〈舟遊陽朔（二首）〉。其中一首為：「盈盈灕水碧羅紈，百轉千迴盡異觀。峰上鬥雞雕不就，水邊游象畫應難。停舟飽食江魚美，試彈驚飛澤鳥寒。對酒當歌慷以慨，一篝漁火夜方闌。」另一首亦抒發了遊灕江的感受：「此遊我足傲東坡。」他在《洪波曲》第十六章中寫道：「我得承認，桂林、陽朔的山水，在它們的奇拔秀逸上的確是甲於天下的。」

1963 年 3 月廣西歷史學會成立，他前來指導，遊覽了南寧、武鳴、柳州、桂林、興安等地，賦詩二十餘首，其中七律〈南寧見聞〉寫出了他對南疆壯鄉鮮明的印象：「南來又見英雄樹，勁挺枝頭已著花。慈竹參天籠雨露，桃榔拔地入雲霞。摩崖壁畫成專著，徹夜歌聲聽壯家。自治區成方五載，邕江燈火頌繁華。」同時還寫有〈滿江紅〉一詞，「銅鼓雲屯，欣賞了，壯家文化……」記述其對自治區博物館大量的銅鼓陳列的觀後感。

在武鳴，寫有記遊詩二首，稱讚當地的風光是「群峰拔地起，彷彿桂林城。大塊揮神筆，平疇展畫屏……」

在柳州，他登魚峰山時，聽到人們在洞中對歌，便賦詩道：「立魚峰半歌聲發，應是劉三姐再來。駕馭魚龍飛九有，中國到處是歌臺。」他還寫有多首紀念柳宗元的詩。其中〈訪柳侯祠〉云：「柳州舊有柳侯祠，有德於民祀之。丹荔黃蕉居士字，劍銘農塚眾人思。芟除奴俗敷文教，藻飾山川費品題。地以人傳人以地，拜公遺像誦公詩。」

在興安，他同時寫出詩和詞各一首，以歷史學家的眼光對靈渠做出評價。其詞〈滿江紅〉題下有序云：「一九六三年三月二十八日，天氣晴朗，往興安觀秦始皇帝三十三年史祿所鑿靈渠，斬山通道，連線珠江、長江水系，兩千餘年前有此，誠足與長城南北相呼應，同為世界奇觀。」

王洛賓與廣西

王洛賓（西元 1913～1996 年），北京人，中國著名詞曲作家。創作了〈在那遙遠的地方〉、〈可愛的一朵玫瑰花〉等歌曲，傳唱於全世界華人之間，經久不衰，有一代歌王之譽。

1992 年 6 月 27 日，應邀從烏魯木齊來到桂林，做灕江三日遊。隨陪的有畫家、音樂家、詩人、歌唱家、彈奏家、書法家等。東道主租了兩條船，其中一條小船專供王老作曲用。船到大圩，大家都上岸去看。王洛賓認為在現代化的今天，還能保留這樣古樸的風物，十分難得。大家在萬壽橋上同年近 80 歲的王洛賓合影，有人吟出了一首打油詩：「長簷石路封火牆，米做豆腐特別香，長壽橋上駐足嘆，江山無限人百年。」

傍晚，船泊第一站冠岩。月出東山時，江面上銀光閃爍，群峰列障，有一種神祕感，大家不約而同地唱起了王洛賓〈半個月亮爬上來〉等歌曲。

遊程第二站是興坪，大家在如茵的草坡上聽王老譜的灕江歌，便問：您寫得又快又好，是什麼原因？他說：「這不是我寫的，是山自己的歌。」他一邊用手指著起伏的群峰，一邊唱著山的音階。有人說，希望灕江有一條音樂船，一條藝術創作的船，一條讓世界人民進行文化交流的船，開闢旅遊業新紀元。這樣，遊人遊灕江不僅留下錢，而且還留下風景文化的瑰寶。王老很讚賞這個想法，並說他自己也有兩個願望，一是在新疆辦一個音樂大學，二是在灕江辦一所面向世界的藝術大學。灕江是音樂、美術和文學創作的永不枯竭的泉源。

遊程最後一站是陽朔福利，這是一個風景幽雅的古鎮，也是民間繪畫之鄉，有上千的農戶繪製畫扇出售。遊江的最後節目是大家留下墨寶，最精采的是黃君度潑墨畫群山，王洛賓在山下畫了三條起伏而流暢的曲線，這是藝術家們灕江三日遊最好的總結。王洛賓在桂林寫了六首歌曲，其中〈灕江姑娘〉歌詞是：「灕江姑娘眼睛美，像是秋天灕江水。一江秋水令人醉，朦朧山影朦朧月。灕江姑娘好身材耶，灕江水上划竹排。一曲山歌好自在，引得兩岸雁徘徊。灕江姑娘最剛強，灕江岸上擺市場。珠寶玉器閃光亮，要當世界老闆娘。」

廣西人物：群星閃耀，歷史英傑薈萃

廣西民居：
匠心獨運，承載歲月溫度

廣西民居：匠心獨運，承載歲月溫度

適應當地環境的民居建築 —— 壯族干欄

在廣西的鄉村，到處都可以見到一種以竹木結構為主的多層小樓房建築，這就是壯族鄉村的典型民居 —— 干欄。干欄通常為三層，建築材料以木頭為主，一些地方使用楠竹，還有一些地方的干欄下層使用岩石做建築材料。干欄由立柱支撐，牆壁和樓板也多用木頭或楠竹。干欄的下層一般用來飼養牲畜，放置家具、柴火等雜物；第二層住人；第三層保存糧食。干欄建築是廣西壯族居民的傳統居住建築，已經有了上萬年的歷史。據考古發現，在距今6,000～10,000年前的頂獅山新石器時期，壯族的先民就已經有了成熟的干欄建築了。

干欄建築是壯族先民根據自然環境條件建造的有益於自身的健康和發展的居住建築，凝結了人們的智慧。廣西地處副熱帶（大部分地方屬南亞熱帶）地區，終年氣溫高，降水多，溼度大。在遙遠的古代，這裡是廣布的原始森林，森林中有大量的毒蛇猛獸，蚊蟲眾多。如果只是建平房，人們居住在裡面容易受到毒蛇猛獸的襲擊，還有大量的蚊蟲來侵擾。而且，由於溼度大，放在地面的糧食等容易腐爛變質。建設干欄，人住在第二層，不易受到猛獸的攻擊，蚊蟲也大大減少，有利於人的安全和健康。穀物放在第三層保存，比較乾燥，不易腐敗變質。干欄的第一層用來圈養家畜，便於人們照料。在遇到食肉動物來偷盜家畜時，住在上層的人可以透過製造響聲的方法嚇跑那些不速之客。現在的環境與古代相比，有了很大的變化，但在許多鄉村，人們還是習慣於住干欄。不過，在許多地方，干欄的建築材料變成了磚石，家畜與人住的地方也分開了。

白褲瑤的糧倉

　　走進白褲瑤村寨，首先映入眼簾的是一排排形狀各異、大小不一、造型獨特的糧倉，形成了瑤寨一道充滿獨特風情的風景線。白褲瑤的糧倉由木材建成，離地面距離約為兩公尺左右，下部由木柱支撐。柱子的上方是木材建造的倉庫，主要用來保存糧食，家裡有貴重物品一般也存放在糧倉中。糧倉主要有圓倉和方倉兩種，圓倉較小，也比較原始；方倉較大，對糧食的保存保護功能較強。圓倉呈圓柱形，頂部為錐形，倉頂覆以茅草或稻草，頂部捆紮裝飾成寶葫蘆形，並按比例分別在周邊插上3～5根木條，遠看如四射光芒，獨具特色。方倉多呈正方形或矩形，由於倉體較大，下面支撐的木柱也較多，通常由四根木柱支撐，也有用六根木柱的，倉頂用青瓦覆蓋。有的方倉還是由兩個倉組成的。白褲瑤生活環境比較艱苦，糧食是他們最為貴重的東西，因而也特別珍惜。白褲瑤的糧倉大多建在村頭，離居住建築約30～40公尺遠，主要是為了防止火災燒毀人們賴以為生的糧食。白褲瑤地區民風純樸，村頭的糧倉通常不用上鎖，也無人看管，沒有人會去偷盜別人家的糧食，也沒有誰會偷竊別人的貴重物品。

苗族的吊腳樓

　　苗族人民世代居住在山區，根據山區傾斜不平的地面特點，發展和形成了具有特色的吊角樓民居建築。吊腳樓樓房依山而建，後半部建在地面上，前半部懸空，以木柱支撐。吊角樓用當地盛產的木材建成，木

廣西民居：匠心獨運，承載歲月溫度

柱木牆木樓板。樓的後半部與前半部之間通常有數公尺高的陡坎，房架高6～7公尺，為歇山頂，穿斗挑梁木架干欄式樓房，樓頂蓋青瓦或杉木皮。苗家的吊腳樓有的為三層，有的是兩層。三層吊腳樓的第三層通常很矮，不住人，用來堆放糧食；第二層是住人的地方，前部有寬敞的客廳中堂，中堂的前簷下裝有靠背欄杆，形成一個木製陽臺，也是聚會、納涼、休息和望遠的地方，後面是廚房和臥室；底層堆放雜物，飼養家畜。兩層吊腳樓沒有上層，第二層住人，第一層堆放糧食和雜物。吊腳樓是苗族典型的民居建築，但在廣西山區生活的侗、瑤、壯等少數民族同樣也建有吊腳樓民居。

侗寨的鼓樓

鼓樓是侗鄉特色的公共建築，一個侗寨至少有一個鼓樓，大的侗寨可以有五六個鼓樓。鼓樓至今仍是侗家人議事、休息和娛樂的場所，是侗族地區的建築標誌，也是侗族人民團結的象徵。鼓樓前通常是一個大廣場，每逢節日，侗寨男女老幼便歡聚在鼓樓前「踩歌堂」或看侗戲。夏天，人們到鼓樓聊天乘涼；冬天，大家圍坐在鼓樓內的火塘邊講故事。侗寨鼓樓外形象個多面體寶塔，一般高十多公尺至二十多公尺，幾層至十幾層，內部用杉木柱支撐，向上收斂。鼓樓內部中間用石頭砌有大火塘，四周置木欄杆，設有長條凳，供人們歇息用。樓的尖頂處置葫蘆或千年鶴塑像，象徵寨子吉祥平安。樓簷角突出翅起，給人如飛似躍之感。過去鼓樓中都懸掛有一面牛皮長鼓，平時村寨裡如有重大事情，即登樓擊鼓，召眾商議。有的地方發生火災、盜匪，也會擊鼓呼救。一寨擊鼓，別寨回應，消息很快就傳到深山遠寨，人們聞聲趕來相助。廣西

三江侗族自治縣的馬胖鼓樓呈正方形寶塔狀，底部邊長 12 公尺，高 13 公尺，共九層，屬於全國重點文物保護單位。

龍勝壯、侗、瑤特色三寨

金竹壯寨位於龍勝各族自治縣和平鄉龍脊梯田山麓，縣城東南二十公里外。世為壯族聚居，1992 年被聯合國教科文組織譽為壯寨楷模。該寨為龍脊十三寨之首。

金竹寨建於清末民初，依山就水，建造在龍脊梯田山麓的陡坡上。占地五萬平方公尺，建築面積約 3,500 平方公尺。現居住著 154 戶，七百多人。每戶面積在 100～200 平方公尺之間。壯族住宅係三層木樓結構，以石頭做地基，高壘石坎，保持傳統的干欄（麻欄）式建築風格。來到金竹寨，走進壯家麻欄木樓，就可品嘗到清朝皇室貢品「龍脊茶」和被西方人稱為「東方魔水」的龍脊水酒，以及壯家五色糯米飯。在寨中歌舞坪還可看到壯族「師公舞」、「扁擔舞」、「板凳龍舞」、「奇特的迎親儀式」，逗趣的「拋繡球」，神祕的「姑娘石」。

銀水侗寨位於龍勝各族自治縣縣城西 1.5 公里處，占地面積 40 畝（約 2.7 公頃）。該寨依山傍水而建，有風雨橋、寨門、戲臺、蘆笙坪、鼓樓等建築，另建有九棟小木樓，全杉木結構。占地 3,000 平方公尺，建築面積 1,500 平方公尺，共有房屋十座，最高處建築，相對高度約 150 公尺。風雨橋橫架於山麓水庫區水面，集橋、亭、廊為一體，全長二十餘公尺。穿過風雨橋，登石級曲徑至半山腰，即為侗寨中心。中心有戲臺和坪場，是侗胞聚事和歌舞之地。最高處的一座為五層簷口吊掛柱環廊的高大木樓，飛瀑在其右側，氣勢壯觀，猶如空中瓊樓。始建於乾隆年

廣西民居：匠心獨運，承載歲月溫度

間（西元 1736～1795 年），現為 1993 年重建。

遊客來到寨前，便可聽到聲震山谷的蘆笙迎客曲。進入寨門，喝罷侗妹的敬客茶，到蘆笙坪觀看侗族風情表演。在這裡有蘆笙舞、春牛舞、多耶、新娘挑水等表演，可品嘗以酸為突出特色的侗族風味菜，如酸鴨、酸魚、酸肉、酸辣湯、魚生等。夜宿侗寨，將可聆聽動人心弦的侗族琵琶彈唱和情歌調。

白面瑤寨位於龍勝各族自治縣城東泗水鄉白面寨，距矮嶺溫泉核心區五公里，為紅瑤世居。村寨依山傍水，風景秀麗，寨前是奔流的桑江，寨後是一片原始次生林。著名的白面奇石如巨龍之舌，故名龍舌岩。從龍舌岩往上走石板路一百公尺，是一片典型的瑤族護寨古樹，白面瑤寨就坐落在這片護寨古樹的後面，瑤族獨特的半邊樓錯落有致地分立在山邊。寨邊的石板坪，清代刻立的石碑，是紅瑤社會組織「團社」制時代的產物，是紅瑤歷史發展的見證。

白面寨瑤族，早在宋代以前已經遷入現境。該寨建築在相對高度兩百餘公尺的山坡坪地上。占地約 3.5 萬平方公尺，建築面積約 3,000 平方公尺。石頭地基，第一層半邊著地，半邊懸空，為瑤族獨特的三層半邊樓式建築。

工藝精湛的海邊古建築 —— 大士閣

位於合浦縣東南角的山口鎮永安村永安古城遺址內，又名四排樓，距北海城區 110 多公里。

永安古城是明代廉衛轄下的永安所在地，是中國古代沿海地區抵禦外侮的海防重地之一。大士閣距海岸不遠，登閣即可眺望茫茫大海。它

建於明萬曆四年（西元 1576 年），清道光年間（西元 1821～1850 年）重修。原是古城中的佛教建築，曾有許多佛像，並供有觀音大士，因名大士閣。自建成至今 400 多年以來，這裡歷經多次海嘯和特大的颱風暴雨、地震的禍害，附近民居多有塌損，古城亦在歷史的滄桑中廢棄，但大士閣依樣屹立於原處。

　　大士閣建築面積 248 平方公尺，由前後兩亭組成，後亭高於前亭 1 公尺，兩亭前後相連相通，中間並無大井分隔，各分上下兩層，上層作閣樓式，下層作無圍欄的敞開式，閣的下部面四開通。整座樓閣靠 36 根木圓柱布成長方形來支撐，柱腳並不入土，而是支撐在雕有寶蓮花的石墊上，其中一條主柱柱腳懸空，各柱間有 72 根牽梁連繫著，梁柱縱橫交錯，全用榫卯或穿枋連線，不用一釘一鐵，簷內柱頭上做三跳丁字拱，層層出挑承托外簷。木構件用的是南方出產的鐵木，十分堅實。閣脊中央，雕飾有雙龍戲珠，兩端有丹鳳展翅，四邊飛簷各有一隻神態逼真的獅子，封簷板均飾龍鳳、花鳥、走獸等浮雕，閣四邊鑲嵌著精雕細刻的鏤空花窗。所有裝飾均具有濃郁的生活氣息和民間藝術特色。全閣建築藝術精湛，無論從建築科學或裝飾藝術角度看，均有重要價值，對研究永安城歷史也有重要意義。

蘇東坡的人生驛站 —— 合浦東坡亭

　　東坡亭立於廉州鎮合浦師範學校校園內，是宋代著名詩人蘇東坡途經合浦時暫居之遺址。宋元符三年（西元 1100 年），蘇東坡獲赦奉詔自海南返中原，途經合浦。受當地名士鄧擬、張左藏熱情接待，在「清樂軒」居住兩個月，留下〈廉州龍眼質味殊絕可敵荔枝〉等詩文及傳說。後人遂

在「清東軒」與「長青亭」之間建東坡亭。歷代幾經興廢，現亭是 1984 年重修的。

東坡亭為歇山頂二進亭閣式磚木結構，兩亭相連。第一進為別亭，現懸掛於正門上的「東坡亭」匾額乃後人據廉州知府（宋代、廉州州治設於今合浦縣）李經野字跡複製。左右兩側亭壁開兩個大圓門，亭頂脊中部彩塑雙鳳朝陽，兩端簷角飾獅子滾繡球。第二進為主亭，亭內正面壁上嵌有蘇東坡像陰紋石刻一塊及其他詩文碑刻。亭左側迴廊鑲嵌著蘇東坡在廉州寫的全部詩作。亭內有五副對聯，其中一聯是集東坡詩句而成：「最宜月白風清夜，須記橙黃橘綠時。」

亭東有東坡井，傳為東坡所鑿。亭西有扁舟亭，建於清末。

罕見的景觀古橋 —— 惠愛橋

惠愛橋於 1995 年被定為自治區文物保護單位，位於合浦廉州鎮惠愛路的西門江上。清宣統三年（西元 1911 年）建成。橋跨度 26 公尺，中間無橋墩，橋面寬 2.75 公尺，橋面至橋頂高 5.64 公尺。

橋為泥水工出身的蔣邑雍設計並承包施工。橋身全部用印尼產的坤甸木建成。此種木料質堅耐腐，比重大於水。結構形式為三鉸拱（設有下弦拉桿的人字架），拱腳支承在兩岸石砌的欖核形橋墩上。橋墩旁還設有磚砌弧拱式洩水孔。橋上部為四根 40 ～ 50 公分的方木所組成的兩個三鉸拱。橋面沒有拉桿，而是透過木豎桿將橋面梁懸吊在兩榀（ㄆㄧㄣˇ，木屋架量詞）人字架下面。構件連線全部為榫接。建造時只有跨中的上下接觸點及拱腳接觸點設定了鋼夾板，其餘部分無任何鐵件。民國年間加固時才在其他受力處補加鋼夾板、橋頂蓋瓦，以防雨水滲入各主要

構件。橋頂上還有盛油孔六個，內裝生桐油，以保養上部結構的六根主要構件。像這樣的橋梁結構，在廣西屬於首創，在中國亦屬罕見，對橋梁建築科學有重要研究價值。

經典浪漫的景觀古橋 —— 花橋

　　原名嘉熙橋、天柱橋，始建於宋代，明代做過兩次大修。初為五孔石橋，橋式、橋亭與現在水橋部分大致相同。原橋被洪水沖塌，明景泰七年（西元 1456 年）在原址重建木橋。嘉靖十九年（西元 1540 年）改建為石橋。改建中，為減少洪水對橋身的沖擊，在四孔水橋外加築了一段旱橋，可產生分洪、保護橋梁安全的作用，經過四百餘年風雨，一直保存至今。古代此處屬於郊野，春夏山花爛漫，詩云「滿溪流水半溪花」，故更名花橋。1965 年再次大修花橋。1990 年以來改建七星公園大門時，填掉花橋一旱拱，現橋為四水拱、十旱拱。踏上花橋，看月牙山紅柱飛簷，有如仙境瓊閣；觀七星公園奼紫嫣紅，萬木蔥翠，諸峰聳峙。踏過長虹，回望花橋，但見四個大圓拱映入水中，如同四輪明月相照，瑰麗奇絕，被稱為「花橋映月」。

中國歷史上時間最長的州縣所在地 —— 賀街古鎮

　　賀州市的賀街古鎮為賀州重鎮，從漢元鼎六年（西元前 111 年）至 1952 年 9 月，共 2,063 年的時間內，一直是郡、州、縣治所。由於歷史

悠久，人文景觀頗多。主要有臨賀古城、文筆塔、粵東會館、桂花井、姓氏宗祠群等。

◆ 臨賀古城

位於賀街鎮河西街臨江西岸。古城占地 0.34 平方公里，唐宋就建有城牆城壕，明、清均曾重修。原為板築城垣，青磚鑲邊。東垣以臨江為池，依河岸略做弧形，長 840 公尺，寬 23 公尺，殘垣高 5 公尺，南、西、北城牆外有護城河。四面各有一城門，城內有縱橫街道，治所居中，地勢比周圍略高。今城內還有古街道和古建築，城牆磚已拆，土牆（板築）尚存。

◆ 文筆塔

位於賀街臨江西岸，也叫魁星樓，是古時作為「尚文」象徵性建築物於清乾隆五年（西元 1740 年）建的，共五層，高 27 公尺。塔身呈六角形，每層的六角邊上各有「山」字形窗，塔體用大青磚砌造，表面呈紅色，頂上蓋綠色琉璃瓦，頂尖飾寶葫蘆，門額是黑色「魁星樓」三個大字。可惜附近與它遙相呼應的另一座「魁星樓」和更大規模的宮殿式建築文廟已被毀。

◆ 粵東會館

位於賀街鎮河東街，始建年代無考，清道光二年（西元 1822 年）重建並保留至今。由前、中、後三大殿及兩側廂房組成。臺基由前（西）殿至後殿，逐級升高，硬山、斗栱結構，石柱支撐（其中前殿六根、中殿六根、後殿四根）。雕梁畫棟，壁畫精美，至今保存尚好。

◆ 桂花井

　　是一口位於賀街河西，舊縣城南門內已有四百年歷史的古井。據井旁碑文記載，此井建於明天啟元年（西元 1621 年），重修於清嘉慶元年（西元 1796 年）。井呈圓形，直徑約 1 公尺，深約 9 公尺，井欄用整塊大青石鑿成，厚約 20 公分，高出地面近 1 公尺。因井水供附近居民四五百人飲用，井欄已被打水繩索磨出道道溝痕。井壁上部用青磚砌成，遍長苔蘚；下部用弧形青石精砌，呈黛色。井壁滲出的泉水叮咚下滴。建井之初，便在井旁栽一棵桂花樹，井也因此被稱為「桂花井」。舊時，「桂水噴香」被列為賀縣八景之一。

◆ 姓氏宗祠群

　　是賀街古鎮至今仍保存完好、古香古色、規模巨大的姓氏宗祠群。最大的為黃氏宗祠，其子孫散居湘、粵、桂等省區，人口約 16 萬人。另一修繕完好，富麗堂皇的羅氏宗祠，亦有數百年歷史。祠內近百個牌位一排排陳列，全為白色大理石製成。

廣西楹聯第一村 ── 靈山縣大蘆村

　　大蘆村古建築群位於靈山縣佛子嶺鎮的大蘆村，距靈山縣城三十二公里。這裡有 4,600 多人口，有 15 種姓氏，其中勞姓人口占 3/4。明嘉靖至清道光年間（西元 1522～1850 年），勞氏先輩建造了鑊耳樓、東園別墅、三達堂、雙慶堂、勞克中公祠等一批古宅建築，占地面積近 45 萬平方公尺，建築面積 2.2 萬平方公尺，是廣西至今留存最大的明清民居建築群落。

廣西民居：匠心獨運，承載歲月溫度

　　這些古建築群東依坡而建，前傍魚塘，連綿起伏，屋脊層疊。每個群落採用外封閉、內迴環的形式，尤其東園別墅簷廊縱橫，迂迴曲折，有如迷宮，即使本村人走入，也往往難尋出路。它顯示出了嶺南派古民宅的高超建築水準。

　　大蘆村勞姓四代祖勞弦曾在明崇禎年間（西元 1628 ～ 1644 年）任兵部職方事主政。之後，人才輩出。至清代，共有國、府、縣文武生員 88 名，其中 32 人出仕做官。現在，古宅群的門口、廳堂、樓閣上還掛著當年皇帝、總督、巡撫、布政使、學政等權貴、顯要人物賜封、題贈的許多匾額，極具書法鑑賞價值和歷史研究價值。

欽州靈山大蘆村古鎮建築

　　這裡的楹聯特別多且內容豐富，留存的共 305 副其內容幾百年沿用不變，年年抄錄更新，在固定位置張貼，不許混淆。勞氏第十代孫勞念宗於清道光年間（西元 1821 ～ 1850 年）考國子監獲第一名後，兩廣總督特授「撥元」匾額，其門聯為「文章報國，孝弟傳家」，延續至今。另外還有如「大家露湛，廬舍雲連」、「勤與儉，治家上策；和與忍，處世良規」、「讀書好，耕田好，識好便好；創業好，守成難，知難不難」等。或寫景狀物、敘事述史，或寄情抒懷、教誨子孫，均文詞清切，含意雋永，表達了修身、齊家、立業、做好人的思想。大蘆村被評為「廣西楹聯第一村」。

大型經典古建築群 —— 竹山

　　竹山古建築群位於欽州市北部的那蒙鎮內，是一組磚木結構、雙面呈坡形層面的封閉式庭院建築。

　　古建築群原有 15 座，現存 10 座，大都占地寬闊、規模宏偉。如茂林堂，它包括司馬第、中軍第、大夫第和武館等主建築和花園、水榭、炮樓、地下室等附屬建築，面積達 4,020 坪。在居住、衛生、禮樂、防衛等方面都有統一的安排。輩分高的住在進深的居中處；客廳只會男客，另有專會女客的叫花廳；廊房的飯廳為傭人所用。明顯表現了封建等級和禮制觀念。

　　古建築群外表樸實，內部裝飾卻相當講究。從內牆、封簷、雀替、門扇、窗格、山面、屏風頂、底梁、屋架頂及挑尖梁、梁罩等，均可看出不同時期的建築風格和藝術特點。如建於清乾隆年間（西元 1736～1795 年）的贊府第，只是在挑尖梁做象鼻形及淺平雕略施單色，屏風頂是簡單的幾何排列，窗格顯得線條重複；建於清嘉慶年間（西元 1796～1820 年）的茂林堂，裝飾藝術開始用封簷，做纏枝花狀，木刻浮雕是單彩淡青；而其後的三德堂（建於清同治年間即西元 1862～1874 年）、九如堂（建於清同治年間即西元 1875～1908 年），在藝術造型和色彩運用上就較為完美。僅九如堂，其內牆便有單色條幅花卉達四十多公尺，不同內容的浮雕壁畫七十多幅。這些浮雕壁畫內容都來自民間傳說或歷史典故，如「燕山教子」、「文王訪師」、「郭府祝壽」、「龍鳳搶珠」等，藝術上構圖飽滿，刀法流暢，形象生動，色彩豔麗。在防衛設施上，每個堂、第都有堅實的夯土圍牆，牆上槍眼密集，四角炮樓高聳，有的還建有地下室，並設射擊孔，像個獨立的碉堡。而堂第之間又可互相支援，

連成一個堅固的整體。

竹山古建築群是目前廣西所發現的在一個自然村裡古建築數量最多、品質最佳、保存最好的典型建築群。

天下繡球第一街 —— 舊州古鎮

位於靖西縣城南九公里，有公路通達。自唐代開始，舊州鎮就先後是歸淳州、歸順州、溫弄州、順安峒的治所，直至明天啟六年（西元1626年）歸順州治所才從舊州遷至今縣城。據清《歸順直隸州志》載，南宋景炎元年（西元1276年），江西省廣信府廣豐縣（今江西省上饒縣地）人張天宗隨文天祥抗元兵敗，率部下三百餘人退走廣西，一路西撤，迷路進入順安峒，看到這裡山清水秀、林木茂盛、氣候溫和、民風純樸，就此住下與土民一起闢墾山林，開荒造田，引水灌溉，還把內地先進技術和文化傳授給當地土民，使這個偏僻的壯族山區經濟文化得到發展。百姓悅服，尊張天宗為峒官。以駐地那堪為中心，把轄地劃分為五個峒，每個峒分四路四甲，以利於行政管理和軍事防務，並設定「亭田」，用其收入補助婚喪嫁娶、孤寡傷殘之人，還設鄉塾教育土民子弟。境內男耕女織，安居樂業，一時成為邊地「世外桃源」。

舊州是壯族聚居地，過去壯族青年男女唱歌傳情，就以繡球為信物，故舊州家家戶戶均會製作繡球。他們用綵綢剪成12片球瓣，繡上圖案，裹以填充物，再連線成球，成為這裡特有的工藝品。為適應市場形勢，舊州已出現了「繡球一條街」，展銷各式精美繡球。隨著旅遊業的發展，「舊州繡球」已聞名遐邇，每年有二十多萬顆精美繡球遠銷海外。

顯赫一時的岑門三總督故宅群

位於西林縣那勞鄉那勞村,是岑氏一門三總督雲貴總督岑毓英、四川及兩廣總督岑春煊的老家,故宅以「宮保府」為主體的建築群大部分尚存。它是廣西保護得較好的舊時高官家園。主要建築如下:

◆ 宮保府

是岑氏故宅群中規模最大的建築。因岑毓英在清同治十三年(西元1874年)被授予太子少保銜,簡稱「宮保」,於是家宅即稱為宮保府。它坐落於西林縣那勞村中央,坐西朝東,依山傍水,院前為村舍包圍,全府占地面積3,600平方公尺,原有大小平房八間,後擴建至十三間。清光緒二年(西元1876年)始建,光緒五年(西元1879年)落成。主體建築有頭門,門兩側為八字牆,還有前廳、後廳、正廳、廂房、佛堂等。外築兩公尺高的青磚圍牆,圍牆南、北各築一道閘門,閘門有門聯,南門為「岩狼邑大樂,草木含青色」、北門為「江山助磅礴,文物照光輝」。北閘門前三公尺外,立有四面碑,前面石碑刻「文武官員到此下馬」,後三面石碑刻「誥封記」,記述岑毓英一生功績。

正廳內原掛有清慈禧太后御筆題寫的「福壽」、「松竹」、「禾壽」(禾,意為僅次於皇帝的官)等字匾,均黑底黃字。「福壽」匾是因岑春煊曾在光緒二十六年(西元1900年)九月給慈禧和光緒帝保過駕,被賜任陝西巡撫。慈禧知道他40歲生日快到,便贈此匾祝壽。「松竹」、「禾壽」匾則是岑春煊任兩廣總督期間,分別於光緒三十年(西元1904年)、光緒三十一年(西元1905年)年,受慈禧賜贈,以慶賀他這兩年的生日的。現此三匾均存於縣博物館。

廣西民居：匠心獨運，承載歲月溫度

◆ 岑氏宗祠

位於「宮保府」右後約 100 公尺處，清光緒二十二年（西元 1906 年）岑春煊建。祠堂占地約 800 平方公尺，分前後院，後廳是神堂，兩廂房是陳列室，前後廳之間是天井，天井中間的方形石臺上有繪著飛鶴的六角形亭子，名叫鶴亭。前廳中間是大門，大門下來是十二級臺階，臺階腳下是方形外院，院外對著大門有一面照壁，壁面畫巨龍戲珠。由於歷史原因鶴亭、前廳及兩廂房、照壁、臺階等均已被毀，現只餘下後廳一間。

◆ 增壽亭

位於「宮保府」北側約 30 公尺處，清光緒十年（西元 1884 年）建，因呈八角形狀，故稱八角亭。共三層，內徑 3 公尺，高 12 公尺。底層為磚牆，內壁繪天上諸神並以篆書題字；二三層為木結構，頂層蓋瓦。

◆ 南陽書院

即那勞岑氏學堂，因岑氏神堂為南陽堂，故此處也順著「南陽」詞意稱為南陽書院。為清光緒二年（西元 1876 年）岑毓英初建，光緒八年（西元 1882 年）擴建，面積 420 坪。有院門、前廳、後廳、左右廂房各一間廚房，組成一個四合院。後廳內設孔院，又稱聖堂，孔位旁置岑毓英所撰〈岑氏祖訓〉座碑。前廳大門上方懸掛「南陽書院」正楷體木匾，黑底黃字，為岑春煊在廣州請人製好送來。前廳內的屏風寫有正楷字體的〈岑氏族塾箴〉，紅底黃字。門外廊簷下設有「教訓座」。

◆ 榮祿第

是那勞岑氏故宅建築群中至今保存較好的一組建築,位置緊靠南陽書院,坐西朝東,視野開闊,大門前可俯視馱娘江與西平河匯合處的一片良田,是岑毓英的四弟岑毓琦於光緒二十八年(西元 1902 年)所建。占地面積 1,500 平方公尺。清末,因岑毓英有功於朝廷,其先父岑蒼松隨之受追封為「榮祿大夫」,岑氏以此封爵命其新宅為「榮祿第」,當地人稱之為「宮保新府」。

◆ 思子樓

坐落於榮祿第右上方 10 公尺處,是岑毓琦為紀念夭折的長子岑景恆,於光緒三十四年(西元 1908 年)建的。樓區占地面積約 500 平方公尺,樓體呈四方形,共三層,二三層為木樓板,木匾「思子樓」原是懸掛於二層正中,魏體黃字。下層原置泥塑觀音菩薩和佛像,擺設各式香案、香爐,有專人供奉香火。門外廊簷下牆面繪有「竹林七賢」等圖畫,樓外原有圍牆包圍著的園區,園內遍種花草、果樹。

「南陽書院」、「榮祿第」、「思子樓」三塊木刻匾額現均存於縣博物館內。

◆ 孝子孝女坊

位於馱娘江北岸與那勞村,遙相對應的老街屯中央。清光緒三十四年(西元 1908 年)岑毓祥和岑毓琦兄弟倆為紀念早逝的幾個子女,借朝廷旌表岑德固(岑春煊長子,舉人,供職於湖南,送母至漢口治病,母不治病故,自己亦以身殉母)孝道之機,自出銀兩建造的,坊高 10 公尺,寬 9 公尺,厚 0.7 公尺,全用青石條塊精砌築成。

廣西民居：匠心獨運，承載歲月溫度

傳奇式的嶺南私家園林別墅
——謝魯山莊

　　陸川謝魯山莊位於陸川縣城南烏石鎮謝魯村寨子屯，距陸川縣城二十多公里，占地面積一平方公里。原名叫樹人書屋，又因園內花卉品種繁多，也稱謝魯花園，1980年更名為謝魯山莊。

　　山莊始建於1920年，歷時七年方建成。原為國民黨少將呂春館（芋農）的嶺南型園林別墅，是著名的私家園林。1934年，李宗仁曾到該山莊遊覽。山莊外貌與普通農舍相似，莊內房舍則是依山建構，因地設景；全部建築物都是磚牆瓦頂，小巧、通俗。山莊分為瑯嬛福地、前山和後山三個層次。瑯嬛福地為山莊中心區，包括湖隱軒、水抱山環處、樹人堂、倚雲亭、半山亭等；前山包括大門、二門、折柳亭、迎屐、含笑路；後山包括白雲路、白雲深處、梅谷等。其建築主體由六處房舍構成，即門樓、迎屐、湖隱軒、水抱山環處、樹人堂、莊園工人宿舍。整座山莊可概括為一股山泉，兩重圍牆，三個層次，四個園門，五座假山，六處房子，七口池塘，八座涼亭，十二個通口。

　　每年清明前後，一群群白鶴聚集在山莊南面的謝魯嶂棲息繁衍。因此，又於1980年，在山莊的一處高崗上新建一座方角狀的「望鶴亭」，可遠眺鶴翔野景。近年經過加工建設，又添了許多名花奇木。其中有三百多年樹齡的龍鱗松，八十多年樹齡的龍眼樹，高聳雲天的草椰樹，低如侏儒的千年矮，還有大株的白玉蘭，小株的文絲竹等。

廣西的騎樓

　　騎樓是城鎮街道兩側的一種建築，上層的樓房突出於底層的人行道上，其下的人行道上靠街道一側樹立柱子支撐上層向外突出的樓房，這樣，就在底層形成了一條遮陽避雨的人行道。騎樓形成於清朝後期至民國時期，底層一般做商店使用，上層住人。廣西的許多城市都有騎樓分布，其中最為有名的是梧州和北海的騎樓。梧州的河東老城區保留下了連綿成片的騎樓群。22條原汁原味的騎樓長街上，薈萃了中外經典設計的騎樓。從騎樓的外觀上可以看到當時許多有代表性的中國建築語言，如花窗、磚雕、牌坊等。

　　梧州的騎樓普遍在二樓外牆有一鐵環和水門，這是梧州水都的特色。過去，洪水上街時，市民並不驚慌。水到門口，墊幾塊磚，繼續做生意、打牌、摸麻將。水到二樓時，市民將船繫在樓外的鐵環上，從窗戶或水門上下船進出，仍然不會影響生活和生意。現在，梧州還建立了騎樓博物館。北海的騎樓分布在珠海路和中山路，鴉片戰爭後開始出現，1927年左右形成。北海騎樓的方形柱子粗重厚大，頗有古羅馬建築的風格；而臨街兩邊牆面的窗頂都是拱券結構，拱券外沿及窗柱頂端都有雕飾線和浮雕。這種騎樓建築深受殖民文化的影響，是歷史的見證。但是，這些騎樓並不是西洋建築的簡單翻版，騎樓建築最精采的部分是花牆頭，其下部的長方形構圖，來源於中國建築的匾額，這在西洋建築裡是找不到的。匾額裡本應是書法「某某閣樓」之類，在此處演變成了一枝梅花浮雕。匾額的左右兩邊還題有對聯，韻味十足。臨街店鋪的招牌匾額和銅鎖木門上的陰陽八卦圖案，都透溢著濃郁的中國民俗神韻。所以，北海騎樓既吸納了近代西方拱柱式建築文化的精髓，又融合了中國傳統建築文化的精華，是東西方文化相互交融的一個美麗的結晶。

> 廣西民居：匠心獨運，承載歲月溫度

「天南傑構」——容縣真武閣

　　玉林容縣真武閣在廣西容縣縣城，有一座被建築界譽為「天南傑構」的明代古建築，這就是著名的真武閣。真武閣是建造在唐代的經略臺上的樓閣式木結建構築。唐朝乾元二年（西元759年），著名詩人元結出任容州都督府容管經略使。為了操練軍隊和觀賞周圍風光，元結主持修建了經略臺，並在臺上建造了亭閣，供休息和觀賞周圍風景之用。唐朝以後，經略臺上的建築被毀。明代萬曆元年（西元1573年），為奉祀真武大帝以鎮火災，在唐代的經略臺上建起了三層樓閣，即真武閣，至今已有四百多年歷史。真武閣呈方塔形，通高13.2公尺，面寬13.8公尺，進深11.2公尺，金脊綠瓦，飛簷畫棟。全閣用近3,000條格木構件，以榫桿結構原理，互相嵌合制約，合理協調組成一個優美穩固的整體。更為奇特的是，二層樓的四根大內柱，雖承受上層的沉重負荷，柱腳卻懸空不落地。四百多年來，真武閣經歷了多次地震和暴風的襲擊，仍然聳立在古經略臺，安然無恙。

　　1962年，中國著名建築學家梁思成教授親自到真武閣進行了詳細考察，梁教授深深地為真武閣的奇妙構思和高超的建築藝術所震撼，在其後發表的有關真武閣的專題論文中，梁教授認為，在木結建構築中，乃至現代任何金屬建築中，主要依靠這種榫桿作用來維持一座建築的平衡的情況，是從來沒有看過的。梁教授的論文引起海內外專家學者的廣泛關注，從此以後，專家學者和遊人紛紛前來參觀考察這座著名的古建築，真武閣也從此聞名於天下。如今的真武閣是全國重點文物保護單位，聞名世界的古建築，也是廣西和容縣著名的旅遊景觀。

興安的水街

興安水街是指古老運河──靈渠流經興安縣城的一段，長約一公里，整條街因臨水而建故被稱為「水街」。水街自秦朝靈渠建成後開始成型，歷代都有建設。由於運河的鑿通，這裡成為繁忙的運輸通道，靈渠流經的興安縣城也成為秦朝以後各歷史朝代的繁華商貿城市，水街更是商賈雲集，熱鬧非凡。現今的水街雖然失去了昔日商賈雲集的繁華景象，卻因其歷史上的輝煌而備受人們的關注，成為了著名的旅遊景區。清清的靈渠水從水街中穿行而過，兩千多年來一直奔流不息，記錄了多少往事，帶走了多少輝煌，在水街上也留下了許多的歷史記憶。

水街景區由古代建築文化、古橋文化、古石雕木雕文化、靈渠歷史文化、嶺南市井風俗文化五大部分組成。秦文流觴景區位於興安古城的北門，是水街的入口。觴是古代的酒杯，「流觴」是中國古代一種趨吉避災的祭祀儀式。秦文流觴有「代承秦漢文化、祝願百姓吉祥」之意，由一品居、三槐第、九井坊三組古建築群組成。萬里橋為唐寶曆元年（西元825年）桂管觀察使李渤所建，因距唐朝京城長安水路一萬里而得名，是廣西境內最古老的石拱橋之一，歷史上稱「楚越要津」，橋邊立有明代才子吳玉所撰〈萬里橋記〉石碑。磚雕照壁則是一座雙面人物陶塑磚雕，高5公尺，長6.8公尺，共塑有344個神態各異的人物，藝術地再現了興安兩千多年的歷史文化。

廣西民居：匠心獨運，承載歲月溫度

「夢境家園」——黃姚古鎮

在廣西昭平縣的東部，有一座保存了明清時期建築特色的古鎮，這就是黃姚古鎮。古鎮按照九宮八卦圖布局建築，始建於宋朝開寶年間，明清時期得到了大發展。現在的古鎮保留了許多完整的明清時期古建築，透視出悠久的歷史和昔日的繁華。古街道全部用青石板鑲嵌而成，路面平滑如鏡。

黃姚古鎮面積為3.6平方公里，地處喀斯特地貌區，山色秀麗，溪流眾多，田疇廣布，綠茵環繞，一派人與自然協調、和諧的景象。三百多間明清古民居依山傍水而建，小巧玲瓏的亭臺樓閣，點綴其間；古榕翠竹成蔭，水光山色輝映，使古鎮既古色古香，又充滿詩情畫意和浪漫的氣氛。古鎮有六多，即鎮內山水岩洞多，亭臺樓閣多，寺觀多，祠堂多，古樹多，楹聯匾額多。全鎮至今保存明清建築風格的寺廟觀祠二十多座，亭臺樓閣十多處，宗族祠堂十一座。

千百年來，黃姚古鎮留下了許多內容豐富的牌匾，保存到現在的牌匾共有五十多塊。牌匾內容都有其深刻的歷史背景，記載了古鎮各個時代發生的真實歷史事件，從一個側面反映了黃姚古鎮明清至民國初年社會、經濟、文化繁榮興旺的景象，「直道可風」、「模範長留」、「且坐沏茶」及光緒皇帝親賜的滿漢文對照的聖旨牌匾等各具特色。抗戰時期的1944年，桂林淪陷後，何香凝、高士其、歐陽予倩、張錫昌、千家駒、梁漱溟等大批愛國民主人士來到黃姚，這裡成為了當時的抗戰文化中心。

多朝代民居博物館 —— 富川秀水村

在廣西富川縣，有一個不大的古村 —— 秀水村。這是一個文風昌盛的小村，村民引以為榮的是，這裡在中國歷代科舉考試中，出過一個宋代狀元和 26 個進士，小村昌盛的文風一直流傳到了現代。由於人才輩出，在外做官的人多，秀水村的建設在各歷史朝代都很輝煌。現在，這裡保存著中國規模龐大的明、清時期古民居建築群，也保留著上至皇帝下到知縣賜封、賀贈的匾額。秀水村坐落在秀水河畔，至今已有 1,300 多年的歷史，奔騰不息的秀水河一路南去，河水清澈見底，周圍景色秀美。人們不禁要問，是什麼造就了秀水村千年不變的昌盛文化並成就了狀元村的輝煌呢？可以說是人傑地靈。

據傳，秀水村始祖毛衷，就是唐開元年間進士，並出任廣西賀州刺史。這個文化素養高的始祖，在傳承村子人脈的同時，也把其發奮好學的文風傳遞了下來。現在的村子裡，除了有商貿交易區、五座古戲臺和四處祠堂外，最能表現狀元村昌盛文風的是四所私塾書院。聽聽這些書院名稱：鰲山石窟寺書院、山上書院、對寨山書院、江東書院。其中江東書院居然比梧州成化間建立的綠綺書院還要早 250 年。村裡還建有一座狀元廟及狀元樓，至今仍然保存完好。可見，重文重教，不斷激勵後人努力學習應該是狀元村輝煌的根基。

一座也稱為長安的古鎮 —— 融安

提起長安，人們很自然地會想到古都西安，想起那地上地下充滿了古蹟和文物的千年帝都。然而，這裡向讀者介紹的是廣西的長安古鎮，

廣西民居：匠心獨運，承載歲月溫度

即現在的融安縣城。長安古鎮位於廣西北部，奔騰不息的融江從古鎮前流過，水路可以直達柳州、梧州、廣州和港澳地區。古鎮自古就是桂北地區重要的物資集散地，桂北山區以及來自湖南南部山區和貴州的木材、山珍和土特產，彙集到這裡，透過商販銷往粵港澳地區和廣西各地；而商人又從粵港澳地區運來工業產品，銷往這裡的山區。正是這種物資集散地的區位優勢和便捷的水運條件，成就了古鎮歷史上的輝煌。

古鎮是明清時期的廣西四大名鎮之一，當時，這裡商賈雲集，商店鱗次櫛比，一派繁榮景象。「久慕長安風物優，來觀處處別開眸。千山莽莽連黔楚，一水滔滔下廣州。」這是古代詩人對長安古鎮的讚美，也是長安古鎮優越區位的寫照。今天的長安鎮，是一座新興的小城，但昔日的輝煌並沒有被歲月的流逝而磨去，小鎮上那 1,500 公尺長的騎樓街讓人們追憶著其過去的繁華和輝煌。

一座難以令人置信的雄偉殿堂 —— 雲天宮

雲天宮又名雲天民俗文化世界，位於玉林市區江濱路，占地面積 70 畝，建築面積 14 萬平方公尺，樓體建築 21 層，高度 108 公尺，牌坊高 30 公尺。雲天宮是一座超大型仿古式建築，展現出中國數千年燦爛的歷史文化，規模龐大，建築宏偉，雕塑精美，氣魄雄偉，可謂中國單體建築第一。

雲天宮主要包括雕塑藝術品展館、民俗文化博物館、珍奇異寶及國寶展示區三大部分。其中雕塑藝術品展館分為四大系列：石雕、木雕、銅雕及景泰藍百色龍。石雕部分有一對 18.1 公尺高的龍表、一對 5.8 公尺高的麒麟、一對 4.7 公尺高的鳳凰、一百零八條石雕龍、十二生肖、十二月花和花神以及石雕路燈。銅雕藝術品有 30 公尺高的銅像、廣西

銅鼓、金雞、葫蘆、銅龜、鳳凰、銅燈及景泰藍百色龍。牌樓呈單體結構，華表高度謂中國之最；精雕麒麟、鳳凰、景泰藍工藝五龍托葫蘆等以其高大居世界之冠；壁雕飛龍，精雕細琢堪稱世界一絕。整座建築雄偉壯觀，氣勢磅礴。

曾經神祕的舊桂系私家園林
—— 武鳴「三園」

武鳴三園包括明秀園、秋暇園和春暇園。三園之間有河道相連，可乘遊艇來回於其間，並於河面賞景。

◆ 明秀園

位於武鳴縣城西約一公里的西江岸邊，清末為一梁姓舉人私園。民國初年，時任兩廣巡閱使的舊桂系軍閥、邑人陸榮廷將它改建為明秀園。園三面環水，面積約 2.7 萬平方公尺。民初名人胡漢民、章太炎等曾到園中與陸榮廷商議討袁大事；抗日戰爭期間，參加崑崙關戰役的第十六集團軍曾在園中設司令部。

園內古木參天，濃蔭庇日，荔枝、黃皮果樹遍布，林下有許多石峰、古亭，如「別有洞天」亭、「荷風亭」等。山石亭閣間小徑曲折，峰迴路轉，柳暗花明，佳景處處。

◆ 秋暇園

也叫秋霞園，在武鳴縣城西北約 3 公里處，三面環江，面積約 3.34 萬平方公尺。清嘉慶年間（西元 1796 ～ 1820 年）梁源洛建造。園內遍種荔枝等果木和花草，建有幽風亭。現又增種了桃李等多種樹木。

廣西民居：匠心獨運，承載歲月溫度

◆ 春暇園

也叫春霞園，與明秀園隔江相望，面積 4.67 萬平方公尺，它和秋暇園並列為姐妹園，分居明秀園兩旁。這裡旁依村莊，林木蔥翠，環境清幽。

嶺南古鎮的縮影 —— 楊美古鎮

楊美古鎮位於左江下游岸邊，三面環水，面積約 1.2 平方公里，屬南寧市永新區，距南寧城區約三十多公里，水陸交通方便。古鎮始建於宋代，至清末，成為附近方圓近百公里的商品集散地，也是辛亥革命黨人黃興、梁烈亞等進行革命活動的地方。這裡有南寧附近保存最完整的明清民居建築群，特點是民風古樸、自然風光與人文風情相結合。現在，它已成為南寧市市民休閒度假的主要遊覽點之一。

楊美有個臨江古閘，始建於清初，它緊連「清代一條街」——臨江街，街道鋪石板，房屋多是七柱屋，青磚灰瓦，天井有水道通往門外的排水溝，供桌上擺著古器，窗子上刻有浮雕，是典型清代古建築風貌。臨江處為古商埠碼頭，因左江在這裡拐彎成潭，潭邊又有大芙蓉樹如龍狀，夕陽返照時，便形成「龍潭夕照」一景。

古街隔江對岸的水邊，是一個長 2,000 公尺，寬 200 公尺的金灘。上半灘為半沙半石，顯現棕黃色，月光下則顯出淡淡的金黃色，故叫金灘；下半灘卻是白色的細沙，沙灘呈弧狀，像個雞翼，又叫雞翼灘。整個灘可容納數千人開展露天活動，諸如野炊燒烤、埋沙日浴、划艇、釣魚、玩球、嬉水之類；還可從這裡乘舟遊江，欣賞江邊形態各異的巨石，如尖頂石、象鼻石、企鵝石、石馬石、海獅回眸石、海豚親吻石等。

楊美的古蹟有位於鎮東北側的魁星樓，那是一座建於清乾隆元年（西元1736年）的紅簷青磚的磚木結建構築。它和建於河灣岸上的鍾馗廟一起，均有觀賞價值。而位於金馬街的辛亥革命名人梁烈亞故居也是吸引遊人的地方。古鎮的自然風光還有巨蟒攔江、雷峰積翠、劍插清泉、蓬萊小景等。

廣西民居：匠心獨運，承載歲月溫度

廣西通道：
四通八達，貫穿古今要道

廣西通道：四通八達，貫穿古今要道

為軍事目的而修建的靈渠

　　靈渠位於廣西北部的興安縣境內，全長 34 公里，溝通長江水系和珠江水系，是秦代修建的三大水利工程（鄭國渠、都江堰、靈渠）之一，也是為軍事運輸目的修建的水利工程，為中國的統一，以及以後的航運、灌溉等發揮了巨大的作用。秦王政二十六年（西元前 221 年），秦王朝統一六國後不久，雄心勃勃的始皇帝就發動大軍五十萬，開始了征服嶺南地區的軍事行動。在征服嶺南的軍事行動中，秦軍遇到了運輸不暢、軍需給養不繼等問題。於是，派遣水利專家史祿等人在南嶺一帶進行勘測，尋求修建一條溝通長江水系與珠江水系的水上通道。經過多方勘查，最終於秦王政二十八年（西元前 219 年）在興安縣修建了一條溝通湘江與灕江的運河 —— 靈渠。

　　靈渠建成後，秦軍的交通運輸和給養問題得到解決，統一嶺南的軍事程序大大加快，不到幾年，嶺南地區就被納入了大秦帝國的版圖。秦王朝在嶺南地區設立了桂林郡、象郡和南海郡，史稱嶺南三郡，並派駐軍隊，任命地方官員進行管理，從中原地區移民嶺南，加快嶺南的開發。靈渠首先是為了軍事運輸目的而建，建成後不但實現了軍事目的，也對嶺南地區的建設和嶺南與中原地區的物質文化交流造成了巨大的推動作用。自靈渠建成後直到湘桂鐵路通車前的兩千多年裡，運河一直是一條非常繁忙的運輸線。即使到了現在，運河的灌溉功能仍然在為當地帶來福祉。今天的靈渠，歷史上的軍事運輸功能早已不復存在，而是作為全國重點文物保護單位，接受人們憑弔和追憶。靈渠也成為了舉世聞名的旅遊地。

　　筆者賴富強以一首〈登臨源閣〉為之感嘆。

江流改道讚秦賢，
天平壩上水潺湲。
派分湘漓識天巧，
郭老嘆奇有名篇。
歡歡靈水唱千年，
江天美景重灌點。
但見城邊滿地樂，
隨簪放眼看新天。

西漢時期「海上絲綢之路」的始發地 ——合浦

「海上絲綢之路」是中國古代開闢的通往東南亞，繼而越過印度洋到達波斯等地的海運航道。從秦漢時期開始，中國中原及南方沿海地區的商販就把陶瓷、布匹、絲綢等商品裝船，透過這條「海上絲綢之路」，發往斯里蘭卡、印度等地，再轉運至埃及、羅馬等國，而東南亞及歐洲商人則透過這條航道帶來毛織品、玻璃器皿等異域珍品。「海上絲綢之路」是古代重要的海上貿易通道，與西北大陸的陸上絲綢之路一起，成為連線東西方兩大文明的橋梁。「海上絲綢之路」的研究，涉及到中外海上交通和中外經濟文化交流的歷史，關係到社會的發展和人類文明的進步，因而得到了中國政府和聯合國的高度重視。

中國政府和聯合國相繼派遣過專家學者對海上絲綢之路進行了考察和研究。然而，由於沒有實物證據，海上絲綢之路的始發港到底在中國沿海的什麼地方，一直是一個充滿爭論的問題。在廣西合浦縣一個名為

廣西通道：四通八達，貫穿古今要道

「古城頭村」的地方發現了西漢時期的船步（即現在的碼頭），這也是迄今發現的中國最早的碼頭。西漢時期的古碼頭被掩沒在一片茂密的竹木林中，長約 8 公尺，東面與古城城牆邊相接處寬 3 公尺，伸入古河道最寬處為 5 公尺。在其背水面，考古人員還發現兩個相隔 1 公尺、直徑約 20 公分的柱洞，應是當時固定船隻的木樁留下的。碼頭附近的古建築遺址可能是港口中用於瞭望、報警、報時和堆放物資的干欄式望樓。這一重大的考古發現，證實了廣西合浦縣就是古代「海上絲綢之路」的始發港。當時，這裡是繁忙的國際貿易港口，中國南方出產的絲綢、瓷器從這裡裝船運往東南亞和波斯地區；而西域運來的毛織品、琉璃製品等物品在這裡登岸，銷往中國各地。

海陸絲綢之路的對接線 ── 瀟賀古道

1973 年考古發掘的馬王堆漢墓，3 號墓中出土了〈漢初長沙國南部地形圖〉。在這幅地圖的南端，「耒湟」、「瀟賀」和「湘漓」三條交通線從長沙出發，如同三支強弩分別射向東南、正南和西南三個方向。其中，位居中央正南方的「瀟賀」這支強弩，便是湖南瀟水至廣西賀江的水陸聯運交通線，這就是歷史上曾經輝煌一時的「瀟賀古道」。

瀟賀古道又稱秦「新道」，是在秦王政二十八年（西元前 219 年）征服嶺南地區時修建的秦「古道」的基礎上改擴建而成的。秦王政三十四年（西元前 213 年），即秦王朝統一嶺南後的第二年，嬴政為了便於對嶺南三郡的控制和管理，便在秦「古道」的基礎上，擴修了一條自秦國都城咸陽到嶺南廣州的水陸相連的秦代「新道」，並與其海上絲綢之路相接，瀟賀古道就是秦「新道」的一部分。

瀟賀古道是一條水陸相連的交通線，其中的陸路全長為170多公里，經過三十多個村寨和城鎮。路寬1～1.5公尺不等，路面多為鵝卵石和碎石鋪成，部分路面由青石板鋪就。瀟賀古道自古以來就是中原溝通嶺南的一條重要軍事通道，同時又是海陸絲綢之路的對接線，其軍事貿易地位十分顯要。當年秦始皇平定嶺南時，中路大軍走的是瀟賀古道；漢武帝平定南越時，中路大軍走的還是瀟賀古道。當年的古道上也是車水馬龍，商旅不斷，一派繁忙景象。只是到了唐朝宰相張九齡開通了江西梅關新道後，瀟賀古道才逐漸衰落。如今的古道，早已失去了往日的輝煌，靜靜地躺臥在荒野之中，向人們訴說著過去發生的歷史。

中國古代唯一的海上運河 —— 潭蓬古運河

在廣西防城市的江山半島上，有古代中國唯一的溝通兩個海灣的運河，這就是潭蓬古運河。古運河地處江山半島上的潭蓬村和潭西村之間，長十多公里，寬二十多公尺，溝通防城灣和珍珠灣兩個海灣。運河經過的地段屬於低丘陵地帶，然而，卻是由堅硬的岩石所組成的，在古代生產工具落後的情況下，開鑿工程量很大。在人們的想像中，若非仙人相助，不可能開鑿成功，因而，古運河也被稱為「天威遙」、「仙人壟」。

古運河是唐代咸通年間（西元860～873年）安南（越南）節度使高駢主持修建的。運河修建後，防城灣與珍珠灣之間的距離縮短了15公里，更重要的是，避開了江山半島頂端較大的風浪，也避免了遭受在那一帶活動的海盜的襲擊，這對當時只有用不大的木船運輸的海運來說，確實是開闢了一條坦途。從此，通往安南的海運更加方便、快捷。據《唐書·高駢傳》，運河通航後，往來「舟楫無滯，安南儲備不乏，至今賴之」。

廣西通道：四通八達，貫穿古今要道

西元 10 世紀後，安南與宋朝的中央政府之間多有矛盾和摩擦，古運河也逐漸被廢棄。今天，古運河原來的功能早已消失，但它的一段河道被保留了下來，形成了潭蓬水庫，向人們訴說著歷史往事。

古代西南出海大通道 —— 粵桂古商道

在十萬大山的崇山峻嶺之中，有一條山間小路穿行於茂密的森林之中，小路彎彎，時隱時現，一直延伸到大山南部的海邊。如果我們留意腳下這條小路，就會發現，小路是由石板鋪就的，石板大小有序，表面平坦，加工精細。由於人們的長期踩踏，石板路面已變得非常平滑了。這不是一條普通的小路，而是古代中國西南地區的出海大通道 —— 粵桂古商道，至今已有 2,000 多年的歷史。

據史料記載，自漢代開始，雲、貴、川至廣西的南部海邊，就有了一條用石板鋪就的通商大道，稱為粵桂古商道。十萬大山中的古道就是這條古商道的一部分。透過這條古商道，北部灣的食鹽、魚蝦等海產品被源源不斷地運往西南地區；西南地區的茶葉、山珍、菸酒等物資源源不斷地流向海邊地區，銷往海外。可以想像，當年的商道是一派何等的繁忙景象：車水馬龍，商旅不斷，一個個來自雲貴高原和四川盆地的馬幫商隊，穿行於古道之中，馱來了當地的山珍特產，帶回食鹽、海產品等貨物。

古商道作為商貿交通的大動脈，人來人往，川流不息，人喊馬嘶，不絕於途。隨著歷史的發展，時代的變遷，昔日繁忙輝煌的古道早已失去原來的地位和風采，大部分路段已經消失在人們的視野裡了，只有十萬大山等古道的殘存部分還靜靜地躺在現代人跡罕至的山野之中，向人們訴說古道的歷史和輝煌。

古今兵家的必爭之地 —— 崑崙關

　　崑崙關位於邕寧縣九塘圩北四公里處的崑崙山上，在南寧市區東北四十多公里處，南梧二級公路從關下通過。據史載，古關建於宋代，明清時期曾多次修築。關的頂峰海拔 306 公尺，為大明山餘脈，周圍群山環拱，層巒疊嶂，原關口正卡在南寧至柳州的南北通道中，確有「一夫當關，萬夫莫開」之勢。清張鵬展〈崑崙關〉詩曰：「北水歸臨浦，南方控古邕。一關通鳥道，萬仞銀螺峰……」就是對崑崙關的真實寫照，因此，崑崙關歷來為兵家必爭之地。

　　歷史上，這裡曾發生過五次較大的戰役，其中以宋皇祐五年（西元 1053 年）正月，狄青夜越崑崙關，打敗廣源州壯族首領、知州依智高之役和 1939 年 12 月中國軍隊大敗日軍的崑崙關戰役最為有名。這場中日崑崙關大戰，中方是由當時機械化程度較高的第五軍反攻已占領崑崙關的日軍。第五軍軍長杜聿明將軍和戴安瀾、鄭洞國、鄭庭笈等部將率領抗日健兒與日軍血戰十餘天，打敗了號稱「鋼軍」的日軍「坂垣師團」，終於收復崑崙關，殲敵五千多人，並擊斃日軍少將旅團長中村正雄。這是繼臺兒莊大捷後，又一次震驚中外的著名勝利戰役。

　　抗日戰爭勝利後，1946 年杜聿明親自主持在崑崙山上建了崑崙關戰役陣亡將士墓園，園中有紀念塔、紀功亭、紀功碑和牌坊等。國民黨軍政要人蔣中正、李宗仁、李濟深、白崇禧、杜聿明等留有題詞、題聯或碑文刻石。親自指揮第五軍殲敵的杜聿明將軍除撰文勒碑記述此戰役外，還賦詩一首：

　　北海風迷騎士道，崑崙月葬大和魂。
　　扶桑萬里櫻花節，雨夜千家數淚痕。

廣西通道：四通八達，貫穿古今要道

　　1949 年後，從墓園山腳的牌坊處開始，增修了一條有 331 級的、可直上山頂紀念塔坪的臺階，並加種了松柏。1982 年，又把關山上下的紀念性建築加以維修，留下一條可以步行翻過關隘的崑崙古道，供人憑弔。

中國省級行政區內里程最長的高速公路——桂海高速公路

　　桂（林）（北）海高速公路北起世界著名旅遊城市桂林，經柳州、來賓、南寧、欽州抵達北海市和防城港市，全長 652 公里，是目前中國省級行政區內里程最長的高速公路。桂海高速公路於 1993 年 10 月開工建設，總投資 105 億多元人民幣。首先建設了桂林至柳州段，之後分段建設了柳州至賓陽、賓陽至南寧、南寧至欽州、欽州至北海、欽州至防城等各路段高速公路，1999 年全線通車。桂海高速公路途經七個自治區轄市，九個縣，橫跨四條大河，連線四個機場和北海、欽州和防城港三大港口，是五縱七橫國道主幹線的重要組成部分。桂海高速公路建成通車後，大大改善了廣西內地與沿海地區的交通連繫，加快了客貨運輸的速度，大大減少了運輸時間和運輸成本。

為什麼說廣西是中國通往東南亞最便捷的國際大通道

　　廣西沿海、沿邊，是中國唯一與東協國家海陸相連的省分，是華南經濟圈、西南經濟圈和東南亞經濟圈的交會中心，獨特的區位優勢使廣

西成為中國通往東南亞最便捷的國際大通道。特別是西部大開發以來廣西交通的大發展，廣西已經建立了比較完善的交通網絡和海陸空交通運輸體系，並且實現了與東協國家的陸路對接，建構了連線東協國家的海陸空交通運輸通道。

◆ 陸路交通

在鐵路方面，原有的湘桂鐵路直通廣西邊境的友誼關，與越南鐵路對接，透過友誼關到達河內可與泛亞鐵路相連，通達其他東協國家。國家鐵路網在黎塘、南寧等地與廣西地方鐵路相連，直通北部灣海港。公路方面，廣西有十條標準公路與越南相通，並透過越南進入其他東協國家。2005年年末，中國第一條通往東協國家的高速公路──南寧至友誼關（南友）高速公路建成通車，這條公路被稱為「南疆國門第一路」。南友高速公路全長179公里，通車後，從南寧到友誼關車程大約只需兩個小時，比過去縮短了一半時間，從南寧到河內的車程縮短到三個半小時。南友高速公路是中國通往中南半島國家距離最近的一條通道，這條高速公路為實現中國與東協國家的跨境運輸便利化創造了必要條件。

◆ 航空方面

廣西的南寧和桂林機場都開闢了多條通往東協國家的航線，空中客貨運輸便利。

◆ 水路方面

廣西的北部灣沿海地區已經形成了大型的港口群，有幾十個萬噸以上級深水泊位，可以直達東協各國的港口。總之，廣西已經建成了通往東協國家的立體交通網絡，形成了中國大西南地區通往東協國家最便捷的交通通道。

嶺南邊陲，廣西紀行 —— 清法硝煙的見證與激昂：

桂林十景 × 民族盛會 × 觀瀑泛舟 × 騎樓古鎮 × 米粉田螺，八角茶香縈繞南疆，探索中越邊境的交流

編　　著：賴富強，劉慶	**國家圖書館出版品預行編目資料**
發 行 人：黃振庭	
出 版 者：崧燁文化事業有限公司	嶺南邊陲，廣西紀行——清法硝煙的見證與激昂：桂林十景 × 民族盛會 × 觀瀑泛舟 × 騎樓古鎮 × 米粉田螺，八角茶香縈繞南疆，探索中越邊境的交流 / 賴富強，劉慶 編著. -- 第一版 . -- 臺北市：崧燁文化事業有限公司 , 2025.03
發 行 者：崧燁文化事業有限公司	
E - m a i l：sonbookservice@gmail.com	
粉 絲 頁：https://www.facebook.com/sonbookss/	
網　　址：https://sonbook.net/	面；　公分
地　　址：台北市中正區重慶南路一段 61 號 8 樓 8F., No.61, Sec. 1, Chongqing S. Rd., Zhongzheng Dist., Taipei City 100, Taiwan	POD 版 ISBN 978-626-416-325-5(平裝) 1.CST: 人文地理 2.CST: 歷史 3.CST: 廣西省 673.44　　　　　　114001894
電　　話：(02)2370-3310	
傳　　真：(02)2388-1990	
印　　刷：京峯數位服務有限公司	
律師顧問：廣華律師事務所 張珮琦律師	

-版權聲明

本書版權為旅遊教育出版社所有授權崧燁文化事業有限公司獨家發行電子書及繁體書繁體字版。若有其他相關權利及授權需求請與本公司聯繫。

未經書面許可，不得複製、發行。

定　　價：580 元
發行日期：2025 年 03 月第一版
◎本書以 POD 印製

電子書購買

爽讀 APP　　　臉書